全国高等院校财经类专业规划教材

U0836677

现代商业银行财务管理

左晓慧 主编

中国财政经济出版社

图书在版编目（CIP）数据

现代商业银行财务管理/左晓慧主编．—北京：中国财政经济出版社，2008.7
ISBN 978－7－5095－0814－5

Ⅰ．现…　Ⅱ．左…　Ⅲ．商业银行－财务管理　Ⅳ．F830.33

中国版本图书馆 CIP 数据核字（2008）第 101997 号

责任编辑：陆宗祥　　责任校对：胡永立
封面设计：福瑞来　　版式设计：兰　波

中国财政经济出版社 出版

URL：http：//www.cfeph.cn
E－mail：cfeph @ cfeph.cn

社址：北京市海淀区阜成路甲 28 号　邮政编码：100142
发行处电话：88190406　财经书店电话：64033436
北京财经印刷厂印刷　　各地新华书店经销
787×1092 毫米　16 开　21.25 印张　452 000 字
2008 年 8 月第 1 版　2008 年 8 月北京第 1 次印刷
定价：36.00 元
ISBN 978－7－5095－0814－5/ F·0663
（图书出现印装问题，本社负责调换）
本社质量投诉电话 010－88190744

序言

随着金融业的发展和金融改革的深化，用财务管理理论指导现代商业银行日常财务工作显得越发重要。各商业银行设有理财部，主要办理公司和个人理财业务；各商业银行的财务部门主要负责本银行的财务管理和分析，为本银行的预测和决策提供依据。在市场经济条件下，商业银行为实现利润最大化的经营目标，必须运用财务管理的理论和方法，将资金的时间价值观念、投资风险报酬观念贯穿于银行的财务管理过程中，将定量分析法和定性分析法贯穿于财务管理中，充分、合理地配置资源，降低筹资的综合成本，增加贷款和投资的收益水平，增强商业银行在市场中的竞争实力。

我国商业银行的财务管理观念仍比较淡薄，如不计成本的储蓄存款大战，不重视风险的相关贷款业务等；财务分析主要是根据金融企业财务制度或上级行规定的相关指标进行，而不能根据自身实际的情况，选择适当的方法来对财务状况、经营成果和现金流量及其变动情况进行全面分析，以系统掌握商业银行的盈利能力、营运能力和偿债能力，为实现自身的经营目标服务。因此，加强对现代商业银行财务管理和财务分析理论的研究是目前和今后的长期任务。

现代商业银行的财务管理理论是针对现代意义上的公司制银行而进行的财务管理。随着国有商业银行中的工、中、建、农行的股份制改造的完成，股份制商业银行成了商业银行的主体。另一方面，外资银行的大量进入以及人民币业务的开展，我国商业银行将面对更加激烈的竞争环境。要想在激烈的市场竞争中占优势，我国的商业银行必须将现代财务管理理论用于日常的筹资决策、投资决策和股利决策，以实现商业银行价值最大化的目标。所以及时推出一本以最新的企业会计准则和财务制度为依据，以银行的经营目标为主线，全面反映财务管理理论并密切联系商业银行业务实际的教材非常必要。

本书共分十四章：第一、三、四、五、六、十、十一、十三、十四章由左晓慧编写，第八、九、十二章由苏振天编写，第七章由宋家荣编写，第二章由李景宝编写。

由于作者的水平有限，现代商业银行财务管理涉及的内容多、范围广，书中可能存在错误和不妥之处，恳请读者批评指正。

在本书的编写过程中，作者参考了大量的已经公开出版的文献和教材，吸收了其中的一些研究成果，在此向所有文献的作者表示感谢！

编　者

2008年6月

目录

第一章 总 论

第一节 商业银行财务管理概述

一、商业银行的财务及财务管理

财务一词英文称为 finance，是指政府、企业和个人对货币这一资源的获取和管理。因此，国家财政、企业财务和个人理财均属 finance 的范畴。银行吸收存款、发行债券、对外贷款和投资等各项活动，都在银行财务上有所反映。但商业银行财务所研究的不是银行日常经营的各项工作的具体做法，而是这些工作对银行财务有哪些影响。本书讲述的财务管理（financial management）是研究银行货币资源的获取和管理，具体地说就是指银行对长期投资、长期筹资和营运资金投资和筹资活动的管理，以及与以上财务活动相关的商业银行财务关系。商业银行财务管理是商业银行组织财务活动、处理财务关系的一项经济管理工作。

二、商业银行财务管理的对象

商业银行的资金运动和它所体现的经济关系是商业银行财务的内涵，是商业银行财务管理所要组织、控制和协调的客体。因此，商业银行的资金运动和资金运动所体现的经济关系是对商业银行财务管理对象的质的规定。

（一）商业银行的资金运动

商业银行和其他工商企业一样，当从不同的角度观察其资金运动时会得到不同的结论。从外部来看，商业银行的资金运动表现为资金进入银行、资金在银行内部的周转和资金退出银行三个阶段的统一。从商业银行内部来看，其资金运动则表现为资金的筹集、资金的投放、资金的耗费、资金的收回、资金的分配五个方面内容的统一。作为商业银行财务管理，我们当然要立足于商业银行本身，着重探讨资金的筹集、投放、耗费、收回和分配方面的问题。

商业银行财务管理的对象是以现金收支为主的银行信贷资金及其流转。银行资金的收支，构成银行经济活动的一个独立方面，即银行的财务活动。它可分为以下四个方面：银行筹资、银行投资、收入与资金耗费、财务成果与利润分配。

1. 银行筹资引起的财务活动。在市场经济条件下，商业银行要开办、经营，首先必须筹集一定数量的资金。银行通过发行股票、债券，吸收各种存款等方式筹集资金，表现为银行资金的收入。银行偿还借款，支付利息、股利及各种筹资费用等，则表现为银行资金的支出。这种因筹集资金而产生的资金收入和支出，就是由银行筹资引起的财务活动。

2. 银行投资引起的财务活动。银行筹集资金的目的是把资金用于经营活动以便谋取利润。银行把筹到的资金用于购置房产、设备、无形资产等，便形成银行的对内投资；把筹到的资金用于发放贷款、购买政府债券及其他有价证券，便形成银行的对外投资。无论是对内投资还是对外投资，银行都需要支出资金。而当银行收回贷款及利息、变卖对内投资的各种资产时，则会产生资金的收入，这些资金的收入、支出就是由银行投资引起的财务活动。

3. 银行收入与资金耗费所引起的财务活动。银行在正常的经营过程中，会发生一系列的资金收支，如支付到期存款的利息、支付职工报酬和其他经营费用。当银行现有资金不足时，则采取再借款或同业拆借等方式筹集所需资金。这类现金收支是由银行经营引起的财务活动。

4. 银行财务成果与利润分配引起的财务活动。银行在经营过程中产生的利润，需要按规定程序进行分配。首先，要依法纳税；其次，要弥补亏损，提取公积金、公益金；最后，要向投资者分配利润。这便是由银行分配引起的财务活动。

（二）银行财务关系

银行的财务活动是在社会环境中进行的，无论是资金的筹集活动、投资活动，还是利润分配活动，都必然会与各有关方面发生经济关系。银行在组织财务活动过程中与各方面发生的经济关系称为财务关系。

1. 银行与其所有者之间的财务关系。投资者按约定向银行投入资金，形成银行的权益资本，投资者拥有银行的净资产权，是银行的所有者。银行拥有包括国家、法人、个人和外商在内的投资者所形成的法人财产权，并以其全部法人财产，依法自主经营、自负盈亏，依法纳税，对投资者承担资本保全增值的责任。投资者以其所拥有的净资产权，享有收益分配权和剩余财产分配权，对银行债务承担以其投资为限的有限责任。银行以其全部资产对银行的全部负债承担责任。银行与投资者之间的这种财务关系体现了所有权性质，反映了经营权与所有权的关系。

2. 银行与债权人、债务人之间的财务关系。银行除了利用资本金进行经营外，还要大量地借入资金，以便扩大经营规模。商业银行的债权人主要有存款人、金融债券持有人、中央银行及其他金融机构。银行使用债权人的资金，要按约定的利息及时向债权人支付利息，债务到期时要合理调度资金以便按时向债权人归还本金。银行与债权人的这种经济关系，体现了债务与债权的关系。银行与债务人之间的财务关系是指商业银行将其资金以购买债券、发放贷款、同业拆放或缴存存款准备金等形式出借给其他单位和个人所形成的经济关系。商业银行的债务人包括：政府、中央银行、借款人及其他金融机构。银行将其资金贷出后，有权要求债务人按约定的条件和时间支付利息并归还本金。银行与其债务人的经济关系体现了债权与债务的关系。

3. 银行与被投资单位之间的财务关系。这是指银行将其资本金的一部分以购买股票或直接投资的形式向其他企业投资所形成的经济关系。随着现代企业制度的建立和金融体制改革的深化，这种关系将会逐渐密切。银行向其他单位投资，应按约定履行出资义务，并参与被投资单位的经营管理利润分配。银行与被投资单位的这种经济关系体现了所有权性质的投资与被投资的关系。

4. 银行与税务机关之间的财务关系。这是指商业银行作为金融企业法人，要按税法依法纳税而与国家税务机关之间所形成的经济关系。任何企业法人都要按照国家税法的规定缴纳各种税款，以保证国家财政收入的实现，满足社会各方面的财政需要。及时足额纳税是企业法人对国家的贡献，也是对社会应尽的义务。商业银行应缴纳的税金种类有：所得税、营业税、城市建设维护税、教育附加、房产税、土地使用税、车船使用税、印花税、固定资产投资方向调节税等。商业银行与税务机关之间的关系，体现了依法纳税和依法征税的义务与权利关系。

5. 银行内部各部门之间的财务关系。商业银行一般都采取总分行制，统一计划，三级（或四级）经营，分级核算，统负盈亏。商业银行对资金在上下级行之间的纵向流动、平级之间的横向流动，都需要进行内部计划结算，旨在避免资金和利润分配上的大锅饭，更好地调动各级行的经营积极性。商业银行内部各单位之间的这种资金结算关系，体现了银行内部各单位之间的利益关系。值得注意的是，在这一财务关系中，商业银行的上下级之间也有矛盾。下级行经营者的目标除了银行价值最大化外，还有报酬、增加休闲时间和避免损失等个人目标。当个人目标不能实现时，其行为有可能背离银行的整体目标。这种背离主要表现在道德风险和逆向选择两个方面。

6. 银行与其行员之间的财务关系。这是指银行向其行员支付劳动报酬过程中所形成的经济关系。银行要用各项收益向员工支付工资、津贴、奖金以及其他劳保福利，即按行员提供的劳动数量和质量支付行员的劳动报酬。银行与行员之间的这种财务关系体现了银行与行员在劳动成果上的分配关系。

三、商业银行财务管理目标

商业银行是在市场经济中孕育和发展起来的，是为适应市场经济发展和社会化大生产需要，以多种金融资产为其经营对象，利用负债进行信用创造，以盈利为目的，并向客户提供多功能、综合性服务的金融企业。财务管理目标是银行进行财务管理活动要达到的目的，是银行管理目标的综合体现。商业银行的财务管理目标取决于商业银行经营的总目标，受财务管理本身特点的制约。

目标是系统或经济主体所希望实现的结果。根据不同经济主体和系统所要研究解决的问题，可以确定不同的目标。财务管理的目标是商业银行理财活动所希望实现的结果，是评价银行理财活动是否合理的基本标准，也是财务管理实践中进行财务决策的出发点和归宿。财务管理目标制约着银行的理财行为，是财务运行的驱动力。不同的财务管理目标，会产生不同的财务管理运行机制。

目前，对商业银行财务管理目标的认识，主要有两种观点：一是以利润最大化为目标；二是以股东财富最大化为目标或银行价值最大化为目标。

（一）利润最大化目标

这种观点认为：利润代表了商业银行新创造的价值，不断增加利润，商业银行的财富就会不断增加。以利润最大化作为财务管理的目标，有其合理的一面。银行追求利润最大化，就必须讲求经济核算，加强管理，提高服务质量和经营效率，降低成本费用。这些措施都有利于优化资源配置，提高经济效益。但利润最大化（特别是短期利润最大化）并不等于价值最大化，利润与价值相比，存在着下述问题：

1. 利润是对商业银行经营成果的会计度量，它可能反映商业银行的真实价值创造，也可能没有正确反映商业银行的真实价值创造。对同一经济问题的会计处理方式的多样性和灵活性，以及某些可以增加商业银行的会计利润，但实际上并没有增加甚至减少了商业银行的现金收入的账务处理方法，都会使商业银行的会计利润增加。而这种利润的增加并不是商业银行持续经营和持久盈利能力的增强，也不会增加商业银行的价值，甚至会损害商业银行的价值。

2. 利润最大化目标是建立在确定性假设基础上的，没有考虑到风险和收益的关系。商业银行的经营环境是复杂多变的，不论是经营收入，还是经营成本，都无法在事先完全确知，从而也就无法准确地估算出经营利润，进而也就无法追求“最大化”的利润。经验和理论都表明，高收益必然伴随着高风险，过分追求高利润可能导致商业银行经营风险大大增加。

（二）股东财富最大化目标

股东财富最大化是指通过财务上的合理经营，为股东带来最多的财富。在股份经济条件下，股东财富由其所拥有的股票数量和股票市场价格两方面来决定，在股票数量一定时，当股票价格达到最高时，则股东财富达到最大。所以，股东财富最大化，又演变为股票价格最大化，也就是银行价值最大化。在非股份制银行，银行的价值是指银行全部资产的市场价值。西方一些学者认为，在运行良好的资本市场里，股东财富最大化目标可以理解为最大限度地提高现在的股票价格。对于上市的股份有限公司，股东财富最大化可以用股票市价最大化来代替，因为一家商业银行市场行情代表了市场上所有投资者对该银行的集中评价。这种股票行情考虑了每股的当前收益与预期的风险、商业银行的股利政策以及影响股票行情的因素。

股东财富最大化是对经济效益深层次的认识。该目标能克服商业银行在追求利润上的短期行为。因为不仅过去和目前的利润会影响商业银行的价值，预期未来利润的多少对商业银行价值的影响会更大。同时，股东财富最大化目标科学地考虑了风险与报酬之间的联系，能有效地克服商业银行不顾风险大小，只片面追求利润的倾向。当各商业银行在追求本银行财富最大化时，在国家宏观调控和法律约束下，会使整个社会的财富得到增加，最终满足人民日益增长的物质文化需要。所以股东财富最大化是商业银行财务管理的目标。

四、商业银行财务管理的内容

商业银行与其他公司企业一样，其财务管理的过程是一个不断收集信息、分析信息、加工信息，并对不利信息造成的负面影响进行控制的过程，也是实现股东财富最大化的过程。因此，商业银行财务管理要涉及的内容很多，但最主要的有投资决策、筹资决策、股利分配决策等。

（一）投资决策

投资首先可分为直接投资和间接投资。前者如项目投资，后者如证券投资等。

投资又可分为短期投资和长期投资。短期投资主要是指持有现金、短期贷款、购买短期有价证券等流动资产方面的投资。短期投资形成的资产具有较强的流动性，对提高银行的变现能力、偿债能力，进而提高银行的风险防范能力具有重要意义。但短期投资的盈利水平较低，如果把资金过多地运用于短期投资会影响银行的投资效率，因此从事投资分析时要考虑这方面的情况。

长期投资是指固定资产、长期贷款和长期有价证券等方面的投资。根据有关规定，与固定资产投资配套的流动资产投资应列为长期投资。长期投资是通过资本预算进行的。在资本预算过程中，要考虑投资额、投资未来净收益和有关折现率的估算，要回答像需要多少投资、在什么资产上投资一类问题，因此资本预算的过程也是投资决策的过程。

（二）筹资决策

从事任何的投资决策，首先必须考虑所需资金的来源问题，因此筹资决策也是银行财务的重要内容之一。

一般来说，银行所需资金除来自内部积累外，还主要来自金融市场。金融市场可划分为货币市场和资本市场。前者为筹集短期资金的市场，如银行吸收的居民和企业的短期存款形成的市场、银行发行短期债券形成的市场等。后者为筹集长期资金形成的市场，如银行吸收的长期存款形成的市场、发行债券和股票形成的市场等。

银行筹资的渠道不同，所筹资金的成本不尽相同，因此以尽可能低的成本筹集所需资金，是融资过程中必须考虑的重要问题。一般而言，内源融资的成本最低，其次是债务融资，成本最高的是股权融资。

从筹资决策的角度考虑，筹集资金应做好这样一些工作：(1) 根据使用情况，预测资金需要量；(2) 规划所需资金的来源；(3) 研究并寻找最佳的筹集方式；(4) 研究资金的筹集是否会不合理地增加银行的资本成本，是否会破坏银行最佳的资本结构等。

（三）股利分配决策

股利分配也是银行财务活动的重要内容之一。股利分配的多少以及股利政策都会对银行的股票价格产生影响。因为，如果在再投资机会较多的情况下过多地发放股利，会增加银行的外部筹资，从而增加银行的筹资成本，减少银行的实际利润，并可能由此导致股票价格的下跌；如果在再投资机会较少的情况下过少地发放股利，会影响股东的利益，影响投资者对银行发展的信心，并可能由此导致股票价格的下跌。

从国际国内经验看，股利分配决策的过程是在股利发放和盈余留存之间做出合理安排的过程。期间，须研究这样一些问题：(1) 股利分配会不会增加银行的融资成本；(2) 股利分配方案会受哪些因素的制约；(3) 股利支付的合理程序应怎样进行；(4) 股票股利及回购形成的库藏股票应如何处置；(5) 股利分配会对股票价格产生什么样的影响，等等。

总之，银行财务的三大基本决策是相互联系、相互影响和相辅相成的。投资效益的好坏一定会受筹资成本的影响；筹资能力的大小一定会受投资收益、股利分配的影响，而股利分配的多少一定会受投资收益、再投资机会等情况的影响。因此，只有把投资决策、筹资决策和股利分配决策放在一起研究，才会使银行财务发挥出更大的效益。

第二节　商业银行财务管理的环境

商业银行财务管理的环境（又称理财环境），是指对银行财务管理活动产生影响的内、外部各种因素的总和。银行的财务管理决策难以改变这些内、外部的约束条件，而更多的是适应他们的要求和变化。财务管理环境涉及的范围很广，主要有宏观和微观两大方面。

一、宏观环境

(一) 经济环境

经济决定金融，金融服务于经济。经济环境是商业银行依法经营的活动空间，经济环境的优劣直接影响到银行的财务决策。

1. 经济周期。一般来说，在经济周期的高涨阶段，资金周转加快，存款的增长与贷款的增长同步；而在危机阶段，贷款的需求急剧上升，存款则急剧减少；在萧条阶段，贷款需求很少，存款缓慢增长；在复苏阶段，贷款的需求超过存款的增长。作为银行财务管理人员，要能够预计经济周期的变化，及时调整财务计划，资金多余时有效地运用资金，资金不足时尽快地筹集资金，化解经济周期变化所带来的财务风险。目前我国正处在市场经济体制不断完善阶段，信用关系很不正常，突出表现在企业主要依靠银行供应资金——不论是经济效益好的企业还是经济效益非常差的企业，其资金需求都依赖银行贷款。存款增加，贷款需求也增加；存款减少，贷款需求还是增加。高涨阶段贷款需求旺盛，萧条阶段贷款需求仍然旺盛，贷款始终是快速增长的。在这种信用关系下，银行贷款仍是商业银行的主要资产，所以财务管理的重点应该是贷款资产的管理。

2. 通货膨胀。通货膨胀不仅对消费者不利，给银行理财也带来很大困难。因为在物价持续上涨的情况下，商业银行的存贷款利差可能小于零，银行所持有的金融资产价值也可能贬值。但是商业银行对通货膨胀本身无能为力，只有中央银行才能控制通货膨胀速度。在通货膨胀时期商业银行为了实现期望的报酬率，只能通过调整资产结构和负债结构，来调整收入和成本，同时通过其他金融工具套期保值。

3. 利息率的波动。在银行财务管理中，最具积极意义的莫过于利率管理。目前，我国银行利率的特点是：(1) 利率对贷款的调节作用不明显，对存款的影响也在减弱。在目前股市行情总体上涨的情形下，调高或调低存款利率，存款的增长速度都比较缓慢，大量的存款涌入股市，而贷款利率对贷款需求的敏感性也较差。调高贷款利率，固然增加借款人的筹资成本，但并不能抑制贷款的需求。利率再高企业也敢借款，原因在于借款人的还款意愿没有借款要求强烈。(2) 存贷款利率还不是完全的市场利率。存款利率虽然允许向下浮动，但各银行都在执行法定利率，贷款利率有一个浮动范围，但也是全国统一划起。可以说，法定利率就是市场利率。(3) 商业银行仍然拥有利率管理空间。筹资业务中，除了存款以外，其他负债应该是商业银行的一种主动负债，其利率是可以选择和协商的；资产业务中，除了贷款以外，其他生息资产的收益率也是可变的，银行财务管理人员通过娴熟的投资技巧可以提高资产收益率。因此，银行存贷款利率的波动以及与此相关的股票、债券价格的波动，对银行人员来说，既是挑战，又是机遇。

4. 国家的经济政策。国民经济的发展规划、国家的产业政策、经济体制改革的措施、政府的行政法规等，对银行的财务活动也会产生重大影响。比如，股份制度，破产制度，银行业、证券业、保险业、信托业分离制度等的实施，不仅对一般企业的生存和发展产生广泛而深刻的影响，而且也深刻地影响到银行的经营活动和财务活动。国家的经济政策往往随着经济状况的变化而不断地变动。这种变动，有的属于改革的不断深化，有的属于已往政策的调整，有的则属于现行政策的紧急刹车，使我国的国民经济能够持续快速发展。银行财务决策如果能够为这种变化留有余地，甚至预见其变化的趋势，那么对银行理财将大有好处。

（二）法律环境

银行财务管理的法律环境是指银行和外部发生经济关系时所要遵守的各种法律、法规和规章。商业银行在其经营活动中，要与国家财政税务、中央银行、其他银行、非银行金融机构、借款人、存款人、汇款人、银行职员发生经济关系。国家管理经济活动、处理经济关系，虽然行政手段和经济手段不可少，但在依法治国的条件下，法律手段将是主要手段。即使使用行政手段和经济手段，也必须依法进行。银行的理财活动，无论是资金的筹集、资金的运用，还是利润分配，都必须在法律允许的范围内进行，依法处理各种经济关系。

1. 经济法规。银行必须依法成立，依法经营。银行在成立和经营时所依据的经济法律主要有《中华人民共和国公司法》(以下简称《公司法》)、《中华人民共和国商业银行法》(以下简称《商业银行法》)、《中华人民共和国民法通则》、《中华人民共和国合同法》(以下简称《合同法》)、《中华人民共和国企业破产法(试行)》等。

设立商业银行,要依照《公司法》、《商业银行法》。《公司法》对公司企业设立条件、设立程序、组织机构、组织变更和终止的条件都作了具体的规定,包括股东人数、法定资本的最低限额、资本的筹集方式等。其中法定资本的最低限额还要遵守《商业银行法》的规定。银行一旦成立,其主要的活动包括财务活动,都要按照《公司法》的规定来进行。《公司法》既是企业的组织法,又是企业的行为法。商业银行作为金融企业,《公司法》也成为银行财务管理最重要的强制性规范,银行的理财活动不能违反该法律,银行的自主权不能超出该法律的限制。《商业银行法》规定了银行的业务经营范围,如我国《商业银行法》明确规定,商业银行"不得从事信托投资和股票业务","不得投资于非自用不动产","不得向非银行金融机构和企业投资"等。《商业银行法》是商业银行的基本法规,在经营过程中必须严格遵守。

《合同法》是一种行为法,它对合同的订立、合同的效力、合同的履行、合同的变更和转让、合同的权利和义务终止、违约责任等进行了具体规定。商业银行与借款人签定的"借款合同"、与出租人签订的"租赁合同"和"融资租赁合同"、与委托人或受托人签订的"技术开发合同"和"技术转让合同"与"技术服务合同"等,都必须符合《公司法》的要求,其合同才能受到法律保护,经营活动才是有效益的。

2. 税务法规。任何企业都有纳税的义务。有关税收的立法分为三类:第一类是所得税法规;第二类是流转税法规;第三类是其他地方法规。税负是商业银行的一种费用,会增加银行的现金流出,对银行的理财活动有着重要影响。税法对银行成本、费用开支范围及开支标准做了比较具体的规定,作为企业,都希望在不违反税法的前提下减少税务负担。但是,税负的减少,只能靠在投资、筹资和利润分配等财务决策时的精心安排和筹划来实现,而不允许在纳税行为已经发生时去偷税漏税。财务决策时应该考虑合理避税问题,当纳税行为已经发生就只能依法纳税。精通税法,应成为银行财务管理人员必备的一项业务素质。

3. 金融法规。金融法规是银行进行金融业务经营活动的行为准则。目前已经颁布的金融法规有:《中华人民共和国中国人民银行法》(以下简称《中国人民银行法》)、《中华人民共和国票据法》(以下简称《票据法》)、《中华人民共和国担保法》(以下简称《担保法》)、《中华人民共和国证券法》(以下简称《证券法》)、《中华人民共和国保险法》(以下简称《保险法》),其他法规如《贷款通则》、《支付结算办法》、《人民币利率管理规定》、《中华人民共和国外汇管理条例》、《经常项目外汇结汇管理办法》,等等。

《中国人民银行法》赋予了人民银行(中央银行)金融监管的权力。商业银行必须自觉接受人民银行的金融监督管理,严格执行中央银行制定的法定利率，积极配合中央银行的金融宏观调控；商业银行的设立和组织机构、业务经营范围，要符合《商业银行法》的规定；签发票据、受理票据应符合《票据法》的要求；发放贷款、处理贷款担保，只能按照《担保法》和《贷款通则》的规定办理；办理保险委托、代理证券发行等，都要遵守《保险法》和《证券法》等。总之，商业银行的一切经营活动包括财务活动，都必须在金融法律法规允许的范围内进行，才能实现银行财务管理的目标。偏离了法律法规，或者违背了法律法规，即使取得某些收益也不能为本行所有，甚至还会造成更大的损失。

4. 财务法规。财务法规主要指《企业财务通则》和《金融保险企业财务制度》。《企业财务通则》是各类企业进行财务活动、实施财务管理的基本规范，它对建立资本金制度、固定资产折旧、成本的开支范围、利润分配等进行了总的规定。《金融保险企业财务制度》是财政部根据金融保险企业的特点和管理要求而制定的行业规范。虽然各商业银行可以根据本行的特点和管理要求制定本行的财务管理办法或实施细则，但是它不能违背《企业财务通则》和《金融保险企业财务制度》的基本原则和要求。所以，财务管理人员应该熟悉财务法规，严格遵守，灵活运用。

（三）金融市场

金融市场是金融性商品交易的场所，是金融领域各种市场的总称。这些市场包括长期、短期资金的借贷市场；股票、债券的发行与流通市场；外汇、黄金的买卖市场等。金融市场是银行投资和筹资的场所，与银行财务管理有着十分密切的关系。当银行资金出现临时不足时可以到金融市场选择适合本行需要的筹资方式；当银行出现资金剩余时可以在金融市场选择灵活的投资方式，为其资金寻找出路。银行通过金融市场将长短期资金相互转化，既可以满足对资金的不同需要，又可以达到盈利的目的。金融市场的利率变动，反映了资金的供求状况，是银行财务决策必不可少的信息资源。

1. 金融市场和商业银行理财。

(1) 金融市场是商业银行投资和筹资的场所。金融市场上有许多融通资金的方式，并且比较灵活。商业银行主要靠客户的存款来获得营运资金，同时也可以到金融市场选择适合自己需要的方式筹资。贷款是商业银行的主要业务，它可满足企业或个人对资金的需求。商业银行还可投资于政府债券来获得一定的盈利。

(2) 商业银行是金融市场的主体之一。金融市场由主体、客体、参加人组成。主体是指银行和非银行金融机构，包括商业银行、投资银行、保险公司、抵押贷款市场的中介机构，是连接筹资人和投资人的桥梁。客体是金融市场上的买卖对象，如商业票据、政府债券、公司股票、可转让大额存单等各种信用工具。参加人是指客体的供给者和需求者，如企业、事业单位、政府部门、城乡居民等。

(3) 金融市场为商业银行理财提供重要的信息。金融市场的利率变动、资金的供求状况、证券市场的行情、黄金价格及汇率的变动等对商业银行的财务活动都有重大的影响。

2. 金融市场的种类。金融市场按其划分标准的不同，可作不同的分类。

(1) 按交易的期限不同，可划分为短期资金市场和长期资金市场。短期资金市场又称货币市场，是指交易期限不超过1年的短期资产交易的场所。短期资金市场又可分为同业拆借市场、商业票据市场、银行承兑汇票市场、可转让大额定期存单市场、国库券和其他短期融资市场。其资金一般用于流动资金贷款或用于资金清算的需要。长期资金市场又称资本市场，是指交易期限在1年以上的资金借贷和有价证券交易的市场。从该市场筹集的资金，主要用于长期贷款和投资。它是以交易长期信用凭证，如长期债券、长期股票为主的融通长期资金的场所。

(2) 按交易时间不同可划分为现货市场和期货市场。现货市场是指买卖双方成交后，当场或几天内买方付款、卖方交出证券的交易市场。期货市场是指买卖双方成交后，在双方约定的未来某特定的时日才交割的交易市场。期货市场发展很快，是金融衍生工具的主要类型。

(3) 按交易的性质不同可划分为发行市场和流通市场。发行市场是指从事新证券和票据等金融工具买卖的批发市场，也叫初级市场或一级市场。流通市场是指从事已上市的旧证券或票据等金融工具买卖的转让市场，也称次级市场、二级市场或零售市场。我国的国库券和政策性金融债券，现在都是采取由一级交易商组成的承销团通过竞标方式发行。全国性商业银行都是一级交易商，部分城市商业银行也进入一级交易商行列。国债市场和政策性金融债券市场已成为银行债券投资的主要场所。

3. 金融衍生工具市场。金融是经济的重要组成部分，金融发展与经济发展相互推动。20世纪70年代以来，计算机和电子通讯技术的迅速发展、竞争的加剧、商业银行财富最大化的追求，促使金融业在激烈的竞争中不断创新，以求生存和发展，因而与资本市场工具有关的衍生产品交易成为金融市场上最具创新精神的发展领域。

金融衍生产品或工具主要有可变利率存单、可变利率抵押贷款、期货交易、期权交易、利率互换、货币调换等。金融衍生工具及市场的发展，为银行提供了新的风险管理方式，也创造了更大的风险源；为银行业开辟了新的业务领域和利润增长点，也加剧了金融业内部的竞争；同时，也向金融监管部门的宏观调控提出了新的课题。

金融市场的发达程度对银行的经营状况有很大影响。金融市场越发达，商业银行的融资渠道越畅通，相应的筹资、贷款、投资也就比较容易；反之，商业银行经营就比较困难。

二、微观环境

(一) 明确的财务管理目标

明确的财务管理目标是银行经营活动的基础和指南。银行应当按照合法、合规、稳健的要求制定明确的财务管理目标，各部门、各分支机构要围绕整体目标制定各自相应的工作目标，以保证整体目标的实现。

（二）完善的岗位责任制度

完善的岗位责任制度是银行实施有效财务管理的基础。银行财务管理目标要靠各个岗位人员的共同努力才能达到。因此，银行应当推行内部工作的目标管理，制定规范的岗位责任制度、严格的操作程序和合理的工作标准。按照不同的岗位，明确工作任务，赋予各岗位相应的责任和职权，建立相互配合、相互督促、相互制约的工作关系。同时对重要岗位实行定期轮换，以保证继任者对上一任的工作进行考察，发现缺陷和不足。

（三）合理的岗位授权分责与岗位分离

银行的各项业务是由各级管理人员和在岗人员完成的，赋予各级人员的权限是完成任务的保证。按照各个岗位经营活动的性质和功能，建立健全“分级分口”管理和“授权有限”管理制度。各个管理人员只能在各自岗位上，按所授权的权限开展工作，并对各自职责范围内的工作负责。在对岗位授予相应权限时，首先要将相关岗位进行科学分离，即一项业务不是由一个部门或一个人员从头至尾地完成，而是在相互配合、相互监督的状态下完成，保证各个工作环节的完整和安全。例如，货币和有价证券的保管和账务处理相分离；重要空白凭证的保管与使用相分离；资金交易业务的授权审批与具体经办相分离；前台交易与后台结算相分离；信用的受理发放与审查管理相分离；损失的确认与核销相分离；电子数据处理系统的技术人员与业务经办人员以及会计人员相分离等。

（四）严格的决策程序

在财务管理过程中，所有重要业务、重大事项、重大决策，都必须严格按照规定的程序办理，并保留可以核实的完整的记录，禁止任何个人独断专行。凡是违规或违反程序的行为都应追究当事人的责任。

（五）有效的预警预报系统

建立预警预报系统，是为了早期预知或及时发现财务管理过程中的问题，防患于未然，从而减少失误和损失。因此，银行应围绕经营行为、业务管理、风险防范、资产安全等建立定期财务分析、信贷资产质量评价、资金运用风险评估制度；建立定期实物盘点、账证账表的核对制度；建立财务活动的事前、事中和事后监督制度；健全内部控制系统评审和反馈制度。对具有苗头性、倾向性的问题进行预警预报，以便把风险控制在最小程度。

（六）完善的资料信息保全系统

资料信息是对财务活动过程的全面记载，对这些资料信息安全保管，甚至对某些重要的合同、文件制作副本进行保管，是银行各项财务决策、财务控制、财务分析活动得以顺利进行的必要保证。

（七）严格的内部稽核制度

稽核部门是银行内部控制的综合管理部门。他们的主要职责是：对各项业务提出内部控制的建议，检查和评价各有关部门内部控制的建议，检查和评价各有关部门内部控制的情况，对内部控制制度的执行情况进行稽核，对违反内部控制的部门和个人提出处分建议。

第三节　商业银行财务管理方法体系

完整的财务管理方法体系包括财务的组织、预测、决策、计划、控制、核算、分析、监督、考核等组成部分。财务组织问题在管理学中讲述，会计计算与财务监督分别在会计学与审计学中讲述，本书仅对财务的预测、决策、计划、控制、分析、考核等主要方法和原理加以介绍，具体运用在本书以后各章阐述。

一、财务预测与决策

财务预测，主要是对商业银行计划期财务指标的测算，它是在过去与现在财务资料的基础上，对未来的财务状况与财务指标所作的估计。财务预测是制定财务计划的重要依据，任何一个银行对于未来的发展都需要作出多种设想和方案，这些方案中的收入、成本、利润和资金需求量等数据都是财务预测提供的。

财务决策，是根据商业银行经营战略和国家宏观经济政策的要求，从提高经济效益达到资本金利润率满意值的总目标出发，确定各项具体财务奋斗目标，并从两个以上的财务方案中选定一个达到某项财务奋斗目标的合适方案的过程。财务决策包括资金筹集和使用的决策，它是一个提出问题、分析问题和解决问题的分析判断过程。财务决策并不是一次性完成的，往往需要返回到以前的阶段。如在拟定解决问题的备选方案时会发现预测的信息并不完善，需要重新补充收集新的内容和决策依据，等等。银行有些财务决策是不断出现的重复性工作，如流动性管理、贷款管理、股利分配，等等。对于重复性财务决策，银行可以建立一定的程序，只要按程序进行就可解决问题；但有些财务决策是非重复性的，如银行对外投资、扩大投资规模等决策，对于此类财务决策，银行必须针对具体问题采取相应对策来解决。财务决策是财务管理的核心，是贯穿于银行经营活动全过程的一项重要的财务职能。

二、财务计划

财务管理的计划性要求商业银行认真编制财务计划。商业银行的财务计划规定着商业银行计划期内的利润、收入、成本费用、资金占用水平、投资与筹资规模，反映着商业银行与各方面的财务关系，是组织商业银行财务活动的纲领。

财务计划可以分为财务规划和财务预算。财务规划把资金、利润和成本相互协调以适应银行经营规模和水平。财务规划工作的重点在于对各部门活动进行协调，为财务预算提供基础。财务预算是对未来的财务状况和经营成果做出科学的估计。财务预算是财务计划工作的重要成果，它不仅使财务决策更加具体化，而且也是财务控制的依据。财务计划在很大程度上依赖于财务报表，但其目的在于评价银行的现金流量，建立规划以确保银行有足够的现金流入来支持银行财务管理目标的实现。

三、财务控制

财务计划的执行要依靠财务控制。财务控制，就是根据商业银行财务计划目标、财务制度和国家有关法规，对实际或预计的财务活动开展情况进行对比、检查，发现偏差并及时加以纠正，使之符合财务目标与制度要求的管理过程。

四、财务分析

财务分析，是以财务的实际和计划资料为依据，结合商业银行业务经营活动情况，对造成财务偏差的主观和客观因素进行揭示，并测定各影响因素对分析对象的影响程度，提出纠正偏差对策的过程。财务分析不仅可以评价银行过去的经营业绩，而且也可以剖析银行目前的财务状况。通过财务分析可以避免仅凭预感、直觉作决策，减少了决策的盲目性。

五、财务考核

财务考核，是将报告期财务指标实际完成数与规定的考核指标进行对比，确定有关责任单位与个人是否完成任务的过程。

上述财务管理的一般方法是密切联系的有机体。其中，预测与决策是前提，计划是纲领，控制与分析是保证，考核是归宿。各种方法应配合使用，形成科学的财务管理方法体系。

第四节　现代公司财务理论的发展

商业银行也是现代意义上的公司，所以，公司财务管理的理论也是商业银行财务管理的理论基础。

20 世纪初，公司财务理论开始作为一个相对独立的研究和学科领域在西方国家（主要是美国）出现。当时，美国正处于第一次企业合并浪潮时期，公司财务所探讨和研究的主要内容集中在公司设立与合并，以及如何在资本市场上筹措资金等方面。

20 世纪 20 年代，随着美国经济的扩张和发展，企业对资金的需求迅速增加，公司财务也更加注重研究企业的外部资金筹措和保持企业的清偿能力问题。

20 世纪 20 年代末和 30 年代初，美国的经济危机导致大量企业破产，公司财务理论开始转向研究企业破产、重组等方面的问题。从企业的角度出发，公司财务要研究如何使企业保持坚实的资本结构已能够在变幻不定的经济环境中站稳脚跟；从投资者的角度出发，要研究如何准确地分析和判断企业的清偿能力，以保证投资的安全。另外，经济危机使得美国加强了对企业与资本市场的管理与控制，加强了对企业信息披露方面的要求，这一措施有力地促进了通过财务数据了解企业经济业绩的方法——财务分析研究的发展。

20 世纪 40 年代至 50 年代初，公司财务在继承了 20 ~ 30 年代研究内容的基础上，增加和丰富了财务计划、现金流量控制、资本预算等方面的内容，包括净现值方法在内的多种技术分析手段被广泛用于资本预算分析。

20 世纪 50 年代以后，公司财务理论和研究发生了重大变化，一系列构成现代财务理论基石的基础性研究成果开始涌现，主要有：

一、MM 的资本结构理论和股利政策理论（capital structure and divided policy theory）

Modigliani 和 Miller（简称 MM）于 1958 年提出了现代财务管理中最令人振奋的理论之一——资本结构无关论，他们认为公司的价值取决于其未来收益的现值，而与其资本结构（即负债/股东权益比）无关。换言之，公司的价值来源于其资产的收益能力，而与这些资产是如何筹集获得无关。

MM 理论从包括完备资本市场等在内的一系列严格假设着手，利用套利来实证资本结构与公司价值是无关的。他们指出，如果负债筹资的公司比全部股东权益筹资的公司有更高的公司价值，拥有这一负债筹资公司股票的投资者就可以出售这些股票并用所得款项加上借入资金去购买全部股东权益筹资的公司股票。抛出负债筹资公司股票的同时又购入全部股东权益筹资公司股票的市场套利行为会使这两家公司的股票价格趋于一致。这样一家公司的股票价格与其所采用的资本结构无关。

如果 MM 理论是正确的，经理就无需关心资本结构决策，因为这种决策不会影响股票价格。可是，就像其他经济理论一样，MM 理论只是在一组特殊的假设条件下才成立。通过展示资本结构与公司价值无关所依据的假设，MM 理论提供了有关负债筹资何时和如何影响公司价值的重要见解。MM 理论的重要贡献在于把以往财务管理主要对资产负债表右侧（筹资决策）的关注调整到资产负债表的左侧（投资决策），因而在财务管理发展史上具有划时代的意义。

在 1963 年，MM 把公司所得税加入到他们的模型中。考虑了公司所得税，公司的股价将直接与负债筹资的利用程度有关。负债筹资比重越高，股价越高。按照有税条件下的 MM 理论，公司应该 100% 负债，因为股东的利益来自于税后利润，而偿还债权人的利息都是以息税前利润支付的。这样，负债越多，作为包括股东和债权人在内的投资者从公司经营所获收益也就越高。然而，现实中的公司并没有 100% 的负债。为了使修正后的 MM 模型与实际行为保持一致，研究人员致力于使许多假设开始放松。尤其是，财务危机可能性以及代理成本的存在使有税条件下的 MM 理论发生了重要改变。在修正后的 MM

模型中，税收屏蔽作用虽然使得在初期公司价值随着负债的增加而上升，但与此同时，对公司价值构成不利的潜在财务危机计成本和代理成本也会提高。当负债增加到一定程度时，公司价值就会因再增加负债而下降，这是因为税收屏蔽利益将被潜在的财务危机成本和代理成本的增加所抵消。修正后的 MM 模型指出：(1) 适度负债是有利的；(2) 过分负债是不利的；(3) 每一家公司都有最佳资本结构。这一 MM 模型所基于的资本结构权衡理论揭示了影响公司最佳资本结构的因素。

MM 也讨论了股利政策和股价之间的关系。股利政策是指与支付股利有关的决策。在完备资本假设的基础上，他们还假设：(1) 公司资本预算政策不会受股利政策的影响；(2) 所有投资者的行为都是理智的。MM 在 1961 年所得出的结论是股利政策与公司价值无关。他们认为，公司价值完全是由其投资决策确定的，股利政策只是一个被动的决策组成部分。因为在假设公司投资决策和借款筹资决策不变的前提下，股利政策的制定实际上是在保留盈余还是发放现金股利并发行新股之间进行权衡。如果公司采取支付现金股利并发行新股，怎样才能吸引投资者来购买新股呢？关键是老股东必须放弃一部分享有公司未来股利的股东权益给新股东，只要新股东所作的投资与所取得股东权益的价值等值，新股东将会参与投资。老股东是否会在意这种一方面得到额外现金股利，另一方面其股东权益受到稀释的股利政策呢？如果这是股东得到现金的唯一途径，他们的确会重视公司推出的这一股利政策。但只要资本市场是有效的，股东还可以自己出售股票来取得现金。公司发放现金股利与股东自己出售股票换取现金的共同之处是股东权益从老股东转移至新股东。因此，股东并不会对发放高股利的股票支付更高的价格，公司的股利政策与公司价值无关。

在假设条件下，股东可以通过自制财务杠杆（即利用负债）来完全替代公司的财务杠杆，公司选择何种资本结构就无实际意义。同样在假设条件下，股东可以通过自制股利来完全替代公司支付的股利，公司股利政策也就与公司价值无关。因此，无论是资本结构无关论，还是股利政策无关论，都说明了一个深刻的道理，即公司价值的创造关键取决于公司财务管理是否能为股东做其本人不能做的某些事情。

二、资产组合理论与资本资产定价模型（portfolio theory and capital asset pricing model）

资产组合理论是由 Markowits 首先提出的。根据 Markowits 的讨论，个别资产的某些风险是可以分散的，只要不同资产间的收益变化不完全正相关，就可以通过将多个资产构成资产组合的方式来降低投资风险，即持有由若干个资产构成的资产组合的投资风险低于单独持有组合中任一资产的投资风险。如果投资者的投资对象是一个投资组合，则它在衡量一项资产的风险大小的时候，也不应该以该资产本身孤立存在时的风险大小为依据，而应以他对整个投资组合的风险大小为依据。特别值得指出的是，Markowits 在他的理论中，提出了利用概率统计的方法，通过期望值和标准差等指标对投资的收益和风险进行衡量，从而为投资的定量分析和理论分析提供了重要的数学方法。

资本资产定价模型是由 Sharpe，Lintner 和 Mossin 等人分别独立提出的，这一理论揭示了个别资产的风险与收益的关系。在完善市场和其他一些假设条件下，资本资产定价模型指出，单个资产的风险收益率取决于无风险资产收益率、市场资产组合的收益率和该风险资产的收益率的变化与市场资产组合收益率变化间的相互关系。资本资产定价模型对确定企业的资本成本或投资者所要求的投资收益率有着重要的应用价值。

三、期权定价理论（option pricing theory）

期权是一种特殊的合约，它赋予期权持有者在预定的时间内按事先约定的价格买入或卖出规定数量的某种标的资产的权利。因此期权所有者可以根据是否有利，来决定是否执行期权所赋予的权利。尽管商品期权交易的历史可以追溯到很久以前，但由于交易规范化和如何有效地确定期权的交易价格这两大难题未能很好地解决，所以其交易量和交易品种一直局限在一个很小的范围内。1973 年 4 月 26 日，芝加哥期权交易所（Chicago Board Option Exchange，CBOE）正式挂牌，为期权交易提供了规范化的交易场地和交易规则。同年，Black 和 Scholes 提出了他们的期权定价模型，解决了期权定价的难题，为期权的理论和运用做出了重大的贡献。期权交易所的建立和期权定价模型的提出，为期权交易的发展打下了坚实的基础。目前，期权交易已成为世界上交易数额最大、范围最广的一种交易。

除明确冠以"期权"（如股票期权、外汇期权等）的各种金融工具外，可转换债券、可转换优先股、认股权证等企业筹资工具都具有明显的期权性质，同样可以利用期权定价模型来分析这些筹资工具的价值。另外，期权理论还可以用于投资分析和企业价值与资本结构分析。近年来，期权定价从金融期权引入实物资产投资的定价，被称为实物期权。

四、效率市场假说（efficient markets hypothesis）

效率市场假说中的"效率"是指资产的市场价格对可以影响价格变化的有关信息的反映速度。如果资产的市场价格对各种导致价格变化的信息可以迅速做出反应，市场就是有效率的；反之，市场的效率就不高。Eugene Fama 是在市场效率假说方面做出重大贡献的学者之一，也是这一假说的坚定拥护者之一。1970 年，Fama 在他的论文中根据历史信息、全部公开信息和内幕信息对股票价格的不同影响，将市场的效率分为弱有效率、次强有效率和强有效率三个层次，并作了深入的讨论。根据效率市场假说，如果市场是有效率的，将没有任何方法可以使投资者始终如一地在市场上获得超额利润。这一假说成立与否，或成立的程度大小，对投资者的投资行为和收益，特别是其在证券市场上的投资行为和收益，有重大的影响。比如，如果市场是完全有效率的，证券的市场价格已经完全反映了所有的信息，则证券的价格就是其价值的最好反映。这时，企业可以随时在市场上用任何一种金融工具进行融资，而不必担心因证券的定价失误影响自己的筹资成本。相反，如果市场不是完全有效率的，就可能存在证券的定价错误，企业就需要考虑目前自己的股票和债券是否被合理地定价，进而考虑应该选择什么样的金融工具进行融资，以降低筹资成本。

五、代理理论（agency theory）

从企业的性质看，企业可以被看作是一个“契约关系的集合”。这种契约关系在一定程度上也就是一系列委托代理关系的体现。股东作为企业的所有者，委托企业的经营者代为经营管理企业，从而形成了股东与经营者之间的委托代理关系；债权人将资金投入企业后，在很大程度上就失去了对资金使用的控制权，而是由企业股东及其代理人——企业的经营者决定资金的使用，从而形成了债权人与企业股东间的委托代理关系。由于委托人与代理人的利益存在着不同之处，代理人为追求自身利益的最大化，可能会偏离甚至损害委托人的利益。为了防止这种现象的发生，减少损失，委托人要对代理人进行必要的监督与约束，从而形成了代理成本。代理理论就是要研究不同筹资方式和不同资本结构的代理成本的高低，以及如何降低代理成本、提高公司价值等问题。

六、信息不对称理论（asymmetric information theory）

企业的经营者由于掌握着企业的实际控制权，并了解公司的各种相关信息，被称为公司的内部人。公司的股东、债权人等投资者，相对于公司管理层来说，对公司的信息了解非常有限，被称为公司的外部人。公司内、外部人之间存在着信息的不对称，这种信息不对称会造成对公司价值的不同判断。为了更多地了解公司的实际情况，公司外部人员除了通过公司财务报表了解公司财务状况外，还要通过公司的利润分配、资金筹措等活动了解公司的经营状况。因此，公司的利润分配、资金筹措等活动除了其本身固有的作用外，还有着强烈的信号传递作用。投资者对上述活动所隐含的关于公司经营状况和信息的理解和判断，将对公司股票的市场价格产生重大影响。因此，公司决策人员必须认真考虑上述决策所产生的信息传递作用和影响。

信息不对称不仅影响投资者对企业价值的判断，也会影响股东对公司经理人员业绩的评价。长期以来，人们都是通过财务报表提供的数据计算的净利润、每股收益或净资产收益率和企业的市场价值（上市公司即为其普通股票的市场价格）来衡量公司的业绩。但是，由于财务报表的编制具有相当的弹性，这时的管理者和股东之间存在着信息不对称，仅凭报表业绩决定经营者的实际工作绩效和报酬很可能是不恰当的。而股票价格的变化又受到多种因素的影响，其中一些因素是管理者完全无法控制的。因此，完全将管理者的报酬与股票价格挂钩也不一定是一种高效率的管理方法。在某种程度上，这还会加大公司管理人员所承担的风险，导致其行为偏离股东财富最大化的方向。

总之，信息不对称问题的存在，一方面，使得股东难以了解企业的真正经营业绩，从而难以确定管理者的合理报酬；另一方面，也会影响管理者进行正确的决策。例如，如果一项投资有利于企业的长期利益，但在短期内会影响企业的利润，而财务评价指标不能准确地将这一信息传递给股东，管理者出于自身利益的考虑可能会不进行投资。因此，企业迫切需要一些新的财务评价方法和评价指标来确定企业的经营业绩。20 世纪 90 年代以来在美国逐渐应用的经济增加值（economic value added，EVA）和修正的经济增加值（REVA）指标就是在这一背景下产生的新的衡量企业业绩的财务指标。

经济增加值指标是公司经过调整的营业净利润（NOPAT）减去该公司现有资产经济价值的机会成本后的余额，其定义为：

$$EVA = NOPAT - K_W \times NA$$

式中：K_W 表示企业的加权平均资本成本；NA 表示公司资产期初的经济价值；NOPAT 是以报告期营业净利润为基础，经过一系列调整后得到的营业净利润。

七、行为公司财务（行为公司金融）理论（behavioral corporation theory）

自 20 世纪 90 年代以来，随着行为经济学，尤其是行为金融学的发展，人们逐渐开始从新的角度研究公司财务领域中的传统问题，并取得了新的成果。在行为金融学的框架下，人们突破了经典经济学和金融学关于“理性人”假说的局限，从新的视觉来研究公司财务问题。行为公司财务认为：一方面，企业经理人的决策受其心理因素的影响，企业投资融资活动会偏离企业价值最大化的目标；另一方面，投资者的决策也受心理因素的影响，无法对企业的价值做出准确的评估。

首先，经典金融学理论认为通过适当的合理安排和激励手段，可以克服代理成本的问题，构建合理的公司治理结构，从而使经理人的决策符合股东利益。而行为公司金融认为，经理人不是完全理性的，即使其本人完全具有和股东一致的目标，他的决策仍然有可能损害股东利益。在公司股利政策方面，Benartzi，Michaely and Thaler 的研究显示，公司分红并不像传统理论认为的那样，是对公司未来盈利能力的信号。相反，分红常常反映了公司的历史业绩，而这与经理人的过度自信有关。在对公司兼并理论的研究中，Roll 的研究表明，大量兼并收购是由于经理人的过度自信引起的。与此有关的是公司现金存量和多元化战略对公司价值的影响。一些研究表明，与传统理论的预测相反，具备大量现金或实施多元化战略的公司，其股票价格往往比其他类似公司低一些。Barberis and Shleifer 构造的行为金融模型对这些令人费解的现象做出了解释：经理人的过度自信促使公司实行并购，大量现金使这一战略易于实施，从而实现多元化经营。而过度自信引发的这些现象对股东利益是有害的。

其次，经典金融学理论假设金融市场是有效率的，投资者能正确判断公司行为对公司价值的影响，市场上的正确价格信号又能帮助经理人做出正确的决策。而行为金融认为，由于投资者的判断受心理因素的影响，市场价格并不一定反映企业真实价值，最直接的例子是公司的融资行为。如果公司股价偏离公司真实价值，经理人便可以既不按融资顺序理论，先是用自有资金，后发债，最后募股；也不按权衡理论，权衡各融资方法的利弊；而只需在股价高估时募股，股价低估是发债就可以了。这种行为被称为市场时机选择（market timing），Baker and Wurgler 的研究验证了市场择时现象的存在。Loughran and Ritter 运用行为经济学中的前景理论对公司上市时投资者和发行人的心理进行研究，发现损失规避能够较好地解释公司上市中的一些现象。

总之，行为公司财务从经理人和投资者的"非理性"行为出发来研究和解释公司财务中存在的问题，为我们进一步了解和研究公司财务中的问题提供了新的视觉和范式。

本章小结

商业银行财务管理的对象是以现金收支为主的银行的资金及其流转。具体包括银行筹资引起的财务活动、银行投资引起的财务活动、银行的利润分配所引起的财务活动，以及在各项财务活动过程中所形成的与各利益主体之间的财务关系。

对商业银行财务管理的目标主要有两种观点：一是利润最大化；二是银行股东财富最大化。由于利润最大化没有考虑到资金的时间价值和风险报酬以及本身的概念模糊，所以作为财务管理的目标有缺陷。而股东财富最大化既考虑到了资金的时间价值，又考虑到了风险报酬，并考虑到各利益主体的利益和银行的长远利益，所以以股东财富最大化作为银行财务管理的目标最具有科学性。

商业银行财务管理的环境，是指对银行财务活动产生影响作用的银行内、外部各种因素的总和。因此，财务管理的环境涉及的范围很广，主要有经济环境、法律环境、市场环境和内部控制环境。影响银行财务活动的经济环境主要有经济周期、通货膨胀、利息率的波动和国家的经济政策变化等；银行财务管理的法律环境主要有经济法规、税务法规、金融法规和财务法规等；市场环境是指金融市场为银行的投融资活动提供场所，以及金融市场的发达程度对投融资的影响；内部控制是银行为控制既定的工作目标和防范风险，对内部各职能部门及其工作人员从事的业务活动进行风险控制、制度管理和相互制约的方法、措施和程序的总称。

银行财务管理的方法主要有财务预测及决策、财务计划、财务控制、财务分析和财务考核，它们共同组成了的完整的财务管理方法体系。

财务管理的理论从20世纪初开始发展到今天，形成了一系列的财务管理基础理论。特别是20世纪50年代以后，出现了一系列现代财务管理理论。主要有：MM的资本结构理论和股利政策理论、代理理论、资产组合理论和资本资产定价模型、期权定价理论、市场效率假说、代理理论、信息不对称理论和行为公司财务理论，它们都为现代公司理财奠定了基石。

复习思考题

一、名词解释

银行财务管理　理财环境　财务管理目标　股东财富最大化

二、问答题

1. 商业银行财务管理的对象是什么？

2. 怎样理解商业银行财务管理的目标？

3. 商业银行财务管理的环境包括哪些内容？

4 . 商业银行财务管理方法体系有哪些？

5. 现代财务管理理论主要有哪些？它们的主要内容是什么？

第二章

银行财务管理的基本因素

在市场经济条件下，对于不同时点上资金的价值有不同的计量。要对现金流量的终值和现值进行合理的换算，要根据收益和风险均衡的原则研究风险报酬，使银行所冒的风险能获得相应的收益。这里所涉及的资金时间价值和投资风险价值，通常是通过利息率来表示的，而利息率除了资金时间价值和投资风险价值以外，还取决于通货膨胀情况和资金的供求关系。资金时间价值、投资风险价值和利息率是决定财务活动的基本因素，这是贯穿于银行财务管理全过程的基本价值观念。普通股股票和债券的价值是银行筹资管理所必需涉及的最基本的方面，而利息率是普通股股票和债券市场价格的基本决定因素。关于利息率问题，许多教材中已有较详实的阐述。因此，本章将主要阐述资金时间价值、风险报酬、风险收益均衡等银行财务管理的基本因素，以及与风险收益均衡相关的资产组合理论、资本资产定价理论和普通股股票及债券的估价方法。

第一节　资金的时间价值

资金的时间价值是客观存在的经济范畴。任何银行的财务活动，都是在特定的时空中进行的。离开了时间价值因素，就无法正确计算不同时期的财务收支，也无法正确评价该银行的盈亏。时间价值原理，正确地揭示了不同时点上资金之间的换算关系，同时也是银行财务决策的基本依据。

一、资金时间价值的含义

（一）什么叫资金的时间价值

对于资金的时间价值的概念，至今没有一个统一的定义。比较接近的有下列几种：

在商品经济中，有这样一种现象：即现在的1元钱和1年后的1元钱其经济价值不相等，或者说其经济效用不同。现在的1元钱，比1年后的1元钱其经济价值要大一些，即使不存在通货膨胀也是如此。为什么会这样呢？例如，将现在的1元钱存入银行，1年后可得到1.10元（假设存款利率为10%）。这

1 元钱经过 1 年时间的投资增加了 0.1 元，这就是货币的时间价值。所以货币的时间价值是指经历一定时间的投资和再投资所增加的价值。

由于时间推移，投入再生产过程周转使用的资金所形成的差额价值，叫做资金的时间价值。资金的时间价值，就是社会再生产过程中的资金由于各种时间因素而形成的差额价值。

西方国家的传统说法是：即使在没有风险和没有通货膨胀的条件下，今天 1 元钱的价值亦大于 1 年以后 1 元钱的价值。股东投资 1 元钱，就牺牲了当时使用或消费这 1 元钱的机会或权利，按牺牲时间计算的这种代价或报酬，就叫做时间价值。

英国经济学家凯恩斯从资本家和消费者心理出发，高估现在货币的价值，低估未来货币的价值。他认为，时间价值在很大程度上取决于灵活偏好、消费倾向等心理因素。投资者进行投资就必须推迟消费，对投资者推迟消费的耐心应给以报酬，这种报酬的量应与推迟的时间成正比。因此，单位时间的这种报酬与投资的百分率称为时间价值。

西方经济学家对时间价值所下的定义，仅仅反映了资金时间价值的一些现象，并没有说明它的实际内容和事物的本质。要认识什么是资金的时间价值，应该根据马克思的论述，研究资金的本质特征，分析资金时间价值的各种表现。

马克思指出："资本在某种意义上，可以称为处于运动过程中的价值。""作为资本的货币流通本身就是目的，因为只是在这个不断更新的运动中才有价值的增值。"马克思对资本的这些论述，对于我们研究社会主义市场经济条件下资金的时间价值是完全适用的。根据马克思的理论，我们可以认为社会主义市场经济条件下的资金，是社会再生产过程中运动着的价值、社会经济组织所有的、用来创造新的物质财富的价值。运动是资金的本质特征。资金的增值正是在其运动过程中实现的，没有资金的运动就不能创造出满足社会需要的各种新的物质财富，当然也就不能实现价值的增值。既然资金的增值是在运动中实现的，就必定存在运动的时间。而且，资金的增值是在运动中实现的，其增值量的大小就不能不同资金运动的时间有着密切的联系。这就是我们研究资金的时间价值的出发点。

资金的运动要顺序地经过购、产、销三个阶段，并依次表现为货币资金、生产资金、成品资金三种形式。资金在它的任何一种形式和任何一个阶段上的运动都是连续进行的，不能中断。资金运动中的价值增值，不能脱离资金运动的各个阶段和各种形式，而资金运动的时间应该是经济单位全部资金在流通过程和生产过程中的持续时间。我们研究资金的时间价值，必须对资金运动的各个阶段和各种形式加以探讨，孤立地看货币资金这一种形式是难以说明问题的。

资金使用的时间长短不同，具有不同的价值。资金是用来创造新的物质财富的价值，而价值的形成需要一定的生产时间和流通时间，所以，资金在运动中发挥作用的时间越长，增值额就越多。运动着的资金，总是要经过较多的周转阶段，经历较多的循环过程，价值的增值正是在资金的不断循环中实现的。或者说，资金的时间价值就是资金经历相当时间的周转使用而带来的增值额。存款利息、债券利息、股息等，都是它的表现形式，在实务中通常以利率来反映资金时间价值的大小。但是利率的确定除了资金供求关系以外，还要考虑通货膨胀、风险价值等因素。而资金的时间价值主要是由社会经济效益水平决定的，是客观存在的。如果排除通货膨胀、风险价值等因素，资金的时间价值大体上相当于社会资金的纯收入率。存款利率、债券利率、股息率的高低，实际上都依附于资金的纯收入率。

资金周转的快慢不同，具有不同的价值。资金既然是运动着的价值，其运动就必然有个速度问题。资金周转的速度越快。就意味着在相同的时间里经历了较多的资金循环过程。如果每次循环带来的增值额不变，在同样的时间里就可以获得更多的增值额。通常计算资金周转的经济效果是从资金占用量来考虑的，即计算资金的绝对节约额或相对节约额。我们还可以从资金所带来的增值额来考虑，计算由于周转快慢而带来的差额价值。从资金利用的角度看，企业利润的多少取决于资金占用量、一次周转的资金利润率、资金周转的次数。一家银行的资金周转速度如果比上一年加快一倍，就意味着同量的资金在同一时间内完成了双倍的周转次数，于是带来双倍的增值额。因此对于资金使用者来说，时间就是金钱，争取了更多的时间就能获得更多的价值。我们说提高资金的利用效果，就是要求用较短的时间实现较多的价值增值。

资金投入和收回的时间不同，具有不同的价值。资金具有垫支性。新建扩建企业，首先要投入资金，经过基建、试产、投产以及产品销售等过程，可以把垫支的资金收回，并实现积累。这样，在进行投资时就不能不考虑回收期。投资回收期越短，垫支的资金收回得越早，就越能把原来垫支的资金用于扩大再生产，给国民经济带来更多的利益。这种由于提前收回投资而带来的纯收入，也是资金的一种时间价值。与此相联系，在投资回收的日期既定的情况下，资金投入的时间越晚，越可节约为取得资金而付出的代价（如利息等）。推而广之，人们还应该选择资金投放和收回的适当时机，时机得当，同量的资金就可以取得更大的使用效果。

（二）资金的时间价值的真正来源

资金为什么具有时间价值？为了解决这个问题，我们可以根据马克思的资本运动理论，分析一下资金的时间价值产生的条件和根源。

在简单的商品经济下，商品流通的形态变化是 W—G—W。这一运动的目的在于让渡一种使用价值，换取另一种使用价值，两极的价值量相同。每一次循环之后，其目的既已达到，就可能发生间断，因而这一运动形式不具有时间上的连续性。在发达的商品经济条件下，商品流通的变化形态是 G—W—G。这一运动的特点是始点和终点都是货币，没有质的区别。马克思指出：“G—W—G 过程所以有内容，不是因为两极有质的区别（二者都是货币），而是因为它们有量的不同，最后从流通中取出的货币，多于起初投入的货币……因此，这个过程的完整形式是 G—W—G’。其中的 G’ = G + ΔG，即等于原预付货币额加上一个增值额。我们把这个增值额或超过原价值的余额叫做剩余价值。可见，原预付价值不仅在流通中保存下来，而且在流通中改变了自己的价值量，加上了一个剩余价值，或者说增值了。”每一个经营者总是希望在始点投入尽可能少的货币，而在终点取得尽可能多的增值额，并且要求这种运动不断地继续下去。因而这一运动形式上具有时间上的连续性。增值额的大小同投入的货币发挥作用时间的长短具有内在的联系。

上面分析的是流通过程的价值运动形式，如果把生产过程和流通过程结合起来加以分析，资金运动的全过程则表现为：G—W…P…W'…G'。因此可以看出，处于终点的 G'，是由 W' 实现的结果，而 W' 即包含增值额在内的形成于生产过程的全部价值。其中，增值部分是工人创造的剩余价值。因此，时间价值不可能由“时间”创造，也不可能由“耐心”创造，而只能由工人的劳动创造，即时间价值的真正来源是工人创造的剩余价值。马克思指出：“作为资本的货币流通本身就是目的，因为只是在这个不断更新的运动中才有价值增值”。“如果把它从流通中取出来，那它就凝固为贮藏货币，即使藏到世界末日，也不会增加分毫。”由此可以看出，并不是所有货币都有时间价值，而只有把货币作为资金（或称为资本）投入到生产经营过程中才能产生时间价值，即时间价值是在生产经营过程中产生的。所以，在社会主义市场经济条件下，货币的时间价值实际是资金的时间价值。

二、资金时间价值的计算

马克思不仅正确地说明了剩余价值的产生和来源，同时也正确地揭示了剩余价值是如何计算的。在《资本论》中，马克思精辟地论述了剩余价值是如何转化为利润，利润又转化为平均利润的，最后，投资于不同行业的资金会获得大体相当的投资报酬率或社会平均的资金利润率。所以，确定时间价值应以社会平均的资金利润率或平均投资报酬率为基础。但是，投资都或多或少地带有风险，通货膨胀又是客观存在的经济现象，而投资报酬率或资金利润率除包含时间价值以外，还包括风险报酬和通货膨胀贴水。在计算时间价值时，后两部分是不应包括在内的。时间价值可以有两种表现形式：其一是相对数，即利率（假设没有风险和通货膨胀）；其二是绝对数，即利息。

（一）单利

单利是只对最初本金计算利息的一种计算方法。在计算利息之前，我们还必须弄清楚两个相关概念：终值（Future Amount，FA）和现值（Present Value，PV）。终值是指现在一定数额的资金经过若干期后的本金与利息之和，简称本利和。现值是指未来某一时期一定数额的资金折合成现在的价值，即资金的现在价值。单利的计算公式为：

$I = PV \cdot i \cdot n$

式中；I 代表利息；PV 代表本金；i 代表利率；n 代表计息期数。

计息期可以是天、月、季、年。日利率用万分数表示，月利率用千分数表示，年利率用百分数表示。

单利终值的计算公式为：

$FA = PV（1 + i \cdot n）$

［例 2－1］ 2003 年 5 月 8 日，李咏将现金 10000 元存入银行，种类为 3 年期整存整取定期储蓄存款，存入日年利率为 2.52%。

该笔存款到期日利息为：

$I = PV \cdot i \cdot n = 10000 \times 3 \times 2.52\% = 756$（元）

（二）复利

复利是指以最初本金加上各期累计利息作为本次计息本金的一种计息方法。通常将复利计算方法称为“利滚利”。在西方国家，如计息期在两期以上，利息一般都按复利计算。目前我国银行对活期储蓄存款每季度计息一次，是按季度复利。定期储蓄存款和单位定期存款都是单利计息。贷款按季或者按月计息，对于到期应收未收利息银行计收复利。

复利的计算公式为：

$FA = PV（1 + i）^n$

［例 2－2］ 分别计算例 2－1 的单利终值和复利终值。如表 2－1

表 2－1

时间	单利终值（元）	复利终值（元）
第一年末	$FA = 10000 \times（1 + 2.52\% \times 1）= 10252$	$FA = 10000 \times（1 + 2.52\%）^1 = 10252$
第二年末	$FA = 10000 \times（1 + 2.52\% \times 2）= 10504$	$FA = 10000 \times（1 + 2.52\%）^2 = 10510.35$
第三年末	$FA = 10000 \times（1 + 2.52\% \times 3）= 10756$	$FA = 10000 \times（1 + 2.52\%）^3 = 10775.21$
第 n 年末	$FA = PV（1 + i \cdot n）$	$FA = PV（1 + i）^n$

$\because FA = PV（1 + i）^n$

$\therefore PV = FA（1 + i）^{-n}$

复利现值是复利终值的逆运算。上式中，$(1 + i)^n$ 称为复利终值系数，可以查 1 元复利终值表。$(1 + i)^{-n}$称为复利现值系数，可以查 1 元复利现值表。在例 2－2 中，尽管名义利率相同，由于计息方法不一样，实际得到的利息也不相等，计息期越短，在一年内复利的次数就越多，那么实际得到的收益率也就越高。

［例 2－3］ 银行贷款 10000 元给机械厂，期限 1 年，利率 7.029%。试比较按年计息、按季计息、按月计息的实际收益率。

按年计息的利息：$I = 10000 \times 7.029\% \times 1 = 702.90$（元）

实际收益率：$i = 702.9 \div 10000 = 7.029\%$

按季计息，如果能按时收到利息，银行可以将此利息再以同样的情况贷出，使得该利息能够生息。如果不能按时收到利息，则可以对其计收复利。因此按季计息实际上就是按季复利。$I = 10000 \times (1 + 7.029\% \div 4)^4 - 10000 = 721.65$（元）

实际收益率：$I = 721.65 \div 10000 = 7.2165\%$

按月计息也可以看作是按月复利。

$I = 10000 \times (1 + 7.029\% \div 12)^{12} - 10000 = 725.99$（元）

实际收益率：$I = 725.99 \div 10000 = 7.2599\%$

实际收益率与名义利率的关系可以用下式简便求得：

$1 + i = (1 + r \div m)^m$　　　　　$i = (1 + r \div m)^m - 1$

式中：i 代表实际收益率；r 代表名义利率；m 代表在 1 年内复利的次数。

(三) 年金

年金是指每隔相同时间（1 年、1 季、1 月）收入或支出相等数额的款项。可以称为年金的，必须具备两个条件：一是间隔的时间相等；二是收入或者支出的款项相等。定期收入或支出的租金、工资、保险费、零存整取、整存零取、存本取息、整笔贷款分期等额归还等，都属于年金。由于收入或者支出的时间不同，年金有着多种形式。每一种年金都有终值和现值之分，而且都是建立在复利计算的基础之上。

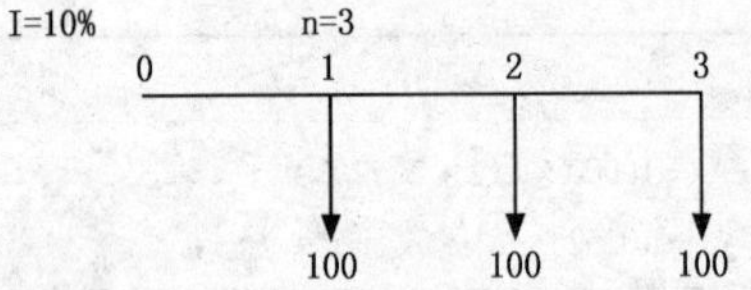

图 2-1

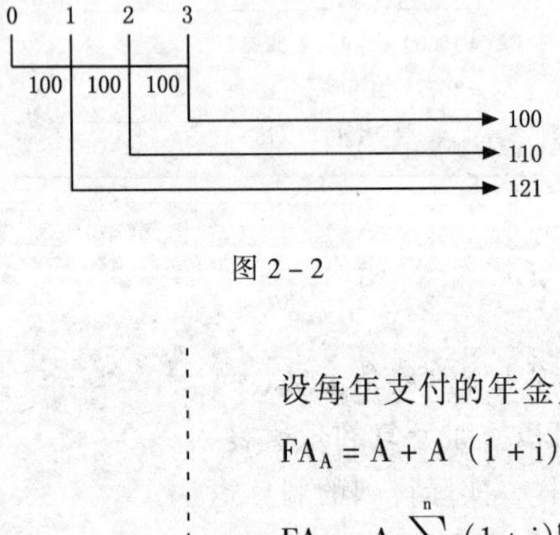

图 2-2

1. 普通年金。收入或支出在每期期末的年金，叫做普通年金（亦称为后付年金）。普通年金的收付形式如图 2-1 所示。

(1) 普通年金终值的计算。普通年金终值指最后一次支付时的本利和，它是每次支付的复利终值。例如，按图 2-1 的数据，其第三期末的普通年金终值计算如图 2-2 所示。

在第一期末的 100 元应赚得 2 期的利息，到第三期末终值为 121 元；在第二期末的 100 元，应赚得 1 期的利息，到第三期末终值为 110 元；第三期末的 100 元没有计息，其价值只有 100 元。整个年金终值等于 331 元。

设每年支付的年金为 A，利率为 i，期数为 n，普通年金终值为 FA_A，则

$$FA_A = A + A(1+i)^1 + A(1+i)^2 + \cdots + A(1+i)^{n-1} \qquad (2.1.1)$$

$$FA_A = A\sum_{t=1}^{n}(1+i)^{t-1}$$

上式中 $\sum_{t=1}^{n}(1+i)^{t-1}$ 是普通年金终值系数。

用上式计算终值显然非常繁琐。由于每年支付额相等，折算终值的系数又是有规律的，因而可以找出简便的计算方法。

将 (2.1.1) 式的两边同乘 $(1+i)$，得：

$$(1+i)FA_A = A(1+i)^1 + A(1+i)^2 + \cdots + A(1+i)^n \qquad (2.1.2)$$

将 (2.1.2) 式 - (2.1.1) 式，得：

$(1+i)FA_A - FA_A = A(1+i)^n - A$

$$FA_A = \frac{A(1+i)^n - A}{(1+i)-1} = A\frac{(1+i)^n - 1}{i}$$

式中的$\frac{(1+i)^n-1}{i}$是1元普通年金终值系数，可以查普通年金终值系数表。

[例2-4] 以图2-2所列数据。计算如下：

$$100 \times \frac{(1+10\%)^3 - 1}{10\%} = 331.00 \text{（元）}$$

（2）普通年金现值的计算。普通年金现值是指为在每期期末取得相等数额的款项，现在需要投入的金额。

[例2-5] 某企业准备新建一条生产线，每年末现金净流量为100元，连续3年，当银行贷款利率为10%时，假如现金净流量可以全部用来归还贷款，请问银行最多可以贷款多少？

设年金现值为PV_A。则普通年金现值的计算如图2-3所示：

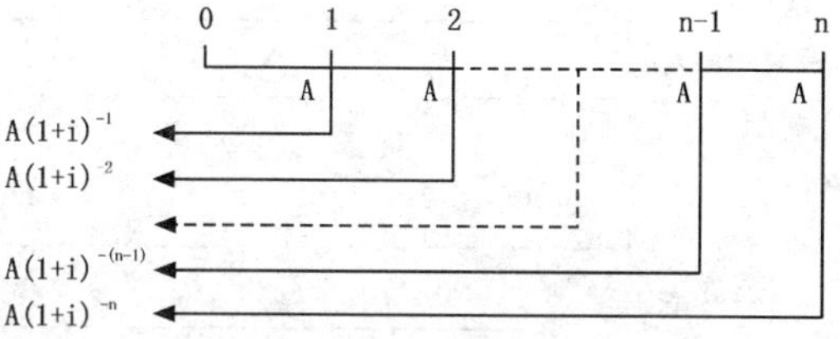

图2-3

由图2-3得普通年金现值的计算公式：

$$PV_A = A\sum_{t=i}^{n}(1+i)^{-t}$$

式中$\sum_{t=i}^{n}(1+i)^{-t}$是普通年金现值系数。可以通过查表求得。

为了简化计算，可以事先编制普通年金现值系数表。其公式的推导过程是：

$$PV_A = A(1+i)^{-1} + A(1+i)^{-2} + \cdots + A(1+i)^{-n} \qquad (2.1.3)$$

将（2.1.3）式两边同乘（1+i）得：

$$(1+i)PV_A = A + A(1+i)^{-1} + A(1+i)^{-2} + \cdots + A(1+i)^{-(n-1)} \qquad (2.1.4)$$

将（2.1.4）式-（2.1.3）式，得：

$(1+i)PV_A - PV_A = A - A(1+i)^{-n}$

$iPV_A = A[1-(1+i)^{-n}]$

$$PV_A = A \times \frac{1-(1+i)^{-n}}{i}$$

式中的$\frac{1-(1+i)^{-n}}{i}$是普通年金1元、利率为i、经过n期的年金现值。

[例2-5] 中的年金现值为：

$$PV_A = 100 \times \frac{1-(1+10\%)^{-3}}{10\%} = 248.69 \text{（元）}$$

[例2-6] 某企业向其主办银行申请技术改造贷款2000万元，用于改造一条旧生产线，改造后该生产线的使用寿命为10年，贷款期限7年，贷款利率6.831%。问每年的现金净流量至少要达到多少才能考虑贷款？

根据普通年金现值的计算公式，求得：

$$A = PV_A \times \frac{i}{1-(1+i)^{-n}}$$

$$= 2000 \times \frac{6.831\%}{1-(1+6.831\%)^{-7}} = 369\text{（万元）}$$

每年的现金净流量不得少于369万元，否则贷款后就会出现逾期情况。

2. 即付年金。即付年金是指在每期期初收付的年金，又称预付年金或先付年金。它与普通年金的区别在于收付款项的时间不同。由于普通年金是最常用的，因此，年金终值系数表和年金现值系数表是按普通年金编制的。利用普通年金系数表计算即付年金的终值和现值时，可在普通年金的基础上用终值和现值的计算公式进行调整。

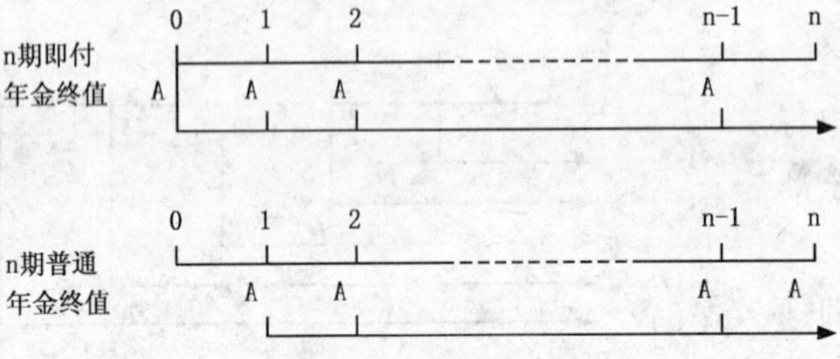

图2－4

n期即付年金终值与n期普通年金终值之间的关系可以用图2－4表示。从图2－4可以看出，n期即付年金与n期普通年金的付款次数相同，但由于付款时间不同，n期即付年金比n期普通年金终值多计算一期利息。

（1）即付年金终值的计算。即付年金终值的计算公式为：

$$FA_A = A(1+i) + A(1+i)^2 + A(1+i)^3 + \cdots + A(1+i)^n$$

式中各项为等比数列，首项为A（1+i），公比为（1+i），根据等比数列求和的公式可知：

$$FA_A = \frac{A(1+i)[1-(1+i)^n]}{1-(1+i)}$$

$$= A\frac{(1+i)-(1+i)^{n+1}}{-i} = A\left[\frac{(1+i)^{n+1}-1}{i}-1\right]$$

式中$\left[\frac{(1+i)^{n+1}-1}{i}-1\right]$称为即付年金终值系数，或称为1元的即付年金终值。它与普通年金终值系数相比，在期数上加1，而整个系数减1。因此，可以利用普通年金终值系数表查得(n+1)期的值，再减去1后即为1元即付年金终值。

[例2－7] 储户胡景于2003年6月1日来银行办理3年期零存整取储蓄存款，每月存入500元。年利率3.78%。3年期满后，本利和是多少？

$$FA_A = 500 \times \left[\frac{(1+3.78\% \div 12)^{36+1}-1}{3.78\% \div 12}-1\right] = 19088.55\text{（元）}$$

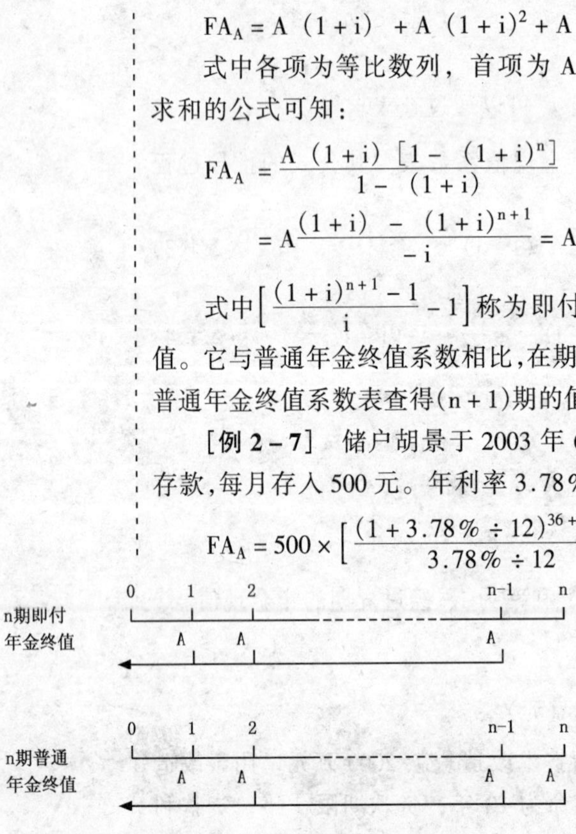

图2－5

（2）即付年金现值的计算。n期即付年金现值与n期普通年金现值之间的关系，可以用图2－5描述。

从图2－5可以看出，n期即付年金现值与n期普通年金现值的付款期数相同。由于n期普通年金是期末付款，n期即付年金是期初付款，计算现值时，n期普通年金现值比n期即付年金现值多贴现一期。

即付年金现值的计算公式如下：

$$PV_A = A + A\ (1+i)^{-1} + A\ (1+i)^{-2} + \cdots + A\ (1+i)^{-(n-1)}$$

式中各项为等比数列，首项是 A，公比是（1 + i），根据等比数列求和公式，得：

$$PV_A = \frac{A\left[1-\ (1+i)^{-n}\right]}{1-\ (1+i)^{-1}} = A\frac{1-\ (1+i)^{-n}}{\frac{1+i}{1+i}-\frac{1}{1+i}}$$

$$= A\frac{\left[1-\ (1+i)^{-n}\right]\ (1+i)}{i} = A\left[\frac{1-\ (1+i)^{-(n-1)}}{i}+1\right]$$

式中的$\left[\frac{1-\ (1+i)^{-(n-1)}}{i}+1\right]$是即付年金现值系数，或称 1 元的即付年金现值。

它与普通年金现值系数相比，期数要减 1，而系数加 1。可以利用普通年金现值系数表查得（n – 1）期的值，然后加 1，即为 1 元的即付年金现值。

[例 2 – 8] 李欣欣准备购置一套商品房，房价 12 万元。首期付款 20%，其余 80%向银行申请 10 年期楼宇按揭贷款，贷款利率 7.56%。当月初贷款，下月初还款，分 120 次还清。问平均每次还款多少？

根据即付年金现值的计算公式，知年金现值（12 × 80% = 9.6 万元），求年金。

$$96000 = A\left[\frac{1-\ (1+7.56\% \div 12)^{-(120-1)}}{7.56\% \div 12}+1\right]$$

$$A = 96000 \div 84.5523 = 1135.39\ (元)$$

3. 递延年金。递延年金是指在最初若干期没有收付款项的情况下，后面若干期等额的系列收付款项。或者说，第一次支付发生在第二期或第二期以后的年金。假设最初有 m 期没有收付款项，后面 n 期有等额的收付款项，则递延年金的现值即为后 n 期年金贴现至 m 期第一期期初的现值。可以用图 2 – 6加以描述。

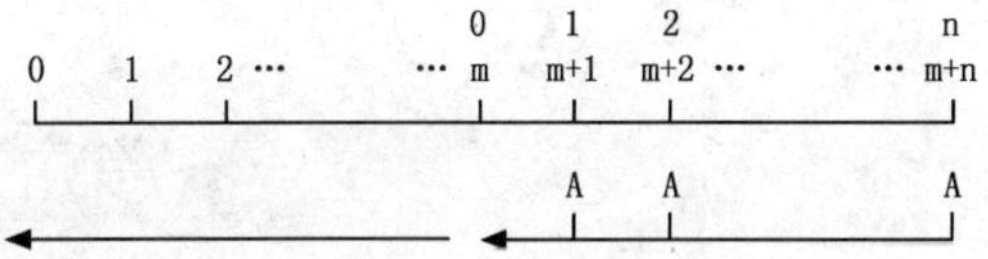

图 2 – 6

递延年金终值的大小与递延期无关。因此，递延年金终值的计算与普通年金终值的计算相同。

从图 2 – 6 中可以看出，递延年金现值的计算实际上分两步。先求出递延年金在 n 期期初（m 期期末）的现值，再将它作为 m 期期末的终值复利贴现至 m 期的第一期期初，即为递延年金的现值。

[例 2 – 9] 某公司拟向开户银行贷款新建一条生产线，贷款在开始时一次支付。项目建设工期 2 年，借款期限 6 年，从第三年末开始还本付息，每年支付一次，每次还款 80 万元，4 年还清。贷款利率 9.072%。求贷款额是多少？

本例中，m = 2，n = 4，借款期限 = m + n = 6。

先求 n 期期初的现值：

$$PV_A = 80 \times \frac{1 - (1 + 9.072\%)^{-4}}{9.072\%}$$

$$= 80 \times 3.2346 = 258.7680 \text{（万元）}$$

n 期期初的现值也就是 m 期期末的终值。因为 m 期是递延期，没有发生支付，从 m 期期初到期末的终值实际上是复利终值，而不是年金终值。因此，运用复利现值的计算公式将 n 期期初的现值调整到 m 期期初的现值。

$$PV = 258.7680 \times (1 + 9.072\%)^{-2}$$

$$= 258.7680 \times 0.8406 = 217.5204 \text{（万元）}$$

4. 永续年金。无限期支付的年金称为永续年金。优先股由于有固定的股利而又没有到期日，可以视为永续年金。有些奖励基金每年用其利息发放奖金而且没有终止日，这些奖励基金也可以视为永续年金。

永续年金既然没有终止的时间，也就不需要计算终值。永续年金的现值可以通过普通年金现值的计算公式推导出：

$$PV_A = A \cdot \frac{1 - (1 + i)^{-n}}{i}$$

当 $n \to \infty$ 时，$(1 + i)^{-n}$ 的极限为零，故上式可以写成：

$$PV_A = A \cdot \frac{1}{i}$$

［**例 2-10**］ 某银行拟建立一项长期奖励基金，用于奖励有突出贡献的员工。计划每年奖励 9 名，每位获奖者奖金 10 万元。若利率为 5%，该笔奖励基金应是多少？

$$PV_A = 9 \times 10 \div 5\% = 1800 \text{（万元）}$$

第二节 风险报酬

银行的财务管理工作经常存在风险和不确定因素。离开了风险因素，就无法正确评价银行报酬的高低。风险报酬原理揭示了风险和报酬之间的关系，是银行财务决策的基本依据。银行必须研究风险、计量风险，并设法控制风险，以求最大限度地扩大银行价值。

一、风险报酬的含义

风险是指人们在事先能够肯定采取某种行动所有可能的后果，以及每种后果出现的可能性的状况。例如对经济效益不好的企业发放一笔贷款，我们事先可以肯定当贷款投放后，只有可能收回和可能收不回两种后果，收回的可能性占 40%，收不回的可能性占 60%。风险与危险不是同一概念。危险只是可能出现坏的后果，而风险既可能出现坏的后果也可能出现好的后果。由此可以看出，风险具有四个特征：风险是客观存在的；风险是相对的、变化的，随着对象、时间、空间的变化，风险也会改变；风险具有不确定性，但是可以预测和估计；风险伴随着损失和收益。

一般而言，人们都讨厌风险，并力求回避风险。但是为什么还有人进行风险投资呢？人们乐此不疲，看中的是风险的收益方面，即进行风险投资可能得到额外报酬——风险报酬。投资者由于冒风险进行投资而获得超过资金时间价值的额外收益，称为投资的风险报酬，或者叫风险收益、风险价值。银行的各种财务决策都是在风险的状况下进行的。按风险的程度，可以把银行的财务决策分为确定性决策、风险性决策、不确定性决策三种。

决策者对未来的情况是完全确定的或已知的决策，称为确定性决策。例如，投资者购买利率为3.02%的3年期国库券，到期收益是肯定的，因而这种决策可视为确定性决策。

决策者对未来的情况不能完全确定，但它们出现的可能性——概率的具体分布是已知的或可以估计的，这种情况下的决策称为风险性决策。例如，对经济效益较好的企业发放贷款，按时收回的概率为75%，逾期收回的概率为20%，呆滞的概率为5%。这种决策为风险性决策。

决策者对未来的情况不仅不能完全确定，而且对其可能出现的概率也不清楚，这种情况下的决策称为不确定性决策。例如，银行投资100万元从事某项高新技术的开发研究。如果开发成功，银行将获得100%~500%的回报；如果开发失败，银行将损失100%。但开发成功和开发失败的概率，事先无法知道。这种投资决策便属于不确定性决策。

从理论上讲，不确定性是无法计量的，但在财务管理中，通常为不确定性决策规定一些主观概率，以便进行定量分析。不确定性规定了主观概率后，与风险就十分接近了。因此，在银行财务管理中，对风险和不确定性并不作严格区分，当谈到风险时，可能是指风险，也可能是指不确定性。

风险报酬有两种表示方法：风险报酬额和风险报酬率。风险报酬率是投资者因冒风险进行投资而获得超过时间价值率的那部分额外报酬率，即风险报酬额与原投资额的比率。

二、单项资产风险报酬的计算

风险报酬的计算是一个比较复杂的问题，需要使用概率和统计分析方法。

（一）确定概率分布

在经济活动中，某一事件在相同的条件下可能发生也可能不发生，这类事件称为随机事件。概率就是用来描述随机事件发生可能性大小的数值。通常把必然发生的事件的概率定为1，把不可能发生的事件的概率定为0，而一般随机事件的概率是介于0与1之间的一个数。概率越大表示该事件发生的可能性就越大。

对于随机变量，按其取值大小顺序排列的各个后果及其享用的概率的完整描述，叫做概率分布。概率分布既可以用表格的方式表达，也可以用图形的方式表达。概率分布必须符合以下两个要求：一是所有的概率（P_i）都在0和1之间，即$0 \leqslant P_i \leqslant 1$；二是所有结果的概率之和应等于1，即

$$\sum_{i=1}^{n} P_i = 1$$

[**例 2－11**] 某企业面临 A、B 两个投资机会，A 项目是一个高科技项目，该领域竞争很激烈，如果经济发展迅速并且该项目进展顺利，取得较大市场占有率，利润会很大，否则利润很小甚至亏本。B 项目当前是一个畅销产品，销售前景可以准确预测出来。假设未来的经济只有繁荣、正常、衰退三种情况。有关概率分布和预期报酬率见表 2－7。

表 2－7

经济情况	发生概率（P_i）	A 报酬率（K_i）	B 报酬率（K_i）
繁荣	0.2	90%	25%
正常	0.6	15%	15%
衰退	0.2	－60%	5%

如果随机变量(如报酬率),只取有限个值,并且对应于这些值有确定的概率,则称随机变量是离散型分布。例 2－11 就属于此种类型。见图 2－7 所示。

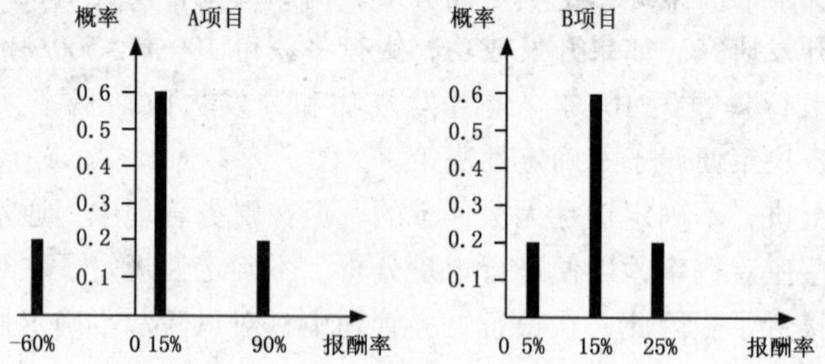

图 2－7

以上只是假设存在繁荣、正常、衰退三种情况。实践中，经济状况可以在极度繁荣和极度衰退之间发生无数种可能的结果。如果对每一种可能的经济情况都给予相应的概率，并对每一种情况都给予一个报酬率，把它们绘制在直角坐标系中，便可得到连续的概率分布图（见图 2－8）。

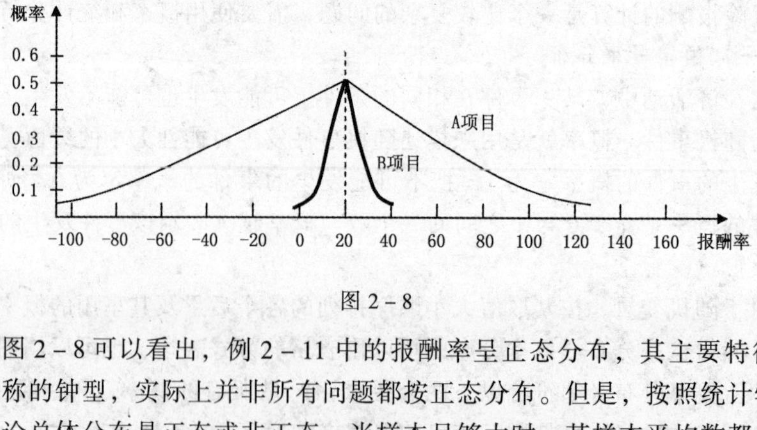

图 2－8

从图 2－8 可以看出，例 2－11 中的报酬率呈正态分布，其主要特征是曲线为对称的钟型，实际上并非所有问题都按正态分布。但是，按照统计学的理论，不论总体分布是正态或非正态，当样本足够大时，其样本平均数都呈正态分布。一般来说，如果被研究的对象受彼此独立的大量偶然因素的影响，并且每个因素在总的影响中只占很小一部分，那么这个总影响所引起的数量上的变化，就近似服从于正态分布。

（二）计算期望报酬率

期望报酬率是各种可能的报酬率按其概率进行加权平均得到的报酬率。它是反映几种趋势的一种量度。计算公式为：

$$\bar{K} = \sum_{i=1}^{n} K_i P_i$$

式中：$\bar{K}$ 为期望报酬率；K_i 为第 i 种可能结果的报酬率；P_i 为第 i 种可能结果的概率；n 为可能结果的个数。

［例 2－11］中的期望报酬率计算如下：

A 项目 $\bar{K} = K_1P_1 + K_2P_2 + K_3P_3$

$= 90\% \times 0.2 + 15\% \times 0.6 - 60\% \times 0.2 = 15\%$

B 项目 $\bar{K} = K_1P_1 + K_2P_2 + K_3P_3$

$= 25\% \times 0.2 + 15\% \times 0.6 + 5\% \times 0.2 = 15\%$

两个项目的预期报酬率相同，但其概率分布不同。A 项目的报酬率分散程度大，变动范围在－60%～90%之间；B 项目的报酬率分散程度小，变动范围在 5%～25%之间。概率分布越集中，实际可能的结果越接近于期望报酬率，而实际报酬率低于预期报酬率的可能性就越小。因此，B 项目的风险小于 A 项目的风险。

（三）计算标准差

标准差是用来表示随机变量偏离期望值的综合差异，是反映离散程度的一种量度。表示随机变量离散程度的量除了标准差以外，还有平均差、方差和全距等，最常用的是方差和标准差。

方差（δ^2）的计算公式为：

$$\delta^2 = \sum_{i=1}^{n} (K_i - \bar{K})^2 \cdot P_i$$

标准差（δ）也叫均方差，是方差的平方根。计算公式为：

$$\delta = \sqrt{\sum_{i=1}^{n} (K_i - \bar{K})^2 \cdot P_i}$$

［例 2－11］中，A 项目的标准差为：

$$\delta = \sqrt{(90\% - 15\%)^2 \times 0.2 + (15\% - 15\%)^2 \times 0.6 + (-60\% - 15\%)^2 \times 0.2}$$
$$= 47.43\%$$

B 项目的标准差为：

$$\delta = \sqrt{(25\% - 15\%)^2 \times 0.2 + (15\% - 15\%)^2 \times 0.6 + (5\% - 15\%)^2 \times 0.2}$$
$$= 6.32\%$$

标准差越小，说明离散程度越小，不确定性程度低，风险也就越小。标准差越大，说明不确定性程度高，风险也就越大。根据这种测量方法，A 项目的风险大于 B 项目。

(四) 计算标准离差率

在一般情况下，可以根据期望报酬率的标准差评价某一事项的风险，也可以用于比较期望报酬率相同的各项投资的风险程度。但是在评价不同项目风险时则无法运用。因为标准差是一个绝对数，受后果值的影响，如果概率分布相同，后果值越大，标准差也就越大。所以标准差不便于比较不同规模项目的风险大小。例如，甲、乙两个项目，甲项目的期望报酬率为 25%，标准差为 10%；乙项目的期望报酬率为 15%，标准差为 7.5%。究竟哪个项目的风险大呢？这时我们可以运用标准离差率来判断。

标准离差率（V）是标准差与期望报酬率的比值，是用相对数表示离散程度的大小。有的称此为变化系数。计算公式为：

$$V = \frac{\delta}{\bar{K}} \times 100\%$$

上例中甲、乙项目的标准离差率分别为：

$$V_{(甲)} = \frac{10\%}{25\%} \times 100\% = 40\%$$

$$V_{(乙)} = \frac{7.5\%}{15\%} \times 100\% = 50\%$$

由于标准离差率越大，表示风险程度越高。所以，乙项目的风险大于甲项目。

例 2-11 中，A、B 项目的标准离差率分别为：

$$V_{(A)} = \frac{47.43\%}{15\%} \times 100\% = 316.20\%$$

$$V_{(B)} = \frac{6.32\%}{15\%} \times 100\% = 42.13\%$$

(五) 计算风险报酬率

标准离差率虽然能正确评价投资风险程度的大小，但这还不是风险报酬率。要计算风险报酬率（R_R），可以通过风险报酬系数（b）和标准离差率（V）来确定。计算公式为：

$$R_R = bV$$

投资的总报酬率为：$K = R_F + R_R = R_F + bV$

式中：K 为投资报酬率；R_F 为无风险报酬率；R_R 为风险报酬率；b 为风险报酬系数。

从上式中可以看出，b 是直线方程 $K = R_F + bV$ 的系数，它的高低反映风险程度变化对投资报酬率影响的大小。b 值是经验数据，可以根据历史资料用高低点法或直线回归法求出。例如，假设在例 2-11 中的 A 项目含有风险报酬率的投资报酬率一般为 25%左右，无风险报酬率目前为 5%（以同期国库券利率为参数），期望报酬率的标准离差率为 100%；B 项目含有风险报酬率的投资报酬率一般为 12%左右，期望报酬率的标准离差率为 50%。根据公式 $K = R_F + bV$，得：

$$b = \frac{K - R_F}{V}$$

$$b_{(A)} = \frac{25\% - 5\%}{100\%} = 20\%$$

$$b_{(B)} = \frac{12\% - 5\%}{50\%} = 14\%$$

风险报酬系数除了本企业根据上述经验数据确定以外，还可以由有关部门组织专家确定，或者由相关的咨询公司提供。但在很大程度上决定于企业对风险的态度。一般情况下，敢于冒风险的企业把系数定得较低；稳健经营的企业则把系数定得较高。

有了 b 值，［例 2－11］中的风险报酬率和投资报酬率分别计算如下：

A 项目　　$R_R = bV = 20\% \times 316.2\% = 63.24\%$

B 项目　　$R_R = bV = 14\% \times 42.13\% = 5.90\%$

A 项目　　$K = R_F + bV = 5\% + 63.24\% = 68.24\%$

B 项目　　$K = R_F + bV = 5\% + 5.90\% = 10.90\%$

计算结果表明，风险大的项目风险报酬率也高，风险小的项目风险报酬率也小。

（六）计算风险报酬额

风险报酬率确定后，风险报酬额可以按下列公式计算：

$P_R = CR_R$

式中：P_R 为风险报酬；C 为投资额。

［例 2－12］ 假设例 2－11 中 A、B 两个项目的最初投资总额均需 1000 万元。A、B 项目的风险报酬各为多少？

A 项目　　$P_R = 1000 \times 63.24\% = 632.4$（万元）

B 项目　　$P_R = 1000 \times 5.90\% = 59$（万元）

人们对待风险的态度是有差别的。一般可以分为三种：风险回避者、风险中立者和风险偏好者。回避风险是指偏好期望值较低的低风险资产超过较高期望值的高风险资产。与此相反，风险偏好者则偏好期望值较高的高风险资产超过期望值较低的低风险资产。对于［例 2－11］中的 A、B 两个投资项目，回避风险者会选择 B 项目，风险偏好者会选择 A 项目。因此，风险报酬偏好，对银行财务管理来说具有重大而深远的影响。

风险是客观存在的，银行又是一个风险行业，因而期望把风险降低到零是难以做到的。有效的方法是分散风险。一般的做法是把各种风险活动进行组合搭配，以降低标准离差率。银行财务管理者必须经常对有风险的选择方案进行估价，以便确定哪些风险可以承担，哪些风险应该分散给其他人。

第三节　风险收益均衡

风险与收益的均衡是企业金融活动进行合理决策的基础。企业的金融活动通常是在有风险的情况下进行的，承担风险是获取收益的前提，收益是风险的补偿和报酬。从本质上看，整个投资的理论和实战技巧都是围绕着如何处理这两者的关系而展开的。收益与风险的基本关系是：收益与风险均衡，也就是说，风险较大的投资项目，其要求的收益率相对较高；反之，收益率较低的投资项目，风险也相对较小。但是，绝不能因为收益与风险有着这样的基本关系，就盲目地认为风险越大，收益就一定越高。由于市场的无效率以及投资决策中的非理性因素，都使得一些投资项目并不能获得与风险相均衡的收益。在经济人理性这一条件下，通常认为收益与风险是相均衡的，否则企业可以放弃高风险低收益的项目进而选择低风险高收益的项目。收益和风险的上述均衡联系可以表述为下面的公式：

预期收益率 = 无风险利率 + 风险补偿

预期收益率是投资者承受各种风险应得的补偿，无风险收益率是指把资金投资于某一没有任何风险的投资对象而能得到的利息率，这是一种理想的投资收益。我们把这种收益率作为一种基准收益，在这基础上获得的额外收益就是风险补偿。在现实生活中，不可能存在没有任何风险的投资项目，但可以找到某种收益变动小到几乎不存在风险的投资项目来代替，通常用1年期的国债利率来代替无风险利率。

风险与收益均衡的原则不仅适用于企业金融资产投资，而且还适用于实物投资。我们将主要从以下两个理论进行论述。

一、资产组合理论

资产组合理论由现代投资理论创始人马科维茨（Markowtiez，1952）在题为《"证券组合"的选择》的论文中首次提出，成为现代投资理论的起源，为现代金融资产定价理论的建立和发展奠定了基础。该理论主要解决投资者如何衡量不同的投资风险以及如何合理组合自己的资金以取得最大收益问题，认为组合金融资产的投资风险与收益之间存在一定特殊关系，投资风险分散具有规律性。

（一）投资组合的风险和收益

当投资者的投资目标不是单个金融资产，而是多个或一组时，我们称该投资者在进行组合性投资，此时他所拥有的金融资产统称为"投资组合"(profile)。

马科维茨在对投资组合进行研究时，提出多种假设作为资产组合理论研究的前提条件：(1) 假设市场是有效的，投资者能够得知金融市场上多种收益和风险变动及其原因。(2) 假设投资者都是风险厌恶者，都愿意得到较高的收益率，如果要他们承受较大的风险则必须以得到较高的预期收益作为补偿。风险是以收益率的变动性来衡量，用统计上的标准差来代表。(3) 假定投资者根据金融资产的预期收益率和标准差来选择投资组合，而他们所选取的投资组合具有较高的收益率或较低的风险。(4) 假定多种金融资产之间的收益都是相关的，如果得知每种金融资产之间的相关系数，就有可能选择最低风险的投资组合。

对于单个金融资产 A，根据统计学中的大数定律，就是未来各种可能收益率的均值，公式表示为：

$$E(r_A) = \sum_{i=1}^{n} P_{Ai}Ai \quad (2.3.1)$$

从数学角度分析，单个金融资产投资的风险用未来可能收益水平的离散程度来表示，即风险量的大小，可以直接表示为未来可能收益水平围绕期望收益率变化的区间大小。而随机变量的这一区间通常用其方差来表示。离散程度越大，随机变量的方差就越大，投资的风险也就越大。通常用其标准差取而代之来度量各可能值相对于期望值的离散程度。公式分别表示为：

$$Var(r_A) = \sigma^2(r_A) = E\{[r_A - E(r_A)]^2\} = \sum_{i=1}^{n} P_{Ai}[r_{Ai} - E(r_A)]^2 \quad (2.3.2)$$

$$\sigma(r_A) = \sqrt{E\{[r_A - E(r_A)]^2\}} = \sqrt{\sum_{i=1}^{n} P_{Ai}[r_{Ai} - E(r_A)]^2} \quad (2.3.3)$$

而对于由 n 种金融资产构成的某一投资组合 Z，其中在第 i 种金融资产的投资额的权重为 w_i，每种金融资产的期望收益率、方差、相互间的协方差，如表 2－3 和表 2－4 所示：

表 2－3　投资组合 Z 中各金融资产的期望收益率和投资权重

金融资产（i）	1	2	…	
期望收益率：$E(r_i) = \bar{r}i$	$\bar{r}_1$	$\bar{r}_2$	…	$\bar{r}_n$
投资权重：$\sum_{i=1}^{n} w_i = 1$	w_1	w_2	…	w_n

表 2－4　投资组合 Z 中各金融资产的方差、协方差

金融资产收益率（r_i）	r_1	r_2	…	r_n
r_1	σ_{12}^2	σ_{12}	…	σ_{1n}
r_2	σ_{21}	σ_2^2	…	σ_{2n}
…				
r_n	σ_{n1}	σ_{n2}	…	σ_n^2

其中：$\sigma_{ii} = \sigma_i^2$，金融资产相互之间的协方差 $\sigma_{ij} = E[(r_i - \bar{r}_i)(r_j - \bar{r}_j)]$，同时有 $\sigma_{ij} = \rho_{ij}\sigma_i\sigma_j$，$\rho_{ij}$为第 i 种资产与第 j 种资产的相关系数，取值范围为［－1，1］。当 $\rho_{ij} = 1$ 时，则意味着两种资产的收益率呈完全正相关的关系；$\rho_{ij} = -1$ 时，意味着两种资产的收益率变动呈完全负相关的关系；$\rho_{ij} = 0$ 时，意味着两种资产收益率不相关。

则该投资组合的收益率 r_Z 仍然可以认为是随机变量，可用公式表示为：

$$r_Z = w_1r_1 + w_2r_2 + \cdots + w_nr_n = \sum_{i=1}^{n} w_ir_i \quad (2.3.4)$$

该投资组合的预期收益率 $\bar{r}_Z$ 可表示为：

$$\bar{r}_Z = E[r_Z] = w_1\bar{r}_1 + w_2\bar{r}_2 + \cdots + w_n\bar{r}_n = \sum_{i=1}^{n} w_i\bar{r}_n \tag{2.3.5}$$

方差为：

$$Var[r_Z] = \sigma_Z^2 = \sum_{i=1}^{n}\sum_{j=1}^{n} w_i w_j \sigma_{ij} \tag{2.3.6}$$

相应标准差可表示为：

$$\sigma_Z = \sqrt{Var[r_Z]} = \sqrt{\sum_{i=1}^{n}\sum_{j=1}^{n} w_i w_j \sigma_{ij}} \tag{2.3.7}$$

（二）投资分散化及其组合风险

基于马科维茨资产组合理论的研究假设二，即假设投资者都是风险厌恶者，都愿意得到较高的收益率，如果要他们承受较大的风险则必须得到较高的预期收益作为补偿。投资者通常希望实现收益最大化和风险最小化，面对这两个相互冲突的投资期望，投资分散化才是一种理性决策。

一方面，由于金融资产的风险可分为由综合因素引起的系统风险和由于个别因素引起的非系统风险。系统风险是由整个经济系统或市场的综合因素决定的，它对所有的金融资产都会产生影响，如：宏观经济政策、重大自然灾害、经济周期、通货膨胀等宏观经济变量。只要这些综合因素存在，就无法通过投资分散化来化解由这些综合因素带来的风险。而非系统风险是由个别金融资产的内部因素所引起，且只对其自身造成影响，与其他金融资产毫无关联。这类风险与企业自身的经营状况密切相关，常由企业的项目开发能力、战略规划能力、治理效率、行业属性以及产品特点等个体因素所决定，因此可以通过投资分散化来消除。

另一方面，在现实市场上，金融资产的收益率之间不存在完全的正相关关系，即当收益率发生变动时，不同的金融资产之间不会存在完全一致的同步变化关系，而是会出现同方向但不同幅度，或者反方向的变化情形。这样可以使风险（方差）在不同的金融资产之间在一定程度上相互抵消，从而降低整个投资组合的风险。投资分散化程度越高，选取的金融资产种类越多，风险相互抵消的作用也就越显著。但随着金融资产种类的增加，风险减少的程度逐渐递减，直到非系统风险完全抵消，只剩下由市场因素引起的风险，即系统风险。

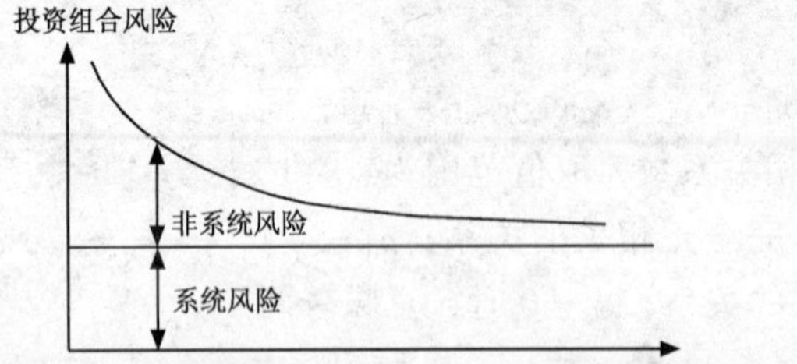

图 2－9

基于此，投资分散化就是通过将风险分摊在许多不同行业和公司的金融资产上或其他形式的投资上，来消除投资的非系统风险。投资组合的风险变化过程如图 2－9 所示。

例如，投资组合 P 由 n 项金融资产组合而成，且每项资产的投资比例相同，即 $w_i = \frac{1}{n}$，得出该组合的方差为：

$$\sigma_\rho^2 = \sum_{i=1}^{n}\sum_{j=1}^{n} w_i w_j \sigma_{ij} = \sum_{i=1}^{n}\sum_{j=1}^{n}\left(\frac{1}{n}\right)^2\sigma_{ij} \quad (2.3.8)$$

进一步化为：

$$\sigma_\rho^2 = \sum_{i=1}^{n}\left(\frac{1}{n}\right)^2\sigma_{ij} + \sum_{i=1}^{n}\sum_{j\neq i}^{n}\left(\frac{1}{n}\right)^2\sigma_{ij}$$

$$= \left(\frac{1}{n}\right)\left(\frac{1}{n}\sum_{i=1}^{n}\sigma_i^2\right) + \left(\frac{n^2-n}{n^2}\right)\left(\frac{1}{n^2-n}\sum_{i=1}^{n}\sum_{j\neq i}^{n}\sigma_{ij}\right) \quad (2.3.9)$$

当 $n\to\infty$ 时，$\frac{1}{n}\sum_{i=1}^{n}\sigma_i^2\to 0$，也就是说当金融资产数量或种类增加时，平均方差对组合风险的影响越来越微弱；而 $\frac{1}{n^2-n}\sum_{i=1}^{n}\sum_{j\neq i}^{n}\sigma_{ij}\to\sigma_{ij}$，即协方差趋于平均值，投资组合的风险趋于各金融资产之间的平均协方差。也就是说，如果金融市场上存在无穷多的金融资产，且这些金融资产间的平均协方差等于零，则在理论上可以无限分散投资组合的风险，获得一个无风险的投资组合。

马科维茨的资产组合理论就是利用投资分散化原理，借助于数学方法寻找如何建立金融资产组合并从中选择最优组合的途径，以便解决风险与收益之间的冲突。

（三）投资组合的有效边界

根据投资分散化原则，进行金融资产选择包括两个方面：第一，利用资产组合理论找出全部的有效金融资产和有效金融资产组合；第二，利用资产组合理论求出“最小风险金融资产组合”。所谓有效金融资产组合，是指在该组合中的金融资产或金融资产组合需要满足以下两个条件之一：一是同等风险条件下收益最高；二是同等收益条件下风险最小。这些金融资产的集合被称为“有效边界”。

1. 两种资产组合的投资比例与有效边界。假设市场仅存在两种金融资产，分别为X、Y，X的预期报酬率为10%，标准差为10%，Y的预期报酬率为20%，标准差为30%，随着投资比例的变化，投资组合的预期报酬率和标准差的变化如表2－5所示。

表2－5　　不同投资比例、不同相关系数下的投资组合

	X	Y	投资组合预期报酬率	不同相关系数下的投资组合标准差		
				－1	－0.5	＋1
1	0	1	20%	30	30	30
2	0.2	0.8	18%	22	23	26
3	0.4	0.6	16%	14	16	22
4	0.6	0.4	14%	6	10.4	18
5	0.8	0.2	12.5%	0	7.5	15
6	1	0	10%	10	10.0	10

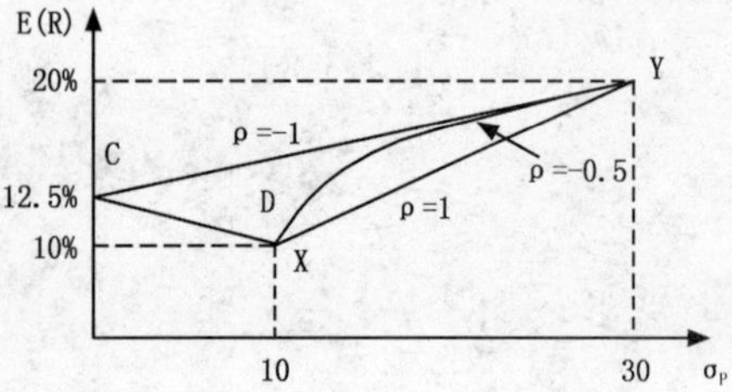

图 2－10

图 2－10 中连线的弯曲程度由金融资产 X 和 Y 的收益率之间的联动关系所决定，即由两者之间的相关系数 ρ 决定。基于不同的相关系数，投资组合预期收益率与标准差之间存在着如下对应关系：两种资产收益率的相关系数较小，机会集曲线就弯曲，风险分散化效应就越强；反之，风险分散化效应就越弱。完全正相关的投资组合，不具有风险分散化效应，其机会集是一条直线。也就是说，预期收益率一定时，相关系数越小，总体隐含的风险也越小；风险水平一致时，相关系数越小，可取得的预期收益率越大。

根据图 2－10，基于有效金融资产组合的条件，当 $\rho_{XY}=-1$ 时，其可行边界为 XCY，而有效边界为 CY 线；当 $\rho_{XY}=-0.5$ 时，其可行边界为 XDY，而有效边界 XDY 线；当 $\rho_{XY}=1$ 时，其可行边界为一条直线 XY，有效边界为 XY 线。

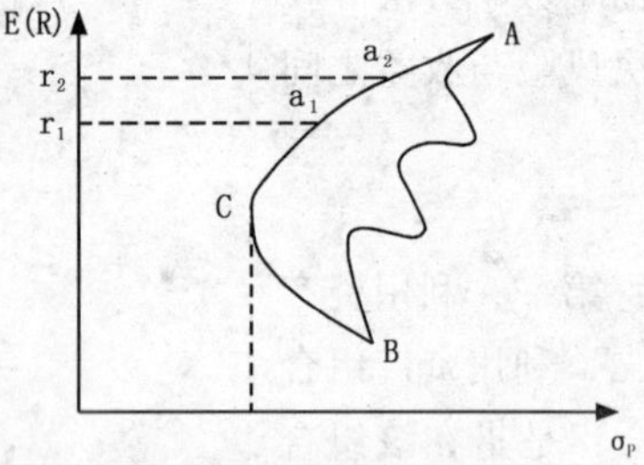

图 2－11

2. 多种金融资产组合的风险和报酬。上述思想应用到 n（n > 2）种资产组合中，投资组合的机会集不同于两种金融资产的机会集。两种金融资产的所有可能组合都落在一条曲线上，而 n（n > 2）种金融资产的所有可能组合会落在一个平面中（如图 2－11 所示）。

最小方差组合为图 2－11 中最左端的点，即 C 点具有最小组合标准差。与两种金融资产组合现象类似，多种金融资产组合的机会集外缘有一段向后弯曲，说明不同金融资产风险相互抵消，产生风险分散化效应。

图 2－11 中 AC 段称为投资组合的有效边界，它位于机会集的左上方，从最小方差组合点 C 至最高预期收益率 A 之间的部分。投资者应在有效边界上寻找投资机会。有效边界之外的投资组合与有效边界上的投资组合相比，有三种情况：相同的标准差和较低的期望报酬率，较低的报酬率和较高的标准差，相同的期望报酬率和较高的标准差。这些投资组合均是无效的。

（四）最优金融资产组合选择

通过以上讨论可以得出，当金融资产的数量 $n>2$ 时，由风险性资产形成的投资组合的有效边界如图 2－11 所示，即曲线 AC。若投资者具有明确的预期收益 r_1，则很容易在有效边界上找到对应的最优投资组合 a_1；而当投资者的预期收益率为 r_2 时，对应的最优投资组合为 a_2。但当投资者对投资的报酬率无明确的要求或预期时，此时在有效边界上究竟选择哪一个组合作为最优投资组合，则取决于投资者的期望效用函数，即投资者对待收益与风险的无差异曲线。

1. 收益与风险的无差异曲线。投资者如何在投资组合的有效边界中选择一个最优的金融资产组合，取决于投资者个人的风险偏好程度，这种偏好程度可由无差异曲线来表示。该曲线表示在投资者对投资组合的收益和风险偏好为一定的条件下，投资组合的各个收益和风险的组合对投资者来说是无差异的。以纵轴表示收益率，横轴表示用标准差来度量的风险，在坐标系里，无差异曲线表示为一条向右上方倾斜的曲线，如图 2 - 12 所示。

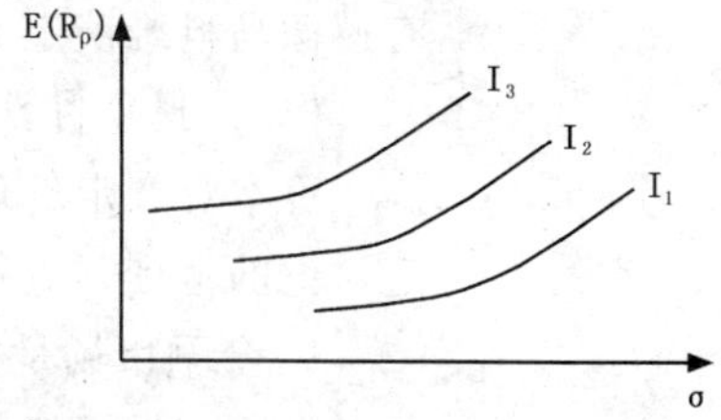

图 2 - 12

投资者对投资组合收益和风险的无差异曲线构成无差异曲线群。如果投资者轻度厌恶风险，它的无差异曲线群比较平坦，意味着投资者为减少一定的风险愿望放弃较少的收益；如果投资者高度厌恶风险，则他的无差异曲线群将比较陡峭，意味着投资者为减少一定的风险愿望放弃较多的收益。

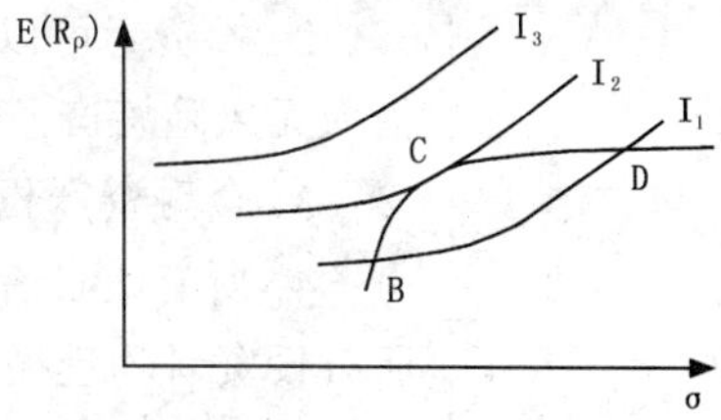

图 2 - 13

2. 最优投资组合的选择。最优投资组合的选择应同时符合以下几个条件：第一，最优组合应位于有效边界上，只有在有效边界上的组合才是有效组合；第二，最优组合应同时位于投资者的无差异曲线上，而且应位于左上方的无差异曲线上；第三，由于无差异曲线斜率为正，非满足性和回避风险的特性使得无差异曲线呈凸形，而有效集一般呈凹形，两者有可能相切并且只有一个切点。

因此，最优投资组合就是无差异效用曲线和有效边界的切点，如图 2 - 13 所示。在切点 C 这点上有最优的投资组合，也达到了最高可能的效用曲线。曲线 I_3 尽管有最高的期望效用，但没有适当的投资组合与之相匹配。由于马柯维茨模型的风险厌恶型投资者的假设，所有的效用曲线都向上倾斜，使得切点 C 这样的最佳投资组合在一定条件下具有唯一性。图中点 B 和点 D 虽然也是效用曲线与有效边界的交点，但其效用在一定的风险条件下不如 B 点的效用大。

二、资本资产定价理论

在以上我们对马科维茨资产组合理论的讨论中，所提及的金融资产均是风险性资产，即各自的方差大于零，且他们的相关系数在［-1，1］范围内。但在现实的金融市场上，既存在风险性金融资产，也存在着无风险的金融资产，如由国家财政部发行的国库券。由于国库的财力担保，该类金融资产不存在任何的信用风险和违约风险，可以向市场上的投资者提供一个无风险的收益率 R_f，方差为 0。基于此，在马科维茨资产组合理论研究的基础上，威廉·夏普（William F. Sharpe，1964）提出资本资产定价理论。该理论以资本市场线为研究切入点，即研究当市场上存在无风险资产且市场达到均衡的情况下，投资者最优投资组合与市场组合在期望收益率与风险上存在的联系，并进一步运用资本资产定价模型为单个金融资产的风险测定提供了基本的数理模型，通过将资产的收益率与被称为 β 系数的风险值相关联，从理论上探讨在分散化投资中如何有效计量某种单项金融资产的风险。可以看出，资本资产定价理论把注意力从马科维茨的对单个投资者的微观主体研究转向对整个市场的研究，探索在所有遵循马科维茨定义下的投资者共同行动时将导致怎样的市场状态。

（一）理论假设

资本资产定价理论是分析金融资产如何定价的理论，要建立模型，需要限定讨论的范围，进行一定程度的抽象，因而在研究中做出以下假定：

1. 金融市场是完全的。市场上存在着大量的投资者，每个投资者的财富相对于所有投资者的财富总和来说是微不足道的。即投资者是价格的接受者，单个投资者的交易行为对金融资产价格不产生影响。

2. 投资者可以进行无风险贷出或无风险借入，即可以投资无风险资产或借入无风险资产。

3. 金融资产投资不存在任何交易费用及各种税赋。

4. 所有投资者均是理性交易者，追求投资组合的方差最小化，这意味着所有投资者均遵循马科维茨的资产投资组合理论。

5. 投资者对投资收益率具有相同的预期，对金融资产的标准差和金融资产之间的方差有相同的理解。

（二）资本市场线

在不存在无风险资产时，投资组合的有效边界是一条曲线（如图 2－11）。但如上所述，在资本市场上，除了风险资产外，还有报酬率大于零的无风险资产，如政府短期债券等等，本部分将讨论存在无风险资产的情形下投资组合的有效边界，即资本市场线。

1. 无风险资产和机会线。无风险资产具有两个基本特征：一是风险报酬率是确定的；二是资产收益率的方差为零。用公式表示如下：

$$E(R_f) = R_f = C \tag{2.3.10}$$

$$\sigma_f^2 = 0 \text{（C 为常数）} \tag{2.3.11}$$

显然，无风险资产和任何风险资产的协方差都是零。因为：

$$Cov(R_f, R_i) = E\{R_f - E(R_f) R_i - E(R_i)\} = 0 \tag{2.3.12}$$

我们现在假定无风险资产是存在的，并且能以一种无风险利率 R_f 自由借贷资金。在这种情形下，投资组合的有效边界将发生变化。在此，我们讨论新的投资组合是某个由 N 个风险资产的组合 P 和 i 个无风险资产组成的情形下有效边界是如何变化的。

在新投资组合中无风险资产的期望收益率（即收益率）为 R_f，所占的投资比例为 w_f。N 个资产的期望收益和风险分别为 $E(R_\rho)$ 和 σ_ρ，投资比例为 $1 - w_f$。显然，$E(R_\rho) > R_f$，且 $Cov(R_f, R_\rho) = 0$。

则新组合的期望收益率为：

$$E(R) = w_f R_f + (1 - w_f) E(R_\rho) \tag{2.3.13}$$

新组合的方差为：

$$\sigma_R^2 = w_f^2\sigma_f^2 + (1 - w_f)^2\sigma_\rho^2 + 2w_f(1 - w_f)Cov(R_f, R_\rho) = (1 - w_f)^2\sigma_\rho^2 \tag{2.3.14}$$

$$\sigma_R = (1 - w_f)\sigma_\rho \tag{2.3.15}$$

由上式可得：

$$w_f = 1 - \frac{\sigma_R}{\sigma_\rho} \tag{2.3.16}$$

因此，可得新组合的期望收益

$$E(R) = \left(1 - \frac{\sigma_R}{\sigma_\rho}\right) R_f + \frac{\sigma_R}{\sigma_\rho} E(R_P) = R + \frac{E(R_P) - R_f}{\sigma_\rho} \sigma_R \tag{2.3.17}$$

可见，含有无风险资产的投资组合的期望收益 E（R）和组合风险 σ_ρ 呈线性关系（见图 2-14）。我们称这条直线为机会线（Opportunity Line），投资者可以通过改变新组合中无风险资产的比例来选择不同的投资组合。所有这些点都可以在直线 AB 上找到。

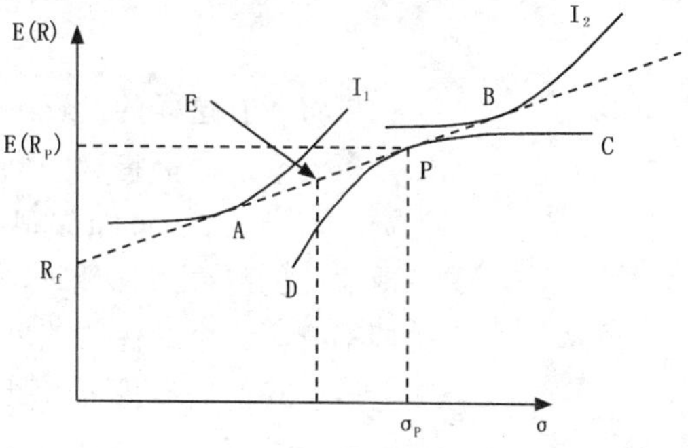

图 2-14

从图 2-14 可以看出，如果投资者把资金完全投资于无风险资产，则预期收益率为一确定的值 R_f，风险为零；完全投资在风险组合 P 上，则预期收益率为 E（R_ρ），风险为 σ_ρ。如果同时投资于风险资产和无风险资产，那么直线 AB 上除了这两点外，其他点都是可能的。可见，无风险资产的引入增加了资产组合的可能性，改变了原先投资组合的可行集。如对于 D 点和 E 点两个投资组合，若不存在无风险资产时，D 点是有效组合；而若引入无风险资产，D 点将不再是有效组合，因为 E 点的投资组合在给定的风险条件下可以获得更高的期望报酬率。

投资者可以在直线 AB 上根据自己的偏好选择最优的投资组合。图 2-14 列举了两种不同偏好的投资者，无差异效用曲线分别为 I_1 和 I_2（与机会线的切点分别为 A 和 B）。A 和 B 点上的投资组合代表了不同风险偏好的投资者的最优选择。

在切点 A 上，投资者资金的 w_f 投资于无风险资产上，（$1 - w_f$）投资于风险投资组合上。这时投资者以无风险利率 R_f 贷出资金，如购买短期国库券。A 点越靠近纵坐标轴，无风险资产的投资比重越大，组合的风险越小，收益也越小。

在切点 B 上，w_f 是负数，投资于风险投资组合的比重大于 1（1 表示全部的自有资金），表明投资者还以无风险利率 R_f 借入 w_f 的资金以获取风险报酬。该点的投资组合也称为杠杆投资组合，其中一部分资金是通过借款的方式融资而来的。这种投资组合与仅把自有资金用于风险投资相比，可以获得更高的风险报酬，但同时也需要承担更大的风险。

上述的讨论中，由于假定原有的投资组合 P 是给定的，因此如果无风险资产不存在时，投资者只有一种可能的投资组合 P。而引入无风险资产后，连接投资者各个可能的投资组合点后就成了机会线。机会线是直线的前提是无风险资产可以以无风险利率 R_f 自由借贷；如果资金的借入存在障碍而贷出顺畅，那么机会线只能是曲线 APC 了；如果资金的贷出存在障碍而借入顺畅，那么机会线只能是曲线 DPB；如果资金的借贷都存在障碍，那么机会线就是原先的

DPC 曲线了。从这里我们也可以发现，如果金融市场上资金的借贷活动不顺畅，那将会给投资者造成效用的损失。

2. 资本市场线和市场组合。前面关于无风险资产的讨论主要是针对某个特定的投资组合 P 而言的，通过调整投资于无风险资产的投资比例 w_f（$-\infty < w_f < 1$）可以得到一条机会线。机会线上的各个点都代表了在既定的投资组合 P 下的有效组合。

如果将所有这样的投资组合 P 和无风险资产进行重新组合，我们可以得到无数条机会线。我们将这些机会线中斜率最大的直线及相对应的投资组合分别称为资本市场线（Capital Market Line，CML）和市场组合（Market Portfolio）。

威廉·夏普指出，如果每个投资者对于收益的概率分布有一致的看法，那么他们都有同一个最优的纯风险资产的资产组合。这个组合实际上就是市场组合 M。由于我们假设投资者具有同一性预期，因此在市场均衡条件下，任何一种风险资产的收益经过风险调整后都有相同的收益，从而有一个相同的市场组合。可以证明，市场组合在市场均衡条件下是唯一的。

同时，在市场均衡条件下，要求有一组市场出清价格，因此任何资产的超额报酬率和超额需求都为零，因此所有投资者有同一个唯一的有效边界，即为资本市场线。资本市场线其实是所有可能的机会线中斜率最大的线，它符合在给定收益率的方差条件下，期望收益率最大的决策准则，投资者能够达到最高可能的无差异效用曲线，因此它成了新的有效边界。资本市场线作为机会线，是市场组合 M 和无风险资产按各种投资重新组合而形成的。同样，如果无风险资产的借贷存在障碍，那么资本市场线也将不再是直线的。

综上所述，在市场均衡、无风险资产可以自由借贷、同一性预期等一系列假设条件下，我们可以得到下面的结论：

(1) 资本市场线是新的有效边界，该线上的任一点都代表了一个有效组合，反映了在给定标准差条件下投资组合可以获得的最大期望收益率。

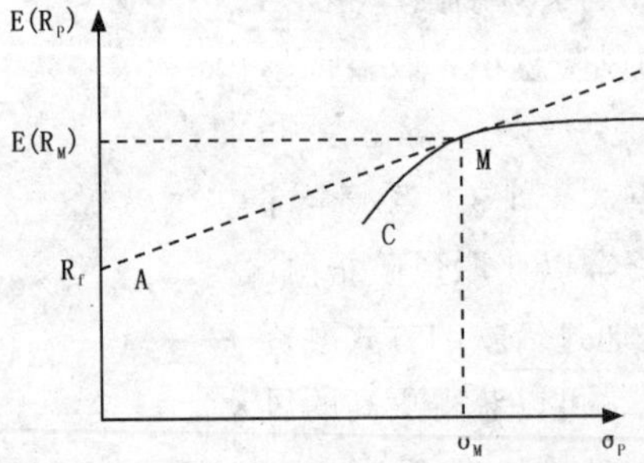

图 2-15

(2) 资本市场线上的任一点反映了资产组合的风险和收益之间的均衡的线性关系。而处于资本市场线之外的投资组合则不存在这种均衡的线性关系，见图 2-15 所示。

(3) 资本市场线上的任何一个有效资产组合 P 都可以表示成无风险资产 F 与一个市场组合 M 构成的资产组合。

资本市场线 AMB 代表了存在无风险资产时投资组合的有效边界，而曲线 CMD 代表了仅有风险资产时的有效边界。这两个有效前沿相切于一点 M，该点即为市场组合，它反映了所有投资者对风险与收益共同的预期。

切点 M，代表了某个仅由风险资产所组成的有效资产组合，但它同时又处于存在无风险资产时的有效边界上；同样，在点（0，R_f）上，它代表了仅由无风险资产组成的资产组合，但它同时又处于存在风险资产时的有效边界上，

所以在 R_f 和 M 点之间的直线段上代表了由风险资产与无风险资产混合构成的有效资产组合，只是在靠近 M 点的资产组合中，风险资产占的比例要大一些，而在靠近（0，R_f）点的资产组合中，无风险资产占的比例要大一些，这时投资者以无风险利率 R_f 贷出资金。而 MB 段的直线则代表了以无风险利率 R_f 借入资金并投资于风险资产情况下的有效前沿。此外，资本市场线 AMB 上的每一个有效投资组合，仅包括系统性风险，即总风险中的非系统风险可因多元化投资有效地分散，投资者所承担的仅仅是无法分散的系统风险。

资本市场线的方程公式可表示为：

$$E(R_P) = R_f + \frac{E(R_M) - R_f}{\sigma_M}\sigma_\rho \tag{2.3.18}$$

上式表明，任何有效组合的期望报酬率都等于无风险报酬率（R_f）加上一个风险补偿，该风险补偿等于$\frac{E(R_M) - R_F}{\sigma_M}$乘以这个组合的标准差 σ_ρ。资本市场线的斜率$\frac{E(R_M) - R_F}{\sigma_M}$反映了投资者风险与收益的边际替代率，即风险偏好的态度。在市场均衡条件下，每个投资者的边际替代率都是一样的。

（三）证券市场线

资本市场线只用于决定有效资产组合的预期收益和风险之间在均衡状态下的线性关系。在前面的论述中，我们知道，资本市场线上的有效组合，或是单一的无风险资产，或是无风险资产和市场组合 M 的重新组合。因此，资本市场线并不能用来解释所有的单一资产或不包含无风险资产和市场组合 M 在内的资产组合的期望收益和其风险之间的关系。我们引入证券市场线（Security Market Line，SML），用以决定单个资产以及资产组合的期望收益和风险之间的均衡关系。这也正是资本资产定价模型的理论核心。

1. 证券市场线（SML）。定义一个新的投资组合：市场组合 M 和一种风险资产 i，市场组合的期望收益率和风险分别为 $E(R_M)$ 和 σ_M^2，风险资产 i 的期望收益率和风险分别为 $E(R_i)$ 和 σ_i^2，风险资产的投资比例为 x，而市场组合 M 的投资比例为（1－x）。通过改变 x 值，我们可以得到一条新的机会线。

在该机会线上每个点所代表的新组合的期望收益率和风险分别为：

$$E(R_P) = xE(R_i) + (1-x)E(R_M) \tag{2.3.19}$$

$$\sigma_P^2 = x^2\sigma_i^2 + (1-x)^2\sigma_M^2 + 2x(1-x)Cov(R_i, R_M) \tag{2.3.20}$$

分别对 $E(R_P)$ 和 σ_p^2 求关于 x 的偏导：

$$\frac{\partial E(R_P)}{\partial x} = E(R_i) - E(R_M) \tag{2.3.21}$$

$$2\sigma_P\frac{\partial \sigma_\rho}{\partial x} = 2x\sigma_i^2 - 2(1-x)\sigma_M^2 + 2(1-x)Cov(R_i, R_M) - 2xCov(R_i, R_m) \tag{2.3.22}$$

即：$$\frac{\partial \sigma_\rho}{\partial x} = \frac{x\sigma_i^2 - (1-x)\sigma_M^2 + (1-x)Cov(R_i, R_M) - xCov(R_i, R_m)}{\sigma_\rho} \tag{2.3.23}$$

当 x=0 时，新组合所在的机会线与资本市场线重合于市场组合点 M，即 $\sigma_\rho=\sigma_m$。在这点上，所有投资者具有相同的预期。因此，新机会线在该点的斜率应该等于资本市场线的斜率。

$$\left.\frac{\partial E(R_P)}{\partial \sigma_P}\right|_{x=0}=\frac{\sigma_\rho\,[E(R_i)-E(R_M)]}{Cov(R_i,R_M)-\sigma_M^2}=\frac{\sigma_M\,[E(R_i)-E(R_M)]}{Cov(R_i,R_M)-\sigma_M^2}$$

$$=\frac{E(R_M)-R_f}{\sigma_M} \tag{2.3.24}$$

即：$$E(R_i)=R_f+\frac{E(R_M)-R_f}{\sigma_M}\cdot\frac{Cov(R_i,R_M)}{\sigma_M} \tag{2.3.25}$$

上式即为市场线的一般公式。该公式表明某资产的预期收益是由两部分组成：一部分是无风险资产的收益，用 R_f 表示；另一部分反映了风险补偿，风险补偿是风险—收益的边际替代率与其风险的乘积，这里的风险用该资产对市场组合市场的“贡献”比例$\frac{Cov(R_i,R_M)}{\sigma_M}$来衡量，即该资产系统风险的大小。

将上式进一步变形可化为：

$$E(R_i)=R_f+[E(R_M)-R_f]\,\beta_i \tag{2.3.26}$$

其中，$\beta_i=\frac{\sigma_{iM}}{\sigma_M^2}$，表示第 i 种资产的 β 系数，$\sigma_{iM}$表示第 i 种资产收益率和市场组合收益率的协方差，σ_m^2表示市场组合收益率的方差。这一系数可以用来说明单个资产的系统风险与市场组合系统风险之间的关系。比如,证券 A 的回报率的变化有下述统计规律,每当整个市场投资组合的回报率增加 1%时,证券 A 的回报率增加 2%。那么证券 A 的 β_A 就等于 2,说明该证券的系统风险是整个市场组合风险的两倍。另一种证券 B,如果市场投资组合的回报率每上升 1%,它的回报率仅上升 0.8,那么其 β_B 就等于 0.8,说明该证券的系统风险是整个市场组合风险的 0.8。再有一种证券 C,如果市场投资组合的回报率每上升 1%,证券 C 的回报率也上升 1%,则证券 C 的 β_c 就正好等于 1,说明该证券的系统风险与整个市场组合风险一致。如果 β 系数等于 0,说明该资产没有系统风险。

上式所反映的风险与收益的线性关系，同样适用于投资组合 P。证明过程同上，只需要将风险资产 i 改为投资组合 P 就行。这时与投资组合 P 的收益相对应的是组合的系数 β。由于 β 系数的可加性，组合的 β 系数可能通过计算组成该组合的各资产的 β 系数的加权平均数就行。

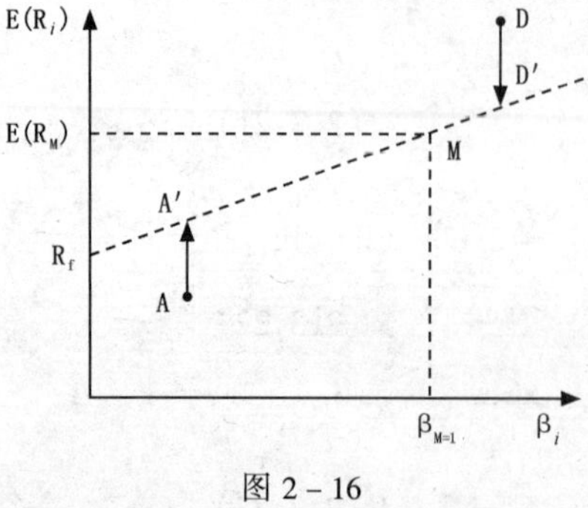

图 2-16

同时，该公式反映了不同的 β 值水平下，各种资产及资产组合应有的风险补偿，从而反映了各种资产及资产组合的系统性风险与预期收益之间的线性关系，即所谓“高风险高收益，低风险低收益”。但这时的风险仅仅指不能通过多元化投资加以分散的系统风险。我们将上式用图 2-16 加以表示。

从图 2-16 中我们还可以看出证券市场线上各个资产的风险与报酬均处于均衡状态。如处于 A点的资产位于证券市场线之下，意味着该资产的市场价被高估了，导致它的预期报酬率低于市场要求的与其系统风险的相适应的报酬率，即 $E(R_i) < R_f + [E(R_M) - R_f]\beta_i$。由于报酬率偏低，投资者将竞相抛售，在价格机制的作用下，过量的供给将导致资产价格下降、报酬率上升，并最终使资产落在证券市场线上，在A′达到了风险与报酬率的均衡。而处于D点资产的收益的变化过程与A相反。由于D点的资产市价被低估了，导致它的预期报酬率高于市场要求的与其系统风险相适应的报酬率，即 $E(R_i) > R_f + [E(R_M) - R_f]\beta_i$。因此该资产对投资者有较大的吸引力，对该资产的需求就会增加并引起价格的上升。当然价格不会无限制上升，当 $E(R_i) = R_f + [E(R_M) - R_f]\beta_i$ 时，资产在D′点达到了风险与报酬的均衡，价格不再上升。

因此，在证券市场线上的各个资产及组合的超额报酬率都为零。所谓超额报酬率，是指预期报酬率偏离均衡市场要求的与其系统风险相适应的报酬率的部分，我们用A表示。超额报酬率可以为正数，也可以为负数，接下去，我们进一步分析这个问题。

资产i的实际市价为 K_i，均衡状态下的价格为 P_i 在单周期决策条件下，均衡价格 P_i 取决于该资产期末收益的概率分布。设期末的全部收益为 x_i，x_i 为一随机变量。

均衡状态下的收益率为 $R_i = \frac{x_i}{P_i} - 1$。该收益率应当符合证券市场线的公式，即：

$$E(R_i) = \frac{E(x_i)}{P_i} - 1 = R_f + [E(R_M) - R_f]\beta_i \tag{2.3.27}$$

$$E(x_i) = \{1 + R_f + [E(R_M) - R_f]\beta_i\} P_i \tag{2.3.28}$$

$$\text{资产 i 的实际收益率} = R_i^R = \frac{x_i}{K_i} - 1 \tag{2.3.29}$$

$$E(R_I^R) = \frac{E(x_i)}{K_i} - 1 = a_i + \frac{E(x_i)}{P_i} - 1 \tag{2.3.30}$$

整理可得：

$$a_i = \frac{P_i - K_i}{K_i P_i} E(x_i) \tag{2.3.31}$$

将 $E(x_i) = \{1 + R_f + [E(R_M) - R_f]\beta_i\} P_i$ 代入（2.3.31）可得：

$$a_i = \frac{P_i - K_i}{K_i P_i}\{1 + R_f + [E(R_M) - R_f]\beta_i\} P_i = \left(\frac{P_i}{K_i} - 1\right)\{1 + R_f + [E(R_M) - R_f]\beta_i\} \tag{2.3.32}$$

上式中，$1 + R_f + [E(R_M) - R_f]\beta_i > 0$，因此，$a_i$ 的符号取决于当前市价 K_i 和均衡价格 P_i。因此，可以得出下面的结论：

当 $a_i > 0$ 时，资产价值被低估，即 $P_i > K_i$，表现在图 2－16 上，如D点，处于证券市场线之上。

当 $a_i = 0$ 时，资产价值被正常定价，即 $P_i = K_i$，表现在图 2－16 上，如位于证券市场线之上的各个均衡点。

当 $a_i < 0$ 时，资产价值被高估，即 $P_i < K_i$，表现在图 2 - 16 上，如 A 点，处于证券市场线之下。

2. 风险资产的定价。如前所述，证券市场线的各点反映了收益和报酬的均衡关系，并在此基础上达到了均衡的资产价格。现在分析一下这个均衡价格是如何确定的。

CAPM 假设投资者都是在单周期条件下作决策的。现假定：资产 i 在第六期的价格为 P_i，在第 1 期的全部收益为 x_i，期末的全部收益包括风险补偿收益。期末收益 x_i 是一个随机变量，该资产的收益率可表示为：

$$R_i = \frac{x_i - P_i}{P_i} \tag{2.3.33}$$

当市场处于均衡状态时，资产 i 一定位于证券市场线上，因此该资产的收益应当符合证券市场线的公式。即：

$$E(R_i) = E\left(\frac{x_i - P_i}{P_i}\right) = R_f + \frac{E(R_M) - R_f}{\sigma_m} \times \frac{Cov\left(\frac{x_i - P_i}{P_i},\ R_M\right)}{\sigma_M} \tag{2.3.34}$$

通过整理，可得：

$$\frac{E(x_i)}{P_i} - 1 = R_f + \frac{E(R_M) - R_f}{\sigma_M} \times \frac{Cov(x_i,\ R_M)}{\sigma_M} \times \frac{1}{P_i}$$

$$= R_f + [E(R_M) - R_f]\frac{\beta_i}{P_i} \tag{2.3.35}$$

$$P_i = \frac{E(x_i) - [E(R_M) - R_f]\beta_i}{1 + R_f} \tag{2.3.36}$$

这就是资产在第零期达到均衡状态时的价格水平。因此，只要给出资产收益的联合概率分布、市场组合收益率、无风险利率及该资产的 β 系数，就可以通过上式确定该资产的价值。

上式还有一个等价的式子：

将 $E(R_i) = E\left(\frac{x_i - P_i}{P_i}\right)$ 代入公式 $E(R_i) = R_f + [E(R_M) - R_f]\beta_i$ 可得

$$E\left(\frac{x_i - P_i}{P_i}\right) = R_f + [E(R_M) - R_f]\beta_i \tag{2.3.37}$$

整理可得：

$$P_i = \frac{E(R_i)}{1 + R_f + [E(R_M) - R_f]\beta_i} \tag{2.3.38}$$

上式中，$1 + R_f + [E(R_M) - R_f]\beta_i$ 为经过风险调整的贴现率，而 $E(R_i)$ 为资产期末的期望收益率。

（四）资本市场线和证券市场线的比较

比较下述两条线的公式：

资本市场线：$E(R_P) = R_f + \frac{E(R_M) - R_f}{\sigma_M}\sigma_P$

证券市场线：$E(R_i) = R_f + [E(R_M) - R_f]\beta_i$

在市场均衡条件下，证券市场线上的有效组合一定落在资本市场线上，此时证券市场线和资本市场线是统一的。

但两者是有区别的：

其一，资本市场线反映的是有效组合的风险与收益之间的关系，因此，有效组合落在资本市场线上，非有效组合落在资本市场线下；而证券市场线反映了市场均衡条件下所有单一资产和资产组合的风险和收益之间的线性关系，它包括了所有资产和所有组合，且无论有效组合和非有效组合都落在证券市场线上。

其二，资本市场线只表示有效组合，因此风险度量只是这种组合的方差（或标准差），以反映整个市场的系统风险。而证券市场线则用β系数衡量资产及资产组合的风险。

第四节　债券价值与收益的计算

银行筹集资本主要有两种方式——发行股票和长期债券。另外，银行投资业务主要就是购买和出售有价证券的活动。因此，作为银行的财务人员了解债券和股票的价值决定及收益率的计算方法是很有必要的。债券是企业或政府机构发行的一种长期承兑票据，它是各单位筹集资金的主要工具之一。在本节中我们先说明债券价值的决定及其收益的计算，下一节我们再讨论股票。

一、债券价值的决定及计算

由于债券是指在未来一定年限内支付特定金额的利息以及到期后偿还面值的票据，它代表每期支付的年金和一笔到期时的总额支付，故其价值就等于这些支付源流的现值。根据我们前面给出的现值计算法，我们不难推导出债券价值的计算公式：

令债券的价值为 V，则有

$$V = \sum_{t=1}^{n} I\left(\frac{1}{1+K_d}\right)^t + M\left(\frac{1}{1+K_d}\right)^n$$

$$= I\ (PVAK_d,\ n)\ + M\ (PVK_d,\ n) \qquad (2.4.1)$$

其中，I 为每年支付的债券利息（等于票面收益率×债券面值）；

M 为债券面值或到期值，通常为$1000；

K_d 为债券适当利率（实际上也就是市场利率）；

n 为债券到期的年数。

[例 2－13]　假定 FLAME 银行在 1991 年 1 月 2 日发行的每一张面值为$1000的债券，其票面利率为9%，并于2000年1月1日到期，而适当利息也为9%，则我们根据（2.4.1）可以计算出此债券上市时的价值：

$$V = \$90\ (PVA9\%,\ 9)\ + \$1000\ (PV9\%,\ 9)$$

$$= \$90 \times 0.9952 + \$1000 \times 0.4604 = \$1000$$

计算结果表明，在票面利率等于适当利率的情况下，债券上市时的价值等于其债券面值。我们可以根据数学知识证明，只要票面利率等于适当利率时，则债券的价值在任何时候都等于其面值（此处证明从略）。

上面讨论的是债券的票面利率与市场利率相等时的情况，实际经济生活中这二者不可能总相等，而且多数情况下二者一般是不等的。我们先讨论债券票面利率高于市场利率时的情形。

［例 2－14］ 如果例 2－11 中 FLAME 银行的债券上市后，市场利率下降，从而使得债券的利率从 9%降至 8%，而该银行债券的每年支付利息额与到期值都不变，则债券上市时的价值（V_0）和在第一年年底时的价值（V_1）分别为：

V_0 ＝$ 90（PVA8%，9）＋$ 1000（PV9%，9）

＝$ 90×6.2469＋$ 1000×0.5002

＝$ 1062.42

V_1 ＝$ 90（PVA8%，8）＋$ 1000（PV9%，8）

＝$ 90×5.7466＋$ 1000×0.5403

＝$ 1057.49

可以看出，在市场利率下降后，债券的价值会提高，即债券的售价会高于其面值，债券持有人可得到资本利得。为什么会出现这种情况呢？这是因为在 K_d 由 9%降为 8%后，投资者虽然还可以以每张$ 1000 的价格购买其公司或银行新发行的债券，但是这种债券所能提供的年息只有$ 80；相反，如果持有 FLAME 银行的已上市债券，他可以得到$ 90 的年息。于是，投资者为了得到较高的利息收入，在资本市场竞争激烈的情况下，他愿意支付一笔高于$ 1000 面值的溢酬，以购入该银行已上市的债券，直到其价格上升到$ 1062.42 为止。此时该种债券所提供的报酬率已刚好与新上市债券相等——正好为 8%，其计算过程为：

购买债券可获利率为：$ 90/$ 1062.42＝8.47%

购买债券资本利得收益率为：－$ 4.93/$ 1057.49＝－0.47%

总报酬率为（或收益率）为：8.47%＋（－0.47%）＝8%

其中资本利得为 1057.49－$ 1062.42＝－$ 4.93，为负收益。

另外，我们再计算第二年年底 FLAME 银行债券的市场价格，计算过程为：

V_2 ＝$ 90（PVA8%，7）＋$ 1000（PV8%，7）

＝$ 90×5.2064＋$ 1000×0.5835

＝$ 1052.40＜$ 1057.49

可以看出该银行债券的市场价格在上述条件不变情况下会逐年下降，直到 9 年后债券到期时，其价值刚好等于$ 1000 为止。

我们再来讨论债券的票面利率低于市场利率的情形。

在上面的实例中，如果在债券发行的第一年中，市场利率升到 10%，则 FLAME 银行的债券价值为；

$V_1 = \$90\,(PVA10\%,\ 8) + \$1000\,(PV10\%,\ 8)$

$= \$90 \times 5.3349 + \$1000 \times 0.4665$

$= \$946.65$

可以看出，如果市场利率高于债券的票面利率，债券就必须以低于面值的价格出售——折价额等于$ 53.35，而此时债券的预期收益率也将达到10%。

注意到折价额$ 53.35 =（$ 100 - $ 90）×（PVA10%，8）

可导出计算折价额的简洁公式：

折价额 =（旧债券每年支付的利息 - 新债券每年支付的利息）×（$PVAK_d$，n）

式中 K_d 为新债券的当期市场利率，而 n 指旧债券到期前年数。

同样，溢价额也可以根据类似公式计算。

二、债券收益率的计算

（一）票面收益率（Coupon Rate）

这是在债券上标明的收益率。例如，一张面额为100元的债券，标明年利率为5%，则发行者需要每年支付给投资者5元，但有些债券票面上并未写明利息率字样，而是附有息票，息票上载明每期（年）支付利息数额。用利息除以本金，就可以得到利息率，即票面收益率。也有些证券既没有载明利息率，又未说明利息数额，可以用实际利息收入与债券票面额相比表示票面收益率。例如，政府发行国库券面额为1000元，期限1年，按折扣出售的价格为900元。则投资者的年收益率为（1000 - 900）/1000 = 10%。还有一种是贴现利息率，计算方法是用债券实际投资额与实际利息收入相对比。本例中的贴现利息率为（1000 - 900）/900 = 11%。比前面讲的收益率稍大一些。

（二）当期收益率（Current Yield）

由于市场行情在不断发生变化，有价证券价格也在不断发生变化，或高于票面收益率，或低于票面收益率，在这种情况下仍用票面收益率就不能真实地反映债券收益情况。因此，还可以采用当期收益率这一指标来反映债券的收益情况。当期收益率是指用债券的票面收益除以债券市场价格而得出的收益率。计算公式为：

当期收益率 = 票面利息额/债券市场价格

[例2-15] 银行购买一种票面金颇为1000元，利息率5%的债券。如果该债券在某一时点的市场价格是500元，这时银行实际取得的当期收益率就是：票面利息额/证券市场价格 =（1000 × 5%）/500 = 10%，这时债券在它的本金以下出售。所谓本金就是购买债券的原始投入额。反之，如果债券以高于它的票面金额出售就是一种溢价债券，而前者则是贴现债券。

又如，银行以95元价格买进一张面值100元，票面收益率为8%的债券。到期银行从发行者那里收到8元利息，与银行投资额95元相比，获得的收益率为8.42%，而不是8%。再如，银行以110元价格购入面值100元，票面收益率10%的某种证券，银行每年可获得10%利息，与投资额110元相比，银行实际取得的收益率是 10/110 = 9.09%，而不是 10%。

上述例子中，用每期取得的利息收入与购买价格或投入本金对比而得出的收益率 10%，8.42%和 9.09%都是当期收益率。这个收益率考虑了债券市场价格的变化，比票面收益率更接近现实。

（三）到期收益率（Yield to Maturity）

票面收益率实际上都只考虑了债券的利息收入，而没有反映债券增值的收入（或贬值的亏损）。到期收益率是综合考虑了债券利息收入和增值（或贬值）因素的收益率。它的计算公式如下：

$$K_d = YTM = \frac{I + (M - V)/n}{(M + V)/n} \qquad (2.4.2)$$

其中，K_d：债券到期收益率

M：本金价值

V：债券市场价格

n：持有期限

现举例说明。

[例 2－16] 某银行以 1000 元购入票面额为 1500 元，票面收益率为 10%，8 年到期的证券。该银行持有这些债券直到期满为止。将有关数据代入式 (2.4.2)，则每年利息收入为 1500 × 10% = 150 元；每年的增值额为（1500 − 1000）/8 = 62.5 元；每年的总收益为二者之和（150 + 62.5） = 212.5 元。平均投资额为（1500 + 1000）/2 = 1250 元，故该银行的到期收益率为：

$$K_d = \frac{1500 \times 10\% + (1500 - 1000)/8}{(1500 + 1000)/2} = 212.5/1250 = 17\%$$

8 年该银行共获收益（1500 × 10% × 8 + 500） = 1700 元

[例 2－17] 某银行购买票面额为 1000 元，票面收益率为 10%，10 年到期的债券。4 年后债券的市场价格下降，银行为避免损失，以 800 元的价格出售，结果如下：

（1）每年利息收入：　　1000 × 10% = 100 元

（2）每年的平均贬值额：　　（1000 − 800）/4 = 50 元

（3）每年收益额：　　100 − 50 = 50 元

（4）平均投资额为：　　（1000 + 800）/2 = 900 元

（5）银行到期收益率：　　50/900 = 5.56%

（6）两年中该银行总收益：　　50 × 4 = 200 元

计算时必须注意：第一，持券期间是银行实际持有该债券的时间，而不是该债券的发行期间，也不是距离到期日的时间。第二，在银行没有将债券持满到期日，在此之前就转卖出去时，不能用票面额与债券购入价格相比来确定证券是增值还是贬值，而只能用出售价格同购入价格相比。当然，如果在到期持债券出售，那么出售价格与票面价一般来说是一致的。

从以上计算中可以看出，到期收益率充分反映了债券的购入成本、票面价值、票面收益率、持券期间及出售价格等因素，反映了银行在债券投资上实际获得的全部收益或亏损。因此，人们又将这一收益率称为实际收益率。

第五节 普通股价值的决定与收益率的计算

普通股票是一种主权证书，反映持有人对发行单位的所有权。对于投资普通股票的投资者而言，其购买或出售股票的主要目的不外乎两个；一是分享发行单位的股利；二是持有者在将来某一时日可将其出售，并希望售出价高于购入价，从而获得资本利得收入。一般来说，投资者购买股票时，都希望能获得资本利得收入，否则他一般不会购入。

一、普通股价值的决定

普通股价值决定的思路同上一节债券一样，也是将股票未来提供的现金收入源流折合成现值，普通股持有者现金流量包括两个部分：一是每期的预期股利收入：二是出售股票而得到的价格收入。

所以，假定某银行预备以 EP_0 的价格购入某种股票，并且在 1 年后将它售出以取得预期的 EP_1 的价格，普通股股票预期市场价值 EP_0 为：

$$EP_0 = \frac{D_1}{1+K_s} + \frac{EP_1}{1+K_s} \qquad (2.5.1)$$

式中，D_1：股东在第一年底预期收到的股利

EP_0：目前的普通股市价

K_s：股票的最低必要报酬率

EP_1：第一年底预期的普通股市价

而同理，在第二年，

$$EP_1 = \frac{D_2}{1+K_s} + \frac{EP_2}{1+K_s} \qquad (2.5.2)$$

将式（2.5.2）代入式（2.5.1）得，

$$EP_0 = \frac{D_1}{1+K_s} + \frac{1}{1+K_s} \times \left(\frac{D_2}{1+K_s} + \frac{EP_2}{1+K_s}\right)$$

$$= \frac{D_1}{1+K_s} + \frac{D_2}{(1+K_s)^2} + \frac{EP_2}{(1+K_s)^2}$$

由于股票没有到期问题，故我们将上述过程一直进行下去到永远，则有：

$$EP_0 = \sum_{t=1}^{\infty} \frac{D_t}{(1+K_s)}$$

这就是通用的股票估价模型。如果预期未来的股利源流有规律可循，我们就可以将此公式作进一步的简化，并求出普通股的最低必要收益率和预期报酬率。

二、股票收益率计算

首先必要明确最低必要收益率和预期收益率及股利成长率等概念的含义。

最低必要收益率用 K_s 表示，是指投资普通股票所能得到的最低的报酬率，最少不小于市场利率。预期收益率用 EK_s 表示，是指投资者预期收到的报酬率。只有当 EK_s 大于或等于 K_s 时，人们才会购买该种股票。预期收益率 EK_s 由预期股利收益率和预期资本利得收益率两部分构成，即：

$$EK_s = D_1/EP_0 + (EP_1 - EP_0)/EP_0$$

D_1/EP_0 = 在未来第一年股票的预期股利收益率；

$(EP_1 - EP_0)/EP_0$ = 未来第一年股票的预期资本利得收益率。

股利的预期成长率用 g 表示，我们通常假定实行的是稳定的股利政策，故 g 是一个固定值。

(一) 零成长股股价

如果每年均发放固定的股利给股东，也就是说预期股利成长率为 0，则有，

$$EP_0 = \sum_{t=1}^{\infty} \frac{D_t}{(1 + EK_s)^t}$$

其中 EK_s 是股票预期收益率。

由于 $D_1 = D_2 = \cdots = D_n = \cdots = D$

所以上式变成：

$$EP_0 = D \sum_{t=1}^{\infty} \frac{1}{(1 + EK_s)^t} = D \lim_{n \to \infty} \sum_{t=1}^{\infty} \frac{1}{(1 + EK_s)^t}$$

由于 $\lim_{n \to \infty} \sum_{t=1}^{\infty} \frac{1}{(1 + EK_s)^t} = \frac{1}{EK_s}$

所以

$$EP_0 = D/EK_s$$

显然，这就是第一节提到的永续年金贴现的公式。

由此可计算出股票的预期报酬率为：

$$EK_s = D/EP_0$$

例如：如果某银行以每股\$21.20 的价格购入一普通股，且预期固定股利为\$3.20，则，

$$EK_s = D/EP_0 = \$3.20/\$21.20 = 15.09\%$$

(二) 正常或固定成长股

很少公司或银行采取零成长股的股利政策，一般都采取固定或正常成长股模式，即盈余与股利并非不变，而且会继续成长下去。尽管各单位的预期股利成长率可能有所不同，然而平均而言，应当等于名义国民生产总值（GNP）的成长率，即 GNP 增长率加上通货膨胀率。

设一属于正常或固定成长的银行最近支付过的股利为 D_0，预期股利固定成长率为 g，则在 t 年末时，其股利会增至：

$$D_t = D_0 (1 + g)^t$$

将此式变换，可得：

$$EP_0 = \sum_{t=1}^{\infty} \frac{D_0(1+g)^t}{(1+EK_s)^t}$$

当 g 固定时，则方程式可简化为：

$$EP_0 = \frac{D_0\ (1+g)}{EK_s - g} = \frac{D_1}{EK_s - g}$$

再变化上式，可计算出预期报酬率 EK_s 为：

$$EK_s = D_1/EP_0 + g \qquad (2.5.3)$$

下面我们举例说明。

如果以$46.20的价格购进此种股票一股，并且预期到期后会收到$2.31的股利，则购买此股票的预期报酬率为15%（其中，股票成长率为10%）。

根据式（2.5.3），得

$$EK_s = D_1/EP_0 + g = \$2.31/\$46.20 + 10\%$$

$$= 0.05 + 0.10 = 15\%$$

本章小结

时间价值、投资风险价值和利息率是决定财务活动的基本因素，它是贯穿于银行财务管理全过程的基本价值观念。利息是在信用基础上产生的，是资金所有者将资金的使用权暂时让渡给使用者所收取的报酬。

资金的时间价值是客观存在的经济范畴。时间价值可以有两种表现形式：一是相对数，即利率（假设没有风险和通货膨胀）；二是绝对数，即利息。利息有单利和复利；年金可分为普通年金、即付年金、递延年金和永续年金。

银行的财务管理工作经常存在风险和不确定因素。离开了风险因素，就无法正确评价银行报酬的高低。风险报酬原理，揭示了风险和报酬之间的关系，是银行财务决策的基本依据。

风险与收益的均衡是银行在金融活动中进行合理决策的基础。收益与风险的基本关系是：收益与风险均衡，也就是说，风险较大的投资项目，其要求的收益率相对较高；反之，收益率较低的投资项目，风险也相对较小。风险与收益均衡的原则不仅适用于企业金融资产投资，而且还适用于实物投资。

资产组合理论由现代投资理论创始人马科维茨（Markowtiez，1952）在题为《“证券组合”的选择》的论文中首次提出，成为现代投资理论的起源，为现代金融资产定价理论的建立和发展奠定了基础。该理论主要解决投资者如何衡量不同的投资风险以及如何合理组合自己的资金以取得最大收益问题，认为组合金融资产的投资风险与收益之间存在一定特殊关系，投资风险分散具有规律性。

在马科维茨资产组合理论研究的基础上，威廉·夏普（William F.Sharpe，1964）提出资本资产定价理论。该理论以资本市场线为研究切入点，即研究当市场上存在无风险资产且市场达到均衡的情况下，投资者最优投资组合与市场组合在期望收益率与风险上存在的联系。资本资产定价理论把注意力从马科维茨的对单个投资者的微观主体研究转向对整个市场的研究，探索把所有遵循马科维茨定义下的投资者共同行动将导致怎样的市场状态。

银行筹集资本主要有两种方式——发行股票和长期债券。另外，银行投资业务的内容主要就是购买和出售有价证券的活动。因此，作为银行的财务人员了解债券和股票的价值决定及收益率的计算方法是很有必要的。债券是企业或政府机构发行的一种长期承兑票据，它是各单位筹集资金的主要工具之一。债券的价值是指在未来一定年限内支付特定金额的利息以及到期后偿还面值的票据的现值。债券的收益率通常可使用票面收益率、当期收益率和到期收益率来衡量。普通股票是一种主权证书，反映持有人对发行单位的所有权。对于投资普通股票的投资者而言，其购买或出售股票的主要目的不外乎两个；一是分享发行单位的股利；二是持有者在将来某一时日可将其出售，并希望售出价高于购入价，从而获得利得收入。一般来说，投资者购买股票时，都希望能获得资本利得收入，否则他一般不会购入。普通股价值的决定是将股票未来提供的现金收入源流折合成现值，其预期收益率 E 由预期股利收益率和预期资本利得收益率两部分构成。

复习思考题

一、名词解释

时间价值　投资风险价值　年金　风险报酬　风险收益均衡　资产组合理论　资本资产定价理论　债券　股票

二、问答题

1. 什么是资金的时间价值？其真正来源是什么？
2. 风险报酬的含义是什么？
3. 简述资产组合理论。
4. 简述资本资产定价理论。
5. 什么是资本市场线？什么是证券市场线？试分析二者的关系。

第三章

商业银行财务报表分析

第一节　商业银行财务报表分析概述

一、财务报表分析的含义

商业银行财务报表是了解商业银行经营状况的重要信息来源，对财务报表进行分析，可以更深入地了解商业银行的运营状况，发现一些深层次的问题，或者找到潜在的价值。财务报表分析往往成为投资人、管理者以及监管当局进行有关决策的重要依据。

最早的财务报表分析出现于19世纪末20世纪初，主要服务于金融企业中提供企业贷款的银行。当时，借贷在企业资本中的比重不断增加，银行需要对贷款人进行信用分析，以判断其偿债能力；随着资本市场的发展，投资人需要对企业的盈利能力进行判断，财务报表分析又发展成为股票投资人的工具；随着公众投资人进入资本市场，股票市场发展起来，公众需要了解企业的盈利能力、筹资结构、利润分配及发展前景等情况，财务报表分析的用途进一步扩大，逐渐发展成服务于企业外部相关者的分析体系。

公司组织发展起来后，财务报表分析由外部分析扩大到内部分析，不仅服务于外部机构，也服务于内部管理者，成为公司管理者分析盈利能力和偿债能力，改善管理，从而取得投资人和债权人支持的重要工具。在进行内部分析的时候，除了可利用公开的财务报表之外，还可以利用一些内部数据进行分析。

商业银行财务报表分析是以商业银行基本活动为对象，以财务报表所提供的财务信息为主要信息来源，以分析和综合为主要方法的系统认识商业银行的过程，其目的是通过了解过去、评价现在和预测未来，以帮助报表使用人改善决策。财务报表分析的起点是阅读财务报表，终点是作出某种判断（包括评价和找出问题），中间是分析财务报表过程，它由比较、分类、类比、归纳、演绎、分析和综合等认识事物的步骤和方法组成。其中分析和综合是两种最基本的逻辑思维方法。因此，财务报表分析的过程也可以说是分析与综合的统一。

二、财务报表分析的目的

进行财务报表分析，其目的因人而异，同时随着经济环境的变化而不断发展。目前，对商业银行财务状况关心并进行分析的行为主体大致分为两大类：一类是外部分析者（例如投资人、债权人、证券分析机构、监管机构），他们是与商业银行有关的个人和集团，他们侧重对商业银行某一方面的考察，或是盈利能力，或是偿付能力，或是发展能力等。另一类是商业银行内部的经营管理者，他们一般将银行看作一个系统，在进行各种财务指标分析的基础上，综合分析银行的整体运行情况。

显然，不同的行为主体进行财务报表分析的目的不同。投资人、债权人、政府机构和经理人员分别具有不同的目的，需要不同的信息，采取不同的分析方法。

（一）投资人

投资人是指公司的权益投资人即普通股股东。普通股东投资于银行的目的是扩大自己的财富。他们所关心的问题，包括偿债能力、收益能力以及风险等。

权益投资人进行财务报表分析，对以下问题十分关注：

1. 银行当前和长期的收益水平高低，以及银行收益是否容易受重大变动的影响。
2. 目前的财务状况如何，银行资本充足率决定的风险和报酬如何。
3. 与其他竞争者相比，本银行处于何种地位。

（二）债权人

债权人是指借钱给银行的单位、个人、其他金融机构等并得到银行还款承诺的人。债权人关心银行是否具有偿还债务的能力。

债权人的主要决策是决定是否把钱存到银行或融通资金给银行，以及是否需要提前收回债权。他们关心以下几方面的问题：

1. 银行是否要额外筹集资金以及采取怎样的融资方式。
2. 银行的流动性如何。
3. 银行的市场信誉和形象如何。

（三）政府机构

政府机构也是银行财务报表的使用人，包括银监会、税务部门、证券管理机构、会计监管机构和社会保障部门等。他们使用财务报表是为了履行自己的监督管理职责。

（四）经理人员

经理人员是指被所有者聘用的、对银行资产和负债进行管理的个人组成的团体,又是称之为管理当局。在我国,绝大部分银行的经理人员是由政府任命的。

经理人员关心银行的财务状况、盈利能力、流动性和持续发展能力。经理人员可以获取外部使用人无法获得的内部信息。他们分析报表的主要目的是发现银行管理中存在的问题，为银行经营提供决策参考。

三、财务分析的步骤

（一）明确目的，制定分析计划

根据商业银行财务分析期间的工作重点，确定应进行财务分析的范围和重点，制定财务分析计划。在计划中应规定分析的目的和要求、分析工作的组织分工、采取的分析形式与程序、工作进度和确定分析资料的种类与来源等。财务分析工作应按计划进行，但在实际分析工作中可根据具体情况对计划进行修改和补充。

（二）收集资料，确定分析对象

按照财务分析的目的和计划要求，真正做好分析资料的准备工作。为了全面分析商业银行的财务活动，正确评价商业银行经营绩效，应完整地收集整理分析资料，包括计划资料、定额资料、技术资料、核算资料、调查资料和其他有关的分析资料。在收集整理分析资料后，还必须认真检查核实分析资料，只有真实可靠的分析资料才能保证分析工作的质量。检查核算资料应根据资料的来源和类别，采取适当的方法进行。重点应检查资料的真实性和合法性。在此基础上，通过对资料数据的研究和比较，形成分析目标，确定分析对象。

（三）选定方法，分析原因

根据分析指标的性质及指标之间的相互联系，选择合适的分析方法，寻找影响指标的变动因素，并测算各个因素变动对财务指标的影响，以便根据计算结果分清主次，区别利弊，这是财务分析工作的中心环节。

（四）总结评价，提出措施建议

结合商业银行的特点和历年状况，对分析结果进行认真的总结和评价。肯定成绩，发现问题，实事求是地评价过去，科学地预测未来，提出合理化建议和改进工作的措施，供商业银行经营者和其他利害关系人决策时参考。

四、财务报表分析的基本方法

（一）比较分析法

比较分析法是将彼此相联系的指标进行对比，确定它们之间的差异，用以评价财务活动好坏的方法。这是财务分析中最常用的一种方法。常用的比较形式有：

1. 本期实际数与计划数比较，以检查考核计划的执行进度和结果。

2. 本期与前期比较，以了解财务指标的动态和变化趋势。它包括与上期比，与上年同期比，与历史先进水平比，与特定历史时期比。

3. 本单位与外单位比较，以开阔视野，取人之长，补己之短。

（二）比率分析法

比率分析法是利用两个指标的某种关联，通过计算比率来考察、计量和评价商业银行的财务状况、经营成果和现金流量的分析方法。在通常情况下，商业银行常用比率指标有：

1. 流动性比率，用来衡量商业银行用流动资产偿还流动负债的能力。

2. 安全性比率，用来衡量商业银行财务结构稳定性的能力。

3. 资本充足性比率，用来衡量商业银行稳健经营能力。商业银行资本充足性比率主要包括：资产加权前资本充足率、资产加权后资本充足率、资产加权后核心资本充足率。

4. 收益性或盈利性比率，用来衡量商业银行的获利能力。商业银行收益性比率主要包括：资本利润率、资产利润率、利息回收率。

5. 现金流量比率，用来综合反映商业银行净利润质量、支付能力、偿债能力和周转能力。

比率分析法是财务报表分析中应用最广的方法。其最大特点是简单、适用，容易为财务分析人员所掌握。随着参与股市投资的社会大众的增多，有些比率还成了被广大社会所认知的数据，如市盈率、资产回报率等，进一步巩固了比率分析在财务报表分析当中的地位。同时比率分析所得到的多项数据，也往往成为其他分析方法所使用的数据。可以说，在一定程度上，比率分析是财务报表分析的基础之一。

（三）趋势分析法

趋势分析法是对不同时期财务指标进行对比以确定其增减差异和变动趋势的分析方法。

趋势分析法计算指标包括差异数、差异率和趋势比率。

差异数 = 报告期数 - 基期数

$$差异率 = \frac{差异数}{基期数} \times 100\%$$

$$趋势比率 = \frac{报告期数}{基期数} \times 100\%$$

（四）比重分析法

比重是指某项财务指标各组成项目占总体指标的百分比。比重分析法又叫结构分析法，它是通过分析指标结构变化，来反映该项指标的特征的一种分析方法。

（五）因素分析法

因素分析法是通过分析影响财务指标的各项因素，并计算其对指标的影响程度，用以说明本期实际与计划或基期相比，财务指标发生变动或差异的主要原因的一种分析方法。进行因素分析最常用的方法有两种，即连环替代法和差额计算法。

1. 连环替代法。连环替代法是通过顺次逐个地替代影响因素，计算各因素变动对指标变动影响程度的一种因素分析方法。

2. 差额分析法。差额分析法是连环替代法在实际应用中的一种简化方法。其特点是先计算每个因素的差额，然后按照连环替代的顺序，依次计算每个因素的影响数额。

五、财务报表分析的局限性

财务报表分析的基础是财务报表提供的数据，而财务报表却是会计体系的产物。但是，会计体系往往因为多种原因却又无法完全反映银行的真实情况。

第一，会计假设的存在决定了会计对银行经营状况的反映能力以及可以提供的信息的限制。货币计量、权责发生制和会计分期等会计假设对会计系统反映银行的经营状况有重要的影响作用。

第二，会计信息因为人为的多种原因，可能无法真实地反映银行实际经营情况。会计信息失真主要有四种类型：

（1）会计信息不真实。主要是经营者编造虚假会计信息已达到不同的目的，如为了纳税提供虚假的会计报表等。

（2）会计信息不完整。是指经营者为维护银行形象而可以隐瞒有关银行经营状况不佳、盈利能力差的会计信息，以免影响人们对银行的信心而造成筹资困难，甚至使自己遭到解雇。

（3）会计信息不可靠，即会计信息合法失真。此处说的合法失真是指人为故意造成的合法失真，使银行经营者为达到某种目的，利用会计法规、准则的灵活性以及其中尚存的漏洞和未涉及的领域，有目的地选择会计程序及方法，修饰其财务报表，使其显示出对其有利的财务信息，在一定程度上造成了银行会计信息的失实。

（4）会计信息披露不及时。经营者通常是通过中期报表和年度报表向所有者定期披露会计信息，而所有者也是从这几次有限的披露中获取有关经营的信息。这便形成了经营的连续性与所有者获取信息的阶段性之间的矛盾，往往造成所有者监督的滞后从而导致重大损失。

第三，财务报表在很大程度上反映了银行运作的财务状况，但也有很多信息被财务报表忽略了。这些信息包括技术水平、管理水平及客户群状况等。

第二节　商业银行财务报表

目前商业银行的主要会计报表有资产负债表、利润表和现金流量表，上市商业银行还有股东权益变动表。

一、资产负债表

资产负债表是反映会计期末银行全部资产、负债和所有者权益情况的会计报表。资产负债表主要由三部分构成，即资产、负债和所有者权益。银行的负债和所有者权益构成银行资金来源，而银行的资产构成银行的资金运用。

资产负债表按格式不同分为账户式、报告式和财务状况式三种。我国商业银行采用的是账户式资产负债表，即报表的基本构成部分分为左、右两方，左方所列为资产项目，右方所列为负债和所有者权益项目，每个项目又都分列年初数和期末数。商业银行资产负债表的一般形式见表 3－1 所示。

表 3-1　　资产负债表　　会商银 01 表

编制单位：　　____年____月____日　　单位：元

资产	期末余额	年初余额	负债和所有者权益（或股东权益）	期末余额	年初余额
资产：			负债：		
现金及存放中央银行款项			向中央银行借款		
存放同业款项			同业及其他金融机构存放款项		
贵金属			拆入资金		
拆出资金			交易性金融负债		
交易性金融资产			衍生金融负债		
衍生金融资产			卖出回购金融资产款		
买入反售金融资产			吸收存款		
应收利息			应付职工薪酬		
发放贷款和垫款			应交税费		
可供出售金融资产			应付利息		
持有至到期投资			预计负债		
长期股权投资			应付债券		
投资性房地产			递延所得税负债		
固定资产			其他负债		
无形资产			负债合计		
递延所得税资产			所有者权益（或股东权益）		
其他资产			实收资本		
			资本公积		
			减：库存股		
			盈余公积		
			一般风险准备		
			未分配利润		
			所有者权益(或股东权益)合计		
			负债和所有者权益（或股东权益）总计		

（一）资产项目

1. 现金及存放中央银行款项，包括商业银行的库存现金以及存放中央银行的法定存款准备金和超额存款准备金。

2. 存放同业款项，是指商业银行存放在国内外同业及其他金融机构的款项。

3. 贵金属，反映银行持有的黄金、白银等贵金属存货的成本。

4. 拆出资金，是指商业银行向国内外同业及其他金融机构拆出的资金。

5. 交易性金融资产，包括银行为交易目的所持有的债券投资、股票投资、基金投资等交易性金融资产的公允价值，也包括银行接受委托采用全额承购包销、余额承购包销方式承销的证券在收到证券时划分为以公允价值计量且其变动即如当期损益的金融资产。

6. 衍生金融资产，是指银行的衍生金融工具形成资产的公允价值。

7. 买入返售金融资产，包括买入的返售国债、金融债和其他债券以及返售票据和贷款。

8. 应收利息，反映商业银行表内应收而未收的利息，但其并不能反映应收未收利息的全部，因为，对于已经计算的利息超过 90 天未收回的以及贷款逾期 90 天未收回的，其已经计算的利息，均应从表内转入表外。

9. 发放贷款和垫款，包括商业银行对企业的贷款与贴现以及对个人的贷款及垫款。

10. 可供出售金融资产，指银行持有的可供出售金融资产的公允价值，包括划分为可供出售的股票投资、债券投资等金融资产。

11. 持有至到期投资，是指银行持有至到期债券投资的摊余成本。

12. 长期股权投资，指商业银行对子公司、联营公司及上市和非上市的其他股权投资。

13. 投资性房地产，指商业银行采用成本模式计量的和采用公允模式计量的投资性房地产的成本。

14. 固定资产，指商业银行反映的固定资产的原价。

15. 无形资产，指商业银行持有的包括专利权、非专利技术、商标权、著作权、土地使用权等资产的成本。

16. 递延所得税资产，指银行确认的可抵扣暂时性差异产生的递延所得税资产。

17. 其他资产，商业银行除上述资产以外的其他资产。

（二）负债项目

1. 向中央银行借款，是指商业银行向中央银行借入的款项。

2. 同业及其他金融机构存入款项，包括国内外同业及其他金融机构存入的款项。

3. 同业及其他金融机构拆入款项，包括拆入的国内外同业及其他金融机构的款项。

4. 交易性金融负债，是指银行衍生金融工具形成负债的公允价值。

5. 卖出回购金融资产，包括卖出的回购国债、金融债和其他债券以及回购的票据和贷款。

6. 存款，包括客户存入的短期存款、短期储蓄存款、存入短期保证金、长期存款、长期储蓄存款和存入长期保证金。

7. 应付职工薪酬，是指银行按规定应付给职工的工资、职工福利、社会保险费、住房公积金、工会经费、职工教育经费、非货币性福利、辞退福利、股份支付，以及银行按规定从净利润中提取的职工奖励及福利基金。

8. 应缴税金及附加，包括应缴的营业税、城市维护建设税和教育费附加。

9. 应付债券及存款证，包括已发行次级债券、已发行存款证和已发行票据。

10. 递延所得税负债，是指银行确认的应纳税暂时性差异产生的负债。

11. 其他负债，指银行除上述负债项目以外的负债。

（三）股东权益

1. 股本，是指银行接收投资者投入的股本，包括国家股、A 股和 H 股的股本。

2. 资本公积，是指银行收到投资者出资额超过其在注册资本或股本中所占份额的部分以及直接计入所有者权益的利得和损失。

3. 盈余公积，是指银行按规定从净利润中提取的法定盈余公积和任意盈余公积。

4. 库存股，是指银行收购、转让或注销的本公司股份金额。

5. 一般准备，是指银行按规定从净利润中提取的一般风险准备。

6. 未分配利润，反映银行年末未分配利润的结余情况。

二、利润表

利润表是反映商业银行报告期利润（亏损）实现情况的报表。通过编制利润表，可以了解各商业银行的收入、支出、费用、税金及利润情况，考核利润计划执行结果，从而分析盈亏变化的原因。商业银行利润表的格式见表 3－2 所示。

表 3－2 利　润　表 会商银 02 表

编制单位： ___年___月___日 单位：元

项　目	本期金额	上期金额
一、营业收入		
利息净收入		
利息收入		
利息支出		
手续费及佣金净收入		
手续费及佣金收入		
手续费及佣金支出		
投资收益（损失以“－”号填列）		
其中：对联营企业和合营企业的投资收益		
公允价值变动收益（损失以“－”号填列）		
其他业务收入		
二、营业支出		
营业税金及附加		

续表

项　目	本期金额	上期金额
业务及管理费		
资产减值损失		
其他业务成本		
三、营业利润（损失以“-”号填列）		
加：营业外收入		
减：营业外支出		
四、利润总额（损失以“-”号填列）		
减：所得税费用		
五、净利润（损失以“-”号填列）		
六、每股收益		
（一）基本每股收益		
（二）稀释每股收益		

利润表各项目的填列内容如下：

1. 利息收入，包括客户贷款和垫款的利息收入、金融机构往来的利息收入和债券投资的利息收入，另外还包括已减值贷款利息冲转。

2. 利息支出，包括存款及存款证利息支出、金融企业往来利息支出和发行债券利息支出。

3. 净利息收入，是利息收入和利息支出的差额。

4. 手续费及佣金收入，包括人民币清算和结算业务、理财业务、投资银行业务、银行卡业务代理业务、外汇中间业务、电子银行业务、担保及承诺业务、托管业务等产生的收入。

5. 手续费及佣金支出，包括人民币清算和结算业务、理财业务、投资银行业务、银行卡业务代理业务、外汇中间业务、电子银行业务、担保及承诺业务、托管业务等产生的支出。

6. 手续费及佣金净收入，是手续费及佣金收入与手续费及佣金支出的差额。

7. 投资收益，包括债券投资交易差额净损益和股权投资净损益，其中包括对联营企业和合营企业的投资收益。

8. 汇兑收益，指银行发生的外币交易因汇率变动而产生的收益或损失。

9. 公允价值变动损益，是指银行的交易性金融资产、交易性金融负债、以及采用公允价值模式计量的投资性房地产、衍生工具、套期保值业务等公允价值变动形成的因计入当期损益的利得和损失，以及指定为以公允价值计量且其变动计入当期损益的金融资产或金融负债公允价值变动形成的应计入当期损益的利得或损失。

10. 其他经营净收入，包括衍生金融工具、为交易而持有的投资等因公允价值变动产生的净收益（损失）以及其他业务净收入。

11. 营业费用，包括业务费用、职工费用、折旧费和其他费用。

12. 营业税金及附加，包括商业银行应缴纳的营业税、城市维护建设税和教育费附加。

13. 资产损失准备，包括贷款损失准备、债券投资减值准备、股权投资减值准备、固定资产减值准备、在建工程减值准备和其他资产减值准备。

三、现金流量表

现金流量表是反映商业银行在一定的会计期间内现金流入和现金流出情况的财务报表。因其现金流入和流出的原因很多，按照经济活动发生的性质，可以将一定期间产生的现金流量归纳为：经营活动产生的现金流量、投资活动产生的现金流量和筹资活动产生的现金流量。通过现金流量表的编制，能够使会计报表使用者了解商业银行一定会计期间内现金和现金等价物流入和流出情况的有关信息，并据以预测未来现金流量。

编制现金流量表时，对经营活动现金流量的列报方法有两种：直接法与间接法。

（一）直接法

直接法是通过现金收入和支出的主要类别来反映商业银行经营活动的现金流量，一般以利润表中的营业收入为起算点，调整与经营活动有关项目的增减变动，然后计算出经营活动的现金流量。

现金流量表的编制程序通常由工作底稿法和T形账户法两种。其中工作底稿法是指以工作底稿为手段，以利润表和资产负债表数据为基础，对每一项目进行分析并编制调整分录，从而编制出现金流量表。

在直接法下，整个工作底稿纵向分成三段：第一段是资产负债表项目，其中又分为借方项目和贷方项目两部分；第二段是利润表项目；第三段是现金流量表项目。工作底稿横向分为五栏：在资产负债表部分，第一栏是项目栏，填列资产负债表各项目名称；第二栏是期初数栏，用来填列资产负债表项目的期初数；第三栏是调整分录的借方栏；第四栏是调整分录的贷方栏；第五栏是期末数栏，用来填列资产负债表项目的期末数。在利润表和现金流量表部分，第一栏也是项目栏，用来填列利润表和现金流量表的项目名称；第二栏空置不填；第三、第四栏分别是调整分录的借方和贷方；第五栏是本期数栏，利润表部分这一栏数字应和本期利润表数字核对相符，现金流量表部分这一栏的数字可直接用来编制正式的现金流量表。商业银行现金流量表的格式见表3－3所示。

（二）间接法

间接法是以本期净利润为起算点，调整不涉及现金的收入、费用、营业外收支以及有关项目的增减变动，据此计算出经营活动的现金流量。

在我国的现金流量表中，以间接法编制的“经营活动产生的现金流量”被列作补充资料。见表3－4。

表 3-3 现金流量表 会商银 03 表

编制单位： ___年___月___日 单位：元

项　　目	本期金额	上期金额
一、经营活动产生的现金流量		
客户存款和同业存放款项净增加额		
向中央银行借款净增加额		
向其他金融机构拆入资金净增加额		
收取利息、手续费及佣金的现金		
收到其他与经营活动有关的现金		
经营活动现金流入小计		
客户贷款及垫款净增加额		
存放中央银行和同业款项净增加额		
支付手续费及佣金的现金		
支付给职工以及为职工支付的现金		
支付的各种税费		
支付其他与经营活动有关的现金		
经营活动现金流出小计		
二、投资活动产生的现金流量		
收回投资收到的现金		
取得投资收益收到的现金		
收到其他与投资活动有关的现金		
投资活动现金流入小计		
投资支付的现金		
购建固定资产、无形资产和其他长期资产支付的现金		
支付其他与投资活动有关的现金		
投资活动现金流出小计		
投资活动产生的现金流量净额		
三、筹资活动产生的现金流量		
吸收投资收到的现金		
发行债券收到的现金		
收到其他与筹资活动有关的现金		
筹资活动现金流入小计		
偿还债务收到的现金		
吸收投资收到的现金		
分配股利、利润或偿付利息支付的现金		
支付其他与筹资活动有关的现金		
筹资活动现金流入小计		
筹资活动产生的现金流量净额		
四、汇率变动对现金及现金等价物的影响		
五、现金及现金等价物净增加额		
加：期初现金及现金等价物余额		
六、期末现金及现金等价物余额		

表 3-4 本 期 金 额

补充资料	本期金额	上期金额
1. 不涉及现金收支的投资和筹资活动：		
以固定资产进行投资		
以债券转股权		
接受非现金捐赠		
2. 将净利润调节为经营活动的现金流量		
净利润		
加：计提的资产减值准备		
固定资产减值		
无形资产摊销		
长期待摊费用摊销		
待摊费用的减少（减：增加）		
预提费用的增加（减：减少）		
处置固定资产、无形资产和其他长期资产的损失（减：收益）		
固定资产报废损失		
筹资利息		
投资损失（减：收益）		
递延税款贷项（减：借项）		
贷款的减少（减：增加）		
存款的增加（减：减少）		
存款准备金的减少（减：增加）		
贴现的减少（减：增加）		
进出口押汇的减少（减：增加）		
拆借款项的净增（减：减少）		
经营性应收项目的减少（减：增加）		
经营性应付款项的增加（减：减少）		
其他		
经营活动产生的现金流量净额		
3. 现金及现金等价物净增加情况：		
现金的期末余额		
减：现金的期初余额		
加：现金等价物的期末余额		
减：现金等价物的期初余额		
现金及现金等价物净增加额		

第三节 财务比率分析

一、银行收益的衡量

商业银行是营利性的经济组织，商业银行所面临的问题就是在可接受的风险条件下，如何实现银行价值最大化。判断银行价值有许多指标，其中一个重要指标就是银行的股票价值。但银行股票价值不是在任何情况下都能全面反映银行的价值情况，因为股票价值还受银行股利分配政策、宏观经济环境及其他因素的影响。

虽然衡量银行收益指标很多，但常用指标主要有以下几个：

股权收益率（return on equity，ROE）$=\frac{税后净收入}{股本总额}$

资产收益率（return on assets，ROA）$=\frac{税后净收入}{总资产}$

每股盈利 =（equity per share，EPS）$=\frac{税后净收入}{发行在外的普通股股数}$

净利息收益 $=\frac{净利息收入}{总资产}=\frac{净利息收入}{营利性资产}$

净非利息收益 $=\frac{净非利息收入}{总资产}=\frac{净非利息收入}{营利性资产}$

净银行营业收益 $=\frac{营业净收入}{总资产}$

二、银行收益—风险比率的分析

银行的收益—风险比率涉及的指标众多，根据银行面临的主要风险，可以将银行的收益—风险比率概括为以下几类：银行的主要盈利能力指标、流动性风险比率指标、信用质量风险比率指标、利率风险比率指标及资本风险比率指标。这五大类指标又分别包括很多具体的指标，通过这些具体指标的计算可以从不同角度，多方位了解银行的风险收益情况。现将这些指标分类介绍。

（一）银行的主要盈利性指标

1. 净利息边际值 $=\frac{净利息收入}{总资产}=\frac{净利息收入}{营利性资产}$

表示每单位资产或每单位营利性资产创造净利息收入的能力。

2. 收入净利润率 $=\frac{净利润}{总收入}$

表示总收入中净利润占的比例。

3. 资产周转率 $=\frac{总收入}{总资产}$

表示资产的生产能力。

4. 资产收益率 $=\frac{净利润}{总资产}$

表示资产的回报率。

5. 权益乘数 $= \dfrac{\text{总资产}}{\text{所有者权益}}$

表示单位所有者权益所能支持的资产额。

6. 权益收益率 $= \dfrac{\text{净利润}}{\text{所有者权益}}$

表示股东主要是普通股股东的投资回报率。

7. 盈利能力 $= \dfrac{\text{营利性资产}}{\text{总资产}}$

表示营利性资产在总资产中的比重。

8. 非利息支出与总资产的比率 $= \dfrac{\text{非利息支出}}{\text{总资产}}$

9. 非利息净支出与总资产的比率 $= \dfrac{\text{非利息支出} - \text{非利息收入}}{\text{总资产}}$

8、9两项都是衡量营运开支使用效率的指标。

10. 效率比率 $= \dfrac{\text{非利息支出}}{\text{净利息收入} + \text{非利息收入}}$

反映银行投入与产出的比例关系。

11. 营利性资产收益率 $= \dfrac{\text{利息收入}}{\text{营利性资产}}$

表示营利性的毛回报率。

12. 总资金成本率 $= \dfrac{\text{利息支出}}{\text{总负债} + \text{所有者权益}}$

表示银行所有资金来源的成本率。

13. 支付利息的资金的成本率 $= \dfrac{\text{利息支出}}{\text{支付利息的负债}}$

表示负债的平均成本率。

14. 利差 $= \begin{matrix}\text{营利性资产}\\\text{的收益率}\end{matrix} - \begin{matrix}\text{支付利息资}\\\text{金的成本率}\end{matrix}$

表示近似于营利性资产的净回报率。

（二）流动性风险比率指标

1. 核心存款占总资产的比率 $= \dfrac{\text{核心存款}}{\text{总资产}}$

表示银行最稳定的存款占总资产的比例。

2. $\begin{matrix}\text{流动性资产占营利性}\\\text{资产的比率}\end{matrix} = \dfrac{\text{短期投资}}{\text{营利性资产} - \text{短期投资}}$

表示营利性资产中流动性较强的资产的比重。

3. 净贷款占存款的比率 $= \dfrac{\text{净贷款和租赁}}{\text{总存款}}$

表示单位存款所能支付的净贷款和租赁金额。

4. 净贷款占核心存款的比率 $= \dfrac{\text{净贷款和租赁}}{\text{核心存款}}$

表示单位核心存款所能支持的净贷款和租赁的金额。

5. 净贷款占总资产的比率 $= \dfrac{\text{净贷款和租赁}}{\text{总资产}}$

表示与净贷款和租赁相匹配的资产金额。

6. $\text{非核心资金净依存度} = \dfrac{\text{非核心资金}-\text{短期投资}}{\text{营利性资产}-\text{短期投资}}$

表示银行易变资金与营利性资产的依存关系。

7. $\text{一年内到期的证券占总资产的比率} = \dfrac{\text{一年内到期的证券}}{\text{总资产}}$

表示预测未来一年内现金流情况。

（三）信用质量比率指标

1. $\text{净核销贷款占总贷款和租赁的比率} = \dfrac{\text{核销的贷款}-\text{已核销贷款的收回部分}}{\text{总贷款和租赁}}$

表示净核销贷款在总贷款中的比重。

2. $\text{损失准备金占总贷款和租赁的比率} = \dfrac{\text{贷款和租赁损失准备金}}{\text{总贷款和租赁}}$

表示银行防范信用风险的能力。

3. $\text{损失准备金占非逾期贷款的比率} = \dfrac{\text{贷款损失准备金}}{\text{非逾期贷款}}$

表示银行防范信用风险的能力。

4. $\text{当期计提的准备金占总贷款和租赁的比率} = \dfrac{\text{当期计提的贷款损失准备金}}{\text{总贷款的租赁}}$

5. $\text{逾期贷款和其他不动产之和与总贷款、租赁和其他不动产之和之比} = \dfrac{\text{逾期贷款}+\text{其他不动产}}{\text{总资产和租赁}+\text{其他不动产}}$

表示违约贷款占总贷款的比重。

（四）利率敏感性指标

1. $\text{利率敏感性资产与总资产的比率} = \dfrac{\text{利率敏感性资产}}{\text{总资产}}$

表示总资产中有多少利率敏感性资产。

2. $\text{利率敏感性负债与资产的比率} = \dfrac{\text{利率敏感性负债}}{\text{总资产}}$

表示利率敏感性负债的资产支持量。

3. $\text{利率敏感性缺口} = \text{利率敏感性资产} - \text{利率敏感性负债}$

表示银行的利率风险程度。

4. $\text{敏感性缺口占总资产的比率} = \dfrac{\text{利率敏感性资产}-\text{利率敏感性负债}}{\text{总资产}}$

表示资产负债表中利率敏感性的份额。

5. $\text{敏感性缺口占所有者权益的比率} = \dfrac{\text{利率敏感性资产}-\text{利率敏感性负债}}{\text{所有者权益}}$

表示所有者权益能够弥补利率风险的程度。

6. $\text{利率敏感性比率} = \dfrac{\text{利率敏感性资产}}{\text{利率敏感性负债}}$

反映银行风险情况。

(五) 资本充足率指标

1. 资本比率 = $\frac{总资本}{总资产}$

衡量资本强度的指标。

2. 权益资本比率 = $\frac{所有者权益}{总资产}$

表示总资本中所有者权益的贡献率。

3. 资本对风险资产的比率 = $\frac{总资本}{风险资产}$

动态反映银行防范资本风险的能力。

4. 一级资本比率 = $\frac{一级资本}{风险加权资产}$

巴塞尔协议要求最低为4%。

5. 二级资本比率 = $\frac{二级资本}{风险加权资产}$

巴塞尔协议要求最低为8%。

三、杜邦分析体系

杜邦分析法在分析银行收益时，主要分为三个步骤。

第一步：计算银行的股权收益率指标。

股权收益率（ROE） = $\frac{税后净收入}{股本总额}$

通过银行的股权收益率指标可以充分反映公司股东投资的回报情况，计算这一指标可以了解银行的收入创造能力、运营效率、财务杠杆的使用情况以及税收等成本开支情况。

由于资产收益率（ROA） = $\frac{税后净收入}{总资产}$

股权乘数（EM） = $\frac{总资产}{普通股面值总额（股本总额）}$

因此，ROE = ROA × EM

$$股权收益率(ROE) = \frac{税后净收入}{总资产} \times \frac{总资产}{普通股面值总额(股本总额)}$$

$$= \frac{总收入 - 总支出 - 所得税}{总资产} \times \frac{总资产}{普通股面值总额(股本总额)}$$

由上述公式可以看出股权收益率反映银行给股东的回报率；而资产收益率主要反映银行管理的效率，该指标表示银行管理人员将资产转化为净收益的能力，反映银行的管理效率。股权收益率与资产收益率根据公式似乎是同升、同降的关系，从表面看，似乎只有较高的资产收益率才可以获得较高的股权收益率，但实际上，银行的管理者在资金的使用上，是依靠债务筹资还是股权筹资，对股权收益率的影响是不同的。银行如果采用依赖债务筹资的方法筹集资金，即使资产收益率较低，但通过财务杠杆的作用，也可以获得较高的股权收益率。

第二步：是将银行的资产收益率（ROA）分解为利润率（PM）和资产使用率（AU）。

$$利润率（Profit\ Margin，PM）=\frac{税后净收入}{总收入}$$

$$资产使用率（Asset\ Utilization，AU）=\frac{总收入}{总资产}$$

则 $ROA = PM \times AU$

综上所述：

$$\begin{aligned}股权收益率 &= 资产收益率 \times 股权乘数\\ &= ROA \times EM\\ &= 利润率 \times 资产使用率 \times 股权乘数\\ &= PM \times AU \times EM\\ &= \frac{税后净收入}{总收入} \times \frac{总收入}{总资产} \times \frac{总资产}{普通股面值总额（股本总额）}\end{aligned}$$

银行的利润率主要反映了银行成本控制情况；资产使用率主要反映银行资产对收入的贡献情况，反映银行资产的生产能力；股权乘数主要反映银行的融资策略，主要是依赖债务融资还是股权融资。

将资产收益率分解为利润率和资产使用率的主要目的是分析资产收益率中隐含的变量，利润率反映了总收入的单位利润水平，利润率越高，说明银行在降低成本方面的成效越显著；而资产使用率则表明单位资产的创利水平，较高的资产使用率说明银行具有较高的资产使用水平。

ROE、ROA、PM 三个指标的分子相同，使用的都是税后净收入，只是分母有所差异。三个指标从不同角度对银行获利情况进行分析，股权收益率（ROE）从所有者角度衡量银行获利情况，但这一指标在股权资本不足的情况下会产生股权收益率过高的错觉。将股权收益率分解为资产收益率和股权乘数解决了这一问题。资产收益率（ROA）成为衡量银行业绩的首选指标，它表明银行所运用的表内资产的获利能力。通过将资产收益率分解为资产使用率与利润率，则出现了衡量银行业绩的第三个标准——利润率（PM）。当资产使用率衡量的单位资产获利能力已定，降低银行经营成本，提高利润率就成为银行绩效评价的一个主要方面。

第三步：进一步分析有哪些因素具体影响银行的利润水平。

银行的利润率是由银行的税后净收益与银行总收入之比计算得出的。银行净收入的多少，一方面受银行总收入的制约；另一方面，在总收入确定的情况下，受银行经营成本的制约。影响银行利润的成本因素主要有利息支出、非利息支出、所得税及贷款呆账准备金。银行利息支出主要受银行负债的利率水平影响；非利息支出主要是银行的经营性支出，如雇员的工资支出、广告费开支、办公用品开支等；所得税是银行按适用的税率计算的应缴所得税金额；贷款呆账准备是根据银行可能产生的呆账情况计提的，贷款呆账准备金的计提会对当期损益产生影响。

银行的资产使用率还可以分解为：

$$资产使用率（AU）=\frac{利息收入}{总资产}+\frac{非利息收入}{总资产}$$

利息收入主要受银行资产利率水平、银行资产结构、银行收益资产数量决定；非利息性收入主要由银行的佣金收入、服务收入等决定。银行通过资产使用率的分解，可以进一步了解不同的银行资产给银行带来收益的情况。

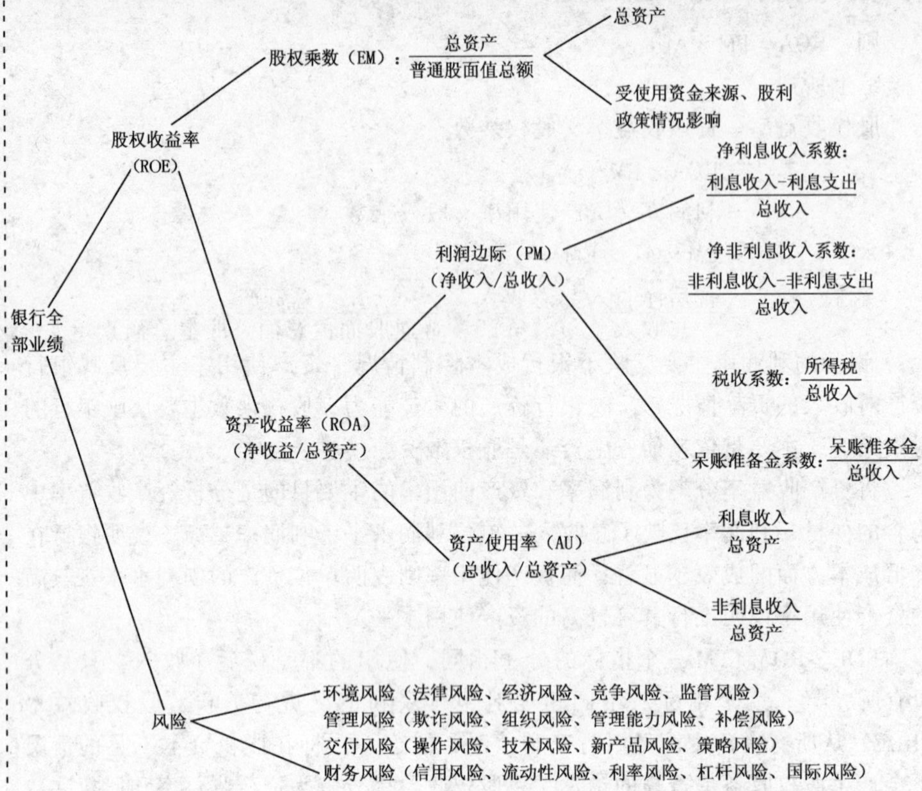

本章小结

商业银行财务报表分析是以商业银行财务报表所提供的财务信息为主要信息来源、以分析和综合为主要方法的系统认识商业银行的过程，其目的是了解过去、评价现在和预测未来，以帮助报表使用人改善决策。财务报表分析的主体有债权人、投资人、经理人员和政府机构等。分析的方法主要有比较分析法、结构分析法、比率分析法、趋势分析法和因素分析法等。商业银行的财务报表主要有资产负债表、利润表和现金流量表，上市公司还有股东权益变动表。

对商业银行的财务报表进行分析的主要指标是一系列的财务比率。这些比率分别反映商业银行的流动性、风险性、收益性和资本充足性等。另外，运用杜邦分析体系可以详细分析不同因素在银行经营业绩中的影响。

复习思考题

一、名词解释

财务报表　资产负债表　利润表　现金流量表　比率分析法　杜邦分析法

二、问答题

1. 商业银行财务分析的目的是什么?
2. 商业银行财务分析的方法主要有哪些?
3. 商业银行的财务报表主要有哪些? 各反映商业银行的什么情况?
4. 商业银行财务分析的主要比率由哪几类? 每一类又包括哪些主要指标?
5. 杜邦分析法是如何分析商业银行的经营业绩的?

第四章

商业银行资本金的管理

商业银行的资本由权益资本和债务资本两部分组成。权益资本是投资人投入商业银行的资本金。资本金对于商业银行非常重要，充足的资本金，可以使商业银行的债权人以及社会公众对于银行的信任感加强并有利于保证银行的稳健经营和整个金融体系的健康发展。

第一节　商业银行资本金的功能及组成

一、商业银行资本金的含义

资本金是商业银行核心竞争力的重要基础。按照国际会计准则委员会的意见，资本有两种概念，即财务资本和实物资本。“按照资本的财务概念，资本如同投入的货币或投入的购买力，是企业的净资产或产权的同意语。按照资本的实物概念，资本如同营运能力，被看作是以每日产量等为基础的企业的生产能力。”换句话说，资本是资产总额减去负债总额后的净资产。这部分净资产实际上就是企业所有者的资本，它构成了企业所有者对企业的产权。《巴塞尔协议》中将银行资本金分为两级，第一级资本包括权益资本和公开资本金，第二级资本包括非公开储备，未实现的证券投资收益以及中长期次级债券。事实上，银行还存在着三级资本，即短期次级债务，这种资本是为支持风险敞口额而设立的。总的来看，资本金就是商业银行持有的用于防御非预期损失，以保护存款人和一般债权人利益的资金。另外商业银行的资本金还有法定资本和实缴资本之分，法定资本是商业银行在工商行政管理部门登记注册时经批准的资本额，在我国注册资本是实缴资本，但在有些国家，法定资本并非一定要缴足。

二、商业银行资本金的功能

一般来说，商业银行资本金的功能主要有三个：营业功能、保护功能和管理功能。

（一）营业功能

资本金是商业银行存在和发展的先决条件，是商业银行维持正常经营活动的必要保证。资本金的存在，一是可以保证商业银行在开业时对资金的需要；二是可以满足商业银行在经营过程中对房屋、设备和办公用品等日益增加的购置要求，可以满足商业银行在加大科技投入、适应现代化发展需要方面的要求；三是可以填补银行在业务营运过程中出现的偶发性资金短缺，保证银行日常业务活动的顺利进行。

（二）保护功能

银行资本金的突出作用是具有保护作用。即：当商业银行发生经营亏损甚至破产倒闭时，资本金可以保护存款人和债权人的利益，并维持公众对某一家银行或者是银行体系，甚至是金融体系的信心。

商业银行在业务的运行过程中，存在各种各样的风险因素。如，贷款的呆、坏账损失，经营亏损或者因其他一些重大事故或因素等导致银行发生资产、业务运营损失等。商业银行在发生损失后，必须采取相应的补救措施。一般地，首先，银行会用相应的准备金，如贷款的呆账准备金、坏账准备金、各种保证金等来抵偿或核销；其次，银行会用当年或以往的收益来弥补；最后，银行会用资本金来抵冲。如果银行的资本金不足以抵冲损失，或因其他重大原因而难以挽回资产以及业务营运损失时，银行资不抵债，只能宣布破产。因此，资本金经常被看作是“抵偿风险的最后一道屏障”，对于商业银行的业务活动具有重要的保护作用。

在商业银行宣布破产并进行破产清算时，由于资本金的特殊性——是银行的投资人所有，而不是银行的借入资金，因此可以被银行用来作为对其存款人或债权人提供补偿，从而在一定程度上减少了银行的存款人或债权人的损失，并相应减少了公众对于银行危机的恐慌，维护了公众对银行或者是整个银行体系的信心。同时，在银行被收购和兼并时，资本金可以使银行资本的所有人得到一定的补偿。

（三）管理功能

由于商业银行的经营活动直接关系到整个社会及各阶层民众的利益，关系到社会各个行业的运转，各国政府的金融管理部门普遍对商业银行实行一种比一般工商企业更加严格的管制，以保证金融安全并维护社会的稳定。尤其是在目前，多种因素导致国际性金融风险加大，对商业银行风险的控制与管理，是各国金融监管当局重要的甚至首要的工作，而对银行资本金的管理工作成为其中的重要环节。

各国对资本金控制方面的规定很多。例如，新建银行的最低资本金要求，新设立分支机构或者兼并另一家银行的最低资本金要求，商业银行资本充足性的管理要求，资本金与存款、各类资产或者全部资产的比例要求等等。商业银行只有首先具备了足够的资本金，才会被允许开业从事银行业务，或者是扩展银行业务的发展范围。同时，金融监管部门也可以通过调整或者是变更商业银行有关资本金的规定，来调整本国的金融秩序和结构。

另外，资本金的管理功能还表现在以下两个方面：第一，金融监管当局对于银行资本金的有关规定，例如，资本金与资产或负债的比率、最低资本充足率等，可以起到控制银行资产无限膨胀的作用。第二，银行资本金的有关规定，有利于促进银行通过改进经营管理的方法来增加盈利，而不是单纯靠资产数量的扩张来取得利润。

三、商业银行资本金的构成

按我国会计制度的规定，商业银行的资本金由实收资本（或股本）、资本公积、盈余公积和未分配利润组成，从事存贷款业务的金融企业要按一定比例从净利润中提取一般准备。按《巴塞尔协议》的规定，将商业银行的资本划分为两类：一类是核心资本；另一类是附属资本。核心资本包括股本和公开储备，附属资本包括未公开储备、重估储备、普通准备金、混合资本工具和长期附属资本。

（一）银行的核心资本

1. 永久的股东权益即股本。主要包括已经发行并完全缴足的普通股和永久的、非累积性的优先股。

（1）普通股。一般是以银行普通股余额的面值来计量。银行为此支付一种可变的、与银行经营管理状况密切相关的收益，而且是否支付以及支付数量的多少，取决于银行董事会的规定。

普通股是一种主权证书，代表着投资者对商业银行的所有权，并且具有永久性的性质。投资者一旦以普通股的形式将资金投入银行并注册登记，就不能从银行中抽回或者是要求偿还，除非银行因营业规模缩小等进行了减少资本金的法律登记，或者是银行解散、破产。银行普通股的持有者享有对银行的所有权，包括分配和处置银行税后利润的盈余分配权，对银行有关章程的制定与修改、任免银行董事会成员、决定银行经营大政方针等的银行控制权，新股的认购权，剩余财产的索偿权等。

（2）非累积性的优先股。优先股一般是指股份制商业银行所发行的、在收益分配以及资产分配方面比普通股具有优先要求权的股票。当然，这种优先权是在商业银行的存款人和其他债权人之后，普通股持有人之前。

优先股的基本特点：不论银行的经营状况如何，优先股持有人都能获得一定的既定收入；优先股股东对银行的经营管理活动一般没有干预权和决策权；优先股一般没有偿还期，但有时只存在于一个有限的时间内（取决于优先股是否可以赎回）。因此，优先股兼有普通股与债券的双重特点，一般被商业银行列为债务性资本。

一般常见的优先股包括：固定股息率的优先股与可调整股息率的优先股、可转换的优先股与不可转换的优先股、可以赎回的优先股与不可赎回的优先股、累积性的优先股与非累积性的优先股等。

非累积性的优先股是指银行没有法律义务支付累计未分配股息的那部分优先股。这类优先股在股息的支付方面并不确定，具备与普通股股息支付相同的特性，因此被列入银行的永久性股东权益中。

2. 公开储备。公开储备必须是从商业银行的税后利润中提留的。它是银行权益类资本的重要组成部分，一般由留存盈余和资本盈余如股票发行溢价等组成。

(1) 留存盈余，也称保留盈余或未分配利润，是指尚未动用的银行税后利润部分，即银行税后利润减去普通股股息和红利后的余额，是税后利润中应分给股东而未分的部分。因此，它属于商业银行产权的一部分，是银行所有者权益的一个项目。这种盈余是由银行的内部来源形成的。按利润的留存时间，留存盈余可以分为以前年度累积留存和当年留存两部分。用留存盈余增加银行资本金，是商业银行在较难进入资本市场筹集资金或者是难以通过金融市场快速融资等情况下增加资本金的较好方式。留存盈余的大小，主要取决于商业银行的盈利大小、股息政策、税率以及国家相关政策的状况，是这些因素综合作用的结果。一般来说，银行盈利能力越大，股息支付率和银行所得税率越低，银行的留存盈余就越大。反之，则越小。

(2) 资本盈余，也称股本盈余，是由银行外部来源形成的盈余。主要是由于商业银行在发行股票时采用了溢价发行方式，导致投资者缴付的出资额超过按面值所确定的应缴纳的股本金额所致，即溢价收入。另外，资本盈余还包括银行资本的其他增值部分，例如，接受捐赠等所增加的资本等。

资本盈余是调节银行资本金、制定资本计划以及相关政策的一个重要项目。根据各国有关的法律规定，商业银行可以通过将资本盈余划转股本的方式增加银行资本金，也可以（或者不可以）通过动用适量资本盈余的方式来发放股息。

（二）银行的附属资本

1. 非公开储备。非公开储备也称隐蔽准备。巴塞尔委员会认为：非公开储备只包括虽未公开但已反映在银行损益账上，并为银行的监管机构所接受的储备。

2. 资产重估储备。资产重估储备通常有两种形式：一是对记入资产负债表内银行自身房产的正式重估。因为在一些国家中，法律允许银行和其他商业公司不时地重估它们的固定资产，以和变化的市值保持一致。二是具有隐蔽价值的资本的名义增值，这部分是指以历史的成本价格反映的银行所持有的长期证券。以上两种类型的储备可以包括在附属资本中，但前提条件是必须慎重估价资产，并充分反映价格波动与被迫抛售的可能性。

3. 普通准备金与普通呆账准备金。普通准备金是指用于目前尚不能确定的损失以及当损失一旦出现时随时用于弥补，但不能用于已确定的损失或某项特别资产价值明显下降的部分。我国的商业银行一般提取以下几类准备金：普通准备金、专向准备金和特别准备金。其中，只有普通准备金是应对商业银行目前尚不能确定的损失的。

4. 带有债务性质的资本工具。这种资本工具既带有一定的股本性质，又带有一定的债务性质。由于这些资本工具与股本极为相似，特别是他们在不必清偿的情况下承担损失，维持经营，因此可以被列为附属资本。包括：加拿大的长期优先股、法国的经常变动的参与证券和从属证券、英国的永久性债务工具和美国的强制性的可转换债务工具等。

5. 长期次级债务。这部分资本主要包括普通的、无担保的、初次所定期限最少5年以上的次级债务工具和不可赎回的优先股。其比例最多仅相当于核心资本的50%，并应有足够的分期摊还要求。带有债务性质的资本工具与银行的长期次级债务，通常又被称为优先类证券。

第二节 商业银行资本金的筹集

从来源角度看，商业银行资本金的筹集方式主要包括从银行内部筹措和从银行外部筹措两种类型，从而形成银行的内源资本金与外源资本金。

一、内源资本金的增长

（一）银行内源资本金的来源与基本特点

商业银行的内源资本金，主要来源于银行的留存盈余。

商业银行以留存盈余方式增加资本金，具有以下明显的优点：

1. 商业银行只需将银行的税后净利润转入留存盈余账户，即可增加银行资本金，从而节省了银行为筹措资本金所需花费的费用，简单易行，因此被认为是商业银行增加资本金的最廉价的方式。

2. 商业银行的留存盈余作为股东的未分配利润保留在银行，其权益仍属于普通股股东。也就是说，其可以被看作是银行股东在收到股息以后又将其投入银行，并且，股东不必为这部分收入缴纳个人所得税。同时，由于不对外发行普通股股票，银行原有的普通股股东不会因此而遭受控制权方面的损失。因而，这种筹措资本金的方式在某些情况下对普通股股东特别有利。

但是，商业银行以留存盈余增加银行资本金也有一些缺陷。首先，虽然银行留存盈余的权益人是普通股股东，但是由于其涉及银行各方所有者的利益，所以这种募集资本金的方式，实际上牵扯到比较复杂、敏感的问题，有时很难决定。其次，虽然通过留存盈余方式增加银行资本金不会使普通股股东遭受控制权的损失，但是，过多的留存盈余可能会带来银行普通股股价的下跌，致使投资者对投资于该银行未来的市场价值产生怀疑，从而构成对银行未来发展不利的影响因素。因此，商业银行需要根据具体情况，来确定留存盈余的比例大小以及通过留存盈余获得银行资本金的合理数量。

（二）银行内源资本金增长的限制性因素

1. 银行内源资本金增长的限制性因素。商业银行的持续发展或资产增长需要足够的资本金支持。由于筹集内源资本金所具有的优势，如筹集成本相对较低，以及银行尤其是中小商业银行从外部，如国内金融市场或国际金融市场等，通过发行股票、债券以及商业票据等形式筹集资本金可能会遭遇到的困难等，银行一般在现有资本金不足的情况下，会首先考虑通过增加内源资本金，即提高留存盈余的比例来支持银行的持续发展。

但是，银行内源资本金的增长，也不是无限度的。其限制性因素主要包括三个方面：(1) 银行以及金融监管当局所确定的适度资本金的数额；(2) 银行所能够创造的收入数额；(3) 银行的净收入总额中，能够提留的数额。

2. 银行资产持续增长模型。关于上述银行内源资本对银行资产增长的三个限制性因素，我们可以用由美国经济学家戴维、贝勒于 1978 年提出的资产持续增长模型来解释。

(1) 公式的推导与结论。资产持续增长模型，主要用于解决商业银行的资本筹集方式以及数量问题。其公式有以下三个前提条件。

① 由银行内源资本所支持的银行资产的年增长率，被称为银行资产的持续增长率，用 SG_1 表示。

$$SG_1 = (TA_1 - TA_0)/TA_0 = \Delta T_A/TA_0 \quad (4.2.1)$$

式中，ΔTA 为银行资产的增加额，TA_1 为本期银行资产额，TA_0 为前期银行资产额。

② 银行资本的限制决定了银行资产的增长率等于银行资本的增长率。

$$SG_1 = \Delta TA/TA_0 = \Delta EC/EC_0 \quad (4.2.2)$$

式中，ΔEC 为银行资本的增加额，EC_0 为本期银行资本额。

③由式（4.2.2）可知：

$$SG_1 = \Delta EC/EC_0 = (EC_1 - EC_0)/EC_0$$

假设：银行新增资本全部来源于未分配利润，则：

$EC_1 = EC_0$ + 本期新增股本额

因而：本期新增股本额 = 本期净收益 ×（1 - 分红率）

= 资产收益率 × 总资产 ×（1 - 分红率）

= ROA × TA ×（1 - DR）

式中，ROA 为资产收益率，DR 为分红率。

所以，$EC_1 = EC_0 + ROA \times TA \times (1 - DR) \quad (4.2.3)$

将式（4.2.3）代入式（4.2.1）并整理得：

$$SG_1 = (EC_1 - EC_0)/EC_0 = \frac{ROA \times (1 - DR)}{EC_1/TA_1 - ROA \times (1 - DR)} \quad (4.2.4)$$

由公式（4.2.4）可以看出：银行资产的持续增长率 SG_1 与以下三个因素有关：

第一，EC/TA—银行资本与资产的比例，也就是银行资本的杠杆乘数。银行资本与资产的比例要求越低，即银行资本的杠杆乘数越大，则银行内源资本可以支持银行资产持续增长的能力就越大；反之，则越小。这是银行内源资本支持资产持续增长的第一种限制。

第二，ROA—银行的资产收益率。资产收益率越高，意味着银行所能创造的净收入相对越多。当其他条件不变的情况下，则内源资本可以支持银行资产持续增长的能力也就越大；反之，则越小。这是银行内源资本支持资产持续增长的第二种限制。

第三，DR—银行红利在净收入中的比例，即分红率。银行的分红水平反映了银行净收入总额中可以提留的数额部分。如果银行能够在不影响股票价格的情况下，增加提留未分配利润部分，则可以达到支持更高的银行资产持续增长水平的目的。因此，这是银行内源资本支持资产持续增长的第三种限制。

(2) 运用上述公式，我们可以很容易地计算出由三大变量——EC/TA、ROA 和 DR 所决定的银行的持续增长率。同时，也可以在银行的持续增长率确定之后，计算另外三个变量中的任何一个。

例如，支持既定的银行持续增长率所需要的银行收益率为：

$$ROA=\frac{(EC_1/TA_1)\times SG_1}{(1+SG_1)\times(1-DR)}$$

支持既定的银行持续增长率所需要的红利分配比例为：

$$DR=1-\frac{(EC_1/TA_1)\times SG_1}{ROA\times(1+SG_1)}$$

支持既定的银行持续增长率所需要的资本与资产的比例为：

$$EC_1/TA_1=\frac{ROA\times(1-DR)}{SG_1}+ROA\times(1-DR)$$

另外，如果将银行外源资本的因素考虑在内，上述公式扩展为：

$$SG_1=\frac{ROA\times(1-DR)+\Delta EK/TA_1}{EC_1/TA_1-ROA\times(1-DR)} \tag{4.2.5}$$

式中，ΔEK 为外源资本的增加额。

(3) 银行资产持续增长模型的使用。下面我们用一例子来说明银行持续增长模型的使用。

假设亚利银行的总资产为 50 亿元，红利分配比例为 40%，未分配收入为 2 亿元，不包括未分配收入的原有资本金为 2 亿元。因此，包括未分配收入在内的总资本为 4 亿元。总资本与总资产的比例为 8%。亚利银行有以下四种计划可以选择，见表 4-1。

表 4-1　亚利银行资产持续增长率和银行资本与资产比例关系的分析

	银行现状	计划 1	计划 2	计划 3	计划 4
银行总资产	50.0	54.0	56.0	56.0	56.0
资产增长率（%）	—	8.0	12.0	12.0	12.0
资产收益率（%）	—	0.99	1.43	0.99	0.99
红利分配率（%）	—	40.0	40.0	13.42	40.0
未分配利润（亿元）	2.0	2.33	2.48	2.48	2.33
不包括未分配利润的资本部分（亿元）	2.0	2.0	2.0	2.0	2.0
总资本（亿元）	4.0	4.33	4.48	4.48	4.4
总资本/总资产（%）	8.0	8.0	8.0	8.0	8.0

计划 1：

假设银行维持 40% 的红利分配比例和 8% 的资本与资产的比例，银行要实现 8% 的资产增长率，则相应的资产收益率应该为：

$$ROA = \frac{(EC_1/TA_1) \times SG_1}{(1+SG_1) \times (1-DR)}$$

$$= \frac{0.08 \times 0.08}{(1+0.08) \times (1-0.4)}$$

$$= 0.99\%$$

此时，银行的总资产为 50 + 50 × 8% = 54（亿元）

银行新增的未分配利润 = 净收益 − 红利

= 资产收益率 × 总资产 − 净收益 × 分红比例

= 资产收益率 × 总资产 ×（1 − 分红比例）

= 0.99% × 54 ×（1 − 40%）

≈ 0.32

银行的未分配利润总额 = 2 + 0.32 = 2.32（亿元）

计划 2：

假设银行维持 40% 的红利分配比例和 8% 的资本与资产的比例，银行要实现 12% 的资产增长率，则相应的资产收益率应该为：

$$ROA = \frac{(EC_1/TA_1) \times SG_1}{(1+SG_1) \times (1-DR)}$$

$$= 1 - \frac{0.08 \times 0.12}{0.0099 \times (1+0.12)}$$

$$= 1.43\%$$

此时，银行的总资产为 50 + 50 × 12% = 56（亿元）；银行新增的未分配利润 = 1.43% × 56 ×（1 − 40%）≈ 0.48；银行的未分配利润总额 = 2 + 0.48 = 2.48（亿元）。

计划 3：

假设银行维持 0.99% 的资产收益率和 8% 的资本与资产的比例，银行要实现 12% 的资产增长率，则相应的红利分配比例应该为：

$$DR = 1 - \frac{(EC_1/TA_1) \times SG_1}{ROA \times (1+SG_1)}$$

$$= 1 - \frac{0.08 \times 0.12}{0.0099 \times (1+0.12)}$$

$$= 13.42\%$$

计划 4：

假设银行维持 8% 的资本与资产的比例、40% 的红利分配比例和 0.99% 的资产收益率，而且通过增加外源资本来实现 12% 的资产增长率。此时，银行应筹集的外源资本为：

$$SG_1 = \frac{ROA \times (1-DR) + \Delta EK/TA_1}{EC_1/TA_1 - ROA \times (1-DR)}$$

$$0.12 = \frac{0.0099 \times (1-0.4) + \Delta EK/56}{0.08 - 0.0099 \times (1-0.4)}$$

所以，$\Delta EK = 0.16$（亿元）

二、筹集外源资本金

（一）银行外源资本金的类型

大量的商业银行资本是从外部筹措的，其筹措的方式主要包括发行股票、资本性债券与票据。

1. 普通股。银行普通股是一种主权证书，代表着持有者对银行的所有权。通过发行普通股的方式筹措资本金，对于商业银行来说具有以下优点：

(1) 没有固定的股息负担，商业银行具有主动权和较大的灵活性。

(2) 没有固定的返还期，不必向股东偿还本金，银行可以相对稳定地使用这部分资金。

(3) 发行比较容易。尽管收益不固定，但一般情况下其收益率要高于优先股和附属债券，而且股息收益随通货膨胀率的增加而增加，因而具有保值功能，所以，普通股更容易为投资者所接受。

(4) 商业银行通过发行普通股的方式，可以获得其他方面的好处。例如，在新股上市之前，银行可能会采用很多方式来提高新股的发行价格以提高投资者对银行股票的兴趣；可以通过提高分红比例来改善和提高市场对银行经营管理方面的评价，借助大众传播媒介或独立的专业人士分析来提高银行的公众形象；可以通过金融市场向社会公众迅速传递银行的股价信息等。而这些活动，在一定程度上有助于促进银行改善相关的业务经营活动。

不过，商业银行通过发行普通股筹资，也有比较明显的缺陷。主要表现在：

(1) 影响原有股东对银行的控制权以及所获得的收益率。因为通过普通股筹资，将增加银行普通股的数量，从而使原有股东，特别是原有大股东对银行的控制权减弱。另外，由于新增资本并不会立即带来银行盈利的增加，就使得每股所分得的股息减少。因而银行通过普通股筹资时，可能会遭到原有银行股东尤其是大股东的反对。

(2) 普通股的发行成本与资金成本相对较高，会给银行带来一定的经营管理上的压力。一般来说，由于普通股的影响较大，各个国家的有关管理当局对银行普通股票的发行限制较为严格，需要满足各种有关条件，这也导致了银行普通股资本发行成本较大。另外，由于普通股的风险较大，在正常经营状况下，银行对普通股东支付的股利要高于对债券和优先股收益的支付。

因此，从商业银行的角度看，普通股并不是最好的筹集外源资本金的方式。但是，从金融监管当局的角度看，由于普通股可以满足维持银行健全经营的要求，构成银行资本的核心部分，同时，普通股的分红被排在所有银行负债之后，当银行发生危机时，可以用于对投资者尤其是银行存户的补偿，所以，监管当局认为普通股是商业银行最好的外源资本形式。

此外，在实际生活中不同银行对于普通股发行的态度也有着明显的区别。一般来说，由于银行的股票通常是在某一区域内，而不是在全国性的金融市场甚至是国际金融市场发行，发行费用与交易费用相对较低；同时，由于中小银行的知名度相对较低，其在金融市场上发行优先股或资本票据与债券可能比较困难。因此，中小银行对于发行普通股筹集外源资本金，有着较强的意愿。而大银行容易通过发行各类股票和债券在市场上筹集资金；发行普通股对于大银行来说，可能会遇到发行费用与交易费用较高、竞争较为激烈的情况等，因此，大银行可能更倾向于通过发行优先股、资本票据与债券等筹集外源资本。

由于以上各种原因，银行对于是否以普通股的方式筹集资本金实际上面临着复杂的利益比较与筹资方案的选择问题。一般情况下，商业银行是否采取发行普通股的方式筹集外源资本金，主要取决于以下几个基本影响因素：一是银行可以采用的其他外部筹集资本金方式的可能性；二是银行筹集未来所需外源资本金的灵活程度；三是银行不同的外源资本金筹集方式的后果比较，包括：资本的杠杆作用，对银行股权的削弱程度，以及对未来股票价格的影响状况，等等。

2. 优先股。优先股兼有股票与债券的双重特点。从银行经营管理者的角度看，通过发行优先股筹措资本至少有以下优点：

(1) 既可以使银行筹措到所需资金，又可以避免由于新增股东而分散对银行的控制权和减少普通股股东的收益率，并有利于减缓普通股股价的下跌。

(2) 优先股股息不是绝对固定的债务负担。当银行当年利润不足以派息时，某些类型的优先股如非累积性的优先股，可以不必支付股息（并且也无权在下期盈利中要求支付）；在进行破产清算时，如果银行没有剩余资金，也可以不必偿还这部分资本。同时，发行优先股可以使银行获得财务杠杆效应。因而，这种筹措的方式在商业银行经营状况好时，可使普通股的收益率增加，进而给普通股股东带来更高的收益，同时其成本相对较低，对银行经营管理上的压力相对较小。

虽然优先股可以为商业银行的普通股股东带来上述明显的好处，进而在增加资本金时，很多银行首先想到的就是增加优先资本，如优先股，但是银行通过发行优先股筹集资本也有缺点，主要表现在以下几个方面：

(1) 优先股的使用减少了银行的灵活性。由于多数类型优先股的股息是比较固定的，不论银行经营状况如何，银行都要对优先股的股东支付股利。在银行盈利状况不好的情况下，将会使银行的负担加重。

(2) 一般来说，优先股的股息支付要求比资本性债券和票据的收益支付要求高，因此，发行优先股的资金成本比发行资本性票据和债券的资金成本要高；加之许多国家规定，银行对优先股支付的股息是税后列支，而其他债券资本的利息可以在银行税前列支，这使得优先股的实际成本率大大高于其他债券资本的实际成本率。

(3) 银行过多地发行优先股会降低银行的信誉。因为这类资本属于债务型资本，或多或少地带有借入资本的性质与特征，对商业银行的保障程度不高。如果发行得过多，甚至致使普通股在银行资本总量中所占比重下降，商业银行的信誉就会受到削弱。因此，商业银行一般不敢过分加大优先股在银行资本金中的比例，而金融监管当局也会对此加以控制，以保证银行业的稳健经营。

3. 资本性票据和债券。资本性票据和债券，是商业银行为了筹集资本金而发行的，是银行的债务性资本。20世纪70年代后期，作为银行的一种外源资本，其被西方国家的银行广泛使用。由于这种债务性资本的所有者的索偿权在银行各类存款的所有人之后，并且其原始的加权平均到期期限较长，所以，资本性的票据与债券也被称为后期偿付债券，或者是长期次级债务。

银行通过资本性票据和债券形式筹集资本，有很多有利之处：

（1）与发行优先股一样，通过发行资本性票据和债券筹集资本，对原有普通股股东的控制权与收益率的影响不大。此外，在银行经营状况较好时，可以为普通股股东带来财务杠杆效应，使普通股股东的收益率有较大的增长。

（2）通过发行资本性票据和债券筹集资本，其资本发行成本和银行的经营成本都比较低。各国金融管理当局一般对资本性票据和债券的发行和管理限制较少，发行手续比较简便，发行成本较低。银行通过资本性票据和债券筹集的资金，一般可以不必保持存款准备金和参加存款保险，这就使得商业银行的经营成本相对较低，而其所需支付的利息可以在银行的税前列支，又进一步降低了银行的经营成本。

当然，通过发行资本性票据和债券筹集资本也有一定的局限性：

（1）与股票资本尤其是普通股股票相比，资本性票据和债券这类债务性资本不是商业银行的“永久性资本”，有一定的偿还期限，因此也就限制了银行对此类资本的使用。

（2）资本性票据和债券的利息是银行的一种固定负担，如果银行盈利状况不好，商业银行不仅不能对其支付利息，而且还会由于过大的债务负担导致银行破产，因此，这种筹资方式的经营风险较大。基于此种原因，各国银行管理当局对这类债务性资本在商业银行资本总额中所占的比例均有比较严格的规定，有的甚至还将其排斥在银行资本金之外。商业银行不能过多地采用这种方式来筹集资本金。

（二）对外源资本金筹集方式的选择

从以上的讨论中，我们可以看出：商业银行在选择外源资本的筹措方式时，需要进行比较和选择。银行在外源资本的筹资方案选择中，一般应该注重以下因素：

1. 每种筹资方式的相对成本（包括利息成本、承销费用和手续费、管制监督等）；

2. 对股东收益的影响（一般以每股普通股的收益来表示），以及是否影响现有股东和未来可能的银行新股东对银行的所有权与控制权等；

3. 每种筹资方案的相对风险以及银行整体的风险状况；

4. 筹集新的资本时，银行所面临的市场状况，融资的难易程度、市场利率等；

5. 影响资本数量以及构成的各种管制规定等。

第三节 商业银行资本金的管理

一、资本金管理的原则

第一，集中原则。要求银行的资本金必须集中统一由总行进行管理。根据《商业银行法》的规定，商业银行的各分支机构不应持有资本金。而应由总行对其分支机构拨付资本性营运资金，且资本金只有人民币一种货币。

第二，保全原则。要求资本金未经批准或制度规定不得随意增减变动。银行筹集的资本金，在经营期间，投资者除依法进行转让外，不得以任何方式抽走。

第三，增值原则。要求运用资本金经营要增收创利，对资本保值增值。保值增值不单纯相对账面而言，还要与国民经济发展速度比较。也就是说，一方面要考虑银行资本的发展速度，发展速度大于1为增值，等于1为保值；另一方面还要考核银行资本的增长速度与国民经济的增长速度是否一致，同比例为保值，高于国民生产增长比例为增值。

第四，流动性原则。要求商业银行的资本金70%以上用于流动性资产，固定资产净值不能超过实收资本的30%。这一原则体现了稳健经营的要求。

第五，充足性原则。要求核心资本占风险资产总额的比例不低于4%，资本净额占风险资产的比例不低于8%。

第六，配比原则。要求总行拨付下级行的营运资本总量不得超过实收资本的60%。我国《商业银行法》第十九条规定，商业银行在我国境内设立分支机构，应当按照规定拨付与其经营规模相适应的资本额。拨付各分支机构营运资金额的总和，不得超过总行资本金总额的60%。

二、我国对商业银行资本金管理的相关规定

（一）对设立银行的最低资本金要求

修改后的《商业银行法》第十三条规定：设立全国性商业银行的注册资本最低限额为十亿元人民币。设立城市商业银行的注册资本最低限额为一亿元人民币。设立农村商业银行的注册资本最低限额为五千万元人民币。

（二）2002年实施的《金融企业会计制度》对实收资本的规定

对股份制商业银行股本的规定：（1）股份制商业银行的股本应当在核定的股本总额的范围内发行股票或股东出资取得。公司发行的股票，按其面值作为股本，超过面值发行取得的收入，其超过面值的部分，作为股本溢价，计入资本公积。（2）境外上市公司以及在境内发行外资股的上市公司，按确定的人民币股票面值和核定的股份总额的乘积计算金额，作为股本入账。按收到股本当日的汇率折合的人民币金额与按人民币计算的股票面值总额的差额，作为资本公积处理。

对非股份制商业银行实收资本的规定：(1) 投资人以现金投入的资本，应当以实际收到或存入企业开户银行的金额作为实收资本入账。实际收到或存入企业开户银行的金额超过其在该商业银行注册资本中所占份额的部分，计入资本公积。(2) 投资者以非现金资产投入的资本，应按投资各方确认的价值作为实收资本入账。首次发行股票而接受投资者投入的无形资产，应按该项无形资产在投资方的账面价值入账。(3) 投资者投入的外币，合同没有约定汇率的，按收到出资额当日的汇率折合；合同约定汇率的，按合同约定的汇率折合，因汇率不同产生的折合差额，作为资本公积处理。

三、《巴塞尔协议》对商业银行资本充足性的管理

第一，规范了银行资本监管的标准，将银行资本定义为核心资本和附属资本，同时规范了资本充足率的计算方法。1988 年 7 月的《巴塞尔协议》，将商业银行资本对加权风险资产的比率，称为资本充足率。《巴塞尔协议》规定，到 1992 年底，签约国中较具规模的商业银行，全部资本与加权风险资产的比率也即全部资本充足率应达到 8%，核心资本与加权风险资产的比率也即核心资本充足率应达到 4%。计算资本充足率的基本公式如下：

$$核心资本比率=\frac{核心资本}{风险加权资产}\times 100\%$$

$$总资本与风险加权总资产比率=\frac{总资本}{加权风险资产}\times 100\%$$

对于公式中加权风险资产数额的确定，首先，需要将商业银行的资产分为两类：一类是表内资产，一类是表外资产。其次，根据《巴塞尔协议》为两类资产所规定的、基本的风险权数，以及银行的资产数额来确定加权风险资产的额度。

(1) 资产负债表内的加权风险资产的计算公式：

风险资产 = 表内资产 × 风险权数

(2) 资产负债表外的加权风险资产的计算公式：

表外风险资产 = 表外资产（本金）× 信用转换系数 × 表内相同性质资产风险权数

其中，信用转换系数是依据表外信用规模、信贷敞口风险发生的可能性以及巴塞尔委员会在 1988 年 3 月公布的《银行资产负债表外项目管理问题监管透视》文件所规定的信贷风险的相对程度推算出来的。表 4－2、4－3 是 1988 年《巴塞尔协议》中关于资产风险加权计算的基本规定。

表 4－2　《巴塞尔协议》的资产负债表内项目风险权重表

序号	项　目	风险权重
1	(1) 现金。 (2) 以本国货币定值并以此通货对中央政府和中央银行融通资金的债权。 (3) 对经济合作与发展组织（以下简称 OECD）国家的中央政府和中央银行的其他债权。 (4) 用现金或用 OECD 国家中央政府债权作担保，或用 OECD 国家中央政府提供担保的债权。	0%

续表

序号	项　　目	风险权重
2	(1) 对多边发展银行（国际复兴开发银行、泛美开发银行、亚洲开发银行、非洲开发银行和欧洲投资银行）的债权，以及由这类银行提供担保，或以这类银行发行的债券作抵押品的债权。 (2) 对 OECD 国家内的注册银行的债权以及由 OECD 国家内注册银行提供担保的贷款。 (3) 对 OECD 组织内的外国公共部门实体的贷款。 (4) 对 OECD 以外国家注册的银行余期在一年期内的债权和 OECD 以外国家的法人银行提供担保的所余期限在一年之内的贷款。 (5) 对非本国的 OECD 国家的公共部门机构（不包括中央政府）的债权，以及由这些机构提供担保的贷款。 (6) 托收中的现金款项。	20%
3	完全以居住用途的房产作抵押的贷款，这些房产为借款人所占有使用，或由他们出租。	50%
4	(1) 对私人机构的债权。 (2) 对 OECD 以外的国家的法人银行余期在一年以上的债权。 (3) 对 OECD 以外的国家的中央政府的债权（以本国货币定值并以此通货融通的除外）。 (4) 对公共部门所属的商业公司的债权。 (5) 住址、厂房、设备和其他固定资产。 (6) 不动产和其他投资（包括那些没有综合到资产负债表内的、对其他公司的投资）。 (7) 对其他银行发行的资本工具（从资本中扣除的除外）。 (8) 所有其他的资产。	100%
5	对国内政府公共部门机构（不包括中央政府）的债权和由这样的机构提供担保的贷款。	0%，10%， 20%，50%
6	(1) 对国内政府的债权。 (2) 所有证券或即将到期的一年以下的证券。 (3) 一年以上的证券。	0%或其他 10% 20%
7	十国集团拥有股东权益的多边发展银行的债权。	20%或其他

表 4-3　　　　《巴塞尔协议》的资产负债表外项目风险权重表

序号	工　　具	信用转换系数
1	(1) 直接信贷的工具。例如，一般负债保证（包括为贷款和证券提供财力保证的备用信用证）和承兑（包括具有承兑性质的背书）。 (2) 销售和回购协议以及有追索权的资产销售。 (3) 远期资产购买、超远期存款和部分缴付款项的股票和代表一定损失的证券。	100%
2	(1) 某些与交易相关的或有项目（如，履约保证书、投标保证书、认股权证和为某些特别交易而开出的备用信用证）。 (2) 票据发行融通和循环发行便利。 (3) 其他初始期限为一年以上的承诺（如，正式的备用便利和信贷额度）。	50%

续表

序号	工　　具	信用转换系数
3	短期的有自行清偿能力的与贸易相关的或有项目（如，有优先索偿权的以装运货物作抵押的跟单信用证）。	20%
4	类似初始期限为一年以内的，或者是可以在任何时候无条件取消的承诺。	0%

第二，深化了银行管理模式。以资本充足率替代资产规模成为衡量商业银行实力与信誉的首要标志，使银行从传统的资产负债管理走向风险资产管理。

第三，扩展了银行监管的范围。监管范围由资产负债表内业务扩展到表外业务。

2001 年 1 月，为了适应新的形式要求，改进与完善《巴塞尔协议》，巴塞尔委员会公布了《新巴塞尔资本协议的概述》。《新巴塞尔资本协议的概述》的资本内容主要体现在建立所谓“三大支柱”上。

《新巴塞尔资本协议的概述》规定：继续使用统一的资本定义和资本对风险加权资产的最低比率，即保持原有的核心资本充足率不低于 4%，全部资本充足率不低于 8%的要求，但在计算银行的加权风险资产方面，作了较大的改变。

第一，改变了加权风险资产的计算方法，在原来的加权风险资产的计算中，加入了 12.5 倍的市场风险与操作风险的资本。也就是说，根据新协议要求，商业银行在计算资本与资产比率的分母时，应包括两部分：（1）所有加权风险资产；（2）12.5 倍的市场风险与操作风险的资本。据此，银行可以将其面临的信用风险、市场风险、操作风险等风险因素均涵盖在内，并准备相应的资本金以满足需要。巴塞尔委员会认为，将操作风险纳入资本监管是十分必要的，它既能确保银行有足够的积极性继续开发计量操作风险的各类手段，又能确保银行有足够的资本抵御操作风险。另外，新协议强调全面风险管理。大幅度修改了对信用风险的处理办法，新协议在保留外部评级的基础上，强调建立银行内部风险评估体系，并提出三种可供选择方案，即标准化方案、基础 IRB（内部评级）方案和高级 IRB 方案，强调以内部评级为主导来衡量风险资产，确定和配置资本。

第二，对于原有信用风险的风险权重衡量进行了一定的改进。包括：根据外部评级与内部评级（如 VAR 方法）的有关结果，而不是根据是否是经合会组织的成员国，来确定银行资产风险的权重；将原来最高 100%的资产风险权重调至 150%，以使银行能有更多的资本来应付较大的风险等。

本章小结

商业银行的资本金是银行开业和经营的前提条件。银行的资本金从不同的角度有不同的规定。从日常管理的角度，主要是按照《巴塞尔协议》的规定将银行的资本金分为核心资本和附属资本。一般来说，商业银行资本金的功能主要有三个：营业功能、保护功能和管理功能。

商业银行资本金的筹集主要有内源融资和外源融资。内源融资主要来源于银行的留存盈余，但也有其限制性因素，主要包括三个方面：(1) 银行以及金融监管当局所确定的适度资本金的数额；(2) 银行所能够创造的收入数额；(3) 银行的净收入总额中，能够提留的数额。外源融资主要有股票和债券融资，他们受银行的市场信誉、银行的实力以及金融市场发展的约束。

目前对银行资本金的管理主要按巴塞尔协议的规定：一方面进行资本充足率的管理；另一方面通过风险约束和相关比率的规定进行管理。

复习思考题

一、名词解释

资本金　资本充足率　核心资本　附属资本

二、问答题

1. 商业银行资本金的主要功能有哪些？
2. 商业银行内源融资受哪些因素的影响？
3. 商业银行外源融资的渠道有哪些？
4. 《巴塞尔协议》对商业银行资本充足率是如何进行管理的？
5. 我国商业银行是如何加强资本金管理的？

第五章 商业银行负债管理

在各个行业中，商业银行的财务杠杆比率最高，负债提供了约占其总资产90%的资金来源。商业银行通过使用吸收的存款和借入的资金来获取利润，并为其股东提供合理的收益。存款是借入资金的主要来源，它占大多数商业银行负债的3/4以上。其他的资金来源包括向中央银行借款、同业拆入、按回购协议出售的证券、银行未偿付的承兑票据、欧洲货币借款以及资本票据等获得的资金。权益资本在银行的资金来源中只占有很少部分。所以，为防范风险，《巴塞尔协议》规定了银行所必需保有的最低权益资本量，要求各商业银行的核心资本不得少于风险资产的4%，全部资本不得低于风险资产的8%的下限。从国际上商业银行的发展历史来看，活期存款在较长的一段时间内担负着银行主要资金来源的角色，其次是储蓄和定期存款。20世纪60年代定期存款和储蓄存款迅速增长，超过活期存款成为银行资金的主要来源。70年代，非存款借入资金成为一些大规模商业银行的首要资金来源，80年代以后，由于技术的进步及利率管制的放松，促进了银行业务种类的创新，存款业务再次超过借入资金，成为商业银行的主要资金来源。

第一节 商业银行存款负债的管理

在我国，由于当前商业银行负债结构单一，存款负债往往要占银行负债资金来源的90%左右，从而决定了银行基本职能的发挥主要是建立在存款的基础上。商业银行开展存款业务的质量和吸收存款的多寡，直接关系到银行经营的能力，关系到它的收益能力，因此存款业务是商业银行负债业务中最重要的业务。

一、存款的来源及种类

（一）商业银行存款的来源

认识商业银行的存款来源，就可以对此采取不同的管理政策，并确定各种存款的可用规模，搞好头寸调度。

1. 居民储蓄。居民个人往往由于预防动机、投资动机等，而在银行储蓄一部分资金。

2. 产业界暂时闲置的资金。产业界往往有一部分资金处于非营运状态，这包括：生产设备的修缮补充费用，在积存相当数目以备用前；购买原材料和支付工资薪津等费用在实际支出前暂时闲置；扩充营业所需的追加资本，在动用以前必须存入银行；周转资金中常有一部分储存不用。

3. 社会上的游资。在社会上存在未进入产业界的游离资本，或因为数量太少，不够经营；或投资对象尚未确定；或所有者不愿意用于工商企业；或不属于盈利事业的暂存款项等。

4. 银行贷款的转账。工商企业从银行取得贷款之后，往往将所得贷款的全部或一部分存入在该行开立的活期存款账户。这种存款源自银行贷款，属银行自身的信用创造。

5. 银行同业的存款。其他银行在本行存入若干资金，出于不同目的，或因为头寸过剩；或为了便利汇兑；或者是要虚饰账面，显示自己存款充裕。一般普通银行，为了便利清算，又必须向中央银行或其他代理银行存储若干资金。

6. 银行代收的款项。银行接受客户的委托，代为出售证券所得的款项，或代客户收取的款项，往往全部或有一部分由银行保存，在被提取以前为该行的暂时存款。

（二）商业银行存款的种类

我国商业银行的存款依据不同的标准，可以作出相应的分类。主要有以下几种：

1. 按存款对象的性质划分，可分为储蓄存款、企业存款和财政性存款。

（1）储蓄存款。它是城乡居民消费基金的结余和待用部分，其中结余部分形成定期储蓄，待用部分形成活期储蓄。储蓄存款占存款总额的2/3以上。

（2）企业存款。它是企业在生产流通过程中的支付准备金和部分扩大再生产的积累基金。按企业性质不同可分为工业企业存款、商业企业存款、三资企业存款和私营及个体工商业存款。企业存款占存款总额的1/4强。

（3）财政性存款。它是指各级财政金库和机关、团体、部队、学校等事业单位预算资金和预算外资金的存款。它是国家财政集中起来的、新分配、新使用的国民收入，其比例逐年下降，在存款总额中只占很小一部分。

2. 按存款期限划分，可分为活期存款和定期存款。

（1）活期存款。它指不受存款期限限制，可随时办理存取的一种存款。按其用途又可分为结算存款和活期储蓄存款两种。

结算存款是单位或个人为办理结算业务而存入的款项，有支票户和存折户两种形式。支票户是使用支票办理取款手续的存款账户，适用于结算业务频繁、恪守信用、严格执行银行结算纪律的单位和个人。存折户是使用存折办理存取手续的存款账户，适用于结算业务少、存取金额小、信用较低的单位和个人。

活期储蓄存款是零星存入，不确定存款期限，随时存取的储蓄存款。

活期存款具有很强的派生能力，存取频繁、手续复杂、流动性风险较大、营业成本高于定期存款，但利息费用较低。

(2) 定期存款。它指规定一定期限，到期凭存单支取的存款。按存款对象不同又可分为定期储蓄存款和单位定期存款。

定期储蓄存款是由储户在第一次存款时，事先约定好存款期限，一次或按期分次存入本金，整笔或分期平均支取本金和利息的储蓄存款。常见的定期储蓄存款有零存整取定期储蓄、整存整取定期储蓄、整存零取定期储蓄、存本取息定期储蓄、专项储蓄等。

此外，银行还开展定活两便储蓄存款。它既可随时提取，又可享受同档次定期储蓄六折利率。

定期存款是银行稳定的资金来源，资金利用率高于活期存款，营业成本较低，但利息费用较高。

3. 按存款币种划分，可分为本币存款和外币存款。外币存款可分为甲、乙、丙三种。目前我国可直接办理的外币存款币种有：美元、英镑、日元、法国法郎、德国马克、加拿大元和港币共七种。

4. 新开发的存款种类。近年来，随着经济的发展，银行开发了一系列新的存款种类，包括保值储蓄、有奖储蓄、大额可转让定期存单、信用卡存款、约定存款、通知存款，以及信托存款和委托存款等品种。

我国商业银行应更多地、积极地借鉴西方商业银行的存款种类；针对我国的实际情况，提供各种灵活方便并支付利息的存款种类。

二、存款的管理要求

（一）树立正确的存款经营观念

1. 在重视吸收定期储蓄存款的同时，还应注意活期储蓄存款的吸收。克服“重定期轻活期”的思想。在银行的存款中，定期存款由于事先约定存期，短则3月，长则5年，一般较活期存款稳定，但是，定期存款在我国是可以提前支取的。因此，何时被提取，提取多少，事先难以预料，特别是在市场物价不稳和实际利率水平下降的情况下定期存款成为被挤兑的对象。活期存款具有“集零成整，短期周转”的特性，这使它在负债总额中总能保持一定量的稳定余额用于中长期资产的运用，而且活期存款成本低，盈利性好。因此，活期存款虽然流动性需求较大，但仍有稳定增长及盈利性强的优点；而定期存款虽然稳定性较高，但也有波动的风险。可见，银行应采取各种行之有效的吸存措施，使定、活存款都成为银行稳定可用信贷资金的来源。

2. 企业存款与储蓄存款同等对待。储蓄存款比较稳定，近年来一直呈现持续增长的趋势。但应看到储蓄存款的增长有较大水分，表现在公款私存上，而且储蓄存款的利率较高，相对银行来讲利息费用支出较大。企业存款波动性相对储蓄存款来讲较大，且近几年一直呈增长减弱的趋势。但是企业存款下降很大一部分是由于中央银行紧缩贷款规模所造成的，而且企业存款占总存款的比重始终较大，且大都利率较低，效益高。另外，企业存款的结算户存款即活期存款中有一部分较稳定，可作为银行的长期资金来源。因此，银行不可偏废任何一方，要在保持储蓄存款健康、稳定发展的同时，促进企业存款的持续增长。

（二）合理调节存款的运用率

存款运用率是指存款运用于贷款资产的比率。我国商业银行的资产负债比例管理规定："银行的各项贷款与各项存款之比不得超过75%"，"1年期以上中长期贷款与1年期以上存款之比不得超过120%"。为存款的运用率规定了一个上限。银行应看到，存款运用率比率过高，说明存款过度运用，可能发生支付危机，导致银行的清偿力不足。但是若这一比率过低，说明大量资金闲置，存款成本得不到补偿，资金使用效率低下。因此，银行要根据各种存款的性质、限期、利率适时合理地配置各项资产的比例。

（三）重视对存款成本的控制与分析

存款成本包括存款的利息支出以及与存款业务有关的费用开支。存款成本的高低关系到银行收益的大小，必须重视对存款成本的控制和分析。要在以下几方面加以注意：（1）分析、控制各时期的综合的存款成本，以便在存款运用和制订贷款利率时加以考虑。（2）分别计算、控制各类存款不同的利息支出，以便明确成本管理的重点。（3）控制高息高费存款的种类和数量，尽量寻找合适的途径降低银行存款的成本。

（四）预测未来存款的增减变化趋势

银行应根据经济与社会的发展状况和趋势，分析、预测存款资金的运动规律和变化趋势。在存款管理中，要注意研究不同时期、不同地区、不同种类的存款与经济有关指标的相关程度，如储蓄存款与居民收入水平，企业存款与产品销售收入，农业存款和工商业存款的比例与当地的产业发展状况等，通过这些定量的计量和定性的分析，掌握它们之间的相互变化，为制定存款管理策略服务。

三、储蓄存款的管理

储蓄存款是国民收入分配中个人消费基金的转化形式。积极发展储蓄事业，变消费基金为建设基金，对推迟社会购买力的实现、稳定通货、增加银行信贷资金的来源等具有重要意义。扩大储蓄存款的总量，合理配置储蓄存款的结构，开拓新的储蓄品种，加强储蓄存款的管理，都在存款管理中显得尤为重要。

（一）储蓄存款的特点

1. 储蓄存款不存在专业分工的保护，任何一家商业银行和非银行的金融机构都可办理，甚至邮政部门也能参与进来。因此，储蓄存款份额大小、占有率高低，与其努力程度成正比。

2. 储蓄存款没有贷款保护，不像企业存款那样依赖于各家银行的信贷能力。因此，银行吸引储户只能依靠优良的服务质量、储蓄网点的合理配置，以及富有吸引力的新的储蓄品种。

3. 储蓄存款的成本较高，同时相对于企业存款来讲笔数多、金额小、工本费高。

4. 储蓄存款执行存取自愿的原则，不采取任何强制性措施。

（二）储蓄存款的管理

1. 储蓄存款的总量管理。储蓄存款的管理要在分析各种影响存款总量因素的基础之上，保持存款总量的稳定，同时积极扩大存款的数量，增加银行的信贷资金来源。

(1) 影响储蓄存款总量的因素。储蓄存款自身的特点决定了引起储蓄存款发生增减变动的因素主要有以下几点：①城乡居民的收入水平；②居民的消费水平以及消费结构；③消费品的供应程度和市场的物价水平；④银行的服务质量和储蓄存款利率水平的高低，虽然银行各经营行无力左右存款的高低，但可通过对客户存款的指导来提高客户对某类存款的偏好。

(2) 储蓄存款稳定性的分析。银行可以通过稳定性的分析，在储蓄存款总额中找出其相对稳定的部分加以利用。衡量银行储蓄存款的稳定性，可以采用储蓄存款稳定率指标，即储蓄存款最低稳定余额占平均余额的比值。该比率越高，说明在储蓄存款的平均余额中长期稳定的部分比重较大。衡量储蓄存款稳定性的高低可以从以下三方面着手：

①定期储蓄存款的比例。定期储蓄存款相对于活期储蓄存款来讲稳定性更高。因此，定期储蓄存款在储蓄存款中所占的比重越大，储蓄存款的稳定性也就越高；反之，储蓄存款的稳定性较低。

②活期储蓄存款的稳定率。由于活期储蓄存款取款不定，具有显著的短期周转性，波动大，因此活期储蓄存款稳定性弱。但是由于储户存款有先有后，存款金额有多有少，间隔时间有长有短，且在正常情况下，不会出现储户连续取款而不存款的现象，因此活期储蓄存款中有一部分可以被银行长期而稳定地加以运用。这一最低余额可以用下列公式加以计算：

$$R = \frac{P}{tD} \times 100\%$$

式中：P 为活期储蓄存款余额和闲置天数的乘积；

t 为计算期天数；

D 为存入款项的数量；

R 为存款稳定率。

［例］ 某行某月活期储蓄存款存取款情况如表 5-1。求出该月活期储蓄存款稳定率。

表 5-1

日期	存入（D）	支取	余额	闲置积数（P）
上月结转	100	0	100	
1	400	60	440	4400

续表

日期	存入（D）	支取	余额	闲置积数（P）
11	200	100	540	5400
21	160	60	640	6400
31	70	10	700	7000
月计	$\sum D = 930$	230	700	$\sum P = 23200$

$$R = \frac{23200}{31 \times 930} \times 84.47\%$$

得出 R 为 80.47%，可大致推断出某行一个时期内的活期储蓄存款可用量。

③定期储蓄存款的稳定率。定期储蓄存款稳定性较好，但也会受诸如提前支取等因素的影响。定期储蓄存款的稳定率可用定期储蓄存款提前支取与其平均余额的比率来表示。该比率越高，说明存款的稳定性越差。

2. 储蓄存款的结构配置。储蓄存款应按期限、金额、种类和成本进行结构配置，以保证储蓄存款的稳定增长。

(1) 期限结构的配置。从银行角度来看，储蓄期限的配置取决于对投资使用期限和归还能力的预期；从储户角度来看，他们的储蓄期限要视其手头资金的使用期限和对未来资金市场状况的预期。因此银行在设计和配置储蓄期限时，应使储蓄期限长、中、短期都有，以适应储户的要求以及资产运用的需要，时刻把握未来物价市场的变动趋势，满足市场上储蓄期限的大众化要求。同时，适当设置一些可以视资金需求状况调节储蓄期限的储蓄种类。

(2) 金额结构的配置。存款金额的档次如何配置，会对信贷资金的稳定性和收益性产生重要的影响。一般来说，大、中额存款档次越多，所占比重越大，银行存款的稳定性就越好。但是一旦遇到突发情况如物价波动较大，这些存款的稳定性就要发生很大影响。相反，储户越多，每个储户平均存款金额比重较小，则个别储户存款波动对储蓄存款的稳定性影响较小。

(3) 种类结构的配置。不同种类的储蓄存款对储户具有不同的吸引力。银行应根据居民的收支规律和心理需求等因素，合理地搭配本行的储蓄存款类别，最大限度地吸收储蓄存款。

(4) 成本结构的配置。它是指各种利率档次的储蓄存款应保持适当的比例，以降低银行负债的加权平均资本成本，扩大银行的收益。合理地配置银行储蓄成本的结构可以从以下三方面着手：

①安排好定活期存款的配置比例，控制高成本储蓄存款的比重增长。活期存款成本低，效益好，但流动性需求大；而定期存款虽较稳定，但成本高，效益不如活期存款。因此，要同时考虑存款收益性和安全性，合理地配置定活期存款比例。可以运用线性规划的方法，构造目标利润的约束条件公式，定量地计算两者的比例。

②控制储蓄存款增长中的“水分”。在实际中，银行的账面储蓄存款和实际吸收的储蓄存款不符，即名义存款大于实际存款。主要表现在：公款私存；

财政性存款、临时存款、应解汇款月末流入储蓄，下月初再导回；有贷款户头的个体存款，预算外存款流入储蓄等。以上做法造成了储蓄存款的虚假增长，它增加了银行的利息支出，容易诱发重大范围的体外循环；不利于银行对企业的现金管理。为了消除储蓄存款的虚假成分，银行可以通过以下三个途径：一是完善、补充考核储蓄任务的指标，增加月、年简单平均储蓄净增额和年加权平均净增额三个指标，消除月末或年末突击抓存款、限制支取的现象。二是改变现行存款准备缴存的单一比率，实行差别比率制度，适当降低企业存款的存款准备金率，提高储蓄存款的缴存比率。三是控制储蓄业务费用的过度增长。降低储蓄费用，就相应节约了资金成本。其中，储蓄存款业务费用中漏洞最大的就是储蓄代办费。为此，银行应准确规定储蓄代办费的使用额，严格控制储蓄代办费的浮动范围。

四、企业存款的管理

企业存款是商业银行存款负债中的重要组成部分，在整个存款中占有相当大的比重。加强企业存款的管理，不仅能增强银行的资金实力，同时也是其改善经营管理，提高经济效益的内在要求。

（一）企业存款的特点

1. 企业存款是商业银行各类存款运转的核心。企业存款的用途有生产性消费、社会集团消费和个人消费。在不同用途之间分配资金意味着存款的转移。例如，由生产、流通所引起企业间存款的转移；支付职工劳动报酬所引起的企业与职工之间的转移等。存款转移的主渠道，都是以企业存款为中心运行的。银行应分析它们之间此消彼长的内在联系，剖析其来源与运用及其他各类存款的动态变化，并加以合理引导和监督。

2. 企业存款可由贷款创造，派生性强。企业存款中相当部分由银行所发放的贷款形成，且银行本身就具有创造资金来源或产生虚假性资金来源的能力。银行在对企业存款的管理中，一方面应分清企业存款中的真实成分与虚假成分；另一方面应防止凭空创造企业存款。

3. 企业存款成本低，效益好。企业存款主要由结算户存款组成，流动性大，利率低，它的利息支出低于储蓄存款，而且企业存款的营业成本也低于储蓄存款。企业存款与储蓄存款相比，笔数少、资金集中、金额大、工本费低等。

4. 企业存款受专业分工及现金管理等条例法规的保护。在我国，企事业单位必须根据各项规定按资金分口管理、分别核算的原则，在银行设立账户。企业在银行存款并非自愿，而是一种法律规定的行为。企业除按现金管理的有关规定可以使用现金的范围之外，必须办理转账结算；银行负责对各单位的现金结算和库存现金限额进行监督、管理。企业存款有贷款保护，银行可通过贷款政策和贷款便利，控制企业存款的增减变化。

（二）加强企业存款的管理

加强企业存款管理不仅可以加速信贷资金的周转，提高信贷资金使用效益。而且，由于企业存款是低成本资金，还可以降低银行的筹资成本，提高自身的经济效益。加强商业银行企业存款的管理，可从以下几方面着手：

1. 做好企业存款的分类管理，增强存款的稳定性和灵活性。根据企业存款被动性的不同，划分为稳定型存款、规则型存款、被动型存款三类。银行针对这三类存款各自的特点，分析不同类存款的波动性、成本和效益，采用不同的策略加以管理，最大可能地保持存款的稳定可用量。

2. 建立企业存款的监测机制，以全面掌握企业存款运动的来龙去脉，达到企业存款稳定增长的目的。

3. 完善企业存款的归口管理体系。成立专门的资金管理小组进行协调管理，并根据监测内容、有无信贷关系，明确计划、信贷、财务部门的职责范围，以形成"三位一体"的企业存款管理体系。

4. 为了调动各专业管理部门组织企业存款的积极性，需要设立一套行之有效的考核办法。可采用本期实际数与本期计划数相比，考核计划完成率；本期实际数与上期实际数相比，考核其增减变化及发展趋势，并与奖惩挂钩。

5. 严格企业的账户管理，从根本上解决企业多头开户的问题。

6. 加强现金管理，在严格把握"窗口"审批关的同时，要积极派员深入企业开展现金检查，督促企业将超库存限额的现金及时送交银行。

五、存款备付金的管理

存款备付金是商业银行为保证客户提取和清算业务的畅通而在中央银行的账户上保留的资金。广义的备付金还包括银行的库存现金。实行存款备付金管理制度，对于商业银行减少取款压力，降低经营风险，及时清偿结算中的资金，防止压票、压汇，保证结算渠道的畅通具有重要意义。

（一）存放备付金最佳额度的确定

商业银行存款备付金适量与否直接关系到中央银行金融宏观政策的实施。如果备付金超额储备，商业银行为了自身的经济效益，可以利用超额储备资金扩大信贷规模，如果备付金不足，一旦遇到存款不稳定，就会直接影响到商业银行的存款支付和重要业务，同时迫使中央银行不得不增加货币的投放。这两种情况都不利于中央银行的宏观调控。另外，对商业银行来说，存款备付金过多，不利于资金效益的发挥，降低了银行的收益；而存款备付金过少，就会造成存款支付和资金清算的困难。这就需要确定一个最佳的存款备付金额率。

1. 确定存款备付金的最佳额率应考虑的因素。

（1）备付金的量要适度，应以不出现存款支付和资金清算的困难为限。

（2）要掌握和了解影响备付金存款变化的主要因素，如现金的存取、缴存款调整、大额汇票资金移存和跨系统大额资金转汇、资金调拨、汇差清算等。

（3）要了解辖区内的存款来源、结构以及月均库存现金与现金收入的比重。

（4）要考虑资金使用的季节性、周期性的变化因素。

（5）要参考每年度金融宏观政策和当地经济发展的变化情况。

2. 存款备付金最佳额率的确定方法。在充分考虑以上几个因素的基础上，可以采取两种方法加以确定。

(1) 公式计算法。其公式如下：

$$商品银行存款备付金率=\frac{在中央银行的备付金存款+库存现金}{各项存款余额}\times 100\%$$

这样计算出的存款备付金是一个时点数值，较易考核，但难以适应业务发展的需要。

(2) 经验数据法。它是从连续几年商业银行的备付金存款占客户存款的比率及执行结果，选出一个较为合适的比率范围。

(二) 我国存款备付金管理的现状及其对策

1. 当前备付金管理中存在的主要问题。

(1) 商业银行对备付金认识上存在偏差。存款准备金制度自建立起就包含法定存款准备金和超额准备金两部分，但在具体操作中由于法定准备金属中央银行信贷基金，只有宏观调控作用，具有强制性，故认识明确，缴存积极。而对于备付金则认为是可多可少，只要不透支就行了。这不仅弱化了备付金的调控功能，且有可能导致银行陷入无力支付存款和无法进行票据清算的窘境。

(2) 难以确定最佳额度。尽管可根据理论的计算确定备付金的最佳额度，但实践中难以确定。从商业银行经营核算角度出发，在中央银行备付金保留得越少，其自身经济效益越高。而从宏观管理和确保支付以及业务正常营运角度来说，要求商业银行必须在中央银行缴存一定数量的存款。由于备付金既要保证正常业务的需要，又要防止浪费，故最佳额度难以准确地拿捏。

(3) 备付金存款受商业银行对资金运用效果考核的影响。在当前商业银行实行资产负债比例管理体制下，大部分国有商业银行对基层经营行处规定上存资金的任务，并作为指令性指标进行考核，且上存资金利率高于同期在中央银行存款利率。因此，各家商业银行为完成上级行规定的任务并为取得上存资金丰厚的利息收入，即使在资金较紧张的情况下，也不考虑备付金充足与否，而积极上存。

(4) 备付金存款制度形同虚设。由于受现行管理体制影响，当前各商业银行仍主要实行贷款限额控制为主，而并非资产负债比例管理。这样，对存差行来说，大量资金闲置，不能使用。而对借差行来讲，为确保信贷规模的完成，在资金不够的情况下，一是通过系统拆借等形式来满足贷款的需要；二是采取压票、压汇、截留他行和客户信贷资金的手段，影响正常结算渠道的畅通。

(5) 缺乏行之有效的管理制度和具体的管理实施细则。

2. 针对目前我国备付金管理制度存在的问题，可采用以下方法适当加以解决。

(1) 中央银行应建立一套完整的备付金管理制度和实施细则，使备付金管理制度在具体操作中有章可循。

(2) 加强对备付金的考核工作。对于备付金考核要坚持“确保支付，灵活掌握”的原则。各商业银行应有专人负责备付金的计算与调整，对备付金考核的时效性和可操作性，考核单位应积极确定。

(3) 要建立对备付金管理的措施。可以运用法律、行政和经济手段来加强对备付金的管理。

第二节　商业银行借入负债的管理

商业银行的借入负债，指的是商业银行主动通过金融市场或向中央银行融通资金。商业银行的存款负债在负债总额中所占比重较大，但它是一种被动负债；而借入负债是银行的主动负债，它取决于银行经营的需要和银行经营者的主观决策。从银行经营的角度来讲，借入负债比存款负债具有更大的主动性、灵活性和积极性。银行可以通过借入资金，增加银行的盈利性资产，同时又满足流动性的需要。借入负债的管理已在银行管理中显示出其越来越重要的作用。

一、商业银行借入负债的构成

商业银行可以通过很多途径借入资金，现就几个重要的途径分别加以介绍。

(一) 向中央银行借款

中央银行作为银行的银行、发行的银行，垄断着货币的发行，集中着存款的准备，肩负着调节资金、保持银行体系稳定的责任，因而执行着最后贷款者的职能。

商业银行可通过再贷款和再贴现两种方式从中央银行获取资金融通。但这种借款要受到严格限制，中央银行在决策是否向商业银行放款、何时放款、放出多少所遵循的最高原则是货币和金融的稳定。一般情况下，商业银行向中央银行的借款只能用于调剂头寸，补充储备不足和资产的应急调整，而不能用于贷款和证券投资。

我国商业银行向中央银行借款有一部分是通过票据贴现完成的，有一部分则是以再贷款方式取得。但由于商业银行票据信用未真正发展，以及国有和国有控股商业银行在资金上对中央银行有着很大的依赖性，所以我国目前商业银行向中央银行的借入资金基本上采取再贷款的形式，而再贴现所占的比重很小。目前我国中央银行的再贷款有年度性贷款、季节性贷款和日拆性贷款三种。

应该看到，在目前的经济形势下，再贷款不可避免地表现出它的不足之处。如再贷款并非完全建立在经济实际运行的基础上，再贷款规模的决策具有很大的主观性，再贷款规模的增长呈现刚性，基础货币失控等等。因此，必须发展和完善我国的票据和贴现市场，提高再贴现业务的比重。

（二）同业拆借

同业拆借是金融机构之间的短期资金融通，主要用于支持日常性资金周转，是商业银行为解决短期资金余缺，调整法定准备金头寸而相互融通资金的重要方式。同业拆借产生于存款准备金政策的实施。在实践中，同业拆借是与银行间资金清算紧密结合的。当商业银行及其他金融机构之间进行资金结算并清算头寸时，有些银行出现头寸不足，而另一些银行出现头寸盈余。为实现资金的平衡，维持资金的正常运转，头寸不足的银行就要从头寸盈余的银行临时拆入资金，而头寸盈余的银行也愿意将暂时盈余的资金拆借出去，以获取利息收入。同业拆借通常隔日偿还，拆借利率较低，融资对象、数额和时间比较灵活。同业拆借一般通过商业银行在中央银行的存款账户进行，实质上是超额储备的调剂。随着金融市场的不断发展和完善，西方发达国家的同业拆借日益成为其资产负债管理的重要内容。它们通过资金的循环拆借把拆入资金长期周转使用，扩大银行的贷款能力，同时不断地及时调整银行的资产负债结构。

我国的同业拆借市场自20世纪80年代中期以来发展迅速，目前已初步形成了一个纵横交错遍布全国的同业拆借网络。我国银行间统一的同业拆借市场于1996年1月建立并投入运行。同业拆借的利率一般是由拆出行和拆入行共同协商确定的。我国的同业拆借利率早已实现了市场化，基本体现了市场对资金的供求关系。参与银行间同业拆借的金融机构也由原来的若干家银行扩展到有非银行金融机构参与的较大范围。

在同业拆借市场上，主要的拆借方式有隔夜拆借和定期拆借两种。前者是指拆借资金必须在次日偿还，一般不需要抵押。后者是指拆借时间较长，可以是几日、几星期或几个月，一般有书面协议。

我国对银行间同业拆借的资金用途有着严格的规定，对于拆入的资金只能用于解决调度头寸过程中的临时资金困难，而不能把拆借资金用于弥补信贷缺口，长期进行占用，更不能把拆借资金用于固定资产投资。

（三）证券回购协议

证券回购协议是商业银行在出售证券时签订协议，约定在一定期限后按约定价格购回所卖证券，以获得及时可用资金的交易方式。回购协议通常只有一个交易日，协议签订后，由资金获得者向资金供给者出售证券以换取资金；协议期满，再以及时可用资金作相反交易，同时资金供给者获取一定回购收益。回购协议实质上是商业银行获取一种短期资金融通的方式。

我国的证券回购协议仅限于国债。参与国债回购的主体必须是法人，并且融资方必须在交易所有足额面值的可用于回购的国债抵押券，通过上网竞价产生回购价格。我国的国债回购按期限长短划分有六个品种：3天、7天、14天、28天、91天和182天。我国目前的国债回购市场主要有以下几个特征：(1) 短期品种的回购交易居主导地位，以3天和7天两个品种的国债回购交易为多。(2) 短期品种利率波动大。原因除了由于未来因素延长了回购的实际结算时间外，国债发行、新股发行等增加了对短期资金的集中需求。(3) 对于未来利率的预期直接影响长期品种利率的走势。(4) 回购利率同全国银行间同业拆借利率在动态中求平衡。

由于证券回购所融通的资金无需缴存存款准备金，降低了筹资成本；同时回购协议又是一种最易确定和控制期限的短期借款。所以它作为一种金融工具，有利于商业银行更好地渗透到货币市场各领域。值得注意的是，回购协议也不是绝对安全的，有时也会发生违约风险。

(四) 国际金融市场借款

国内金融市场利率受本国货币政策的影响，而国际金融市场的利率则一般完全由资金的供求决定。因此，当国内资金紧缺时，商业银行可转向国际金融市场来寻求资金来源，目前最具规模、影响最大的是欧洲美元市场。实际上交易范围不仅限于欧洲，交易对象也不只是美元。欧洲货币市场规模庞大，有短、中、长不同期限的资金市场，是一个完全自由开放的、富有竞争力的市场。欧洲货币市场不受任何国家政府管制和纳税管制；存款利率相对较高，贷款利率相对较低，存贷利差较小；资金调度灵活，手续简便；欧洲货币市场的利率由交易的双方根据伦敦银行同业拆借利率具体商定。这些优点都吸引了许多商业银行通过它进行资金融通。

在国际金融市场融资中，可以是直接的借贷，也可以采取出售存单的方式，这些存单一般是可以流通转让的。当国际金融市场融资成本低于国内时，可以在国际金融市场借入资金贷放到利率较高的国内；相反，当国内市场筹资成本低于国际金融市场时，就可以在国内市场借入资金贷放到国外，以此获利。

(五) 发行金融债券

金融债券是银行开出的债权凭证，债券的持有者享有到期收回本金和利息的权利。它是商业银行筹集中长期资金的主要方式之一。发行金融债券有以下优点：(1) 金融债券突破了银行原有存贷关系的束缚。面向社会筹资，既不受银行所在地区资金状况的限制，也不受银行自身经营业务能力的束缚。(2) 债券的高利率与流动性相结合，对客户有较强的吸引力。(3) 发行债券所筹的资金无需缴纳存款准备金。(4) 银行可以针对资金运用的项目需要，通过保持期限上的对称性，发行金融债券筹集长期资金。

发行金融债券也存在局限性，体现在：(1) 金融债券发行的数量、利率和期限都要受到金融管理当局有关规定的严格限制。(2) 金融债券的利率较高，还要承担相应的发行费用，因此这种筹贷方式的成本较高。资金成本的提高又促使商业银行不得不去经营风险较高的资产业务，这又从总体上增大了银行经营的风险。(3) 债券的流通性受市场发达程度的制约，比方说我国金融债券的种类少，发行数量远远落后于发达国家。

对于商业银行发行中长期债券，各国都有自己的法规限制。一般来说，西方国家比较鼓励商业银行发行长期债券，尤其是资本性债券，而我国则对此有非常严厉的限制。商业银行通过发行中长期债券获得的融资比例很低。

二、商业银行借入负债的管理

由于商业银行借入负债中短期借款业务更加频繁，所占比重更大，对商业银行的经营管理影响也更大，所以商业银行短期借款的管理就成为其借入负债管理的重点。

（一）短期借款管理的策略

商业银行借款的管理可以从以下三方面着手，既满足银行短期资金周转的需要，又能够降低筹资成本，扩大银行短期资金的收益能力。

1. 选择一个有利的筹措短期借款的时机。一方面商业银行应根据自身在一定时期的资产结构及其未来的变动趋势，决定如何利用短期借款，使资金来源与运用相配套。若资产的流动性高，则可以减少对短期借款的运用；反之，资产的变现性弱，期限呈长期化趋势，则为了银行经营的流动性需要，必须增加短期借款。另一方面银行要根据一定时期金融市场的状况来选择借款时机。此外，银行在进行短期借款决策时还必须考虑中央银行货币政策的变化，这主要是由于短期借款方式无不受到中央银行货币政策的影响。

2. 综合考虑商业银行流动性、安全性和盈利性三原则之间的关系平衡，决定一个适度的短期借款规模。短期借款较多虽然可以满足银行的流动性需要，但是相对于吸收存款来讲，必须支付较多的成本，影响银行的收益性；而短期借款不足则对银行的流动性需求造成不利的影响。因此商业银行要进行成本效益分析，研究利用短期借款付出的代价与因资产规模扩大而获取的利益孰大孰小，代价超过利益则压缩短期借款规模，反之可以提高短期借款的规模。

3. 确定一个比较合理的短期借款的结构。短期借款的方式很多，如同业拆借、中央银行的再贷款和再贴现、证券回购协议、国际金融市场借款等等，它们各自的期限、成本、风险、获取的难易程度、受金融当局的管制程度等等各不相同。商业银行要根据自身的条件和需要，安排好各种借款在短期借款中的比重。从成本结构来看，应尽量减少高息成本的短期借款，提高低息成本的借款，从而降低短期借款的综合资金成本。但这并非绝对的，银行短期借款还要受到银行筹资能力的限制。

（二）短期借款的管理重点

由于短期借款在时间和金额上相对比较集中，借款期限的明确约定便于银行加以控制，以及短期借款的稳定余额可以被借款银行长期占用，这些都决定了银行对短期借款的管理重点：

1. 主动把握借款期限和余额，有计划地把借款到期时间和金额分散化，以减少流动性需要过于集中的压力。

2. 尽量把借款到期时间和金额与存款的增长规律相协调，把借款控制在自身承受能力允许的范围之内，采取利用存款的增长来解决一部分借款的流动性需要，减少借款到期无法偿还的风险。

3. 通过多头拆借的办法将借款对象和金额分散化，力争增大被银行长期占用的短期借款余额，提高银行资产的运用效益。

4. 正确统计借款到期的时间和金额，以便做到事先筹借资金，满足借款的流动性需要。

第三节 商业银行负债成本的管理

负债的成本对于商业银行管理人员来说是至关重要的。它一方面关系到银行的整体盈利，另一方面也关系到银行在激烈的市场竞争中能否取胜。对于管理人员而言，懂得如何计算和分析银行营运资金成本，就可以对各种可供选择的资金来源的价格进行比较，从而确定合理的资产价格，以弥补资金成本和支付给股东所需的收益率。

一、银行负债成本的概念

银行负债成本是指银行为吸收存款、借入借款所必须支付的成本费用开支。负债成本构成主要有以下几个部分：

（一）利息成本

利息成本是银行按约定的利率，以货币的形式支付给存款人或资金贷出方的费用。利息成本按计息方式不同分为按固定利率计息的利息成本和按浮动利率计息的利息成本。固定利率是指在一定的存款期限内按约定利率计息，并在约定时间内利率保持不变；浮动利率是指在一定的存款期限内利率以市场上的某种利率作为基准利率并在一定范围内浮动计息。利息成本的高低主要与负债期限相关联，期限较长的负债通常利率较高。

（二）资金成本

资金成本是指为筹措资金而支付的一切费用总和，包括利息费用和营业费用。它反映银行为筹措资金所付出的代价。通过资金成本与吸收的资金数额相比可以计算出银行的资金成本率。银行在计算资金成本率时既可以计算全部资金总的资金成本率，也可以分类计算不同类别资金的资金成本率。银行通过计算资金成本率既可以横向反映规模相同、资金结构相似的不同银行之间资金成本的比较情况，也可以纵向反映本行吸收资金的成本情况及据此测算银行资金成本的发展趋势。

$$资金成本率=\frac{负债资金成本}{负债资金总额}$$

（三）可用资金成本

银行吸收的资金按规定需缴纳一定比例的法定存款准备金和超额准备金。商业银行通过存款和借款筹集的全部资金扣除法定存款准备金和超额准备金后的部分，才是可用于营利性经营的资金。所以，可用资金成本就是可用资金所负担的全部成本。可用资金的成本通常也称为资金的转移价格。它是确定银行可用资金价格的基础，决定银行营利性资产的收益率，利润是资金转移价格的溢价。

$$可用资金成本=\frac{利息成本+营业费用}{吸收的存款资金-法定存款准备金-必要的超额准备金}$$

（四）相关成本

相关成本是指与银行负债有关，没有包括在上述成本中的成本。相关因素可能带来的支出主要体现为风险成本和连锁反应成本。风险成本是指因利率敏感性存款增加而相应带来的利率风险。连锁反应成本是指银行为吸收新增存款而增加的利息和服务支出即相对原有存款增加的开支。这种成本在银行吸收存款中表现尤为明显，银行为了争夺更多存款，往往以增加利息和提供服务的方式来吸引顾客。但在对新存款客户支付更多利息和提供更多服务的同时会使原有客户产生“攀比”心理，他们会要求有同样多的利息和同样多的服务，这就会加大银行成本开支。

二、银行成本分析

银行进行成本分析可以揭示其成本变动情况，分析影响成本变动因素之间的关系，可为银行管理者提高管理水平、降低银行成本、最终实现银行价值最大化的目标提供帮助。成本分析主要从平均成本和边际成本两个角度进行。

（一）历史数据加权平均成本法

历史数据加权平均成本法是商业银行测算融资成本的比较常用的一种分析方法。计算公式如下：

$$CT=\frac{\sum C_nF_n}{T_F}$$

式中：

CT为历史数据加权平均成本；

C_n为第n种资金的平均成本；

F_n为第n种资金的数量；

T_F为银行负债的资金总额。

由于加权平均的成本分析是建立在历史数据的基础上，所以此方法有助于测算历史融资成本。但这种方法也存在不足之处，主要表现在：(1) 由于银行的资产中有一部分是不产生回报的，如缴存中央银行的法定存款准备金（我国商业银行缴存的法定存款准备金会产生利息收入是特例）、现金储备等。因此银行在计算资金成本时需经常做出调整；(2) 资金成本包括的范围远远大于利息成本，还包括为吸收存款而发生的广告费用、管理费用等；(3) 人们对于资本金成本是否纳入资本成本中进行分析计算还存在一些争议；(4) 在经济环境发生较大变化、利率波动较大时，以历史数据预测未来，预测结果准确性值得商榷。

考虑到上述缺点，人们在实际操作中，对历史数据加权平均成本法进行了一系列的改进。在计算时将非盈利资产剔除，只计算可用资金的加权平均成本，使计算结果不受前三个缺点的影响。表5-2是依据历史数据计算的某银行可用资金的加权平均成本情况。

表 5－2　　某银行加权平均历史成本　　单位：美元

资金来源	资金总额	可用于投资	投资资金占资金总额的比重	财务成本	经营成本	总成本	资金的平均成本	资金的加权平均成本
	(1)	(2)	(3)	(4)	(5)	(6) = (4) + (5)	(7) = (6) ÷ (2)	(8) = (3) × (7)
存款资金								
活期存款	10000000	9000000	0.18	10000	100000	110000	1.22%	0.22%
NOW 账户	5000000	4500000	0.09	240000	20000	260000	5.078%	0.52%
支票储蓄	3000000	2700000	0.05	205000	11000	216000	8.00%	0.40%
MMDA	4500000	4500000	0.08	330000	16000	346000	7.69%	0.62%
小额 CD	7000000	7000000	0.13	510000	20000	530000	7.57%	0.98%
大额 CD	14000000	14000000	0.25	1190000	30000	1220000	8.71%	2.18%
非存款资金								
联邦资金和回购	10000000	9000000	0.18	880000	90000	970000	10.78%	1.94%
其他有息负债	2500000	2500000	0.04	180000	12000	192000	7.68%	0.31%
合　计	56000000	53200000	1.00	3545000	299000	3844000	加权平均成本 = 6.78%	

说明：假定该银行只有交易账户需缴纳 10% 的准备金。财务成本是利息收入扣除手续费收入后的金额。

(二) 边际成本法

银行资金的边际成本是指银行每增加一个单位的资金所付出的成本量。银行的边际资产回报是指每增加一个单位的资产所带来的额外收益量。只有当银行的边际资产回报大于边际成本时，银行的筹资行为才是可行的。

假定银行以单一形式筹集资金，则单一资金的边际成本率计算公式如下：

$$单一资金边际成本率 = \frac{利息支出率 + 其他费用支出率}{1 - 无利息收入资金率}$$

但应该看到，上述计算方法也存在一定的缺点。一方面，实际生活中没有那一家银行会只局限于单一的融资方式，银行融资方式实际上随时都在变化着，而且是丰富多彩的；另一方面，这种计算方式没有考虑不同融资方式边际成本的差别。为避免上述问题给银行计算边际成本带来的影响，在计算中，可以采取以下方法：一些银行在计算时将最昂贵的一种筹资方式的边际成本作为银行的边际成本；也有一些银行用平均边际成本代替单一边际成本，反映银行的成本情况。

表 5－3 给出某银行的新增资金量即由此计算出的银行平均边际资金成本。

由表中可以得出边际成本等于 6.52%（10.57/162），由于该行有一部分资金无法对外投资，因此，在评定对外投资项目是否可行时，应将边际成本调整为营利性资产的边际成本 7.38%（10.57/143.2）。只有当该行对外投资时收益率应高于 7.38% 时，股东才会受益。

表 5－3　　某银行平均边际成本的计算　　单位：美元

资金来源	资金增加额 (1)	可用资金比率 (2)	可用资金额 (3)＝(1)×(2)	成本率 (4)	总成本 (5)＝(1)×(4)
活期存款	15000	0.08	12000	4.91%	740
NOW 账户	20000	0.85	17000	5.10%	1020
支票账户	31000	0.85	26350	5.36%	1660
MMDA	35000	0.90	31500	7.25%	2530
小额定期存款	10000	0.90	9000	7.33%	730
大额定期存款	22000	0.90	19800	7.61%	1670
联邦资金和回购	18000	0.95	17100	7.70%	1380
其他有息负债	11000	0.95	10450	7.68%	840
合　计	162000		143200		10570

上述银行资金成本的分析方法各有其特点：历史加权平均成本法能够准确评价一个银行的历史经营状况；而单一资金的边际成本分析法可以帮助银行决定选择哪一种资金来源更合适；平均边际成本分析法则能够为银行提供盈利资产定价的有用信息。因此，银行资金成本分析过程不应该是单一的，而是多种成本分析法的结合。

第四节　商业银行负债管理策略

银行在进行负债管理时，管理者应实施存款的维持和开发计划，合理组织资金来源。在获取资金的过程中，除控制成本外，还应考虑如何分散银行风险，改进服务，增加金融服务品种，在低风险、低成本的前提下，获取较高的收益。由于银行的经营就是将负债取得的资金通过一系列的投资渠道运用出去，赚取成本与收益的差价，而银行资金管理中，资产管理与负债管理的任何一个环节出现差错都会影响银行的营运状况，严重的还会影响银行的安全。因此，在此主要说明银行在负债管理中采取的主要策略。

一、选择合理的负债组合

合理的负债组合可以起到稳定银行资金来源，降低银行资金成本，降低银行风险的作用。多数银行在选择存款组合方式时，都是在银行经营“三性”，即安全性、流动性、盈利性原则指导下进行的。许多银行采用由活期、定期和储蓄构成的存款组合方式，另加少量的借入资金弥补资金使用缺口，这种负债组合的优点是有大量的核心存款，存款稳定性好；存款的成本较低，而且非利率敏感性负债较多；适量的借入资金，既弥补了资金使用的缺口，又不会给银行带来较多的风险，合理的负债组合是银行获取稳定性资金来源的基础，也是银行安全、高效运营的基础。

二、降低负债成本

银行管理者在进行负债管理时的一个中心指导思想就是如何使负债收益最大化，以便实现最终目标银行价值最大化。负债的成本如前所述，主要包括利息成本、营业成本和相关成本等，在诸多的成本构成因素中价格即存款的利率构成是银行负债成本的主要部分。银行降低负债成本的主要途径有：

（一）做好存款的定价工作

银行在增加资金来源的竞争中获胜的法宝有很多，如增加服务品种、改善服务质量、提供优惠利率等。在诸多因素中，利率的高低无疑是最重要的因素。银行如何既向客户提供优惠的利率，吸收更多的资金留住客户，又能避免因支付高昂的利息而导致亏损，关键的一个问题就是做好存款的定价。存款的定价方法主要有：目标利润定价法、边际成本定价法、价格表定价法、市场渗透定价法及高层目标定价法等。

1. 目标利润定价法也叫成本加利润定价法，它是在银行存款成本的基础上，加上银行的既定目标利润率。

每项存款服务的单位价格 = 每单位存款的经营费用 + 单位存款应负担的间接费用 + 出售单位存款的计划利润

存款的成本加利润定价法可以使银行更加注重利率与成本的关系。

2. 边际成本定价法。

边际成本 = 总成本的变动

= 新利率 × 以新利率筹措的资金 − 旧利率 × 以旧利率筹措的资金

$$边际成本率 = \frac{总成本变动额}{筹措的新增资金额}$$

当银行的边际成本小于边际收益时，存款的定价是可行的。这一指标使银行的管理人员可以清楚地看到当存款的追加成本超过新增收益，银行的利润总额开始下降以前，银行存款的扩张潜力。

在利率频繁变动的情况下，如果银行采用加权平均成本定价法，不能确切反映存款的真实价格，比如当利率下降时，筹措新资金的追加成本会低于平均成本，某些贷款从平均成本的角度看是亏损的，但以边际成本计算则是盈利的；反之亦然。

3. 价格表定价法。银行在日常经营中会有一定比例的小额客户，这些客户的存款金额小，存取频繁，对银行来讲常常是成本大于收益。价格表定价法就是针对这种情况设计的。银行为降低成本开始逐步向客户收取一定的相关费用。银行公布不同业务的收费范围和标准，客户可以根据自己对账户的使用情况来确定存取款的次数、账户的保留余额及挑选适合自己的开户银行，以便支付最少的费用，获取最大的收益。

4. 市场渗透定价法。市场渗透定价法是指银行为迅速扩大市场份额，暂时不强调利润对成本的弥补的一种定价方法。采取这种定价策略的银行通常通过提供高于银行平均水平的利率或收取低于市场平均水平的费用来吸引客户。高利率的政策可能因为客户的忠诚度获得成功，也可能因为客户的忠诚度而失败。银行推出较高的利率吸引来客户以后，通过提高服务质量，增加服务品种，会培养客户对银行的忠诚度，即使以后银行推出较低的利率，由于客户不愿承担变换银行所带来的一系列代价，会继续忠诚于该银行。这种忠诚在某些情况下也是银行高利率政策失败的原因，因为对原来开户银行的忠诚，就意味着一些客户不愿为获得利息差额收益而频繁更换开户银行，这又使得推出高利率或低费用的银行吸引客户的计划失败。

5. 高层目标定价法。高层目标定价法是银行规定较高的服务收费标准或存款账户保持最低余额的要求，向高收入家庭或个人提供服务，将自己的客户群固定在一定的范围内。这样的定价方法可以吸收高余额、低活动性的存款，在为银行筹集稳定的资金来源的同时，降低银行的成本。

6. 对付息活期存款账户的定价。对于付息的活期存款账户银行不仅需要为办理业务的活期存款账户的各种业务支付成本，而且还要支付一定的利息成本，因此，如果银行不对存款余额等提出一定的要求以便用其投资收益来弥补成本支出，银行办理这种账户业务将处于亏损状态。银行在账户定价中常采用的方法是“收支相抵平均余额计算法”。所谓“收支相抵平均余额计算法”是所得收入恰好能抵补账户成本所必需的存款额。一旦银行经营者知道了一个账户的收支相抵平均余额，就能确定为实现某一目标收益率所必需的最低平均余额。而对于没有达到最低平均余额的账户所收取的罚金，应足以抵消平均余额低于收支平衡点（或目标利润点）所发生的损失额。

例如，下面是一个收支频繁的账户与一个收支不频繁的账户的成本比较表（见表5-4）。据此来计算两者的收支相抵的余额。

表5-4　　成本比较表

项目成本和浮动余额	收支频繁账户	收支不频繁账户
每月办理账户净成本	4.00元	4.00元
每月支票处理张数	30张	10张
手续费（每张0.25元）	7.5元	2.5元
每月办理账户总成本	11.50元	6.50元
托收中现金占平均余额的百分比	7%	3%
法定存款准备金率	12%	12%

假定活期存款账户的平均余额的成本率为5%，可运用资金投资的收益率为12%，由于：

成本总额 = 固定成本 + 变动成本

收益总额 = 收益率 × 可运用资金

可运用资金 = 平均余额 - 法定准备 - 托收中现金

固定成本 = 账户年度费用

可变成本 = 存款利率 × 平均余额

按照成本总额等于收益总额，则：

收支频繁账户：

11.5 × 12 + 0.05 × 平均余额 = 0.12 ×（1 − 0.12 − 0.07）× 平均余额

平均余额 = 2924 元

收支不频繁账户：

6.5 × 12 + 0.05 × 平均余额 = 0.12 ×（1 − 0.12 − 0.03）× 平均余额

平均余额 = 1500 美元

以上的分析反映了两个重要特点：

（1）存款利率提高，收支相抵所需的平均余额以更快的速度递增。如存款利率从4%上升到5%，存款余额上升511美元，而存款利率从5%上升到6%，存款余额则上升了786美元。

（2）付息活期存款账户的收支相抵平均余额对账户的收支情况和支付利息具有高度的敏感性。

表5－5的第（二）部分说明，保持适当的投资收益率的必要性。第（三）部分说明市场的开发战略。在这里，银行以每个项目业务手续费代替账户余额，随着每张支票收费的增加，所需的收支相抵平均余额下降。

表5－5 假设不同定价和收益条件下的收支相抵余额

NOW利率	收支频繁账户	收支不频繁账户	可用资金数量	收支频繁账户	收支不频繁账户	每项业务手续费增收额	收支频繁账户	收支不频繁账户
	（一）			（二）			（三）	
1%	1583	848	8%	9324	4333	0.00	2924	1500
2%	1788	951	9%	6026	2943	0.02	2771	1454
4%	2413	1258	10%	4452	2364	0.05	2542	1385
5%	2924	1500	11%	3529	1793	0.07	2390	1338
6%	3710	1857	12%	2924	1500	0.10	2161	1269
8%	8023	3545	14%	2177	1130	0.15	1780	1154

除了利息因素之外，其他一些非利率因素也会影响到对账户的定价。这些因素主要有：（1）金融服务的提供；（2）地区位置和营业设施；（3）工作人员的素质；（4）广告费和奖励支出；（5）业务发展情况；（6）银行的形象；（7）服务的收费等。

(二) 降低银行营业成本

在银行经营成本中，除利息成本外，银行营业成本在银行成本中所占的比重不容忽视。营业成本包括人员开支、办公费用、经营场所的开支及办公设备的维护保养等。银行在成本管理中，应制定切实可行的成本控制方法，如采用作业成本法、定额成本法、标准成本法等专业成本管理办法，降低银行的营业成本。

(三) 规避管制，提高负债资金使用率

银行在可能的范围内规避管制的限制，可以在一定程度上提高负债资金的使用率，降低负债成本。

为保证金融运行的安全，银行吸收的大部分存款需要按一定比例缴纳存款准备金，缴纳存款保险费及支付其他监管费用。这些开支增加了银行的成本负担。如美国在目前 23 美分的存款保费的基础上，每增加 1 美分保费，银行的总成本就会增加 2.5 亿美元。为实现银行价值最大化目标，各家商业银行都在极力规避管制，一方面出于降低成本的需要；另一方面为争取更多的可用资金。

为减轻银行成本负担，将银行的保费成本与银行的风险状况联系起来，高风险、高保费的理念被接受，1991 年 11 月美国国会授权联邦存款保险公司改变按固定百分比收取保费的形式，而采取根据银行风险情况收取保费的做法，这种做法从 1994 年开始执行。这种按风险收取保费的做法只会使哪些风险较高的银行增加保费支出。

存款准备金的存在一定程度上降低了银行的经营风险，但由于存款准备金通常不会给银行带来利息收益，较多的准备金增加了银行的资金成本。银行为降低成本，在可承受风险范围内，可多利用不受存款准备金要求的货币市场存款账户及欧洲美元借款筹集的资金。

(四) 做好存款的营销工作，处理好与客户的关系

处理好与客户的关系也是负债管理的一个重要方面。银行与客户的关系就好像鱼和水的关系，只有拥有稳定的客户群，银行才能获得稳定的资金来源；只有拥有优质的客户，银行的资产才有获得较高投资回报率的基础。银行处理好与客户的关系是：一方面利用科学的方法对存款人市场进行细分，筛选客户，选择适合自己经营定位的客户；另一方面采取适当的营销策略，为客户提供优质服务，留住老客户，吸引新客户。采取适当的营销策略不仅包括在原有业务基础上的优质服务，还应包括金融服务的创新，设计符合客户需要的新业务，如对内部运作效率较高的银行可以采取以价格取胜的金融服务策略；业务实力较强的银行可以针对不同的客户，设计个性化的服务方案，以特色服务吸引客户。

无论银行采取何种负债经营策略都应在安全性、流动性和盈利性原则指导下进行。合理筹措银行经营所需资金，为实现银行价值最大化的目标服务。

本章小结

负债是商业银行主要的资金来源，占商业银行资金来源90%左右。负债主要有吸收存款、借入资金和发行证券。其中存款是负债资金的主要来源，它占大多数商业银行负债的3/4以上。

商业银行的存款种类按对象划分主要有储蓄存款和对公存款；按期限划分主要有短期存款和长期存款等。借入负债主要有向中央银行借款、同业拆借、证券回购协议和国际金融市场借款。

银行负债的成本有利息成本、资金成本、可用资金成本、相关成本等。银行负债成本分析的方法有很多，但运用比较多的主要有历史数据加权平均成本分析法和边际成本分析法等。

对商业银行负债的管理包括各种负债成本的管理、期限的搭配、借款时机的选择等，以满足商业银行经营的“三性”要求及银行财务管理目标的实现。

复习思考题

一、名词解释

负债　存款负债　向中央银行借款　同业拆借　证券回购协议

二、问答题

1. 商业银行存款负债的种类有哪些？
2. 如何加强商业银行存款备付金的管理？
3. 商业银行借入负债有哪些种类？
4. 如何加强商业银行短期借入资金的管理？
5. 如何理解银行负债的成本？其分析方法主要有哪些？
6. 银行负债管理的策略主要有哪些？

第六章

商业银行现金资产及流动性管理

第一节 商业银行现金资产的管理

狭义的现金资产是指银行库存现金，广义的现金资产包括现金和准现金，主要有银行的库存现金、应收现金：托收中现金、存放央行的准备金存款和存放同业存款。

有效的现金资产管理对银行的获利能力非常重要。一方面，闲置的现金不是一项收益性资产，如果商业银行的众多分支机构都持有多余的库存现金，就会因为失去盈利机会而产生高昂的成本；现金余额过多还会由于缺少适当的保管场地以及充分的安全保障而带来日常管理中的问题。然而当现金存到一个往来账户上或者储备银行的账户上时，它就变成了一项营运资产。它可以用于投资产生回报，也可以用于其他交易的结算，如支票托收或者电子资金划拨。另一方面，现金过少也会给银行带来很高的成本，因为从往来银行或者中央银行频繁提款的交通费用非常昂贵。如果存款人在出纳窗口不能如愿得到所要求的纸币组合，客户关系就会恶化。

一、银行现金资产的基本构成

商业银行的现金资产也可称为现金头寸（money positions），主要包括以下几个项目。

（一）库存现金

库存现金是指商业银行保存在金库中的现钞（纸币）和硬币。库存现金的主要作用是银行用来应付客户提现以及银行其他的日常零星开支。由于库存现金是银行的非营利性资产，并且保存库存现金还需要花费各种大量的相关费用，因此，如果银行的库存现金太多，可以将其存到在中央银行的账户或者是其他商业银行的账户中，或者将其用于其他用途。反之，如果不够，可以从中央银行账户或其他商业银行账户中提取，或者从其他渠道调剂。

（二）在中央银行存款

在中央银行存款（due from the central bank），是指商业银行存放在中央银行的资金，也被称为存款准备金。商业银行在中央银行开立的存款账户，是用于银行的支票清算、资金转账等的基本存款账户。商业银行由于同业拆借、回购、向中央银行借款等业务而出现的资金划转以及库存现金的增减等，均需要通过这个账户进行。

商业银行在中央银行的存款，由两部分构成，一是法定存款准备金，二是超额准备金。

所谓法定存款准备金，是按照法定比率向中央银行缴存的存款准备金。规定缴存法定存款准备金的最初目的，是为了银行备有足够的资金，以应付存款人的提存，避免因流动性不足而产生流动性危机，导致银行破产。目前，存款准备金已经演变成为中央银行调节信用规模的一种政策手段与工具，正常情况下一般不得动用。因此，按法定比率缴存的法定准备金具有强制性。

所谓超额准备金有两种含义：一是广义的超额准备金，是指商业银行吸收的存款中扣除法定存款准备金以后的余额，即商业银行的可用资金；二是狭义的超额准备金。是指在存款准备金账户中，超过了法定存款准备金的那部分存款。这部分存款犹如工商企业在商业银行的活期存款一样，是商业银行在中央银行账户上保有的用于日常支付和债权债务清算的资金。

由于超额准备金是商业银行的可用资金，因此，其多寡直接影响着商业银行的信贷扩张能力。中央银行的法定存款准备金率之所以能够作为调节信用的手段，也正是因为法定存款准备金率的变化，会影响商业银行超额准备金的增减变化。在银行的准备金总量不变的情况下，超额准备金与法定存款准备金之间存在此消彼长的关系。即，当法定存款准备金率提高时，法定存款准备金增加，商业银行的超额准备相应减少，其信用或信贷的扩张能力下降；反之，存款准备金率下降，商业银行的信贷扩张能力就增强。因此，超额准备金是货币政策的近期中介指标，直接影响社会信用总量。

（三）存放同业存款

存放同业存款，也称为在其他商业银行的存款（due from other commercial bank），是指商业银行存放在代理行和相关银行的存款。在其他银行保持存款的目的，是为了便于银行在同业之间开展各种代理业务，如，结算收付、贷款参与、投资咨询等。由于存放同业的存款一般属于活期存款性质，可以随时支用，因而被视为银行的现金资产。

（四）在途资金

在途资金，也称托收未达款或托收中的现金（cash item in process of collection）。它是指本行通过对方银行向外地付款单位或个人收取的票据款项。在途资金未收妥之前，是一笔他行占用的资金，同时由于其通常在途时间较短，收妥后即成为存放同业存款，所以，银行一般将其视同为现金资产。

二、法定准备金的管理

法定准备金（legal reserves），也称法定存款准备金，是指商业银行按照法定比率向中央银行缴存的存款准备金。法定存款准备金制度产生的历史久远。最早将存款准备金集中于中央银行，始于英国。1842年，美国的路易斯安那州的银行法将这种做法写入法律规定。1913年，美国的《联邦储备法》以法律形式规定：商业银行必须向中央银行上缴存款准备金，并且规定了存款准备金率。目前，世界上各个国家的中央银行大多对外公布法定存款准备金率，并要求本国的商业银行以及其他金融机构按照准备金率的要求，上缴法定存款准备金。

随着金融市场的日益发展与金融宏观调控工具的多样化等，同时由于法定存款准备金本身所具有的一些缺陷，目前在一些国家对法定存款准备金这种宏观调控工具的使用，出现逐渐淡化的趋势。主要表现为法定准备金率处于一种不断下降的态势。如，美国、加拿大等国家将定期存款的法定存款准备金率调低至0%，并且都降低了活期存款的法定准备金率。

我国自1983年9月开始建立法定存款准备金制度。近些年来经过了多次调整与改革，存款准备金制度已经日趋完善。

由于法定存款准备金是中央银行宏观调控的一个工具，因此，商业银行对于法定准备金的管理，主要是应该能够满足中央银行的要求。商业银行需要根据其存款余额，按照法定比例向中央银行上缴存款准备金，并且根据存款的变化状况，适时调整存款准备金的额度。此外，由于在大多数国家中，商业银行在中央银行的存款，也即法定存款准备金存款与超额存款准备金存款一般均为无息存款，因此，商业银行对存款准备金管理的基本态度是：够用即可，并尽量使其最小。同时，由于法定存款准备金与超额准备金之间存在此消彼长的关系，因此，对法定存款准备金的管理与调整，对银行进行超额准备金的管理与调整有着重要的影响。

由于存款类型的不同，关于法定存款准备金的计算，在西方国家有两种主要的计算方法，即，同步准备金计算法和滞后准备金计算法。

（一）同步准备金计算法

同步准备金计算法，也称同步准备金记账法（contemporaneous reserve Accounting，CRA），主要适用于对商业银行的交易性账户存款计算准备金。

所谓交易性账户，是指所有为了向第三者付款，账户持有人可以通过可转让工具、付款指令、电话以及事先授权提取的账户。这类账户包括银行的活期存款、NOW账户等。也就是说，由于交易性存款如银行的活期存款等，其余额的变化幅度较大。商业银行应该根据本期存款余额的实际状况，计算所需上缴的准备金数额。因此，同步准备金计算方法的基本原理是：以本期的存款余额为基础，计算本期的准备金需要量。

以同步计算法计算存款准备金的基本做法是：以两周，如，从本周的星期二（假设为2月5日）到13天后的星期一（根据前面的假设，这时为2月18

日）为一个计算周期（准备金计算周期，reserve computation period），并计算在这 14 天内银行交易性存款账户的日平均余额。此时，准备金的保持期（也称准备金维持期，reserve computation period），从本计算周期开始的第三天算起（应为星期四，即为 2 月 7 日），到计算周期结束后的第二天（应为星期三，即为 2 月 20 日）为止。在这 14 天的计算周期内，应上缴的存款准备金的平均余额，以准备金计算周期内的存款平均余额为基础来计算。

（二）滞后准备金计算法

滞后准备金计算法，是根据前期存款负债的余额确定本期准备金需要量的计算方法。由于非交易性存款账户如银行的定期存款等，其余额的变动幅度相对较小，因此这种方法主要适用于银行对非交易性账户存款计算存款准备金。

按照这种方法，银行一般应根据两周前的非交易性存款负债余额，来确定目前应当持有的存款准备金数量。此时，银行可以以两周前的 7 天作为基期，以基期的实际平均存款余额作为基础，计算准备金持有期间应持有的准备金平均数。

同上例，假设银行在 2 月 7 日（星期四）至 13 日（星期三）期间的非交易性存款为 50000 万元，按照 8% 的存款准备金比率，该银行在 2 月 21 日（星期四）到 2 月 27 日（星期三）这一周内应该保持的准备金平均余额就为 4000 万元（50000 × 8%）。

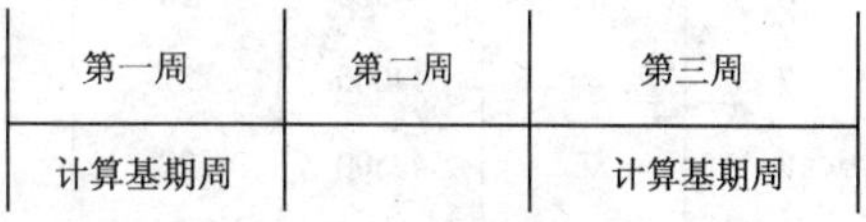

图 6－1 滞后准备金计算法

滞后准备金计算法的计算基本过程如图 6－1 所示。

（三）法定准备金头寸的管理

准备金头寸管理的基本原则是：在规定的时间内，银行尽量通过自身的努力满足准备金的限额要求。否则，银行只能在银行同业拆借市场上以较高的成本和代价拆借资金来满足这一要求。

在同步准备金计算法下，由于准备金计算期与保持期重合，银行法定准备金管理的主要难点在于不能准确地知道在准备金保持期内前 12 天的各种账户存款的变化，从而不能预知所需的日平均准备金额。在滞后准备金计算法中，银行则可以根据前期的存款状况来计算所需的准备金持有额。因此，银行的法定存款准备金管理需要提前预测在准备金保持期内的各种存款与库存现金的变化状况，据此制定法定存款准备金目标。在两周保持期的最后两天，银行应对实际所需的法定准备金额度与其按照预期目标保持的准备金额之间的差额做出弥补或调整。事实上，在法定准备金保持期内最后两天的准备金额度为本保持期的调整额度，它等于本保持期内法定准备金额度与本保持期内前 12 天所有的准备金总额之差。考虑到准确预测存款的困难，银行监管当局可允许银行的法定准备金率有一定的误差（如 4% 或 ± 2%）。下面，我们通过实例来说明法定存款准备金头寸的管理方法。假设监管当局对非交易账户的准备金率是 0%，交易账户首个 4 680 万美元存款的准备金率为 3%，其余交易账户存款（113 528.6 － 4 680 ≈ 108 849）的准备金率为 10%，库存现金视作法定准备金的一部分。表 6-1 给出了某银行的法定准备金头寸的管理过程。

每日法定准备金额定要求：

（非交易账户负债金额×0%）+（交易账户的首个 4680 万美元×3%）+（交易账户的其余金额×10%）-平均日库存现金 = 0 + 140.4 + 10884.9 - 967.1 = 10058.2（万美元）

表 6-1 某银行法定准备金率头寸管理实例 单位：万美元

滞后计算期（非交易账户）			同步计算期（交易账户与库存现金）				法定准备金保持期		
天数	星期	账户余额	天数	星期	库存现金	账户余额	天数	星期	准备金额
1	二	45000	15	二	950	108200			
2	三	48500	16	三	930	109000			
3	四	46000	17	四	960	105500	17	四	9300
4	五	44500	18	五	980	108500	18	五	9900
5	六	44500	19	六	980	110800	19	六	10400
6	日	44500	20	日	980	111500	20	日	10100
7	一	44000	21	一	910	110000	21	一	9700
8	二	42500	22	二	950	111000	22	二	10300
9	三	46500	23	三	920	111200	23	三	10500
10	四	45000	24	四	980	115000	24	四	9600
11	五	47500	25	五	990	115500	25	五	9800
12	六	47500	26	六	990	113800	26	六	9400
13	日	47500	27	日	990	125600	27	日	10200
14	一	46000	28	一	1030	133800	28	一	9900
							29	二	
							30	三	
							12 天合计金额：119100		
日平均余额：45678.6			日平均余额：		967.1	113528.6	12 天日平均余额：9925		

法定准备金调整额（最后两天）：

（每日法定准备金额度×14 天）-银行在前 12 天保持的准备金总额 =（10058.2×14）-119100 = 21714.8（万美元）

最后两天的日平均额 = 21714.8÷2 = 10857.4（万美元）

法定准备金允许误差额：

每日准备金额度要求×4% = 10058.2×0.04 = 402.3（万美元）

银行法定准备金管理建立在未来存款及库存现金的预测基础之上的。如果表 6-1 中的银行预测在本保持期内交易账户存款所需的日平均法定准备金要求为 9800 万美元，再减去 967.1 万美元的日平均库存现金，则可以得到该银行在本保持期的法定准备金目标：

日法定准备金目标 = 交易账户存款所需准备金 + 非交易账户负债所需准备金 - 库存现金 = 9800 + 0 - 967.1 = 8832.9（万美元）

由于在本保持期的最后两天（第 27、28 天）内该银行的交易账户存款出现预计之外的上升（在表中分别为 12.56 亿美元和 13.38 亿美元），因而导致了实际所需的日法定准备金额为 10058.2 万美元，高于银行预测的法定准备金目标。在本保持期的前 12 天中，日平均准备金保持额仅为 9925 万美元，低于最低法定准备金额度。为了满足当局的要求，该银行在本保持期的最后两天之内大幅度地提高法定准备金持有额。根据计算，最后两天法定准备金的日平均金额必须为 10857.4 万美元，如果该银行在上一个保持期内有超额准备金，便可以用此超额准备金来填补空缺余额。否则，银行必须拆入资金来满足当局的法定准备金要求。不过，由于银行允许存在 4%的误差，该银行的法定准备金可以略低于 10857.47 万美元的要求。

因此，我们可以将银行法定准备金头寸管理的基本步骤归纳如下：第一，银行预测未来存款与库存现金的变化，从而得到保持期内的日平均法定存款准备金目标。第二，在保持期内的前 12 天，银行以此目标进行准备金头寸管理。第三，在保持期的最后两天中，银行根据本保持期内应持有的法定准备金总额与前 12 天已实现的准备金总额之差进行调整。当准备金低于法定准备金要求时，银行需要在同业拆借市场拆入资金来补足缺口。否则，金融管理当局将对银行采取惩罚性的行动与措施。

（四）我国商业银行法定存款准备金的管理

我国于 1984 年起，就按照国际通行做法建立了存款准备金制度。1998 年 3 月 21 日以前，我国的存款准备金由两部分组成：一是法定准备金；二是备付金即支付准备金，它与西方银行的超额准备金是一个概念。从 1998 年 3 月 21 日起，我国改革了存款准备金制度，下调了法定存款准备率，将金融机构在中国人民银行的“缴来一般存款”（即法定准备金）和“备付金存款”两个账户合并，称为准备金存款账户，按法人统一考核金融机构的法定存款准备金。目前，各商业银行缴存款（缴法定准备金）的范围有：各类企事业单位、机关团体等单位活期、定期存款，活期、定期储蓄存款，财政预算外存款，委托业务轧差后贷方余额，特种（含军队特种企业、事业）存款、基建资金存款，信托（资金）存款、信用卡存款、农村存款等。《关于改革存款准备金制度的通知》对此都有详细具体会计科目的规定。根据规定，各商业银行在人民银行的准备金存款账户超额部分的总量及分布，各行可根据效益性、安全性、流动性的经营原则及营运状况自行确定和调度。

近二十年来，我国存款准备金率经历了多次调整。1998 年以来，随着货币政策由直接调控向间接调控转化，中国存款准备金制度不断得到完善；根据宏观调控的需要，存款准备金率进行过以下调整：1998 年 3 月将存款准备金率由 13%下调到 8%；1999 年 11 月存款准备金率由 8%下调到 6%；2003 年 9 月 21 日，存款准备金率又提高 1 个百分点，即由 6%调高至 7%；2004 年 4 月 25 日，由 7%上调至 7.5%，并对部分城市商业银行和城市信用社实施差别存款准备金率。2006 年 7 月 5 日，由 7.5%上调至 8%；2006 年 8 月 15 日，由 8%上调至 8.5%；2006 年 11 月 15 日，由 8.5%上调至 9%；2007 年 1 月 15 日，由

9%上调至 9.5%；2007 年 2 月 25 日，由 9.5%上调至 10%；2007 年 4 月 16 日，小幅上调存款准备金率 0.5 个百分点到 10.5%；2007 年 5 月 15 日，由 10.5%上调至 11%；2007 年 6 月 5 日，由 11%上调到 11.5%；2007 年 8 月 15 日，由 11.5%上调至 12%；2007 年 9 月 25 日，由 12%上调至 12.5%；2007 年 10 月 25 日，由 12.5%上调至 13%；2007 年 11 月 26 日起，上调存款类金融机构人民币存款准备金率 0.5 个百分点。此次调整后，普通存款类金融机构将执行 13.5% 的存款准备金率；中国人民银行决定从 2007 年 12 月 25 日起，上调存款类金融机构人民币存款准备金率 1 个百分点。这是 2006 年以来第 13 次，也是 2007 年以来第 10 次上调存款准备金率，此次上调后一般银行法定存款准备金率为 14.5%。中国人民银行决定从 2008 年 1 月 25 日起，上调存款类金融机构人民币存款准备金率 0.5 个百分点，上调之后，商业银行存款准备金率将达到 15%；2008 年 3 月 25 日，上调存款类金融机构法定存款准备金率 0.5 个百分点，调整后的法定存款准备金率达 15.5%。2008 年 4 月 25 日，上调 0.5 个百分点，达 16%；2008 年 5 月 20 日，上调 0.5 个百分点，达 16.5%；2008 年 6 月 7 日，再次上调 1%，达 17.5%，再创历史新高。

三、存放同业款的管理

存放同业款是商业银行为了便于在同业之间开展各种代理业务、结算收付等，将其存款存放于代理行和相关银行。为此，商业银行需要计算在同业存款的具体数额，以满足需要。

（一）存放同业款的目的

商业银行将存款存放于其他银行的存款账户中，主要是为了开展银行间的各种代理银行业务（correspondent banking）。所谓银行间的代理银行业务，是指银行间出售和购买金融服务的业务。向其他银行提供金融服务的银行为代理行或者上游代理行，购买其他银行金融服务的代理行为被代理行或下游代理行。多数银行既是代理行，又是被代理行，具备双重身份。作为代理行，商业银行接受其他银行的存放同业款；作为被代理行，商业银行需要将资金以活期存款形式存入在其他银行开立的存款账户中。其中，何种身份或地位处于更重要的地位，主要由银行的规模、位置以及可以提供的服务等决定。

商业银行发展银行间的代理银行业务，主要原因有两个。

1. 延伸其业务与服务触角，扩大业务范围。任何一家银行，由于多种原因，诸如，其业务特点以及人力、物力的限制，金融监管当局对银行业务范围的一些限制等，难以在其业务涉及的每一个地方都建立分支机构。这时，商业银行就需要在当地寻找合适的机构为其代理各项业务。代理行的出现，在一定条件下，为银行业务范围的扩大提供了条件。

2. 降低有关业务与服务活动开展的成本。商业银行利用与其他银行建立的代理行之间的关系，可以降低相关业务与服务的成本。例如，跨区域的支票收取工作，对于在外地没有分支机构的银行来说，其成本过高，许多地区性的银行难以开展此类业务，并由此带来银行在其他跨地区业务的开展方面受到限制，如各种投资组合、证券交易、国际业务等。此时，如果银行与其他银行建立了代理行关系，则可以通过代理行来开展跨地区业务，例如，通过代理行以较为低廉的价格买入银行所需的各种业务，此时，银行还相应节省了某些业务成本，如各种信息费用等。

目前，银行间的代理行业务主要包括以下类型：

(1) 收取支票，传送电讯以及提供现钞；

(2) 协助银团贷款的参与组合；

(3) 提供数据处理服务；

(4) 提供投资组合与咨询服务；

(5) 协助银行同业拆借业务；

(6) 提供证券保管与交易服务；

(7) 提供投资银行服务；

(8) 提供国际银行业务。

银行开展上述各种代理行业务，需要花费一定的成本，需要从为被代理行提供的服务以及被代理行交付的手续费中获取收益，以弥补支出。因而，商业银行在代理行的存款账户中，存入一定数量的活期存款，主要是为了支付代理行开展各项业务的手续费。同时，代理行也可以将其所收到的被代理行的存款作为一种短期投资，以投资收入来获得支出的补偿。

(二) 存放同业款的确定

由于银行的存放同业款可随时使用，其在资金的使用方面与银行的库存现金、在中央银行的存款等没有多大的区别，因此被列为银行的现金资产。但是，对于同业存款的数量，银行应该根据具体情况掌握。因为，同业存款过多，会使银行付出一定的机会成本，丧失某些获利机会；但同业存款过少，又会影响到银行委托他行开展的业务与服务，甚至会对银行在行业内的声誉带来不好的影响。所以，对于同业存款数量的确定原则是：适度。为此，商业银行需要根据各种影响同业存款的因素，分析并准确预测同业存款的数量，为银行进行科学、合理的同业存款管理打下良好基础。

商业银行在同业的存款余额需要量，主要取决于以下几个因素：

1. 使用代理行服务的数量与项目。由于银行将款项存入代理行的主要目的是为了获得代理行的各种金融服务，因此，代理行所提供的服务类型与数量等，就成为影响同业存款数量的重要因素。当然，如果商业银行使用的代理行服务与业务数量越多，服务与业务类型越复杂，则所需付出的费用越大，同业存款的数量就越大。反之，若商业银行使用的代理行服务与业务数量较少，服务与业务类型相对简单，则同业存款的数量就可以较少。

2. 代理行的收费标准。在商业银行使用代理行所提供的服务数量与类型一定的情况下，代理行的收费标准成为决定代理行存款数量的主要基准。显然，代理行服务项目的收费标准越高，则银行在代理行所需存入的款项就越多；反之，则越少。

3. 可投资余额的收益状况。很多情况下，代理行会将被代理行的存款进行投资，以期获取收益并由此在一定程度上弥补因为对被代理行提供服务所花费的各种成本支出。所以，代理行对同业存款投资收益状况的高低，也成为影响同业存款数量的重要因素。如果同业存款的投资收益较高，则同业存款的数量可以较少；如果同业存款的投资收益较低，则同业存款的数量就需要较多。

下面我们举例说明。

表 6－2 给出了银行在计算同业存款需要量时需要考虑的各种因素。表中的第一部分为银行所获得的代理行提供的各种服务项目以及费用状况。第二部分给出了银行对于代理行收入的一种估计。其中，计算机服务收费是代理行在进行数据处理和计算机软件服务过程中获得的收入，而投资收入则是代理行为了取得其业务活动的收入与支出平衡，而应该获得的投资收益。可以用代理行的服务支出与收入的对比得到（637.30－100.00＝537.30）。第三部分是银行应该存入代理行的存款数量计算。对代理行来说，其应该获得的投资收入，是在扣除了托收中的现金以及相应的法定存款准备金以后所得到的收入，因此可以用下列公式计算：

代理行投资收入＝利率×$\frac{30}{365}$×（被代理行存款总额－托收中的现金－法定准备金）

假设：代理行的投资利率为 8%，法定存款准备金率为 10%。代理行现有托收中的现金为 7200 美元。则，我们可以计算出：银行应该在代理行存入同业存款数额为 97994 美元。

表 6－2　某行在其代理行中的存款计算（某年某月）　单位：美元

一、某月份的服务项目	
支票清算 105400 张支票，每张支票 0.0045	474.30
电讯传递（28 件，每件 1.50）	42.00
证券保管（7 件，每件 3.00）	21.00
数据处理和计算机软件	100.00
该月总计	637.30
二、代理行收入	
计算机服务收费	100.00
投资收入	537.30
收入总计	637.30
三、被代理行应存入款项	
代理行投资收入＝利率×$\frac{30}{365}$×（被代理行存款总额－托收中的现金－法定准备金）	
若利率为 8%，被代理行托收中的现金为 7200（美元），	
法定准备金：10%×（被代理行存款总额－托收中的现金）	
则 537.30＝0.08×30/365×（被代理行存款总额－7200）×（1－10%）	
此时，被代理行存款总额＝97994（美元）	

当然，随着金融服务行业市场竞争越来越激烈，商业银行既可以就银行间的代理业务收费标准与代理行进行讨价还价；同时也可以根据具体情况以及自身需要，选择合适的代理行与适当的代理项目。在具体的同业存款管理中，银行应详细进行成本与效益的分析与比较，以求达到将同业存款数量控制在最小范围内的目标。

第二节 商业银行流动性的管理

商业银行必须保证充足的流动性，并且商业银行只有在需要资金的时候，能够以合理的成本取得即时可用的资金，才被认为是流动性正常，而现实生活中又很少出现银行流动性供给与需求相等的情况。流动性过大，可能会使银行丧失潜在的盈利机会；而流动性不足，往往又可能是一家银行财务上或者是业务经营过程中发生问题与困难的征兆。因此，银行需要非常重视对流动性的管理。

银行产生流动性问题的原因很多。但从基本情况来看，其主要表现为：流动性供需之间出现不相匹配的现象。这种不匹配现象包括：要么是流动性需求增加，而流动性供给减少；要么是流动性需求减少，而流动性供给增加。当然，也有可能出现流动性供给与流动性需求同增、同减的情况，但是同增、同减的幅度不同。为此，银行需要对流动性的需求与供给进行预测，并采取一定措施，促使银行的流动性需要与流动性供给相匹配，以便合理、科学地处理银行的流动性问题。

一、银行的流动性需求

商业银行的流动性需求（liquidity）是指客户对银行提出而银行必须立即兑现的现金要求。商业银行可以依据一定的方法，来估算银行的流动性需求。当然，每一种方法都是基于某些特定的假设条件，并对给定时间内的流动性进行粗略的估计。因此，每家银行都可以根据自己的情况，选择估算流动性的具体方法。

从目前银行界采用较多的方法来看，银行对于流动性需求的预测，集中在对存款和贷款的数量以及对应关系的变动预测上。因为，商业银行主要的资产负债业务是存、贷款业务，而其获利的主要来源也是存、贷款的利差。当然，由于资金来源的日益多样化，很多银行在计算时，经常也将其他的各种负债方式考虑在内。

银行估算流动性的方法，主要包括以下几种。

（一）资金来源与资金运用方法

资金来源与资金运用方法（sources and uses of funds method）也称为因素法，是指银行通过对未来某一段时间内存、贷款及应缴准备金变化的情况，来判断预测期内的流动性的需要量。这种方法，主要基于银行业务经营活动中的两个基本事实：一是银行的流动性随存款的增加和贷款的减少而增大；二是银行的流动性随存款的减少和贷款的增加而减少。因此，银行对于流动性需求的预测，主要包括对存款客户提存要求的预测以及对贷款客户贷款要求的预测。为此，资金来源与资金运用方法的计算步骤如下：

1. 在一个特定的计划期内，预计存款额与贷款额。一般来讲，影响银行存贷款变化的因素除了宏观经济、金融的运行状况以及货币政策导向外，还有各种微观因素诸如微观主体的行为特征以及主观偏好等。具体看，影响银行存款变化的因素主要包括：个人收入预期增长率、社会商品零售额的预期增长率、货币供应量的预期增长率、货币市场存款的预期增长率、企业的预期利润等货币供应的预期增长率、预期的优惠贷款利率以及商业票据利率、预期的通货膨胀率，等等。商业银行可以根据对上述因素的判断，来预计特定时期内存款额与贷款额的数量状况。

2. 对同一时期的存款额与贷款额的可能变化进行计算。商业银行根据上述的存款额和贷款额的预计数额，对这一时期内存款额与贷款额的变化值进行计算。

3. 对银行的流动性资金净额进行分析、估算，并根据变化估算出流动性资金盈余或资金赤字。其基本的公式是：

$$\text{未来一段时间内银行的流动性盈余或赤字} = \text{全部存款的预期变化} - \text{全部贷款的预期变化}$$

显然，如果计算结果的数字为正，则为银行的流动性盈余；如果计算结果的数字为负，则为银行的流动性赤字。

表 6－3 为某银行运用资金来源和资金运用法对流动性盈余和流动性赤字进行预测。

表 6－3　某银行流动性需求预测表　单位：万美元

时间	存款总额预测值	存款变化额预测值	贷款总额预测值	贷款变化额预测值	预计流动性盈余（+）或者赤字（－）
1月第一周	120000	—	80000	—	—
1月第二周	110000	－10000	85000	+5000	－15000
1月第三周	100000	－10000	95000	+10000	－20000
1月第四周	95000	－5000	100000	+5000	－10000
2月第一周	125000	+30000	75000	－25000	+55000
2月第二周	120000	－5000	90000	+15000	－20000

如表 6－3 所示，银行在 1 月的后三周中存在流动性不足：第二周 1.5 亿美元，第三周 2 亿美元，第四周 1 亿美元。存在流动性不足的原因在于：贷款增加而存款减少。而到了第四周，预计存款将会增加，贷款减少，因此银行的流动性出现 5.5 亿美元的盈余。到了第五周，银行又存在 2 亿美元的流动性不足。银行管理者在不同的流动性状况下，应采取不同的管理行动。如，在第一周到第三周之间以及第五周时，采取适当的筹措资金的行动，以满足银行的流动性需要。而在第四周时，应该设法将多余的资金运用出去，以获得较好的收益与回报。

值得注意的是：银行的存款数额发生变化，银行需上缴的存款准备金也会随之变化。即，银行存款数额增加，需上缴的准备金也随之增加；银行存款数额减少，需上缴的准备金也随之减少。这种变动，对于存款实际额度的变化会有一定的影响。因此，银行在存贷款总量变动的计算中，应该考虑到存款准备金的变化状况。

考虑到存款准备金的变化状况，银行的流动性盈余和流动性赤字的计算公式可以是：

$$\text{未来一段时间内银行的流动性盈余或赤字} = \text{全部存款的预期变化} - \text{存款准备金的预期变化} - \text{全部贷款的预期变化}$$

仍以表 6－3 为例，假设存款准备金率为 8%，则表 6－4 反映的是银行预测的流动性需求变化量的状况。

表 6－4　　某银行流动性需求预测表　　单位：万美元

时　间	存款总额预测值	存款变化额预测值	存款总额预测值	贷款总额预测值	贷款变化额预测值	预计流动性盈余（+）或者赤字（-）
1月第一周	120000	—	—	80000	—	—
1月第二周	110000	-10000	-800	85000	+5000	-14200
1月第三周	100000	-10000	-800	95000	+10000	-19200
1月第四周	95000	-5000	-400	100000	+5000	-9600
2月第一周	125000	+30000	+2400	75000	-25000	+52600
2月第二周	120000	-5000	-400	90000	+15000	-19600

（二）资金结构法

资金结构法（structure of funds method）是指银行通过分析存贷款的资金结构及其变化趋势，来预测未来的流动性。其依据依然是：存款及贷款的变动是影响商业银行流动性变化的主要因素。其基本公式为：

总流动性需求 = 存款及非存款负债的流动性需求 + 贷款的流动性需求

资金结构法的基本步骤是：

1. 划分银行存款或负债的基本类型。由于吸收存款是银行资金来源的主要部分，而存款一般被认为是商业银行的“被动型负债”，存款的变化主要取决于客户的支付活动或者存款动机。银行可以通过采用一些手段和策略，例如，优质的服务，合理的产品营销手段，对客户具有吸引力的利率等，促使客户增加在银行的存款量，延长在银行的存款时间，但却无法真正决定客户的存款数量以及变化状况，无法直接控制存款的数量、结构以及变动趋势，而只能根据以往的经验数据及对客户存款行为特征的分析，来对客户存款的数量以及变动趋势做出大致的估计。为此，银行可以根据存款的一些基本特征，例如，预期提取的可能性等，来划分存款的类型，并由此来分析其变化规律和特点。当然，我们也可以将这种分类方法运用到银行的整个负债业务类型中。

根据被提取的可能性，我们可以将存款或银行负债分为以下三种类型：

(1) 游资性负债，也被称为游动性负债、热钱负债、易变性负债（存款）等，是指对利率变动敏感的存款和各种借入款，银行必须能够随时应付客户的提存要求或借入款的偿付要求。例如，银行的活期存款，同业拆借资金等。

(2) 易损负债，也被称为银行的不稳定性资金、准变性负债（存款）或脆弱性负债（存款），是指在近期内可能会被客户提取或者被要求偿付的存款与负债。如银行的定活两便存款、银行的一些大额存款及到期可以自动转存的存款等。银行对于此类存款，需要保留足够的资金，以应付其流动性要求。

(3) 稳定性资金，通常也被称为核心负债（存款）或稳定性负债（存款），是指被提取的可能性极小，可以被银行在较长时期内使用的资金。对这部分负债，银行只需保留极少的准备金来应对流动性要求即可。

2. 根据确定的操作规则，银行管理者从上述三种资金来源中分别提取流动性资金（准备）。上述三种负债来源的稳定性不同，银行为其提留的准备金也就不同。通常，需要为流动性要求较强的负债保留较多的准备金，而对于流动性要求较弱的负债，则可以保持相对较低的流动性准备。其一般的通用比例为：游资性负债：95%；易损资金：30%；稳定性资金：15%。

3. 根据上述流动性准备的情况，银行可以计算出负债应该保持的总流动性准备。即：

$$\begin{aligned}\text{存款及非存款负债的总流动性准备} &= 95\% \times \left(\text{游资性负债} - \text{法定存款准备金}\right) + 30\% \times \left(\text{易损资金} - \text{法定存款准备金}\right) \\ &\quad + 15\% \times \left(\text{稳定性资金} - \text{法定存款准备金}\right)\end{aligned}$$

特别需要注意的是：法定存款准备金是指第一类负债应该提取的法定存款准备金。

4. 计算贷款的流动性准备。对于贷款，银行必须拥有足够的流动性准备。为了保证银行与客户之间的良好关系，银行必须随时准备发放贷款，以满足符合银行信用评估要求的客户的合法融资要求，并且一旦贷款协议签订，借款者会在几个小时或者几天之内使用这些资金。因此，贷款的流动性准备一般为100%。为此，银行管理者应该努力根据各种有关因素，去估算一定时间内贷款总额的最大可能值，并持有100%的流动性准备，以能弥补实际贷款余额与总贷款最大潜力值之间的差额，满足银行贷款的流动性需求。

5. 将负债的总流动性准备与贷款的流动性准备相加，可以得到银行总的流动性需求。下例为银行运用资金结构法对流动性需求状况进行估计。

某银行热钱负债为2500万元，易损资金为2400万元，稳定性资金为1亿元。根据规定，其法定存款准备金率为3%。该行按照通行的比率，为三类资金准备相应的流动性准备，即，游资性负债：95%；易损资金：30%；稳定性资金：15%。另外，该行过去的10年内，贷款平均增长10%，按此比例计算，未来1年，其新增贷款余额的最大可能为1900万元。

问：该行应该保持多少流动性准备？

(1) 计算银行存款及非存款负债的总流动性准备。

$$\begin{aligned}\text{总流动性准备} &= 95\% \times \left(\text{游资性负债} - \text{法定存款准备金}\right) + 30\% \times \left(\text{易损资金} - \text{法定存款准备金}\right) + 15\% \\ &\quad \times \left(\text{稳定性资金} - \text{法定存款准备金}\right) \\ &= 95\% \times (2500 - 2500 \times 3\%) + 30\% \times (2400 - 2400 \times 3\%) \\ &\quad + 15\% \times (1000 - 10000 \times 3\%) \\ &= 10742.75\ (\text{万元})\end{aligned}$$

(2) 计算总流动性需求。

$$\begin{aligned}\text{总流动性需求} &= \text{存款及非存款负债的流动性需求} + \text{贷款的流动性需求} \\ &= 10742.75 + 1900 \\ &= 12643.75\ (\text{万元})\end{aligned}$$

（三）概率分析法

由于对于银行流动性的预测是一种人为的活动，受到很多因素的影响，其结果难保准确。但在很多情况下，银行却可以比较容易地估算出其大致的存款流动性需求与贷款的流动性需求，为此，银行可以采用概率法来估算出其可能的或大致的流动性需求状况。

我们以表6-5为例来说明概率法的使用方法。

表6-5　使用概率法估算银行流动性的需求　单位：万美元

下周可能的流动性状况	下周预期付款	下周预期贷款	下周预期流动性缺口	可能性大小
最好的状况（最大存款，最小贷款）	17000	11000	+6000	15%
最可能的状况	15000	14000	-1000	60%
最坏的状况（最小存款，最大贷款）	13000	15000	-2000	25%

表中情况分为以下三种：

一是最好状况。此时，银行存款数额显著上升，可能能够达到银行存款历史的最高点；而贷款数额快速下降，甚至是接近银行贷款的最低点。在这种情况下，银行面临着最小的流动性压力，其存款的增长可以满足贷款的全部需要，银行出现流动性盈余或者是正的流动性缺口。

二是最坏状况。此时，银行存款显著下降，甚至可能达到银行存款历史的最低点；而贷款则大幅增加，可能升至银行贷款的历史最高点。在这种情况下，银行面临着最大的流动性压力，其存款的增长根本无法满足贷款的需要，银行出现流动性赤字或者是负的流动性缺口。

显然，上述两种情况是一种绝对的极端情况，一般很少在银行中出现。而最有可能出现的是第三种情况，也就是最可能的状况。即：银行存款可能是在增加，但并不显著。而贷款需求在减少，但减少的并不多。在这种情况下，银行面临的流动性压力，是由其具体的流动性供求数额的对比来决定的。

对于上述三种情况，银行可以表现出的概率，并根据概率大小，来计算银行预期的资金流动性需求。

以表 6－5 为例：

$$\text{银行预期的资金流动性需求} = \text{最好状况出现的可能性} \times \text{最好状况下银行的流动性缺口} + \text{最坏状况出现的可能性} \times \text{最坏状况下银行的流动性缺口} + \text{最可能状况出现的可能性} \times \text{最可能状况下银行的流动性缺口}$$

$$= 0.15 \times (+6000) + 0.6 \times (+1000) + 0.25 \times (-2000)$$

$$= 1000\ (\text{万美元})$$

因此，银行管理者应该为下周可能出现的 0.1 亿美元的流动性盈余做出计划，以将资金的运用合理化。当然，银行业也应准备一个应急方案，以备最坏可能状况的出现。

（四）流动性指标法

除了上述方法外，商业银行还根据其经验以及行业的平均水平，通过一些特定的财务指标或比率等，对银行的流动性进行估算。由于这些指标同时还可以用于对银行流动性供需的搭配状况进行分析，因此，本节的第三个问题将对其进行较为详细的论述，在此不再赘述。

除了上述流动性需求的预测方法外，银行还需要对流动性的短期变化、季节性变化以及长期变化进行预测，以能够适应不同的流动性需要。

二、银行的流动性供给

从商业银行流动性管理的发展历史看，从资产方面对流动性进行管理是最早的和比较传统的方法；而从负债方面对流动性进行管理则是发展了的、比较现代的流动性管理方法。

（一）银行从资产方进行流动性管理

可以使用的基本方法是：

1. 通过持有一定比率的流动性较强的资产，以银行资产的方式来存储流动性。包括：持有一定比率的现金资产，例如，现金、存放在中央银行的超额准备金等；持有一定数量的可以随时在货币市场上变现的各种有价证券，尤其是各种短期有价证券，例如，政府债券、政府机构债券、地方政府债券以及短期商业票据等，来满足日常的流动性需要。

2. 通过资产转换的方式来满足增加的流动性需要。即：当出现流动性缺口，仅通过银行所持有的流动性较强的资产无法满足需要时，银行可以通过在市场上出售自己的部分资产来满足需要。例如，通过回购协议出售银行的有价证券以获得资金。

（二）银行从负债方进行流动性管理

银行从负债方进行流动性管理，可以通过借入资金的方式来满足流动性的需要。这是风险较大而收益较高的一种流动性管理方式。商业银行的资金借入渠道包括：

1. 从中央银行以及其他银行借入。商业银行既可以通过再贷款和再贴现向中央银行融通资金，也可以通过转贴现以及转抵押等方式，向其他银行获得所需要的资金。其中，商业银行向中央银行的借款，主要采用的是再贴现方式。这种方式以由中央银行确定的再贴现率来计算利息，实为有抵押的贷款。目前，再贴现率已经成为市场经济国家中最基本的利率，中央银行可以通过调整这一利率来调整市场行为。

2. 通过同业拆借方式借入。同业拆借是商业银行及其他金融机构之间的临时借款，主要用于支持银行资金周转以及弥补暂时的头寸短缺，一般期限很短。同业拆借一般通过商业银行在中央银行的存款账户进行，实际上是对银行或金融机构超额准备金的调剂。同业拆借包括同业拆入和同业拆出两部分，一般没有担保，属于信用放款性质。

3. 卖出证券回购协议。所谓回购协议，是指银行在出售证券等金融资产时签订一个协议，约定在一定的期限后按事先约定的价格购回所卖证券。其性质相当于以所卖证券为抵押，获取贷款或者融资，证券的卖出价格与买入价格的差额被视为贷款利息或者是融资成本。证券回购业务，多数是在银行同业之间进行，但中央银行也可以利用公开市场操作业务进行证券回购交易，以此来调节商业银行的超额准备金，并实现宏观的货币政策目标。证券回购一般分为正回购和逆回购，正回购是指卖出证券，融入资金，即卖出证券回购协议；而逆回购是指买入证券，融出资金，即买入证券回购协议。回购协议一般具有固定的利率和期限，然而，在借出与借入的任何一方没有终止合同之前，延期的回购协议仍然具有法律效力。

4. 从国际金融市场或国际金融机构借款。商业银行既可以通过在国际金融市场如欧洲货币市场上发行商业票据、大额存单等，也可以通过从其他国际性金融机构的借款，来获取所需要的流动性。

5. 发行大额可转让定期存单。大额可转让定期存单（CD 存单）是指存款人按某一固定利率和期限将资金存入银行，并由此而获得可在市场上转让买卖的存单形式的凭证。CD 存单的基本特点是：不记名，可以在货币市场上自由转让；存单面额大，金额固定，期限固定，利率高于同期的定期存款利率。大额可转让定期存单，集中了活期存款和定期存款的优点，对于银行来说，其既可以用于满足银行在未来对于流动性的某些要求，还可以作为相对稳定的资金用于放款和投资；对于存款人来说既有较高的利息收入，又能在需要时迅速转让出售而变为现金，因而是一种比较理想的金融工具。由于 CD 存单在市场上有良好的流动性，因此很多银行将发行大额定期存单作为应对流动性需求的主要来源。

6. 其他负债方式。商业银行可以通过发行自己的票据或债券，例如，资本性票据、资本债券等来筹集资金，满足银行对于中长期资金流动的需要。

表 6－6 列举了银行存储流动性与购买流动性的主要手段。

表 6－6　　银行存储流动性与购买流动性的主要手段

以资产形式存储流动性	以购买形式借入流动性
1. 拥有现金资产	1. 向中央银行借款（再贴现与再贷款）
2. 持有短期国债	2. 同业拆入
3. 同业拆出	3. 卖出证券回购协议（正回购）
4. 买入证券回购协议（逆回购）	4. 发行大额可转让定期存单
5. 存放同业存款	5. 从国际金融市场或其他国际金融机构借款
6. 购买地方政府证券、政府机构证券等	6. 其他负债方式（如发行资本性票据等）
7. 购买商业票据、银行承兑汇票等	
8. 持有其他流动性资产	

当然，上述两种方式各有其优缺点，对此，我们可以在本节第三个问题有关银行流动性管理策略方面的论述中看到。

目前，商业银行的流动性管理，已经步入更加创新的时代。银行可以通过一些其他的方式来提供流动性。例如，银行通过承销各种标准化的证券化的贷款或投资，如抵押贷款、证券化的贷款等，以这些贷款未来能够在市场上出售作为银行流动性的后备。银行可以通过买入一些在将来能以固定价格出售的中长期证券，即通过期权、期货等方式，赋予银行在未来能够有相应的流动性保证。

三、银行流动性需求与供给的搭配

商业银行的流动性需求与流动性供给之间必须相互搭配，才能够保证银行获得需要的流动性。因此，银行需要分析影响流动性需求与供给的主要因素，分析银行总体的流动性状况，并采取适当的措施与经营管理策略，来保证流动性供需之间的对应关系。

（一）商业银行流动性供需状况的评价方法

对于流动性状况的评价，商业银行可以采取以下两种方法进行：

1. 分析影响流动性需求与供给的主要因素，并得到银行的流动性缺口状况。

表 6-7 给出了商业银行流动性需求与供给的主要影响因素。

表 6-7 银行流动性需求与供给的影响因素

流动性供给增加（银行的资金来源）	流动性需求增加（银行的资金运用）
客户存款增加	客户提取存款
非存款负债增加	偿还非存款负债
贷款利息与本金的偿还	合格贷款客户的贷款需求
债券变现与到期债券偿付	购买债券
发行新股	收购股份或向股东派发股利
提供各种服务所得的收入	支付营业费用和税收

任一时刻的银行流动性需求与供给的对比状况，决定了这一时刻银行的净流动性缺口（net liquidity position）。银行流动性缺口的基本状况以及银行可以采取的措施如下。

（1）当银行流入的流动性供给 > 流出的流动性需求时，存在流动性盈余，即银行出现正的流动性缺口。此时，银行应该设法将剩余的流动性资金投入到盈利性资产中去。

（2）当银行流入的流动性供给 < 流出的流动性需求时，存在流动性赤字，也即银行出现负的流动性缺口。此时，银行应及时进行资金的调剂，从各个有关渠道借入资金，以满足银行的流动性需求。

2. 衡量流动性状况的主要比率。商业银行可以采用多种财务比率，或者通过建立财务指标评价体系来衡量银行流动性的大小。商业银行常用的财务比率包括以下几类：

（1）$现金比率=\frac{现金+同业存款}{总资产}$

（2）$流动证券比例=\frac{政府证券}{总资产}$

（3）$无风险资产比率=\frac{现金+同业存款+政府证券}{总资产}$

（4）$同业拆借净值比率=\frac{同业拆出-同业拆入}{总资产}$

（5）$流动资产比率=\frac{现金+政府证券+同业拆借净值}{总资产}$

一般来说，上述各项比率越高，银行的流动性越好。

（6）$能力比率=\frac{贷款和租赁净额}{总资产}$

这个比率是一个负面的指标。由于贷款和租赁资产是银行资产中流动性最差的资产，因此，这个比率越高，说明银行的流动性越差。

（7）$游资比率=\frac{货币市场资产}{货币市场负债}$

这里的货币市场资产与货币市场负债是指银行的各种短期资金运用于短期资金来源。

其中，货币市场资产一般包括：现金、短期政府债券、同业拆借、回购协议债券等；货币市场负债一般包括：大额定期存单、欧洲美元存单、欧洲美元存款、同业拆借以及回购协议债券。这个比率反映出银行是否有能力通过增加短期资产来满足其短期负债的能力。

(8) 短期投资比率 = $\frac{\text{短期投资}}{\text{敏感性负债比率}}$

这里的短期投资包括银行在其他银行的短期存款，银行持有的短期证券等；而敏感性负债是指各种对利率变动敏感的资金来源，如，同业拆借、回购协议债券等。这个比率越高，意味着银行的流动性能力越强。

(9) 核心存款比率 = $\frac{\text{核心存款}}{\text{总资产}}$

核心存款是指短期内不太可能被提取的存款。显然，这个比率越高，说明银行的流动性要求越低。

(10) 存款结构比率 = $\frac{\text{活期存款}}{\text{定期存款}}$

(11) 交易性存款比率 = $\frac{\text{交易性存}}{\text{非交易性存款}}$

上述两个比率可以用来衡量银行拥有的资金基础的稳定性。例如，若银行的存款结构比率较高，说明银行存款的稳定性较差，银行的流动性要求较高；反之，则说明银行存款的稳定性较好，银行的流动性要求较低。

通过对各项财务指标的计算，银行可以分析并了解某一阶段中其流动性的搭配情况。当然，银行也可以通过这种方法，估算银行的流动性需求状况。

此外，我们还可以用一些市场衡量标准来评价银行的流动性管理状况。为此，银行管理者应该特别重视一些市场信号。例如，公众信心、银行股票价格的变化状况、大额可转让定期存单以及其他负债的风险溢价状况、银行出售资产的频率以及损失情况、银行满足客户的承诺状况与履约情况，以及银行是否频繁并大量地从中央银行借款等。

(二) 影响商业银行进行流动性供需搭配的因素

了解了流动性状况，商业银行就要采取一定的有效措施，来进行流动性的管理。流动性管理的实质是流动性供需之间的合理搭配。影响流动性供需之间搭配的因素较多，以下几个因素是值得特别注意的。

1. 银行需要流动性的目的。银行流动性需求产生的原因，或者说是流动性需要的目的，会影响到能够满足这种流动性要求的银行资金来源状况。因为不同的流动性供给渠道具有不同的适应范围，即可以满足不同的流动性要求；或者说，不同的流动性需求目的，使得银行可以采用不同的方法来满足流动性需要。这是银行进行流动性供需搭配时需要考虑的一个重要问题。如从借入资金的角度看，并不是银行所有的借入资金都可以用来满足银行的流动性需求的。例如，对于流动性的季节性需求，银行可以用以往的经验作为预测的基础，对存款、贷款的变动状况做出比较准确的估计。这时，银行通过从市场上借入资金，如，从其他银行拆入资金，来满足流动性需要时，则风险较小，且收益可能较高，但是，如果将拆借资金用于满足银行的周期性资金需要，则是不恰当的。因为，在经济周期中，银行的资金需要与供给状况随着经济周期的变化而变化。在经济高涨时，银行的贷款需求较高，各种资金的市场获取成本也较高，此时，银行用从市场上借入的资金来满足流动性需要，将变得比较困难。此时，银行应该通过持有一定数量的现金或现金资产来满足流动性需要，虽然，银行会相应地存在一定的利息损失，但在经济周期的其他阶段会得到弥补。此时，如果将拆借资金用于银行的长期流动性需要的补充，则可能会出现无法满足长期持续供给的状况，银行需要开辟更多的资金来源渠道，以应付流动性的需要。

2. 参与货币市场的难度。银行参与货币市场的程度决定了银行能否在急需资金时从市场上顺利借入。

银行对于货币市场的参与程度，主要取决于银行在市场上的声誉。如，多数小银行直接通过货币市场获取资金，甚至是向中央银行借款可能都会很困难，因此，对于小银行来说，把握流动性最好的办法是持有一定数量的现金资产，以便在需要时能够设法及时地将资产转换为现金。而大银行由于声誉卓著，可以比较顺利地从货币市场中借入所需要的资金。除此之外，大银行还可以通过在国际金融市场借入资金及通过其他一些负债方式来满足需要。因此大银行借入资金渠道的多样化是比较容易做到的。而介于大银行与小银行之间的中型银行，其贷款途径包括：向中央银行借款、同业拆入、发行大额定期存单等。这些银行可能较难介入商业票据市场以及国际金融市场，因而其市场借款难度也介于大银行与小银行之间。

3. 银行管理者的管理理念。银行管理者的管理理念也是银行为适应不同的资金需要而获取流动性来源渠道的一个制约因素。所谓管理者理念，包括管理者所制定的、明确的或隐含的流动性指导原则与方针，这种指导方针决定了不同的银行在面临相同的流动性状况时，采用的可能是不同流动性搭配策略。例如，比较崇尚负债管理思想或者说是激进的银行管理者可能会广泛搜寻各种流动性来源渠道和途径，只要这些资金的总成本低于银行投资的净收益率，他们就会将其作为主要的资金来源途径；而有些银行管理者，如比较保守的银行家，则会对此不以为然，他们认为，纯粹靠负债来满足银行的流动性，其流动性风险太大；而流动性风险一旦爆发，会严重损害银行的声誉，并对银行发展的未来产生不良的后果。这些银行管理者一般会持有较多的可变现的资产，或者是更倾向于在持有相对较多的流动性资产基础上，再在适当的时机从市场上借入部分资金来满足流动性需要。

4. 各种流动性来源的成本与基本特征的比较。银行对于各种流动性来源的成本以及基本特征的比较，是银行选择流动性供需搭配的第四个重要因素。

从盈利的角度看，银行通常会选择成本最低的流动性来源。银行流动性来源的成本，主要包括筹资的利息成本、处理成本、准备金成本以及其他成本等。银行在选择资金来源渠道时，既可以从不同筹资形式的比较角度进行，也可以从同一种筹资形式的不同时期的成本比较角度来进行。如，面临季节性流动性需求，银行可以通过发行大额可转让定期存单和回购协议两种方式来满足需要。银行经过对两种筹资方式的比较发现：大额可转让定期存单的可变成本较低，但固定成本较高，因为其要负担保险费以及上缴存款准备金；而回购协议虽然无需缴纳存款准备金，固定成本相对较低，但回购协议的成本随资金需要的时间长短不同而变化很大，因而回购协议的可变成本较高。此时，银行需要根据自身的具体状况来决定采用何种获取流动性的方法。

另外，不同的银行流动性来源渠道所具有的特征也是不同的。如，收益不同，风险不同，能够发挥的作用也不完全相同等。为此，在流动性来源的选择中，银行需要根据具体情况来进行具体的分析、比较，以从多个方案中优选出合适的流动性供需搭配方案。

5. 对利率未来走势的预期。银行对未来利率的预期也会影响对流动性来源的选择。因为利率的变化，会影响到未来银行资金来源的成本变化。

一般来说，如果未来利率预期将要上升，则银行应该选择长期资金；如果未来利率预期将要下降，则银行应将短期资金作为其应付流动性的首选。例如，如果某银行预期未来利率将要上涨，则银行使用大额定期存单融资的成本会低于银行使用回购协议融资的成本。这是因为大额定期存单的利率是事先约定的和相对固定的，而回购协议的利率会随着市场利率的上升而上升；反之，如果该银行预期未来的利率将要下降，则由于使用大额定期存单的利率为事先约定，相对较高，而回购协议的利率则相对较低，显然，银行会选择使用回购协议。

6. 银行外部环境的变化。外部环境的变化，也会影响到银行流动性的供需搭配状况以及搭配的方式或手段。如金融监管当局采用了更为实际的准备金标准，使得银行在流动性的法律要求方面比较宽松；或者是由于金融市场上的变化，如金融工具的创新，金融市场的国际化等，都使得银行能够更容易地从市场上筹集到成本较低、数量足够的资金以满足需要，等等，这些都可以促使银行改变以往在保持流动性方面的做法，改变其流动性供需的搭配方式与手段。

（三）商业银行流动性管理策略

商业银行可以依据对上述因素的分析，并根据其特定时期的具体情况，采用不同的流动性管理策略。主要包括：

1. 资产流动性管理策略。资产流动性管理（asset liquidity management）策略是最早的满足银行流动性的方法。其最一般的形式是：要求银行以持有流动性强的资产的形式保有流动性，主要是现金和各种短期的可流通证券。当然，银行也可以通过将非现金资产转换为现金而获得流动性。

流动性管理策略的使用者通常是规模较小的银行。因为这种管理策略的风险相对较小，商业银行只需持有流动性强的资产，或者是在需要时，将资产出售并转换为现金，就可以应付流动性需要。但是，这种方法也存在着不小的缺陷。例如，持有流动性较强的流动性资产，银行会丧失可能的盈利机会；而通过出售资产满足流动性，也存在一些问题：第一，银行资产的出售，意味着银行会损失该项资产可能获得的收益，产生了机会成本的损失。第二，如果资产在市场价格下降时出售，会给银行带来资产出售损失。第三，银行所出售的资产一般都是经营状况较好的资产，因此，银行用出售资产的方式来满足流动性需求，会影响银行的财务状况。第四，由于上述原因，银行资产的回报率相对会较低。

2. 负债流动性管理策略。所谓负债流动性管理（liability liquidity management）策略，是指商业银行在需要流动性的时候，通过从市场上借入足够的及时可用的资金，来满足全部的流动性需求。

负债流动性管理策略具有比较明显的优点。第一，这种办法，使得银行可以在不改变原有资产构成的情况下满足流动性要求，也就是说，银行在需要资金的时候，选择从市场上借入资金，而不需要保留较多的盈利较差的流动性资产，从而可以提高银行的潜在收益。第二，这种方法有利于银行保持其资产规模和资产构成的稳定性，可以为银行获得预期利润甚至是扩大经营规模提供一定的条件。第三，银行以借入资金来满足其流动性需要，而借入资金是银行的主动性负债方式，因此，银行在借入资金的利率确定方面是有一定的自主权的。银行在权衡了各种资金的成本、效益等以后，认为从市场上借入某类资金的利率比较合理，才会借入该类资金。否则，银行将会以其他方式来获得流动性。

但是，负债流动性管理策略也有缺陷。其最大的缺陷是风险较大。因为负债流动性管理策略使得商业银行获得流动性的来源主要依赖于从市场上借入资金，所以此时金融市场的各种波动，例如，利率的波动、资金规模的变化等会给银行带来各种不稳定的因素，可能会加大银行的流动性风险。

3. 平衡流动性管理策略。平衡流动性管理（balance liquidity management）策略是一种流动性管理的折中方案。产生的主要原因在于：上述两种流动性管理方法均存在一定的缺陷。为此，银行创造出一种新的做法，以发扬两种方法的优点，规避两种方法的缺陷，从而形成了平衡流动性管理策略。

平衡流动性管理策略的主要做法是：区分不同性质的流动性需求，并通过不同的流动性来源渠道来满足需要。第一，对于一部分流动性需求由银行的自身资产，如可转让证券以及同业存款等来满足。第二，对于银行可以预计的资金需求，可以由银行与其他相关银行以及资金供应者事先达成的一种信用安排来满足。第三，对于突发性的银行资金需求，可以由“立即借款”如在市场上进行同业拆入、卖出的回购协议债券等来满足。第四，对于银行预计期限相对较远的资金需求，可以由计划好的到期可以收回的中短期贷款来满足。第五，如果银行需要提高流动性，则可以通过将有价证券转换为现金等来进行。

当然，上述各项流动性管理策略，需要在银行对自身流动性状况做过认真、详细的分析之后进行。同时，银行还需要对其所要采取的行动进行周密的计划，并对各种可能影响流动性供需状况的要素制定相应的应急措施，以保证银行具有较好的应对流动性风险的能力。

本章小结

商业银行的现金资产，既包括其业务库存现金，也包括各种与现金作用相同、可随时用于支付的银行资产，如银行存放在中央银行或其他商业银行的存款等。

由于存款类型的不同，西方国家的商业银行对法定存款准备金主要运用两种计算方法，即同步准备金计算法和滞后准备金计算法。我国商业银行吸收的企业存款和储蓄存款，一律按国家规定的法定存款准备金率计算并缴存法定存款准备金。

商业银行存放同业存款的目的在于银行同业之间开展各种代理业务、结算收付等。为此，商业银行需要根据有关因素，计算其在同业存款的具体数额，以满足业务发展的需要。

商业银行只有在需要资金的时候，能够以合理的成本取得及时可用的资金，才被认为是流动性较强。但现实中商业银行很少出现流动性供给与需求相等的情况，使得商业银行面临流动性问题。解决的办法是运用各种测算方法如资金来源与运用方法、资金结构法等对银行的未来流动性需求进行预测，以便在不同的时期选择不同的筹资渠道，如同业拆借、回购协议、向中央银行借款等解决流动性供给问题。

商业银行可以采取一定的方法，例如，流动性缺口的分析方法、流动性比率分析方法等，来分析商业银行流动性需求与供给的搭配情况。根据影响商业银行流动性的各种因素，采取相应的措施和策略，使商业银行的流动性供给与需求相匹配，以合理、科学地解决商业银行的流动性问题。

复习思考题

一、名词解释

现金资产　流动性　法定存款准备金　同业存款　流动性供给　流动性需求

二、问答题

1. 商业银行的现金资产由哪几部分组成？
2. 如何进行同步准备金计算和滞后准备金计算？
3. 影响商业银行同业存款的因素有哪些？如何确定其存款数？
4. 商业银行测算其流动性需求的方法有哪些？
5. 商业银行获取流动性的渠道有哪些？
6. 商业银行流动性管理的策略有哪些？它们各有什么优缺点？

第七章

商业银行贷款的管理

第一节 企业贷款的管理

贷款又称放款，是银行将资金按一定的利率贷放给客户并约期归还的业务。与其他资产业务相比，贷款的风险较大，但利率较高，并可密切与企业的关系，有利于银行拓展业务。贷款是商业银行最主要的资产业务，是银行业务经营的重点，商业银行的经营风险也主要集中在贷款上。

一、企业贷款的种类

贷款种类是反映贷款对象的经济性质、期限、用途的具体管理形式。社会再生产对信贷资金的需求是多层次的，贷款种类也多种多样。科学地划分贷款种类能够准确反映信贷资产的分布和信贷结构，有利于执行贷款政策，加强贷款管理，对提高商业银行和借款企业的盈利水平有重要作用。

（一）按流动性划分：短期工商业贷款、中长期贷款

短期工商业贷款是指银行对工商企业发放的期限在1年或1年以内的贷款。此类贷款是商业银行的传统资产业务，也是我国银行信贷资产中份额最大的一类贷款，它具有期限短、流动性强、风险小的特点。短期工商业贷款的发放满足了工商企业周转性、季节性、临时性的资金需求，促进了工商业的发展，同时也给银行带来了利润。短期工商业贷款规模的大小和质量直接决定着银行信贷资产的规模和质量，也在很大程度上影响着经济的发展和稳定。短期工商业贷款主要包括工商业流动资金贷款、票据贴现及其他短期工商业贷款。

中长期贷款是一国银行单独或几国银行联合向另一国银行或企业发放的期限在1年以上的商业贷款。一般贷款期限在1年以上至5年以内的属于中期贷款，而期限在5年以上的属于长期贷款。中长期贷款具有期限长、流动性弱、风险大的特点。主要包括银团贷款、联合贷款、出口信贷和福费廷等。

（二）按收入确认方式划分：一次性偿还贷款和分期偿还贷款

一次性偿还贷款是在贷款到期时一次偿还本金，而利息则根据约定，或在贷款到期时一次支付，或在整个贷款期间分期支付。分期偿还贷款是按季、按

月以相等金额还本付息。

(三)按贷款五级分类标准化分:正常贷款、关注贷款、次级贷款、可疑贷款、损失贷款

正常贷款:借款人能够履行合同,没有足够理由怀疑贷款本息不能按时足额偿还。

关注贷款:尽管借款人目前有能力偿还贷款本息,但存在一些可能对偿还产生不利影响的因素。

次级贷款:借款人的还款能力出现明显问题,完全依靠其正常营业收入无法足额偿还贷款本息,即使执行担保,也可能会造成一定损失。

可疑贷款:借款人无法足额偿还贷款本息,即使执行担保,也肯定要造成较大损失。

损失贷款:在采取所有可能的措施或一切必要的法律程序之后,本息仍然无法收回,或只能收回极少部分。

后三类合称为不良贷款。商业银行应至少每半年对全部贷款进行一次分类。对不良贷款应严密监控,加大分析和分类的频率,根据贷款的风险状况采取相应的管理措施。

二、对借款企业的信用分析

对借款企业进行信用分析是为了确定企业的未来还款能力如何。影响企业未来还款能力的因素主要有财务状况、现金流量、信用支持以及非财务因素。企业的财务状况和现金流量构成企业的第一还款来源,而信用支持为第二还款来源,非财务因素虽不构成直接还款来源,但会影响企业的还款能力。见图7-1:

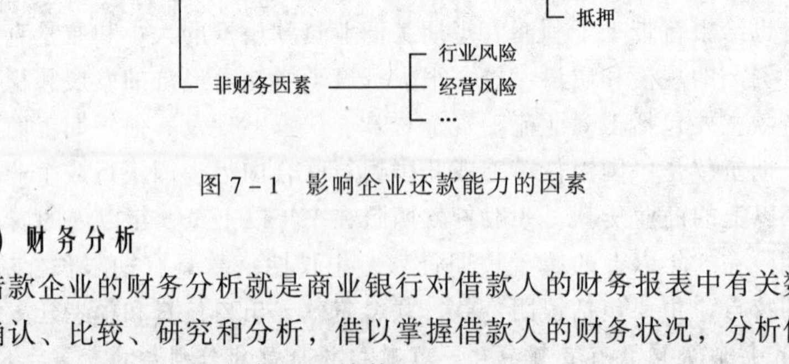

图7-1 影响企业还款能力的因素

(一)财务分析

对借款企业的财务分析就是商业银行对借款人的财务报表中有关数据资料进行的确认、比较、研究和分析,借以掌握借款人的财务状况,分析借款人的偿债能力,预测借款人的未来发展趋势。

1. 审查借款人的利润表。在对借款人利润表进行分析和审查之前,可能需要对利润表的结构进行必要的调整。调整后就可以开始计算和进行百分比分析了。百分比分析的一个重要组成部分就是对借款人盈利能力的分析，可以进行盈利比率的计算。盈利比率是衡量将既定的销售收入水平转变为利润的管理效率，反映借款人控制支出后投资收益的能力。主要包括以下指标：

毛利润率 = 毛利 ÷ 销售收入净额

——该比率反映了生产成本与销售收入之间的差别。比率增大可能说明对生产成本控制的加强，也可能仅仅是通货膨胀而使价格上升的结果，并非因为管理水平提高；比率减小可能说明成本控制或生产效率上有问题，或者迫于竞争压力而不得不降价。

营业利润率 = 营业利润 ÷ 销售收入净额

——该比率反映了收入扣除销售成本和营业费用后与销售收入的百分比，这一比率应保持稳定或增长。

净利润率 = 净利 ÷ 销售收入净额

——该比率是衡量借款人销售收入中每元获利能力的指标。通常情况下，它的变动方向与毛利润率和营业利润率的变动方向一致。

股利发放率 = 股利 ÷ 净利润

——该比率衡量纳税后付给股东的股利占销售收入的百分比，表明借款人将利润在股东和再生产投资（未分配利润）间的分配比率。

直接成本和费用比率 = 销售成本 ÷ 销售收入

或 = 销售费用和管理费用 ÷ 销售收入

或 = 利息费用 ÷ 销售收入

或 = 其他费用 ÷ 销售收入

上述四个费用比率反映每元销售收入中所对应的支出百分比，它们中的任何一个变大都可能使利润减少，而它们中的任何一个变小都说明成本控制的成功或产生了规模经济。

任何一个衡量借款人维持和发展能力的指标都是盈利比率，那些利润年年稳定的借款人对银行来说风险最小。

[例 7－1] 见表 7－1。

表 7－1 **A 公司的利润表** 单位：万元

项　目	2004 年	%	2005 年	%
销售收入	757	100.00	827	100.00
销售成本	583	77.0	637	77.0
毛利	174	23.0	190	23.0
销售费用和管理费用	143	18.9	161	19.5
营业利润	31	4.1	29	3.5
利息支出	15	2.0	17	2.1
税前净利	16	2.1	12	1.4
所得税	7	0.9	6	0.7
税后净利	9	1.2	6	0.7

通过对A公司的百分比分析，可以得知：

毛利润：销售百分比分析说明销售收入与销售成本之间没有变化，因此，毛利润率在2004年和2005年均为23%。2005年每1元销售收入中有0.71元为直接成本，而2004年该数值为0.70。

营业利润：公司销售费用和管理费用对销售收入的比例从2004年的18.9%提高至2005年的19.5%，结果营业利润率从4.1%降到3.5%。

税后净利润率：税后净利润率从2004年的1.2%降到了2005年的0.7%，原因是销售成本对销售收入的比率上升，利息支出从2.0%提高到2.1%。

2. 审查借款人资产负债表。在对借款人资产负债表进行审查时，可以借助以下三个比率指标进行：营运效率、杠杆比率和流动比率。

(1) 营运效率。企业的资产管理可以通过对其营运效率的分析来评价。营运效率包括以下指标。

总资产周转率 = 销售收入净额 ÷ 资产总额

——该指标反映每元资产创造多少销售收入。

存货周转天数 = 平均存货余额 ÷ 销售成本 × 365

——该指标表明管理者管理存货的效率。通常存货周转天数较少或呈下降趋势，表示管理效率高。此时，还要分析存货的明细组成。

应收账款回收期 = 应收账款平均余额 ÷ 销售成本 × 365

——该指标表明借款人收回货款的能力，通常应收账款回收期较小或呈下降趋势，表明管理效率高。但分析时还要关注应收账款账龄，即使应收账款周转率低，但如果回收期超过120天或更长，则收回的可能性很小。

应付账款周转期 = 应付账款平均余额 ÷ 销售成本 × 365

——该指标衡量存货中的贸易信用融资比例，表明管理人员的支付习惯。周转期变长，说明可能现金流量出现了问题。

固定资产周转率 = 销售收入净额 ÷ 固定资产净值

——该指标表明企业固定资产的使用效率，比率下降表明近期固定资产有所增加或生产能力过剩；比率上升说明可能过分依靠原有的厂房和设备。

资产报酬率 = 税前净利润 ÷ 固定资产净值

——该指标表明资产的投资回报情况，使用税前利润可以剔除不同税率对利润的影响。

权益报酬率 = 净利润 ÷ 有形净资产

——该指标能够衡量所有者权益的回报率，为评价管理者盈利能力提供了一个衡量标准。股东投资的回报率说明公司有能力使用好追加资本。

(2) 杠杆比率。资产负债率、负债与所有者权益比率和负债与有形资产比率这三个比率会帮助银行分析借款企业的资本结构和资本的杠杆作用程度。

资产负债率 = 负债总额 ÷ 资产总额

——该指标说明总资产中借入资金的比重。比率越低，在需要变现时债权人的保障程度就越高。

负债与所有者权益比率 = 负债总额 ÷ 所有者权益总额

——该指标衡量每元所有者权益中借入资产量的多少，表明企业杠杆经营的能力。比率越高，表明杠杆经营比率越高和风险越大。

负债与有形净资产比率 = 负债总额 ÷ 有形净资产

——这是对债权人保障程度更准确的衡量指标，表明债权人的保障程度。因为无形资产的价值存在着极大的不确定性，而且无物理形态，所以要从所有者权益中扣除。

利息保障倍数 = （税前净利 + 利息费用） ÷ 利息费用

——利息保障倍数用来反映借款人偿付负债利息的能力。该指标的数值越大，借款人支付利息费用的能力越强；反之就越弱。但无论如何，利息保障倍数不能低于 1，因为利息保障倍数低于 1，意味着借款人连利息都还不了，更不用说偿还本金了。

(3) 流动比率。流动性是企业迅速将其资产变现以偿付流动负债的能力。衡量流动性的指标有：流动比率和速动比率。

流动比率 = 流动资产 ÷ 流动负债

——该指标表明每元流动负债对应多少流动资产作为偿还的保证，它没有考虑资产的质量和结构，并假设资产可以随时变现。

速动比率 = （现金 + 可转让证券 + 应收账款净额） ÷ 流动负债

——该指标可以更准确地衡量偿还流动负债的速动资产的数量，但仍未考虑应收账款的可回收性和账龄。

[例 7－2] 仍以 A 公司的资产负债表为例，见表 7－2。

表 7－2　　A 公司的资产负债表　　单位：万元

项　　目	2004 年	%	2005 年	%
资产				
现金	8	4.7	6	3.2
应收账款	5.4	3.2	7.5	3.9
呆账准备	(0.4)	(0.2)	(0.5)	(0.2)
应收账款净额	5	2.9	7	3.7
原材料	6	3.5	8	4.2
包装物	52	30.4	54	28.4
存货合计	58	33.9	62	32.6
流动资产合计	71	41.5	75	39.5
设备及机器	92	53.8	103	54.2
租赁物的改良	78	45.6	89	46.8
累计折旧	(70)	(40.9)	(77)	(40.5)
固定资产净值	100	58.5	115	60.5
资产总计	171	100.0	190	100.0
负债及所有者权益				
应付票据	15	8.8	18	9.5

续表

项　　目	2004 年	%	2005 年	%
1 年内到期的长期负债	6	3.5	7	3.7
应付账款	24	14.0	26	13.7
应计费用	11	6.4	13	6.8
应付税金	3	1.8	2	1.1
流动负债合计	59	34.5	66	34.8
长期负债	56	32.8	62	32.6
负债合计	115	67.3	128	67.4
普通股	3	1.8	3	1.6
实收资本	4	2.3	4	2.1
未分配利润	49	28.7	55	28.9
所有者权益合计	56	32.7	62	32.6
负债及所有者权益合计	171	100.0	190	100.0

根据 A 公司的资产负债表可以得出该公司的各项财务比率，见表 7－3。

表 7－3

项　　目	2004 年	2005 年
财务比率		
营运效率比率		
总资产周转率	4.43	4.35
存货周转期	36	36
应收账款回收期	2	3
固定资产周转率	7.57	7.19
资产报酬率（%）	9.36	6.32
权益报酬率（%）	28.6	19.4
杠杆比率		
资产负债率	0.67	0.67
负债与所有者权益比率	2.05	2.06
负债与有形净资产比率	—	—
利息保障倍数	2.07	1.71
流动比率		
流动比率	1.20	1.14
速动比率	0.22	0.20

（二）现金流量分析

商业银行在分析企业的经营状况时，十分重视现金流量分析。银行管理当局也要求银行根据现金流量进行贷款决策。

1. 净利润不能偿还贷款。净利润不是现金，只是会计报表上的数字反映。从企业利润表上看，无论是否收到现金，销售都表现为收入，而应收账款告诉我们有多少销售是应收而未收的现金；即使未向存货的供应商付款，销售成本也已包括了存货的成本；费用包括非现金项目，如折旧和对或有项目预提的准备等。即使利润表上所有的项目都代表现金，银行也不能期望企业用净利润代替现金，因为企业会将一部分利润投资于再生产。因此，企业只有现金才能偿还贷款。

现金可能来自各种渠道，利润只是来源之一，其他包括出售财产、注入资本、借款和贷款展期等。银行需要确定现金流量和流向，分析引起现金流出入的原因。通过现金流量分析可以了解借款人当期收到多少现金，支付多少现金，有多少现金余额等，得到定量的信息；而且通过这种分析，还会得知这些现金来自于哪一种活动，借款人过去偿还债务的能力及实际还款状况如何。

2. 现金流量分析的内容。现金流量包括现金流入量、现金流出量和现金净流量；现金净流量为现金流入量和现金流出量之差。计算方法为：

现金净流量 = 经营活动的现金净流量 + 投资活动的现金净流量 + 融资活动的现金净流量

(1) 经营活动的现金净流量

现金流入	现金流出
销货现金收入	购货现金支出
利息与股息的现金收入	营业费用现金支出
增值税销项税款和出口退税	支付利息
其他业务现金收入	缴纳所得税
	其他现金业务支出

(2) 投资活动的现金净流量

现金流入	现金流出
出售证券（不包括现金等价物）	购买有价证券
出售固定资产	购置固定资产
收回对外投资本金	

(3) 融资活动的现金净流量

现金流入	现金流出
取得短期与长期贷款	偿还借款本金的现金（利息支出在经营活动的现金支出中计算）
发行股票或债券	分配现金股利

3. 现金流量的计算方法。现金流量计算方法有两种：直接法和间接法。仍以前例中的利润表和资产负债表为例，现金流量的直接计算方法见表 7 - 4。

表 7－4　　A 公司 2005 年现金流量表

项　　目	金额（万元）
一、经营活动产生的现金流量	28.0
销售商品、提供劳务收到的现金	824.9
购买商品、接受劳务支付的现金	636.0
支付的其他与经营活动有关的现金	153.9
支付的税款	7.0
经营活动产生的现金流量净额	28.0
二、投资活动产生的现金流量	(11.0)
购建固定资产支付的现金	11.0
投资活动产生的现金流量净额	(11.0)
三、融资活动产生的现金流量	(19.0)
借款收到的现金	7.0
融资租赁支付的现金	11.0
偿付利息支付的现金	15.0
融资活动产生的现金流量净额	(19.0)
现金净流入（流出）	(2.0)
期初现金及现金等价物金额	8.0
期末现金及现金等价物金额	6.0

这一计算结果说明，虽然 A 公司在 2005 年度有净利润 6 万元，但现金流入不足以弥补现金支出，主要原因是固定资产投资规模过大，支出现金 11 万元，同时，对外融资产生的现金净流出 19 万元，原因是利息支出和融资租赁共支出了 26 万元现金，导致该公司现金净流出 2 万元。

通过对借款人现金流量的分析，可以发现借款人在经营的哪一个环节出了问题，是什么原因引起的，这是银行判断借款人还款能力的直接指标。

（三）担保分析

银行对借款企业进行贷款时要求其提供担保，是为了提高借款偿还的可能性和降低银行经营的风险，它为银行提供了一个可以影响或控制的潜在还款来源，在一定条件下担保会变成现实的还款来源。因此，在银行发放贷款时，会尽可能要求借款企业为借款提供相应的担保。

1. 贷款担保的种类。担保的种类很多，但是，并非任何种类的贷款都可以任意选择一种担保，担保和用于还款的现金来源之间应存在一定的联系。

(1) 抵押。抵押是指借款人或第三人在不转移财产占有权的情况下，将财产作为债权的担保。当借款人不履行借款合同时，银行有权以该财产折价或以拍卖、变卖该财产的价款优先受偿。

银行在发放房地产贷款时，抵押是最主要的担保形式。在发放短期贷款时，也可以采取抵押方式，如以应收账款、存货、机器设备等作为抵押物，它们变现后的款项要优先偿还银行贷款。银行可以根据借款人的信用状况对抵押物的多少具体加以确定。

充当抵押物的财产应保证其具有极高的流动性。通常可以作为抵押物的财产有银行存款、可出售的证券、应收账款、存货、机器设备、建筑物、土地、股份等。

(2) 质押。质押是指借款人或第三人将其动产或权利移交银行占有，将该动产或权利作为债权的担保。当借款人不履行借款合同时，银行有权将该动产或权利折价出售来收回借款，或者以拍卖、变卖该动产或权利的价款优先受偿。

质押分动产质押和权利质押。按照《担保法》的规定，可以充当权利质押的质物有：汇票、支票、本票、债券、存款单、仓单、提单；依法可以转让的股份、股票；依法可以转让的商标专用权，专利权、著作权中的财产权；依法可以质押的其他权利。

(3) 保证。保证是指银行、借款人和保证人约定，当借款人不履行债务时，由保证人按照约定履行债务或者承担责任。因此，银行必须充分了解保证人的财务实力和信誉。

银行在选择保证人时，一般会要求借款人的合伙方、股东或高级管理人员为借款人公司提供贷款保证，母公司为子公司提供保证，这会增加借款人的还款责任心。

(4) 附属合同。附属合同是由借款人的其他债权人签署的同意对银行贷款负第二责任的协议，其作用是为银行提供对其他债权人的债务清偿优先权。

2. 贷款担保的管理。银行依法获得担保，还要对担保进行管理，这是防范贷款风险的第二重保证。

(1) 对抵押和质押的管理。银行在对抵押品管理时要注意以下几个问题：一是银行对抵押物的占有和控制情况。为此，银行应要求对抵押物进行合法登记，建立安全保管措施，对抵押物进行定期估价，为抵押物投保等。二是抵押物的流动性。这是指抵押物的市场接受程度如何。抵押物的流动性强，银行贷款的安全性就高。三是抵押物的价值评估。银行在评估抵押物的价值时，要采取谨慎和保守的态度。四是抵押物的变现价值。银行从抵押物变现中获得的现金应是扣除全部销售成本后的余额。抵押物变现价值的大小取决于抵押物的品质、保险、损耗、变现原因、市场条件等。五是抵押率。这是指银行贷款金额与抵押物价值之比，反映了第二还款来源的保障程度。抵押率低说明银行对贷款比较谨慎，反之则比较宽松。

质押的管理类似于抵押的管理。

(2) 保证的管理。银行要求借款人签订保证协议的目的是进一步提高贷款的安全性，因此，需要考察保证人的以下几个方面：一是保证人的资格。各国对能够承担保证责任的经济主体都有不同的法律规定，银行在签订保证协议时必须注意审核保证人资格的合法性。二是保证人的财务实力。由于保证人的责任是在借款人不能履行债务约定时代替债务人偿还债务，因此如果保证人没有足够的财务实力，保证协议等于无效。银行对保证人的财务实力评价可以视同借款人。三是保证人的保证意愿。银行考察保证人的保证意愿可以参考以往的履约记录，因为足够的财务实力并不等同于愿意履行偿债义务。四是保证人与借款人之间的关系。银行通常是与和借款人有密切联系的一方签订保证协议，他们之间往往存在较紧密的经济联系，因此，银行必须注意借款人对保证人的依赖程度和保证人对借款合同的关心程度。五是保证的法律责任。保证分为无条件保证和有条件保证两种，前者是指无论借款人是否提供抵押物或将来支付能力如何，保证人都将支付全部到期的本金和利息；后者是指当借款人使用所有的还款手段仍不能偿还贷款时，保证人按保证协议偿付借款人剩余的债务。保证类型不同，保证人的法律责任也不同。

（四）借款企业的非财务因素分析

为了更准确地考察借款人的偿债能力，还要对借款人的非财务因素进行分析，主要有借款人所处的行业、经营特征、管理方式、还款意愿、其他因素等，这里不作详细介绍。

三、企业贷款的定价

对于大多数银行来说，贷款是一种主要的资产和收入来源。商业银行通过利用贷款和其他资产来获得超出其利用成本的收入，从而产生一定的利润。银行贷款的成本包括支付的利息以及用于吸引存款、维持贷款和处理问题贷款的费用。为贷款确定一个合理的价格是银行获得贷款业务利润的基础，也是与借款人能否达成该项贷款业务的关键。近年来，由于企业以直接融资的方式获取资金越来越便利，使得银行传统的贷款业务趋于萎缩，竞争也更加激烈，从而贷款定价的合理性显得更为重要。合理的贷款价格不仅要保证银行获得一定的利润，而且要在企业所能接受的范围内。

（一）国外银行贷款的定价方法

国外银行在为一笔贷款定价时，通常需要考虑贷款的预期收入、给借款人提供资金的成本、管理和收贷费用以及借款人的风险等级。这些因素的内在关系可以用下列公式进行描述：

$$\text{税前股本预期（目标）收益率} = \frac{\text{贷款利益} - \text{贷款费用}}{\text{应摊股本}}$$

其中：

贷款收益 = 贷款利息收入 + 贷款管理、办理手续和收贷费用

贷款费用 = 借款人使用的非股本资金的成本 + 办理手续、服务和收贷费用

应摊股本 = 银行全部股本对贷款的比率 × 未清偿贷款余额

［例 7－3］ 某银行对甲公司以 14% 的年利率发放 500000 元的贷款，借款人使用该资金的银行成本为 11%，手续费和服务费共 500 元，银行股本占贷款的比率为 10%，所得税率为 33%。求股本的税前收益率和税后收益率。

$$\text{税前股本收益率} = \frac{500000 \times 14\% - (500000 \times 11\% + 500)}{500000 \times 10\%} = 29\%$$

$$\text{税后股本收益率} = 29\% \times (1 - 33\%) = 19.43\%$$

如果贷款收益低于目标比率，该笔贷款就需要重新定价。提高贷款实际收益率，除了提高贷款利率外，还可以通过补偿贷款、收取承担费和管理费等费用的方法。国外贷款定价的方法有以下几种：

1. 差额定价法：指以高于借入资金成本的目标收益来确定贷款利率。它并不考虑补偿存款和收取其他费用，只是根据贷款金额确定可实现的目标收益。

目标收益 = 贷款收入 - 借入资金的成本

公式两边同时除以该笔贷款金额，得：

$$\frac{\text{目标收益}}{\text{贷款金额}}=\frac{\text{贷款收入}-\text{借入资金成本}}{\text{贷款金额}}$$

$$\frac{\text{贷款收入}}{\text{贷款金额}}=\frac{\text{目标收益}}{\text{贷款金额}}+\frac{\text{借入资金的成本}}{\text{贷款金额}}$$

由于，$\frac{\text{目标收益}}{\text{贷款金额}}$ = 目标收益率，$\frac{\text{贷款收入}}{\text{贷款金额}}$ = 贷款利率，$\frac{\text{借入资金成本}}{\text{贷款金额}}$ = 借入资金成本率

因此，贷款利率是由筹集贷款资金的成本和目标收益来决定的。

贷款利率 = 目标收益率 + 借入资金成本率

也可以采取成本相加的方法确定贷款利率：

$$\text{贷款利率}=\text{筹集资金的边际成本}+\text{银行的其他经营成本}+\text{预计违约风险补偿成本}+\text{银行预期利润}$$

2. 成本加成贷款定价法：指以筹集可贷资金的成本和银行的其他经营成本来确定贷款的利率。

在对贷款定价时，银行管理人员必须考虑其筹集可贷资金的成本和银行的其他经营成本。一个完整的贷款利率中必须包括四部分内容：

（1）银行筹集足够的可贷资金的成本；

（2）银行的经营成本（工资和物质设施的成本）；

（3）银行对违约风险所进行的必要的补偿；

（4）每笔贷款的适当利润以保证银行的所有者获得必要的收益。公式表示为：

$$\text{贷款利率}=\text{筹集资金的边际成本}+\text{银行的其他经营成本}+\text{预计违约风险补偿费用}+\text{银行预期利润}$$

公式中每一项都用贷款数额的百分比表示。例如，一笔贷款额为 100 万元，如果银行为了筹集该笔资金以 8%的利率发行存单，那么，筹集资金的边际成本就是 8%，银行发放和管理这笔贷款的经营成本为 2%，为了补偿该笔贷款可能发生的违约风险损失为 2%，银行预期利润为 1%，则该笔贷款的利率应该为 13%（即 8% + 2% + 2% + 1%）。

3. 价格领导模型定价法：指以若干个大银行优惠利率为基础，考虑到违约风险补偿和期限风险补偿后为贷款制定的利率。对某个特定的顾客来说，贷款利率的公式为：

贷款利率 = 优惠利率（包括各种成本和银行预期利润） + 加成部分

= 优惠利率 + 违约风险贴水 + 期限风险贴水

优惠利率是对信誉等级最高的大公司提供的短期流动资金贷款的最低利率，违约风险贴水是对非基准借款人收取的费用，期限风险贴水是指对长期贷款的借款人所收取的费用。

确定风险贴水是较为困难的事，表 7－5 是分析家建议的风险等级和贴水。

表 7－5

风险等级	风险贴水（%）	风险等级	风险贴水（%）
没有风险	0	特别注意	1.5
风险小	0.25	低于标准	2.5
标准风险	0.5	可疑的	5

如果一家企业属于非优惠利率借款者，对其 5 年期的固定资产贷款利率中除了优惠利率外，还要包括违约风险贴水和期限风险贴水。假如优惠利率为 12%，违约风险贴水为 1.5%，期限风险贴水为 2%，那么，该笔贷款利率为 15.5%。

利率自由化以后，优惠利率定价法就产生了两个公式：优惠利率加数法和优惠利率乘数法。前者是用优惠利率加上一个比率构成贷款利率，后者是用优惠利率乘以一个数值得到贷款利率。表 7－6 是两种方法的比较。

表 7－6

优惠利率	加数利率（优惠利率 + 2%）	乘数利率（优惠利率 × 1.2）
10	12	12
11	13	13.2
12	14	14.4
13	15	15.6
14	16	16.8
15	17	18

在表 7－6 中，只有在优惠利率为 10% 时，加数利率和乘数利率才一致。当优惠利率由 10% 上升到 15% 时，加数利率由 12% 上升到 17%，而乘数利率则上升到 18%，高出加数利率一个百分点；相反，当优惠利率下降到 9% 时，利用加数法得到的利率为 11%，而用乘数法得到的利率则为 10.8%，低于加数利率。说明两种不同的利率计算方法对优惠利率变动的反映程度是不同的。

实际运用中，还可以对利率规定上限和下限，这对借款人来说是极为有利的，但银行承担的风险较大。

4. 成本—收益定价法。在银行内部还有更复杂的贷款定价系统，即成本—收益定价法。在成本—收益定价法下，贷款利率的确定要考虑以下三个要素：贷款产生的总收入；借款人实际使用的资金额；贷款总收入与借款人实际使用的资金额之间的比率为银行贷款的税前收益。

[例 7-4] 某客户向银行申请 500 万元的信用额度，贷款利率为 15%，客户实际使用资金额为 500 万元，则该银行贷款的税前收益为：

贷款收入 = 500 × 15% = 75（万元）

借款人实际使用资金额为 500 万元，银行贷款的估计税前收益率为：

银行贷款税前收益率 = 75 ÷ 500 = 15%

此时，银行的经营者就要判断 15% 的税前收益率是否能够弥补银行的筹资成本和各项管理费用以及能否补偿各种风险的损失。如果不能，则需要调整贷款利率，或者降低银行的经营成本。调高贷款利率受市场供求的限制，降低银行经营成本也不是轻而易举的，那么，银行是否还有其他办法提高贷款利率的税前收益率呢？答案是肯定的。最常见的就是向客户收取补偿余额，这一做法非常有效。补偿余额是借款者将一部分存款存入贷款银行的资金，可以表现为借款人未归还的贷款平均余额的百分比，也可表现为贷款额度的百分比或某一个固定的金额。

仍以上例说明。银行要求客户将贷款额度的 20% 作为补偿余额存入该银行，并对补偿余额收取 1% 的承担费，则该银行贷款的税前收益率为：

贷款收入 = 500 × 15% + 100 × 1% = 76（万元）

借款人实际使用资金额 = 500 -（500 × 20%）= 400（万元）

银行贷款的税前收益率 = 76 ÷ 400 = 19%

该银行通过向客户收取补偿余额和承担费的方法提高了贷款的税前收益率。实际操作中，银行还可以向客户收取其他服务费的方式提高自身的收益，但这要视市场的具体情况而定。

（二）我国商业银行贷款的定价方法

目前我国商业银行贷款定价可以操作的内容与西方商业银行相比有所不同，主要是按贷款期限的长短由中国人民银行制定法定利率，商业银行可以按国家规定在一定幅度内浮动。其中中国人民银行的法定利率包括七个方面：中国人民银行对金融机构的存贷款利率和再贴现率、金融机构对客户的存贷款利率、罚息利率、同业存款利率、利率浮动幅度、其他。商业银行可以确定的利率有五个方面：浮动利率、内部资金往来利率、同业拆借利率、贴现利率和转贴现利率、人民银行允许确定的其他利率。

1. 浮动利率。商业银行在制定浮动利率时，采用“法定利率相乘法”。即在法定利率的基础上乘以人民银行确定的上浮幅度。1999 年 4 月，人民银行决定将县以下金融机构贷款利率浮动幅度由 20% 扩大到 30%，同年 9 月，又将对中小企业贷款利率浮动幅度由 20% 扩大到 30%。例如，6 个月期的短期贷款法定利率为 5.58%，浮动利率可以达到 7.254%（即 5.58% × 1.3）。至于是否每笔贷款都上浮 30%，则由各商业银行自行决定。

2. 贴现利率。贴现利率采用“法定利率相加法”。即在法定利率（此处为再贴现率）的基础上按不同期贷款利率（含浮动）加点执行。例如，在再贴现率为 2.16% 的基础上加 5.094%，实际执行利率为 7.254%。因此，贴现利率可以小于或等于半年期短期贷款的浮动利率，只要不超过半年期短期贷款的浮动利率即可。我国对个人住房消费贷款中的住房公积金贷款利率也是采用这种方法定价的，即在3个月整存整取存款利率的基础上加点执行。

我国的金融法规不允许贷款银行提出补偿金额的要求，贷款后借款人可以全额使用该笔贷款本金，贷款银行不得要求借款人在存款账户中将贷款本金留存一定比例或一个固定数额。

3. 内部资金往来利率。这是商业银行系统内部各级行之间因资金上存或借用所使用的利率，由各商业银行总行参照人民银行的准备金存款利率和再贷款利率自行确定。制定内部资金往来利率。目的是对本系统内部资金实行有偿调拨，杜绝无偿占用，也是总行和省（市）分行资金管理的有效工具。比如，对超占联行汇差、存贷比例过高的分支行实行提高借用资金利率加以限制，提高上存资金利率鼓励分支行压缩存贷比例，实现资金的节余。

4. 同业拆借利率和转贴现利率。同业拆借利率是在全国银行间拆借中心信用拆借的成交利率，由拆借双方经过报价、询价、确认三个步骤完成，利率完全依供求关系而定，利率的高低与期限的长短并不总是成正比，一般来说，同业拆借利率高于银行间债券回购利率。

转贴现利率是商业银行以已贴现但尚未到期的商业汇票向另一家商业银行进行贴现所使用的利率。转贴现利率的水平一般在现贴现利率和同业拆借利率之间，由办理转贴现的双方银行自主协商决定。

第二节 个人消费信贷的管理

一、消费信贷的种类

消费者贷款亦称消费信贷，属于商业银行的零售业务，是对消费者个人发放的用于购买消费品或支付费用的贷款。第二次世界大战结束后，西方商业银行为有效地运用资金，增加利润，开始发放消费者贷款，把贷款从生产领域扩大到消费领域，从而开拓了资金运用的新途径。随后，消费信贷得到了迅速发展，今天已成为商业银行扩大经营途径、开展竞争、充分利用资金达到利率最大化的重要手段。

我国从1997年10月开始推行消费信贷，1999年起允许所有商业银行开办消费信贷业务。目前已经形成十大消费信贷业务：

（一）个人住房消费信贷

它是指贷款人向借款人发放的用于购买自用的各类型住房贷款，最长期限为30年，目前首付比例为30%，有以下几种形式：

1. 住房公积金贷款。此项贷款具有政策补贴性质，贷款利率较低，5年以下（含5年）年利率4.77%，5年以上年利率5.22%。但此项贷款有如下限制：一是仅限于缴纳了公积金的单位职工使用；二是必须备齐购房所需资金30%以上的首期付款；三是贷款最高额度有限制。

2. 个人住房组合贷款。这是在住房公积金贷款不足以支付购房所需用款时，其不足部分可向商业银行申请信贷资金贷款，这两种贷款合并起来称为组合贷款。前者类似于软贷款，后者类似于硬贷款。其特点是贷款金额较大，平均利率较低。此项贷款也仅限于缴纳了公积金的单位职工使用。

3. 个人住房按揭贷款。如果借款人不具备上述两种贷款条件，可向商业银行申请个人住房按揭贷款。这种贷款的特点是：贷款利率较高，但仍低于生产性贷款利率。自 2007 年 12 月 21 日起，一年期贷款基准利率提高到 7.47%。个人住房消费贷款的利率实行 1 年一定，于每年 1 月 1 日根据当时的相应档次利率确定下一年度的利率水平。中国人民银行 1998 年制定的《个人住房贷款管理办法》规定："贷款人发放个人住房贷款时，借款人必须提供担保。借款人到期不能偿还贷款本息的，贷款人有权依法处理其抵押物或质物，或由保证人承担偿还本息的连带责任。"

[例 7-5] 李某于 2005 年 9 月 25 日向银行申请 7 年期个人住房贷款。所购商品房现价 15 万元，贷款额为房价的 70%。由于李某属于缴纳住房公积金的单位职工，贷款中有 2.52 万元可以享受 4.59%的住房公积金贷款优惠利率，其余贷款利率为 5.58%。每月等额还款一次。请问李某所承担的平均利率是多少？每月应还款多少？

贷款额 = 150000 × 70% = 105000（元）

$$平均利率 = 4.59\% \times \frac{25200}{10500} + 5.58\% \times \frac{105000-25200}{105000} = 5.3424\%$$

$$105000 = A \times \frac{1-(1+5.3424\% \div 12)^{-84}}{5.3424\% \div 12}$$

A = 1501.01（元）

李某所承担的平均利率为 5.3424%，每月需等额偿还 1501.01 元贷款。

（二）汽车消费信贷

我国的汽车消费贷款是中国建设银行于 1998 年 10 月份推出的，此后，中国工商银行、中国银行、中国农业银行等相继开办。个人和法人均可申请汽车消费信贷。

汽车消费贷款的额度最高不得超过购车款的 80%。根据申请人提供担保方式的不同，贷款额度也有所不同。对采取质押方式申请贷款，或由银行、保险公司提供连带责任保证的，银行贷款最多不超过购车款的 80%。对采用所购车辆或其他财产抵押而申请贷款的，银行贷款最多不超过购车款的 70%。对采取保证方式（银行、保险公司保证除外）申请贷款的，银行贷款最多不超过购车款的 60%。

汽车消费贷款期限最长不超过 5 年。根据申请人的不同，贷款期限也不同，借款人为出租汽车公司或汽车租赁公司的，贷款期限最长不超过 3 年；借款人为其他企事业单位的，贷款期限原则上不超过 2 年；借款人为个人的，贷款期限最长不超过 5 年。其利率按照中国人民银行规定的同期贷款利率执行。

（三）助学贷款

助学贷款包括国家助学贷款和一般商业性助学贷款两种。

国家助学贷款是1999年5月按照《国务院办公厅转发中国人民银行等部门关于助学贷款管理规定的通知》的要求，由中国工商银行开办的、国家财政贴息的，适用于中华人民共和国（不含香港、澳门特别行政区和台湾地区）高等学校中经济确实困难的全日制本、专科学生的助学贷款。国家助学贷款一般要求提供担保，确实无法提供担保、家庭经济特别困难的学生以及其他学生可以申请信用方式的国家助学贷款。国家助学贷款在利率水平上对借款人给予适当优惠，借款人只需承担50%的利息，其余50%利息由财政支付。贷款期限长，最长可达9年。借款人向所在高校办理贷款申请，申请手续十分方便。

一般商业性助学贷款是指金融机构对正在接受非义务教育学习的学生或其直系亲属或法定监护人发放的商业性贷款。只能用于学生的学杂费、生活费以及其他与学习有关的费用。这种贷款财政不贴息，但在人民银行利率政策规定的范围内适当给予优惠，各商业银行、信用社均可开办。具体贷款时可以采取信用方式和担保方式，实行一次申请、一次授信、分期发放的管理办法。

（四）个人小额短期信用贷款

这是中国工商银行为解决借款人的临时性消费需要而发放的，期限在1年以内、金额在2万元以下、不需要提供担保的人民币信用贷款。为控制风险，借款人所在单位必须是由中国工商银行认可的、与中国工商银行有良好合作关系且由其代发工资的行政及企事业单位，借款人由中国工商银行代发的月工资性收入应在1000元以上。个人小额短期信用贷款金额最低为2000元，最高为一万元，且不超过借款人月工资性收入的6倍。还款方式可采取一次性还本付息或分期还本付息。

（五）个人旅游贷款

这是商业银行向个人发放的用于支付旅游费用的人民币贷款，在35个大中城市先期推出。借款人要参加与贷款银行签订合作协议的特约旅行社组织的旅游，并且提供有效的质押或第三方保证担保，才能申请该项贷款。

（六）个人住房装修贷款

这是商业银行向个人发放的用于自有住房装修的人民币贷款。借款人必须提供有效的质押、抵押或第三方保证担保。个人装修贷款金额原则上不超过15万元，并且不超过装修工程总费用的70%。贷款期限最长不超过5年，还款方式比照个人住房担保贷款执行。

（七）个人商业用房贷款

这是商业银行向个人发放的用于购置自营商业用房和自用办公用房的人民币贷款。借款人必须提供有效的质押、抵押或第三方保证担保。个人商业用房金额不超过房地产估价机构评估的拟购商业用房价值的50%。贷款期限最长不超过8年。还款方式可采取一次性还本付息或分期还本付息。

（八）个人小额存单质押贷款

这是商业银行对持有未到期定期存款的客户以定期存单作质押而发放的贷款。贷款金额按存折面值的80%计算，每笔最低1000元，最高可达10万元。贷款时间不得超过质押存折的到期日，如果是多张存折质押，以距离到期日最近者确定贷款期限，期限最长可达一年。贷款利率按现行同档次流动资金贷款利率执行，利随本清。

(九) 个人大额耐用消费品贷款

个人耐用消费品贷款是指商业银行向个人发放的用于其本人或家庭购买耐用消费品的人民币担保贷款。个人耐用消费品是指正常使用寿命在2年以上、单件价值不低于3000元或累计价值在3000元以上的家庭消费品。如家用电器、电脑、家具、健身器材、乐器等物品（不包括汽车、住宅、装修材料）。

该项贷款要求借款人首付所购商品价款的20%，贷款额度不低于人民币3000元（含3000元），最高贷款额度不得超过人民币5万元（含5万元），且不超过所购商品价格总额的80%。其中采取抵押方式的，贷款额度不得超过抵押物价值的70%；采取质押方式的，贷款额度不得超过质押物价值的80%。最短期限半年，最长不超过3年（含3年）。利率按照法定利率加浮动部分，上浮不超过20%，一年一定。根据借款合同规定的用途，通过转账方式一次或分次直接划付给特约商品供应单位，借款人在借款期限内分次等额或一次足额归还贷款本息。

(十) 个人综合消费信贷

个人综合消费贷款是中国工商银行向个人发放的、不限定具体消费用途、借款人必须提供有效的质押或抵押担保的人民币贷款，在全国35个大中城市试点推出。该贷款金额最低为2000元，以质押方式申请贷款的，贷款金额最高不超过50万元；以抵押方式申请贷款的，贷款金额最高不超过30万元。贷款期限分6个月、1年、2年、3年四个档次，还款方式可采用到期一次性还本付息或分期还本付息。

与现有的个人小额存单质押贷款相比，个人综合消费贷款不仅具备不限定具体消费用途的特点，而且具有以下优点：一是担保方式多样化。不仅可用存单作抵押，还可用凭证式国债、记名式金融债券作质押，或用房产作抵押。二是贷款金额更高。贷款金额占存单面值的最高比例由80%提高到90%，最高贷款金额由10万元提高到50万元。该项贷款的推出，能使客户多样化的消费需求得到更好的满足。

二、消费信贷的信用分析

消费贷款种类繁多，其特点是贷款金额小、客户数量大，除住房、汽车等部分抵押贷款外，大多是信用贷款，还款来源严重依赖借款人的收入。由于个人的经济状况、财务状况变化比较大，决定了消费贷款的违约率比较高。这就要求银行在发放贷款之前严格把关，进行全面的个人财务与资信分析，选择有偿还能力的客户。如果银行发放贷款时不够审慎，使还款违约率超过一定的限度，银行就会蒙受巨大损失。

银行对个人的财务分析至少应该包括三个方面的内容：分析未来的还款来源或抵押品；分析负债和费用；综合分析。

（一）分析未来的还款来源或抵押品

分析未来的还款来源或抵押品，界定资产的所有权和确定资产的价值、稳定性和流动性，通过纳税申报表上的信息确定客户的收入。

1. 还款来源——收入分析。对于经常性的收入资料，银行必须依赖客户提供，客户常常夸大贷款申请表上的收入，因为他们认为银行很少仔细地审查申请表。要想确定客户财务报表上收入的真实性，银行不仅要有一套科学的方法，还需要投入相当的人力和物力。收入分析的关键在于确定客户所有的收入来源，并通过纳税申请表、雇主咨询、审核必要的资产所有权证和收据等手段，核实收入金额的准确性及稳定性。银行审查的收入范围包括工资和其他经常收入（包括客户的工资、佣金、奖金和小费）、利息收入、股息收入、应收赡养费、退休基金收入、失业救济和社会保障福利。其中，工资和其他经常收入通常是第一还款来源，是重点审查对象；利息和股息收入是第二还款来源。

如果客户是自营人员，例如独资企业主，银行可以通过审查企业营业利润或损失来确定客户的收入。需要注意的是，客户是否将营业收入总额填入了贷款申请表，而没有减去必要的营业费用，从而扩大了自己的可支配资金。当然，银行应该将非现金支出列进收入中，例如将作为折旧或摊销项目的金额加到收入和利润中去，因为那些项目只是会计上的支出，而非真实的现金支出。在评估自营人员的收入时，必须联系其支出的特点，并以此调整其收入。例如客户可能将企业的利润作为每月的稳定收入，但是客户不会提供其经营的周期性资料，实际上大多数企业存在着营业周期——旺季紧接着淡季。在这种循环中，企业经常遇到现金流量上的困难，这就限制了企业主个人可使用的资金量。

2. 抵押品——资产分析。在进行客户资产分析时，银行必须关注三个问题。价值和稳定性：作为贷款抵押品或担保品的资产变现时能否保值？在贷款期限内其价值可能发生多大的变化？流动性：资产是否有现成的市场？变现是否比较容易？所有权和控制权：客户是否拥有并控制着这些资产？客户对资产的所有权是否真实？

(1) 流动资产分析。流动性资产具有较强的变现能力，是偿还贷款的重要来源，银行评估该类资产的重点是资产的价值、稳定性和流动性，同时也要确定借款人对流动资产的所有权和控制权。对于财务报表中那些已剔除了负债的净资产，银行需要确定这些资产的实际价值以及对应的负债。

①现金。现金通常是最容易确定的资产，个人财务报表通常会列出一个专门的表格，写明所有现金账户的开户地点和类型。现金如果以定期存款、个人退休账户或信托账户形式存放，其流动性常常受到限制，作为抵押品或还款来源的有效性要打折扣。在将现金作为贷款抵押之前，信贷员必须检查账户的开户人姓名，确定该账户是否已被用作其他债务的抵押物而被留置，而且还应该检查个人账户或者与借款人的开户银行或金融机构联系，确定账户的现有余额和平均余额。平均余额相对于现有余额而言，能更好地反映客户手中的现金量。

②大额可转让存单和储蓄存单。由于大额可转让存单可能被伪造，或者被发行人取消变现能力，对大额可转让存单面值的真实性以及变现能力的判断需要通过与发行机构联系来确定。如果大额可转让存单到期才支付利息，其到期价值等于存单的面值加上累计利息；如果按月或按季支付利息，存单到期的价值等于其面值。

③可转让证券。可转让证券具有较高的流动性，其价值易于计算，常常被作为贷款的抵押品或还款来源。个人财务报表中，可转让证券不仅包括1年内能够变现的投资，也包括长期投资性的股票、债券、票据和账单。通常个人的财务报表中都有单独列示客户的每种可转让证券及其价值的表格，表中包括证券的名称、股数（或债券价值）、证券的种类（如普通股、优先股、认股证书、票据、账单或债券）、到期日、各自的收益以及现值。

变现能力用以衡量某资产变现的速度和容易程度。如果客户用股票作为还款来源，银行必须保证这些股票可以在任何需要的时候能够及时售出。一般说来，只要是在全国性的证券交易所挂牌上市的股票，其变现能力都很强，那些只能在场外市场出售的股票变现能力不高。

债券有政府债券和公司债券两种，在所有的有价证券中，国库券是最安全的，政府债券和公司债券一般以附息债券的形式出现，这些债券通常都有全国性或者地方性的交易市场，可以在需要的时候在公开市场上售出。如同股票一样，债券的价格也具有波动性，需要确定债券的现值，评估其流动性、质量及价格的稳定性。影响债券变现能力及价值稳定性最重要的是利率和公众对债券发行机构的信心。

通常公众信心指标可以从债券的资信等级中体现出来，资信等级越高的债券，持有人在将来需要将之变现时就越容易售出，越容易保值。根据经验，BBB级及以上的企业债券、政府债券的市场变现能力比较好，可被用作还款来源。如果企业债券能够在全国性证券交易所进行交易，其现值的确定应该与股票完全一致。政府债券作为还款来源时，其现值的评估宜使用相对保守的价格。

(2) 不动产分析。首先要确定该财产是否真实存在并属于该客户。在税收制度比较完善的国家，最佳的方法是要求客户提供一份最近的财产纳税单的复印件，检查纳税单中的财产总价值，并与税务机构核实，以确定其真实性。如果银行决定接受这些财产作为贷款的抵押，则应该取得这些不动产的所有权和其他一些留置权的所有权证明书。需要注意的是，将这些不动产作为还款来源的风险非常大，一方面，市场情况瞬息万变，变现的速度和财产的价值会不断发生变化；另一方面，这些不动产往往是客户的家产，一旦主要还款来源丧失时，银行一般不忍心、不愿意卖掉客户的家产来偿还贷款。当客户提出不动产的部分权益作为贷款抵押时也要小心，这部分权益的出售可能会受到限制，或根本无法售出，尤其是当这部分权益是少数股权时。在没有进行正式评估时，客户往往会高估不动产的价值，并以其获得贷款的需要，很少以真实的市场价格为依据。

(3) 应收贷款分析。应收贷款是客户向其他人或企业实体贷款后形成的资产，它往往也构成客户的主要资产。银行是否需要或者需要花多少时间来审查应收贷款取决于两个条件：应收贷款的数量规模；客户是否提出将应收贷款作为还款来源。如果应收贷款占客户总资产的比重小于10%，可以不进行应收贷款分析；如果客户将应收贷款的收回作为还款的主要或唯一来源，银行必须对应收贷款进行分析。如果客户以应收贷款的收回作为收入来源而非直接的还款来源，则要考察其还款安排，并评估这种收入的持续性。

应收贷款的总量可通过客户提供的、与贷款有关的借据或其他文件的复印件来确定。如果对应收贷款建立了还款安排，银行应该审查前期的支付证明的复印件或包含了偿还金的存款，确定应收贷款的偿还是否遵守了还款安排。

客户出售不动产形成的应收贷款，通常是客户选择了向买方提供融资的销售方式形成的。这种贷款常常以允许卖方收回不动产并订立抵押或销售合同方式取得。如果还款人与客户之间有亲属关系，还款安排的执行可能就不那么严格，该笔应收贷款的信用风险更大。银行特别要注意，当应收贷款的还款人是客户自己的企业时，贷款偿还的可能性取决于借款企业的资金营运能力，而且这些贷款最终可能变成企业的所有者权益，而不再单独偿还，还款来源缺乏保障。

(4) 人寿保险。人寿保险是在规定的时间可以时刻互惠的固定的收入，因此也是客户的一项资产。人寿保险有两种主要方式：终身人寿保险和定期人寿保险。定期寿险没有退保金额，而终身寿险则有退保金额，如果客户在财务报表上填有人寿保险的退保金额，一定要确定其保险单是终身寿险。

银行如果考虑用终身寿险的退保金额作为还款来源，就要注意下述两种可能使退保金额低于保单的情况：一是由于未付保费而形成的保费贷款；二是保险公司提前办理保险的保单贷款。这两种情况都可从保单上反映出来，银行可以请保险公司书面证明其价值。

还要注意的是客户常将人寿保险的面值而非退保金额填入财务报表，除非保单的面值很大而且保单的期限很长，退保金额通常不是一笔很大的资产。退保金额是客户支付保险费而获得的“权益”，而不是保单的面值。如果退保金额一栏金额太大，很可能客户误将面值填入该栏，需要进行核实调整。

(5) 退休基金。作为社会保障的重要组成部分，每个人几乎都被纳入到各层次的养老保险或者退休计划中，政府允许养老保险或者退休计划的参加者在缴纳所得税前将收入存入退休基金，这些养老保险或者退休计划的既得收入也形成客户的财产。大部分养老基金限制参加者在退休年龄之前提取资金，提前提取资金要承受高额罚金和税金，迫使大多数参加者将资金存到退休之时。一般情况下，只要客户愿意支付罚金和税金，还是可以提前提取这部分资产的，因此这部分资金只能部分地计入财务报表的所有者权益。

如何确定退休基金账户是否具有变现能力呢？银行可以从两个有关该账户的问题中得到满意的答案：客户是否可以从该退休基金账户中借入资金？客户一旦支付了足额的罚金和税金后能否将该账户变现？如果这两个问题中任何一

个是肯定的，该账户就有变现能力。在实际工作中，每个银行用来评估这种退休基金价值的政策有所不同，一种普遍的做法是，将退休基金变现后的价值评估为账户总价值的50%。

（6）私人财产。私人财产的价值通常对银行的贷款分析没有明显作用，因为大多数客户都会大大高估其私人财产的价值。如果个人财务报表中私人财产占客户总资产的比例很大，就需要更仔细地分析。一般来说，私人财产没有任何抵押价值，其出售后也不能作为可靠的还款来源。然而也有少数私人财产，如汽车、游艇、马、艺术品或珠宝，具有稳定的价值，可作为抵押品或者还款来源，但银行也必须考虑这些资产的变现能力。与其他资产相比，这类私人财产流动性更弱，对被列为抵押品或者还款来源的私人财产，其价值和变现能力可以由银行独立评估，也可由当地交易商提供。例如，汽车的有关资料就可以从当地交易商处获得。通常，越不常用的私人财产，越难以出售，其价格在被迫出售时会大打折扣。

（7）其他资产。在客户的财务报表上，银行可能发现较常见的特殊资产，包括：①营业资产。客户往往将企业的所有者权益作为单独的一项资产列入财务报表，或者将企业和个人财产混在一起，银行需要对此加以区分，并通过企业的财务报表来确定哪部分是私人财产，哪部分是企业的财产，同时核查客户财务报表的真实性。②合营公司资产。如果客户是某企业的合伙人，该合伙公司的所有者权益中属于该客户的那部分就应计入资产住宅。客户经常将其对合营公司的全部投资列出，或者将其对合营公司的所有者权益的估计值列出。这时，银行需要查看公司的性质，了解是普通合伙还是有限合伙，因为普通合资公司的合伙人通常对公司的负债负有无限责任。由于合营公司的资产经常不在客户的控制之下，因此对合营公司的投资通常被视为很差的还款来源。③退税。评价纳税申报表的准确性和合理性，检查客户宣称的退税金额是否与客户的收入保持恰当的关系。如果客户在前几年享受了退税优惠，退税额与那几年的总收入之间是怎样的比例？如果客户或其纳税代理人对税法和资金管理非常了解，银行可更信任退税的准确性及金额。④奖金和佣金。有时客户根据过去的经历，在财务报表中预测将得到一笔奖金或佣金，对此银行不能接受。如果还款来源是奖金或者佣金，银行应该向客户的雇主询问有关情况，了解雇主的奖金政策，找出偿付佣金的条件，以判断该客户能否得到这笔奖金或佣金。

（二）分析负债和费用

通过分析负债和费用，确定财务报表内容的准确性和完整性，明确客户的还款方式，并估计担保贷款和限制性贷款的影响。

在分析客户的负债科目时，银行需特别注意以下几点：一是客户是否列出其所有的负债？二是哪些负债有资产作担保？三是客户对哪些票据进行了背书、担保或联合承兑？四是有什么悬而未决的诉讼或要求牵涉到客户？五是客户的杠杆率有多高？六是负债中有无拖欠？七是客户有无任何商业上的负债？

银行可以比较容易地验证客户列出的负债金额，并可以要求客户提供信贷报告，找出作为抵押的资产。但是，银行很难查出客户没有填入财务报表的在其他金融机构的借款，大多数情况下，客户负债情况是否真实有赖于客户的诚信。

1. 信用卡分析。分析的重点在于信用卡的信贷限额以及信用卡金额。较为审慎的客户在赊购商品时一般只使用 2～3 个信用卡，他们会小心地使用信用卡并逐月付清余额。尽管这类客户的信用风险较小，但是有些信息可以反映出他们的财务状况。如果客户所有信用卡的借款额都达到了最大限度而且需要逐月付清账单，表明他们的财务状况不好。缺乏审慎态度的客户常常拥有很多信用卡，并且每月只支付每张信用卡的最小限额，在出现财政困难时，这类客户可能会使用其中一张信用卡来支付其他的信用卡欠款，对于这种情况下产生的债务，银行一定要分析所有信用卡都用到最大限度时对客户财务状况的影响。

2. 营业负债分析。如果客户是一个独资企业主，银行还需要查看所有的营业负债，因为客户是所有这些营业负债的债务人。与企业经营有关的负债可能会被当作个人债务。在审查营业负债时需考虑以下几点：贷款余额是多少？贷款何时到期？还款来源是什么？哪些资产被用作抵押品？目前是否需要还款？营业负债可通过信贷报告或所得税纳税申请表来核实，但最准确的方法是与贷款人联系。

3. 其他贷款和负债分析。大多数个人财务报表在负债部分都留出空行以便客户填写其他贷款和负债，客户可在此列入不完全符合上述分类标准的债务，例如学费贷款、对合伙人的债务等等。银行对负债的分析，首先需要确定负债是否被客户全部正确地列示出来，然后评估这些负债对客户未来还款能力的影响。

4. 其他信息。银行对客户个人财务的分析，不仅包括资产、收入、负债，也包括银行需要了解的其他信息，最常见的有资产所有权、营业投机风险、作为担保人和联合承兑人的义务以及其他可能产生未来负债的行为。

(1) 共有权。大多数情况下，共有权是指丈夫和妻子对资产共同享有的权利，有时也指与其他合伙人共享资产的所有权。如果客户计划用于抵押的资产是共有资产，意味着该资产变现时会受到限制。

(2) 偶然负债和或有负债。客户是否对某些债务进行了背书、担保或联合承兑，当这些债务的主债务人违约时，客户就要偿还这些债务。银行必须调查清楚，客户是否牵涉什么未决诉讼或其他控告；审查在计划的贷款期限内是否存在分期付款尾期的一笔未付大额款项，或者客户是否有拖欠的负债。

（三）综合分析

运用财务报表所获得的信息来综合评价客户的流动资金状况。

通过对财务报表中的每个项目所进行的个别分析，银行可以了解许多关于客户的财务活动的情况以及客户的所有财务决策，然而这些信息必须经过有效的组织才能发挥作用。综合分析就是将从客户的财务报表中获得的每项信息有机地组织起来，从而达到以下目的：一是确定贷款的潜在抵押品或还款来源；二是更清楚地了解客户资产的流动性；三是确定流动负债（在未来 12 月内要偿还的负债）的金额；四是计算出一个更准确的所有者权益数据；五是分析客户的速动比率和所有者权益与资产比率。

综合分析的结果常常通过调整后的资产负债表反映出来，银行需要通过调整资产负债表最终完成对客户的分析，该表简明登记了银行从客户的个人财务报表调查中获得的信息，可以帮助信贷员发现并分析所需的重要信息，为是否向该客户发放个人贷款提供最终的决策依据。

在调整后的资产负债表中，资产按流动性强弱排列并分为两类：一是流动资产——易变现，可能成为主要或第二还款来源的资产；二是其他可变现资产——流动性较强，仍可售出或通过其他途径变现的资产。负债主要列出客户的短期债务和下一年要偿还的债务。这种对比有助于对短期债务与长期债务之间的比例关系进行预测，评估客户的所有现金流量。通过比较流动资产总额和流动负债总额，可以迅速分析出正常收入丧失后客户偿还短期负债的能力。运用调整后的资产负债表中的数据，能够计算出更准确的所有者权益以及所有者权益与资产比率。

比率分析是分析客户现金流量状况的一个有效工具，审查个人财务报表最有效的两个比率是速动比率和调整后的所有者权益与资产比率。运用比率时必须注意：比率只是一个有用的工具，比率本身并不能说明产生现状的原因。只有对数据的背景资料以及客户的财务决策进行详细的了解，才能发现比率背后的问题。

1. 速动比率。个人财务报表中的资产通常按流动性强弱顺序排列，可转让证券是容易变现的资产，不动产变现要经过将该资产出售和收回账款两个过程。尽管可转让证券的流动性比不动产强，但是其流动性比现金弱。速动比率强调了资产变现的这种时间差异，说明了当客户遇到危机时的清偿能力。速动比率的计算公式为：

$$速动比率 = \frac{现金 + 可转让证券}{流动负债}$$

通常，速动比率为 1.00 或高于 1.00 被认为是合理的，因为它说明了每 1 元流动负债至少有 1 元流动资产做保证。需要注意的是，速动比率只是反映客户财力的一个指标，任何一项信贷决策都不能仅依靠一个比率或一条信息来决定。

2. 调整后的所有者权益与资产比率。调整后的所有者权益与资产比率说明了客户个人完全占有的可变现资产的比重，可以了解客户的融资杠杆率以及债权人得到偿还的最低资产额。调整后的所有者权益与资产比率计算公式为：

$$调整后的所有者权益与资产比率 = \frac{调整后的所有者权益}{调整后的资产总额}$$

根据经验，如果客户完全占有的资产超过 50%，表明该客户拥有很强的财力；如果客户完全占有的资产比例低于 50%，银行必须对所有的流动性资产再次进行仔细的检查。

三、消费信贷的定价

(一) 国外消费信贷的定价方法

1. 年百分率法：年百分率相当于对贷款额进行全额支付时的内生报酬率。它考虑了贷款以多快的速度被偿还，以及客户在整个贷款期内所能真正使用的信贷额。

[例 7-6] 贷款 1000 美元，1 年期分月偿还。年百分率为 12%。银行该笔贷款的融资费用是多少？

可以通过年百分率表查找，融资费用是 66.20 美元。或者应用普通年金现值的计算公式直接计算出来：

$1000 = A \times [1-(1+12\% \div 12)^{-12}] \div 12\% \div 12 = A \times (PV/A, 1\%, 12)$

$A = 88.85$（美元）

融资费用 $= 88.85 \times 12 - 1000 = 66.20$（美元）

2. 单一利率法：当客户分期偿还贷款时，银行首先确定出不断减少的贷款余额，然后以贷款余额决定客户应付的利息额。

同年百分率法一样，单一利率法也是根据借款人所能真正利用他所购买的信贷时间的长短而调整。如果客户是逐步偿还贷款，单一利率法首先定出不断减少的贷款余额，然后用上一期的贷款余额计算下一期的利息。

[例 7-7] 贷款 2000 美元，1 年期，利率 12%。现有两种偿还方式：一是到期一次利随本清；二是本金按季等额偿还。到期一次利随本清由于是按单利计算，利息总额为 240 美元。第二种偿还方式计算如表 7-7，利息总额为 150 美元。

表 7-7　本金按季等额偿还计算表

单位：美元

季　度	偿还本金	支付利息	偿还总额	贷款余额
一季度初				2000
一季度末	500	60	560	1500
二季度末	500	45	545	1000
三季度末	500	30	530	500
四季度末	500	15	515	0
合　计	2000	150	2150	

上述两种方式中，第二种方式支付的利息看起来比第一种少 90 美元，第二种偿还方式对客户来说比较合算，但如果我们计算两种偿还方式的实际利率，得出的结论可能就不一样了。由于现值都是 2000 美元，终值不同，实际利率肯定有差别，分析如下：

将第一种方式的终值按季复利，求实际利率（i）。

$2240 = 2000 \times (1+i)^4$

$i = 2.8737\%$

第二种方式每次偿还的现金流量不相等，应分别计算，实际利率为：

$$2000 = 560 \times (1+i)^{-1} + 545 \times (1+i)^{-2} + 530 \times (1+i)^{-3} + 515 \times (1+i)^{-4}$$

$$i = 3\%$$

计算结果表明，第二种偿还方式的实际利率比第一种偿还方式的要高一些。

3. 贴现率法：客户收到的贷款额是名义贷款额减去所有应付利息后的余额。

前两种方法要求客户在贷款期内逐步偿还利息和本金，贴现率法则要求客户一开始就支付利息。在这种情况下，首先要减去利息，客户收到的贷款额是减去了应付利息后的净额。

[例 7-8] 某客户 2006 年 12 月 1 日以银行定期存单 50000 元申请贴现。该存单 2002 年 5 月 1 日存入，5 年期，年利率 12.06%，贴现率 7.254%。

贴现利息 = 50000 ×（1 + 5 × 12.06%）× 152 × 7.254% ÷ 360

= 2454.83（元）

实付贴现金额 = 50000 ×（1 + 5 × 12.06%）- 2454.83

= 77695.17（元）

客户可使用的资金是 77695.17 元，贷款到期时客户必须偿还 80150 元（即存单终值）。借款人实际承担的利率为 7.4832%。计算过程如下：

贴现实际利率 = 贴现利息 ÷ 实付贴现金额 × 基础天数 ÷ 贴现期天数

= 2454.83 ÷ 77695.17 × 360 ÷ 152 = 7.4832%

4. 追加贷款率法：在分期付款情况下，如果客户所有的应付利息都被追加在每一期的贷款本金上，这种运用应付利息与客户实际利用金额来计算贷款利率的方法，即为追加贷款率法。

[例 7-9] 客户申请一笔 3000 美元贷款，银行要求 8% 的追加贷款率以及 12 个月等额分期付款，该客户应付款总额等于 3240 美元（即 3000 + 240），相应的每月本息支付额为 270 美元（即 3240 ÷ 12），这一支付额相当于由 250 美元月贷款本金和 20 美元月利息构成。如前所述，在每月分期还本付息贷款条件下，借款人一年平均获得的资金只有名义贷款额的 50%，本例中客户实际所能运用的资金额为 1500 美元，其近似实际贷款利率大约为 16%，具体计算如下：

实际贷款利率 = 应付利息 ÷ 年平均贷款额 = 240 ÷ 1500 = 0.16 或 16%

尽管追加贷款率法与单一利率法都是以客户实际利用的资金为基础来计算实际利率，但只有当贷款在年末一次性支付全额时，追加率才会与单一利率相等。否则，在分期付款条件下接受利率追加法的客户，其支付的实际贷款利率会远远高于名义上的贷款利率。

另外，78s 条款是计算银行在任一时点从按月分期偿付的个人贷款中应得累积利息收入的经验法则。78s 条款的名称源自一个简单的事实，即数字 1～12 之和等于 78（即 1 + 2 + 3 + … + 10 + 11 + 12 = 78）。如果客户在贷款到期前提前还款，由此得到的利息费用回扣如何计算呢？运用 78s 条款银行就能够非常容易地解决这个问题。银行只需将贷款偿还剩余的月份相加求和，然后以此除以 78 即可。

[例 7-10] 某客户得到一笔 12 个月分期支付的 1 年期贷款，9 个月后该客户要求提前偿清贷款，银行应该给予该客户的利息回扣率计算如下：

$$(1+2+3)\div 78\times 100\%=6\div 78\times 100\%=7.69\%$$

无论银行用年百分率法计算利率，还是用单一利率法、贴现利率法、追加贷款率法计算利率，银行在客户提前 3 个月还款的时候，只能获得全部融资费用的 92.31%的权利，而其余的 7.69%则以回扣的形式返还给客户。

5. 补偿余额要求：为了降低信用风险，许多银行要求获得个人贷款的客户必须在其账户中保留相当于贷款额一定百分比的存款，这种存款被称为补偿存款余额。

作为发放个人贷款的附加条件，补偿余额要求提高了个人贷款的实际成本，因为借款人不能全额使用贷款，其实际使用的贷款额等于名义贷款额扣除存款余额后的金额，相应地，客户所支付的实际利息必然高于贷款协议上的名义利率。

[例 7-11] 某客户申请一笔利率为 10%的 1 年期 2000 美元贷款，银行要求在贷款期内将贷款额的 10%即 200 美元（即 2000×10%）存入该客户在银行的存款账户中。客户最终得到的贷款额为 1800 美元（即 2000-200）。按照 10%的名义贷款利率，客户应支付利息 200 美元（即 2000×10%）。但是客户的真实或实际贷款利率不是 10%，而是 11.11%，具体计算如下：

$$\begin{aligned}\text{有补偿余额要求实际贷款利率}&=\text{贷款应付利息额}\div\text{实际贷款额}\\&=200\div(2000-200)\times 100\%=11.11\%\end{aligned}$$

显然，银行在个人贷款合同中增加补偿余额的附加条件，实际上提高了银行的实际贷款收益，从而使客户的借款成本上升。

（二）我国银行消费信贷的定价

我国商业银行的消费贷款主要是以期限长短确定差别利率。个人住房贷款利率按法定贷款利率（不含浮动）减档执行；目前，个人住房贷款期限一年以上的贷款实行浮动利率，利率随中国人民银行基准利率的调整而调整。住房贷款利率实行下限管理，下限利率水平为相应期限档次贷款基准利率的 0.9 倍，上限放开，贷款银行可根据借款人信用状况等因素上浮。

汽车消费贷款利率按法定贷款利率执行，允许浮动；其他消费贷款利率按中国人民银行有关规定执行。个人住房贷款可采用等额本息还款法和等额本金还款法；汽车消费贷款实行等额本金还款法；其他消费贷款计息和还款方式按中国人民银行的规定执行。

本章小结

贷款业务是商业银行最主要的资产业务，也是目前商业银行最主要的收入来源。贷款按对象主要划分为企业贷款和个人消费信贷。

对贷款的管理主要是要做好信用分析。对企业贷款首先是要进行财务比率分析和现金流量分析，其次进行抵押、担保和保证分析，最后还要进行行业风险和经营风险等分析。对个人消费信贷的信用分析主要分析未来的还款来源或抵押品，分析负债和费用，还要进行综合分析。

对贷款管理的另一个主要方面是做好贷款的定价工作，贷款的定价要充分考虑到贷款的成本、费用、风险和利润等。对企业贷款常用的定价方法有差额定价法、成本加成贷款定价法、价格领导模型定价法、成本—收益定价法等。对个人消费信贷通常采用年百分率法、单一利率法、贴现率法、追加贷款率法和补偿与余额要求等。

复习思考题

一、名词解释

抵押　担保　差额定价法　价格领导模型定价法　成本－收益定价法　年百分率法　单一利率法　补偿余额

二、问答题

1. 企业贷款通常有哪些分类？
2. 对企业贷款进行财务比率分析的方法有哪些？
3. 企业贷款定价常用的方法有哪些？
4. 个人消费信贷的信用分析内容有哪些？
5. 个人消费贷款定价常用的方法有哪些？

第八章

商业银行证券的投资管理

近年来，西方国家的银行资产负债表发生了一个重大的变化，就是证券投资已成为商业银行资产业务的重要组成部分。最初的原因是银行间传统业务的竞争太激烈，证券市场业务发展迅速。银行参与证券投资不仅有利于稳定银行业的地位，而且还能帮助分散风险，增强资产的盈利性、流动性和安全性。但同时证券投资面临的风险也很大，如何在收益和风险之间取得最佳平衡点，是商业银行证券投资管理的目标。

第一节　商业银行证券投资概述

一、证券投资的概念和目的

证券是各类经济权益凭证的统称，是用来证明证券持有者有权按其所载取得相应收益的证书。从广义上讲，证券有无价证券和有价证券两大类。无价证券上标明供货数量，但它并不代表价值。有价证券则标明票面金额，代表一定的价值。有价证券可以分为两类：一是物品证券，如货运单、提单等；二是货币证券，如债券和股票等。其中能在证券市场上买卖的只有属于资本证券的股票和债券。

证券投资则是指为了获取一定收益而承担一定风险，对有一定期限规定的证券的购买行为；它包含收益、风险和期限三个要素，其中收益与风险成正比，期限则影响着投资的收益率与风险的大小，因此也制约着商业银行对不同环境、不同收益率、不同风险度的证券投资的选择。

商业银行作为经营货币资金的特殊企业，进行证券投资主要有三个目的：获取收益、分散风险和增强流动性。

（一）获取收益

从证券投资中获取收益是商业银行投资业务的首要目标。商业银行最重要的业务是吸收存款、发放贷款，以获得差额利润。但是，激烈的银行竞争，贷款的高风险等多种因素都可能使银行无法找到合适的贷款对象，从而使资金暂时搁置。而银行的这些资金都要支付利息，因此银行必须找到新的资金出路来获取收益。证券投资则是使闲置资金产生效益的好办法，银行从事证券投资，使闲置资金得到了充分利用，增加了收益。

商业银行证券投资的收益包括利息收益和资本收益。利息收益是指银行购买一定量的有价证券后，依证券发行时确定的利率从发行者那里取得的收益。利息收益的取得一般有两种形式，一种是按证券上标明的利率，按期（一般以年为单位）向发行者索取利息。如某银行购买了某企业发行的面值 100 元的证券 30000 张，票面年利率为 10%，期限为 5 年，则银行每年可以取得利息收入 300000 元（即 100×30000×10%）。5 年共获得利息收入 1500000 元。另一种是以贴现方式取得利息收益。如某银行购买政府 1 年期国库券 40000 元，贴现率为 8%，购进时的总价为 36800 元，到期收回本息 40000 元，其中 3200 元即为利息收益。资本收益则是指银行购入证券后，在出售时或偿还时收到的本金高于购进价格的余额。如某银行以每股 20 元的价格购进某种证券 10000 股，1 个月后该行以每股 40 元的价格全部出售，其中每股差价 20 元，资本收益 20000（即 20×1000）元。

（二）分散风险

商业银行从事证券投资的第二个目的是分散风险。如果商业银行将资产全部集中在贷款上，一旦贷款收不回来，银行就必须承担全部风险。而银行若在从事贷款业务的同时，将部分资金用于证券投资业务，就有助于避免抵消放款业务可能存在的各种风险损失；同时，以证券投资分散风险比贷款更有利，因为证券投资的选择面广，不像贷款那样受地域限制，银行可以购买全国甚至全世界的证券，证券投资分散风险的范围也随之扩大。而且证券投资比贷款更容易转移，银行的贷款只能在企业偿还的时候才能收回，一般也很难转手，而证券投资可以在短期内转卖出去，只要银行发现某一证券风险上升，就可以随时出售证券变现，而贷款就很难做到这一点。因此银行可以对不同发行者、不同期限、不同收益率的证券采取分散化投资策略，将银行经营风险与投资损失降低到尽可能小的程度。

（三）增强流动性

商业银行保持一定比例的高流动性资产是保证其资产业务安全性的重要前提。通常商业银行以现金、存放中央银行、存放同业以及托收未达款作为应付提存的第一准备。但是这些资产的重大缺陷是它们不是盈利资产，如果其所占比重过大，商业银行的资产收益率势必受到影响。而即使是适度的准备，在信用紧缩或某些特殊时期也未必能满足客户提现和贷款的需求。因此在现金作为第一储备使用后，银行仍然需要有二级储备作为补充。所谓二级储备，就是银行的短期证券投资，由于短期证券可以迅速变现，而且在变现时的损失较小，一旦银行遇到大量客户提现或有大量放款需求时，如果现金储备不足以应付，就可以通过变卖短期证券来满足要求。因此西方商业银行一般要保持相当部分的短期投资，银行短期证券往往要占银行购入证券的 25% 左右。此外银行购入的中长期证券也可在一定程度上满足流动性要求，只是相对而言，短期证券的流动性更强一些而已。

二、商业银行证券投资的种类

近年来，随着金融市场上不断出现新的投资工具和银行业经营范围的扩大，使得可供银行选择的证券投资种类越来越多。

(一) 政府债券

政府债券有三种类型：中央政府债券、政府机构债券和地方政府债券。

1. 中央政府债券。中央政府债券又称国家债券，是指由中央政府的财政部发行的借款凭证，按其发行对象可以分为公开销售债券和指定销售债券。公开销售债券向社会公众发行销售，可以自由交易；指定销售债券只向指定机构销售，不能自由交易和转移。商业银行投资的政府债券一般是公开销售债券。

国家债券是银行证券投资的主要种类，是基于以下几点：一是安全性高。国家债券是所有证券中风险最低的，因而被投资者誉为“金边债券”。国家债券发行者是中央政府，而中央政府在一般情况下是不会破产的，所以国家债券拒付的可能性几乎是不存在的。银行购买国家债券后，按期收回本息的可靠程度很高。二是流动性强。国家债券风险小，安全性高，转手比较容易。同时，其供给需求弹性均较一般，不存在大起大落的价格变化，银行在出售国家债券时，不会遭受太大的损失。三是抵押代用率高。商业银行持有的国家债券，可以作为向中央银行再贷款的抵押品。

国家债券按期限长短可以分为短期和中长期国家债券，短期国家债券通常称为国库券，中长期国家债券通常称为公债。

国库券是以贴息方式发行的短期政府债券。所谓贴息方式发行，是指债券票面不标明收益率，而是按低于票面的价格出售给投资者，到期由财政部按面值收回债券，销售和收回的价格差异即为投资者收益。国库券发行的期限在1年以下，一般有1个月、3个月、6个月、9个月、12个月等不同期限。国库券期限短，风险小，流动性高，是商业银行热衷的投资对象，也是商业银行证券投资最主要的组成部分。

商业银行持有的国库券一部分是在发行市场上直接从财政部或中央银行购买，另一部分则是从二级市场上转购。国库券在发行市场上通常采用两种形式拍卖：一是竞价拍卖，即在发行开始之前，由财政部和中央银行向社会公布国库券发行数量，购买者提出自己愿意购买的数量和价格，然后政府按购买者出价的高低由高到低依次分配，直到售完为止；二是非竞价拍卖，投资者在既不愿意冒竞价成本风险，又不愿意丧失投资机会时，直接向政府提出自己的购买数量，按最高价与最低价的平均价格购买国库券。而在二级市场购买的国库券多数是以前发行的，是由其他证券持有者转让的。由于二级市场的国库券已经发行了一段时期，因此其价格低于票面价格，但高于发行时的价格。例如，某银行购买的国库券面值为500元，发行时的价格为480元，该银行的购买价格为490元，债券到期时财政部按500元面额兑付，该银行获得的收益即为10元。一般说来，二级市场上证券的价格与其到期日有着密切的关系，离到期日越近，债券价格越高；离到期日越远，债券价格越低。

中长期公债。中期公债和长期公债的性质基本一致，它们都是由财政部发行的公债，只是期限不同，中期的期限通常为1~10年，长期则为10年以上。中长期债券一般在票面标明价格和收益率，购买时按票面价格支付款项，财政部定期付息，到期归还本金。中长期债券由于期限长，所以收益率比国库券高。中长期债券的销售方式有两种：一种是拍卖，其基本方式与国库券拍卖类似，但不同的是，竞价者不是按债券面额出价，而是按债券的最后收益率，收益率越低，债券的实际发行价和售价就越高，政府按照收益率由低到高依次拍卖，直至卖完；另一种方式是在债券发行之前，由财政部公布债券的收益率、期限和销售数量，投资者自愿认购。

2. 政府机构债券。政府机构债券是指除中央政府以外，其他政府部门和有关机构发行的借款凭证。政府机构主要包括两类，一类是政府部门，它的预算纳入政府预算的范围内，如美国的联邦存款保险公司；另一类部门最初由政府建立，但后来由私人控制，其预算并不纳入政府预算范围内，如美国的联邦住宅信贷银行。尽管这类部门的预算不在政府预算范围内，但它们与政府有着千丝万缕的关系，它们发行的债券在一定程度上有政府做担保，因此风险不大。

政府机构债券通常以中长期债券为主，流动性不如国库券，但它的收益率比较高。它虽然不是政府的直接债务，但通常也受到政府担保，因此债券信誉比较高，风险比较低。政府机构债券通常要缴纳中央所得税，不用缴纳地方政府所得税，税后收益率比较高。

3. 地方政府债券。地方政府债券是中央政府以下的各级地方政府发行的债务凭证。地方政府债券（市政债券）有两种基本类型，即普通债券和收益债券。普通债券一般用于提供基本的政府服务，如教育等，由地方政府的税收做担保，债券本息全部从税收收入中支付，因此安全性高。收益债券是由政府所属的企业或公益事业单位为特定的公用事业项目，如水利工程等进行融资发行的债券，这种债券的本息完全依赖融资项目的收益状况，组织发行单位并不保证还本付息。一般情况下，工程项目和企事业单位的收益不如税收有保障，因此收益债券的安全性不如普通债券。

地方政府债券的发行和流通市场不如国家债券活跃，除了一些信用较高的地方政府发行的债券可以在全国范围内发行并流通外，大部分都集中在本地，流动性不强。地方政府债券通常按面值出售，由于投资地方政府债券可以免缴投资收益的中央所得税和地方所得税，因此地方政府债券的税后收益率比较高。因此，在西方国家，商业银行成为地方政府债券的最大买主，近年来，地方政府债券占商业银行投资的比重日趋扩大。

（二）公司债券

公司债券是公司为筹措资金而发行的债务凭证，发行债券的公司向债券持有者作出承诺，在指定的时间，按票面金额还本付息。公司债券可分为两类：一类是抵押债券，是指公司以不动产或动产做抵押而发行的债券，如果债券到期公司不能还本付息，债务人就可以依法请求拍卖抵押品，将所得收入偿还债务人；另一种是信用债券，是指公司仅凭其信用发行债券。一般来说，只有那些信誉卓著的大公司才有资格发行这种债券，因为大公司实力雄厚，信用度高，容易被投资者所接受。而那些中小型公司，由于不具备大公司的优势，只能发行抵押债券。商业银行对公司债券的投资一般比较有限，其主要原因是：(1) 公司债券的收益一般要缴纳中央和地方所得税，税后收益比其他债券低；(2) 公司作为私人企业，其破产倒闭的可能性比政府和政府机构大，因此公司债券的风险很大；(3) 由于公司债券的税后收益率比较低，风险又比较高，所以，公司债券在二级市场上的流动性不如政府债券。

（三）股票

由于工商企业股票的风险比较大，因而大多数西方国家在法律上都禁止商业银行投资工商企业股票，只有德国、奥地利、瑞士等少数国家允许。但是随着政府管制的放松和商业银行业务综合化的发展，股票作为商业银行的投资对象已成为必然趋势。

股票是股份公司发行的证明股东在公司中投资入股并能据此获得股息的所有权证书，它表明投资者拥有公司一定份额的资产和权利。与债券相比，股票一般具有以下两个特点：

1. 股票没有到期日。股票代表的是一种所有权证书，体现的是产权关系，因此股票是没有到期期限的。股票持有者购买股票之后，资金就完全由股份公司支配，股票持有者无权要求退股偿还资金，只能通过在证券市场上出售股票来偿还资金或者在股份公司破产解散时，通过清算获得一部分资金。只有个别优先股在发行时就规定有允许提前收回本金的条款，在这种情况下，公司可以按原价或增加一定补偿金来收回这种优先股。

2. 收益不固定。股票的收益主要来自两个方面：一是股利，即股份公司从净盈利中分配给股东作为其对公司投资的一种报酬。股利包括股息和红利两部分，股利是事先约定的，而红利是随着公司盈利而变动的，公司经营状况良好，收益率高，则股利随之提高，如果公司发生亏损，股利就会减少。二是资本收入，也就是股票的买卖价格之差。股票的买卖价格与股票的票面价值无关，它取决于多方面的因素，如经济因素、政治因素、市场因素、心理因素等。当股票行市上升时，股票持有者就可以获得较大的资本收入；如果股票行市下跌，股票持有者的资本收入就会减少，甚至出现资本损失。股票被认为是风险性最大的证券投资，主要就是因为其收益的不稳定性，由于这个原因，股票的流动性也比较差。股票有两种基本类型，优先股和普通股。优先股根据规定的利率优先取得固定利息和公司破产清偿后的剩余资产。普通股股息随企业盈利多少而增减，风险较大。但普通股股东一般享有红利分配权、财产分配权、企业管理权、认股优先权。而优先股一般不享有上述权利。

（四）商业票据

如果是由一些信誉卓著的大公司发行的商业票据，它们的安全性可能要比企业贷款更高。而且由于期限短、流动性强，适合银行提高资产流动性的需要。目前，较为发达的商业票据市场是欧洲票据市场和美国票据市场。前者的市场规模大，风险高于美国的票据市场，但有较高的利率，因此也吸引了不少银行投资者。

（五）银行承兑票据

银行承兑票据是银行对从事进出口等业务的客户提供的一种信用担保，银行承诺在任何条件下都会偿付其客户的债务，银行从中收取费用。由银行承兑的票据是一种安全的投资工具，有较大的市场规模，信誉好的银行承兑票据还可以申请获得中央银行的贴现。银行承兑票据的交易可以增加银行的流动性资产和获得投资收益。

（六）创新的金融工具

20 世纪 70 年代以来，由于金融创新的加快，金融衍生工具的交易也成为银行投资的新选择，包括金融期货与期权、资产证券化债券等。这些金融衍生工具的交易量在有些西方发达国家的银行，已超过原生金融工具的交易规模。它们为银行开辟了新的投资渠道，也为银行增加了新的投资风险。

我国金融市场尚处于初级阶段，证券种类发展不完善。目前我国商业银行证券投资可供选择的品种有国库券、重点建设债券、财政债券和国家建设债券、基本建设债券、特种国债、保值公债和金融债券、国家重点企业债券和地方企业债券、股票等。在上述可供银行投资选择的证券中，目前我国商业银行的投资主要集中在国家债券上。根据《中华人民共和国商业银行法》第 43 条，商业银行在中华人民共和国境内不得从事信托投资和股票业务，不得投资于非自用不动产，商业银行在中华人民共和国境内不得向非银行金融机构和企业投资。但是随着国际金融业务综合化发展的趋势以及我国金融业的发展，我国商业银行也将开展证券投资业务。

第二节 商业银行证券投资的收益与风险

商业银行进行证券投资的最主要目的是获取收益，但是收益和风险往往是并存的，如何处理好收益和风险的关系是商业银行证券投资的关键。

一、商业银行证券投资的收益

（一）证券投资收益率

证券投资的收益来自利息收入和资本收益两个方面。债券的利息收益率一般是固定的，债券到期时还本付息，不发生资本的收益或损失，但如果在二级市场上转手债券，就可能遭受资本的收益和损失。股票是没有到期日的证券，不存在偿还本金的问题，只有通过在二级市场上转让股票，才能收回投资。股票的收益是不固定的，除了股利外，还存在着资本的收益和损失。证券的收益率一般用三种方法表示。

1. 票面收益率。票面收益率又可以分为三种类型：第一种是在证券票面上标明的收益率。如一张面值 100 元的债券，票面上标明年利息率 10%，这 10%就是该债券的票面收益率，它表明债券持有人凭此债券可以每年获得 10 元利息。第二种是票面规定的收益额与票面面额之间的比率，这种证券票面上并未标明收益率，但附有息票，载明每期支付利息的数额，每期剪下息票兑取利息。如一张面值 100 元的债券，息票上载明每期利息为 5 元，分 3 期支付，则该债券的票面收益率为 5×3/100×100%=15%。第三种是预扣利息额/票面金额的比率，这种证券票面上并未标明收益率或利息额，而是通过贴现发行预先扣除应付的利息。如一张面值为 100 元的债券，发行价为 80 元，1 年后兑现 100 元，其利息收入为 20 元，票面收益率为（100-80）/100×100%=20%。

2. 当期收益率。当期收益率是指证券票面收益额与证券现行市场价格的比率。有价证券的价格并不总与其票面价格相一致，它随着市场行情的变化而变化，往往与债券面值不一致，这时如果仍然使用票面收益率就不能真实反映证券的收益状况。如某银行以 96 元买进一张面值 100 元的债券，票面收益率为 10%，到期后，银行获得 10 元的债券利息收入，其当期收益率为 10/96×100%=10.4%，高于票面收益率。当期收益率考虑了证券市场的价格变化，比票面收益率更接近实际。

3. 到期收益率。到期收益率是指当期收益率与资本收益率之和。票面收益率和当期收益率实际上都只考虑了证券的利息收入，而蔚考虑证券的资本收益（或损失）。到期收益率则是考虑了票面收益、票面价格、购买价格及到期期限等因素后得出的，更为精确和全面。到期收益率用公式表示为：

$$到期收益率=\frac{每期利息+\dfrac{到期还本（出售价格）-购入价格}{持券期间}}{\dfrac{购入价格+到期还本（出售价格）}{2}}\times 100\%$$

式中的持券期间是指银行实际持有证券的时间，既不是证券的发行日至到期日的期间，也不是银行购入日至到期日的时间。

例如，某银行持有票面价值为 100 元的证券，票面收益率为 10%，偿还期为 3 年，银行购入该证券的价格为 88 元，银行一直持有到偿还期满，则当期收益率等于 11.4%（即 100×10%/88）。

$$到期收益率=\frac{100\times 10\%+\dfrac{100-88}{3}}{\dfrac{88+100}{2}}\times 100\%=14.9\%$$

（二）证券投资收益曲线

证券投资收益曲线是指证券收益率和证券发行量之间的关系曲线。一般说来，证券发行人力求以最低的成本发行证券，而投资者则希望购入有最高收益率的证券。因此证券市场上的供求关系就决定了证券的收益率和证券发行量，证券市场需求增加，则证券收益率降低；证券市场需求减少，证券收益率就会上升。如图 8-1 所示。

证券投资收益曲线一般向右下方倾斜。如果证券信用等级较高，市场容量较大，曲线的倾斜度就比较小；若证券信用等级较低，市场容量狭小，曲线的倾斜度就比较大。对于信用级别最高的国库券，它的市场广阔，数量也巨大，任何人都不可能通过其购买数量影响其利率，该证券的收益曲线是水平的，与横轴平行。

证券投资收益曲线对银行的投资决策十分有用，投资决策时要将不同证券的收益曲线综合考虑。假设有三种证券 A、B、C 其投资收益曲线分别为 IR（A）、IR（B）、IR（C），如图 8－2 所示。从证券收益角度考虑，该银行应该首先投资于 A，投资额为 OA，其次投资于 B，投资额为 OB，最后对 C 进行投资。该银行对 A 的投资额不能超过 OA，否则银行的收益就会小于投资在 B 上的收益，对 B 的投资额不能超过 OB，否则银行的收益就会小于投资在 C 上的收益。

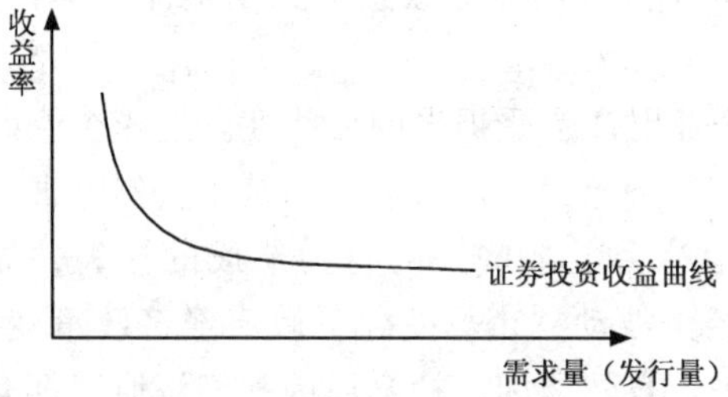

图 8－1　证券投资收益曲线

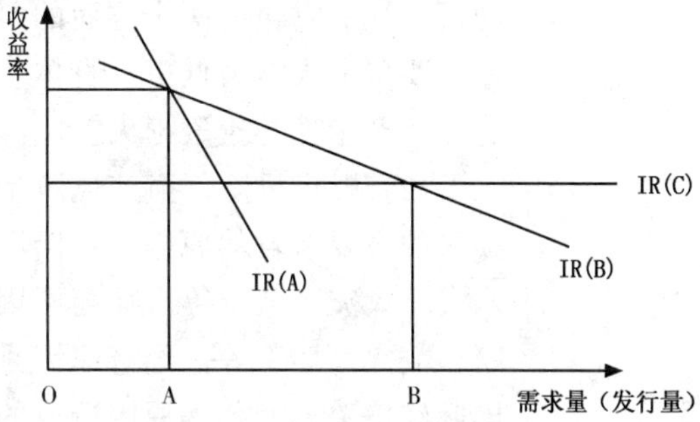

图 8－2　证券投资收益曲线的比较

二、商业银行证券投资的风险

商业银行证券投资的风险是指商业银行在进行证券投资中存在的本金或收益损失的可能性。证券投资遭受损失的可能性越大，风险就越大。根据能否通过证券组合消除风险，证券投资的风险可以分为系统风险和非系统风险，它们主要来源于证券发行企业的内部经营风险和外部风险。银行投资的目的主要是为了获得收益，增加流动性，保证安全性，因此，银行证券投资既要考虑期望收益率，也要考虑承受风险的大小，而不能只追求高盈利率，不考虑风险。银行应在风险尽可能小的前提下获得尽可能大的收益率，以实现收益和风险的最佳投资组合，这是银行投资风险管理的基本思路。

（一）系统风险和非系统风险

根据风险能否通过证券组合加以消除，证券投资的风险可以分为系统风险和非系统风险。

1. 系统风险（又称为不可分散风险）是指对整个证券市场产生影响的风险。其来源可能是战争、通货膨胀、经济衰退等多种因素。系统风险波及市场上的所有证券，所以是不可能采用投资组合法加以分散的。但是系统风险对不同证券的影响程度是不一样的，因此银行可以通过对各种证券的分析，评估选择系统风险最小的证券投资，以降低银行投资的系统风险。

2. 非系统风险是指存在于个别投资证券或个别类别投资证券的风险。它主要来源于个别证券本身的独立因素，如财产风险、信用风险等。非系统风险与整个证券市场的状况不发生系统性的必然联系，某种投资证券存在某种风险时，市场上的其他证券并不一定存在这种风险，因此，非系统风险可以通过多元化投资组合来消除。

（二）内部经营风险和外部风险

根据风险的来源，可以将证券投资风险分为证券发行企业内部经营风险和外部风险。

1. 内部经营风险是由企业经营状况、管理水平等多种因素引起的，主要包括个人风险、财产风险、经营风险和责任风险。

(1) 个人风险。企业的个人风险是指企业因主要负责人的原因而遭受损失的可能性。它包括两个方面的因素：主要负责人员的才干高低和健康状况。企业主要负责人能力低下、身体状况不佳极有可能导致企业到期不能还本付息，有可能产生证券投资损失。

(2) 财产风险。财产风险是指企业财产遭受损失的可能性。造成企业财产损失的主要有自然原因、社会原因和经济原因等。自然原因是指自然灾害，如水灾、火灾、地震等。社会原因是指社会上某些人的行为造成的损失，如盗窃、放火、罢工等。经济原因是指经济波动、市场变化、政府经济政策变化、国际经济关系变化等原因造成的损失。自然原因、社会原因和经济原因都有可能造成企业财产的损失，导致企业到期不能还本付息，从而形成银行证券投资的风险。

(3) 经营风险。经营风险是指企业因经营不善而引起的风险。主要原因有：可行性研究的失败、资产运用不合理、负债过多。可行性研究的失败是指企业对投资项目没有进行可靠的可行性研究，使投资项目竣工后难以达到预期的收益。资产运用不合理是指企业的流动资产太少，难以及时调剂和清偿债务。企业负债过多是指企业发行的债券、股票过多，导致到期无力还本付息以及支付红利等。

(4) 责任风险。责任风险是指企业在一定情况下对于他人的身体损害或财产损害所负的赔偿责任而使企业遭受损失的可能性。责任风险主要产生于企业的生产销售活动，如企业在生产中排放的污染物、运输事故、产品不合格产生的事故等。企业一旦承担了上述责任，其赔偿往往很大，企业偿债能力会受到极大的削弱，造成银行证券投资的风险。

2. 外部风险是指由于社会投资环境的变化，引起证券持有人受损失的可能性。主要包括信用风险、市场风险、利率风险、购买力风险和流动性风险。

(1) 信用风险。信用风险是指证券发行人在证券到期时没有能力向证券持有人偿还本金或者有意不履行偿还义务而给证券持有人造成损失的可能性。信用风险主要受证券发行人的经营能力、资金实力、事业稳定性和事业前途等因素的影响。一般政府证券信用风险较小，中央政府证券信用风险更小，几乎可以视为不存在；政府机构和地方政府证券则次之；公司证券的信用风险则最大。但这也不能一概而论，有些国际知名的大公司，资本雄厚、信誉高，其信用风险也很低。在美国，有专门的证券评级公司对证券进行信用评级，向证券投资人提供各种证券的信用级别，并且根据证券信用级别的高低，将证券分为投资级证券和投机级证券。投资级证券信用风险低，是银行投资的主要对象，而投机级证券则有很高的信用风险，银行一般不投资于此级别的证券。美国最著名的证券评级公司是穆迪公司和标准普尔公司，其评估等级见表 8-1。

表 8-1　　评估等级表

证券级别说明	穆迪	标准普尔
安全性最高，基本上无风险，无论情况如何变化，还本付息没有问题	Aaa	AAA
安全性高，风险较最高等级债券略高，但没有问题	Aa	AA
安全性良好，还本付息没有问题，但存在将来状况容易比现状恶化的因素	A	A
安全性中等，目前的安全性，收益性没有问题，但在不景气时期要加以注意	Baa	BBB
有投机因素，不能保证将来的安全性，好的时期和坏的时期有波动，不可靠	Ba	BB
不适合作为投资对象，在还本付息的安全性及遵守契约条件方面不可靠	B	B
安全性极低，有无法还本付息的危险性	Caa	CCC
具有极端投机性，目前正处于违约状态中或有严重缺陷	Ca	CC
最低等级债券，无未来性	C	C

(2) 市场风险。市场风险是指由于证券市场和经济形势变化给证券投资人带来损失的可能性。例如，出于经济衰退，证券市场的需求量减少，证券价格下跌，这时如果投资人不得不出售证券，就会遭受损失。市场风险对于投资者来说是难以预测的，避免市场风险的主要方法是实行资产分散化，即银行将投资资产分散在多种类型的证券上。因为在证券市场需求量减少时，各种证券需求量的变化是不一样的，有的证券需求量大幅度减少，有的证券需求量只有小幅下降，有的证券需求量保持不变，还有的证券需求量反而上升。因此，通过分散化的证券投资，银行可以减少市场风险。

(3) 利率风险。利率风险是指由于市场利率的变化而给证券投资者带来损失的可能性。一般来讲，证券价格与市场利率是成反比例变化的，市场利率下降，投资者就会把银行存款投入证券，导致证券需求量增加，价格上升；市场利率上升，投资者就会把资金从证券市场上抽出，投入到其他收益率较高的资产，如银行存款等，导致证券需求量下降，价格下跌。这时，若证券持有人不得不出售证券，就会遭受损失。另外，在证券信用等级、价格等其他条件相同的情况下，利率风险与证券的偿还期长短成正比例变化。长期证券到偿还期跨越的时间长，市场利率受不可预测的因素影响大，容易出现较大的波动幅度或较长时期的升降，而且长期证券不容易流通转让，所以，偿还期越长，利率风险就越大。而短期证券利率波动幅度较小，流动性比较好，所以偿还期越短，利率风险就越小。如某银行在市场利率为 10% 时，以 100 元的价格购入一张收益率为10%的证券，1个月后，银行急需资金，在市场上出售证券。如果此时市场利率上升为15%，则该证券的价格为证券面值×票面收益率/市场利率=100×10%/15%=66.7元，银行损失100-66.7=33.3元，如果此时市场利率下降为5%，则该证券的价格为100×10%/5%=200元，则银行盈利为200-100=100元，所以市场利率的变化会给银行投资带来风险。

(4) 购买力风险。购买力风险又称通货膨胀风险，是指由于通货膨胀使投资收益所代表的实际购买力下降而给投资者带来损失的可能性。受通货膨胀的影响，证券投资的实际收益率并不等于其名义收益率，证券投资的收益主要有利息（股利）和资本收入，在没有资本收入的情况下，证券的票面收益率如果小于通货膨胀率，则投资的本金未受损失，只是投资的实际收益率小于票面收益率；如果证券的票面收益率等于通货膨胀率，则投资刚刚保本，实际收益率为零；如果通货膨胀率大于证券票面收益率，则投资不但没有收益，而且要亏本。通货膨胀的程度越大，证券投资的实际收益就越低；证券的期限越长，通货膨胀的风险就越大。如某银行以100元的价格购入一张票面收益率为10%的证券，如果持有该证券期间通货膨胀率为8%，则银行实际收益率只有2%，如果通货膨胀率为12%，则银行就要亏损2%。

这里我们采用了

实际收益率=名义收益率-通货膨胀率

的公式，但这只是简单的公式，准确的公式为：

实际收益率=［（1+名义收益率）/（1+通货膨胀率）］-1

(5) 流动性风险。银行投资的流动性风险是指银行把投资资产转化为现金而遭受损失的可能性。银行投资的流动性风险取决于银行投资证券的流动性，如果银行投资的证券能迅速变现而不致损失，那么银行投资的流动性风险就比较小；如果银行投资的证券在短期内不易变现，或变现时容易受价格波动的影响，或变现时的交易成本很大，那么银行投资的流动性风险就比较大。

三、商业银行证券投资风险的测度

衡量商业银行证券投资的风险一般采用标准差法和β系数法。

（一）风险测度的标准差法

计算公式为：

$$\sigma_i = \sqrt{\sum_{t=1}^{n} (R_{it} - R)^2 \cdot P_i}$$

式中，σ_i 为银行证券投资组合中第 i 种证券的风险度；R_{it} 为第 i 种证券在各期可能的收益率；P_i 为 R_{it} 发生的概率；n 为收益率可能值的数目；R 为期望收益率。

期望收益率的计算公式为：$R = \sum_{t=1}^{n} R_i \cdot P_i$

式中，R_i 为第 i 种证券的可能收益率。

标准差反映了不同证券风险的大小，既包括系统风险，也包括非系统风险。标准差越大，其所对应的概率分布的离散程度也就越大，投资组合的可能收益就越远离期望收益，预期收益实现的可能性就越小，投资损失的可能性就越大；标准差越小，其所对应的概率分布的离散程度就越小，投资组合的可能收益就越接近期望收益，预期收益实现的可能性越大，投资损失的可能性就越小。

（二）β系数法

β系数法主要是衡量证券的系统性风险，它衡量的是某种证券相对于整个证券市场收益水平的收益变化情况。整个证券市场收益的β值为1，如果某种证券的β值大于1，则表明该证券收益的波动幅度要比证券市场的收益波动幅度大，因而风险较大。如果某种证券的β值小于1，则表明该证券收益的波动幅度比证券市场收益的波动幅度要小，因而风险也较小。

β系数法的计算公式为：

$$\beta=\frac{\text{某证券预期收益}-\text{该期收益中非风险部分}}{\text{整个证券市场证券组合预期收益}-\text{该期收益中非风险部分}}$$

四、商业银行证券投资风险与收益的关系

（一）商业银行证券投资与收益的一般关系

证券投资的风险与收益有着密切的关系，证券风险越大，投资收益损失的可能性就越大，但同时，投资者要求证券发行人付给的收益也就越多；证券风险越小，投资收益损失的可能性就越小，但同时，证券发行人付给投资者的收益也就越少。因此，一般说来，证券投资的收益与其风险之间存在着正比例关系。

证券投资的风险与收益是不断变化的，其变动基本表现为六种情况。第一，风险不变，收益变动。由于收益的变动可以增加，也可以减少，所以银行应当尽可能地增加收益。第二，收益不变，风险变动。由于风险的变动可以上升，也可以下降，所以银行应当尽可能地降低风险。第三，风险上升，收益增加。银行应当使收益的增长超过风险上升的幅度，以实现盈利。第四，风险降低，收益减少。收益的减少固然不可取，但由于风险也在下降，因此只要风险的降低比收益的减少更快，银行的投资就仍然是不可取的。第五，收益增加，风险降低。商业银行应当积极寻求这种最佳的情况。第六，收益减少，风险上升。银行应当避免在这种情况下进行投资。总之，银行应当在既定的风险条件下，取得尽可能高的收益，或者在取得一定收益的情况下，尽可能少地承担风险，这实际上就是进行证券投资组合的基本原则。

（二）证券风险与报酬的确认——证券信用等级

为了合理地反映证券投资风险的大小和报酬率的高低，一般要对证券进行评级。现说明几种主要证券的信用评级方法。

1. 债券的评级。债券的评级是指证券评级机构根据债券的风险和利息率的高低，对债券的质量作出的一种评价。在评级时考虑的主要因素是：(1) 违约的可能性；(2) 债务的性质和有关附属条款；(3) 在破产清算时债权人的相

对地位。债券的等级一般分为 AAA、AA、A、BBB、BB、B、CCC、CC、C 九级，从前到后质量依次下降。一般而言，前四个级别的债券质量比较高，大多数投资人都可以接受，因而被称为“投资等级”；后五个级别的债券质量较低，大多数投资人都不愿意购买，被称为“投机等级”。

2. 优先股评级。优先股评级是证券评估机构对优先股的质量作出的一种评价。对优先股评级考虑的主要因素是：(1) 支付股利的可能性；(2) 优先股的性质和各种条款；(3) 在破产清算和企业重组时优先股的相对地位。优先股的评级与债券评级大体一致，但优先股的股利分配和对企业财产的要求权都位于债权人之后，因此，优先股等级一般不能高于同一企业发行的债券的级别。

3. 短期融资券的评级。短期融资券的评级是对期限在一年以内的债券的一种评级。因为短期融资券在西方国家又称商业票据，所以短期融资券评级又称商业票据评级。

商业票据的等级可根据债务人按时支付商业票据债务的能力划分为 A、B、C、D 四大类。A 级是最高级别的商业票据，表示按时支付能力最强。“A”的后面还可以加上 1、2、3 以表示安全性的相对程度。B 级表示有充分的按时支付能力，但是条件的改变或暂时的逆境会破坏这种能力。C 级表示支付能力令人怀疑。D 级表示这种商业票据正在被拖欠或者将来到期时将被拖欠。

4. 普通股的编列。普通股没有固定的到期日，股利的支付事先也没有具体规定，因此普通股不存在违约风险，也就不存在评级问题，只是根据普通股股利的增长情况和稳定程度、以往的信息资料以及发行普通股企业的大小来进行普通股的编类排列。

在美国，有专门的证券评级公司对证券进行信用评级，向证券投资人提供各种证券的信用级别，并且根据证券信用级别的高低，将证券分为投资级证券和投机级证券。投资级证券信用风险低，是银行投资的主要对象，而投机级证券则有很高的信用风险，银行一般不投资于此级别的证券。美国最著名的证券评级公司是穆迪投资者服务公司和标准普尔公司，其评估级别见表 8-2。

表 8-2　可交易证券的信用风险级别

证券级别说明	穆迪	标准普尔	证券的信用	投资分析
安全性最高，基本上无风险，无论情况如何变化，还本付息没有问题	Aaa	AAA	质量最优，投资风险最小	投资质量或投资级别被认为对多数银行可以接受
安全性高，风险较最高等级债券略高，但没有问题	Aa	AA	高级或高质量	
安全性良好，还本付息没有问题，但存在将来状况容易比现状恶化的因素	A	A	中高级	
安全性中等，目前的安全性、收益性没有问题，但在不景气时期要加以注意	Baa	BBB	中级	

续表

证券级别说明	穆迪	标准普尔	证券的信用	投资分析
有投机因素，不能保证将来的安全性，好的时期和坏的时期有波动，不可靠	Ba	BB	中级，有投机因素	投机质量和垃圾债券/被认为对多数银行不合适
不适合作为投资对象，在还本付息的安全性及遵守契约条件方面不可靠	B	B	中低级	
安全性极低，有无法还本付息的危险性	Caa	CCC	表现差/可能违约	
具有极端投机性，目前正处于违约状态中或有严重缺陷	Ca	CC	投机性/经常违约	
最低等级证券，无未来性	C	C	最低等级投机类证券/前景差	

第三节　商业银行证券投资的策略

证券投资的盈利性吸引了众多投资者，但证券投资的风险性又使许多投资者望而却步，要有效地解决这一难题，科学地进行证券的投资组合就是个比较好的办法。证券投资的风险可分成两部分：可分散风险与不可分散风险。通过有效地进行证券投资组合，可削减甚至消除可分散风险，达到降低风险的目的。

投资风险存在于各个国家的各种证券中，它们随经济环境的变化而不断变化。简单地把资金全部投向一种债券，便要承受巨大的风险，一旦失误，就会全盘皆输。因此，证券市场上经常可以听到一句名言：不要把鸡蛋放在一个篮子里。证券投资组合是证券投资的重要战略步骤，它可以帮助投资者全面捕捉获利机会，降低投资风险。

一、商业银行证券投资的一般策略

商业银行证券投资的一般策略是指银行将资金投资在不同种类、不同期限的证券中进行分配，尽可能对风险和收益进行协调，使风险最小，收益率最高，从而达到有效证券组合。银行在进行投资时，应避免将其全部资金用来购买一种或几种证券，而应对多种证券同时进行投资，以分散风险。一定的投资额可以形成不同的证券搭配组合，而有效证券组合就是对投资者最有利的证券组合。它是指在证券投资总额一定的条件下，承担的总风险相同但预期收益较高的证券组合，或者是预期收益相同但组合的总风险度最低的证券组合。图8－3是有效证券组合区间示意图，OA代表风险和收益相同的证券组合，图中的阴影区表示了有效证券组合。C点、D点在有效证券组合区间内，因此是有效的证券组合，而B点、E点不在有效证券组合区间内，不是有效的证券组合。

一般来讲，随着证券投资数量的增加，组合资产的风险将会下降。但是根据美国证券投资专家华格纳对纽约股票交易所1960—1970年间的200种股票进行组合增量的收益风险比较，如果组合中已经包括了10种以上的有价证券，那么，增加证券数量所降低的风险将趋于微小。因此，如何进行多元化证券组合就显得非常重要。在进行多元化证券组合的过程中，银行必须考虑三个因素：第一，证券组合中每一种证券的风险。各个证券的风险越小，组合的风险越小；各个证券的风险越大，组合的风险越大。第二，证券组合中各种证券的比例。高风险证券所占比例越大，组合的总风险越大。第三，证券组合中各种证券收益的相关度。

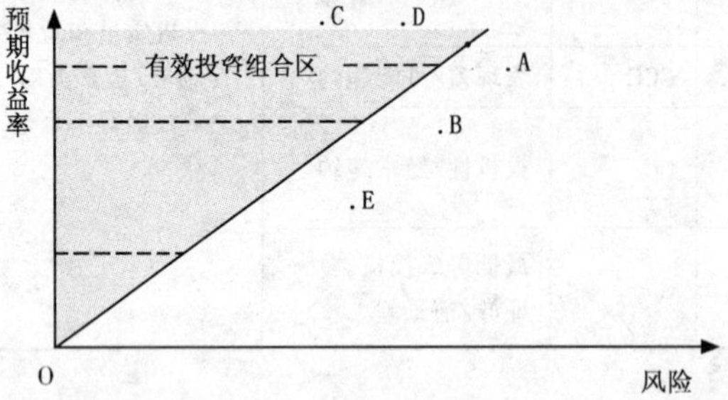

图8-3 有效证券投资组合

它可以用相关系数 ρ_{xy} 来表示：

$$\rho_{xy} = \frac{cov(x,y)}{\sigma_x \sigma_y}$$

$\rho=1$ 表示各种证券完全正相关，证券组合不能减少风险。$\rho=-1$ 表示各种证券完全负相关，证券组合可以完全消除风险。在实际的投资组合中，各种证券一般不是完全的正相关或者负相关，相关度 ρ 很少能等于1或者-1，而是位于区间 $[-1,1]$ 内。总的来看，西方商业银行证券投资的主要策略有分散化投资法、期限分离法、灵活调整法和证券调换法。

二、分散化投资法

分散化投资法是指商业银行不应把投资资金全部用来购买一种证券，而应当购买多种类型的证券，这样可以使商业银行持有的各种证券收益和风险相互抵消，从而使银行能够稳妥地获得中等程度的投资收益，不会出现大的风险。证券投资的分散主要有以下四个方法：期限分散法、地域分散法、类型分散法、发行者分散法。

在这些分散法中，最重要的就是期限分散法。它是指在证券的期限上加以分散，将资金分别投入到各种期限的证券中。因为证券的价格和利率之间有反向变化的关系，如果持有证券的期限集中，那么利率变动时，这种组合的风险防范能力就较低，从而使投资组合遭受损失。如果投资资金在各种期限的证券上分散，那么，在利率变化时，各种证券的价格变化方向不一致，从而可以抵消价格的变化，使资金不致遭受损失。

商业银行证券投资在期限上分散的主要办法是梯形期限法，即银行把全部投资资金平均投入到各种期限的证券上，使银行持有的各种期限的证券数量都相等，当期限最短的证券到期和资金收回后，银行将收回的资金再次投放，购买期限最长的证券，如此循环往复，使银行持有的各种期限的证券总是保持相等的数额，从而可以获得各种证券的平均收益率。由于投资分散，违约风险减小，各种证券价格的上升和下跌可以相互抵消，因此不会有太大的风险。因为这种投资法用图形表示出来与距离相等的阶梯相似，这种投资法就称为梯形期限法（如图 8-4 所示）。如某银行有投资资金 1100 元，可供选择的投资证券有 1—11 年的到期日共 11 种。这时，银行可将资金平均分配在这 11 种证券上，每种证券的持有量均为 100 元。当 1 年期证券到期时，银行可以将收回的 100 元资金购买新发行的 10 年期的证券，这时，原来持有的证券的到期日都已经提前 1 年，2 年的变为 1 年，3 年的变为 2 年，依此类推，结果仍然是银行持有 1—10 年期的证券各 100 元。

梯形期限投资法具有一定的优点：一是简便易行，只要把投资资金平均投放到各种期限的证券上即可。二是不必预测市场利率的变化，可以避免因利率预期错误而带来的损失，同时，也不必对市场利率的变动作出反应，无论市场利率发生怎样的变化，投资政策都不需变动。三是可以保证银行获得各种证券的平均收益率。梯形投资法购入各种期限的证券资产，而且始终持有相等数量的各种期限的证券。这样，各种证券收益的增加和减少可以相互抵消，使银行获得平均收益率。

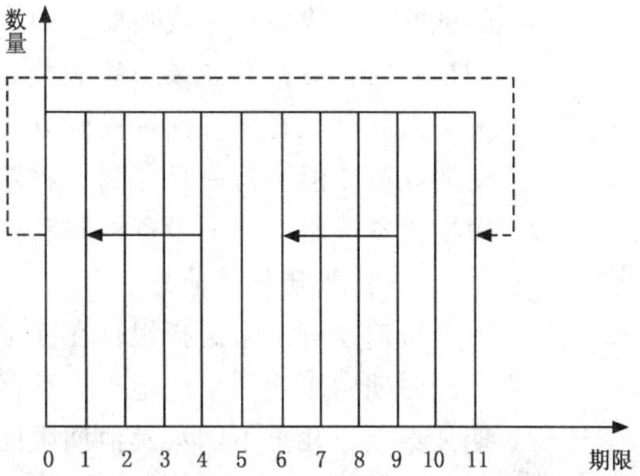

图 8-4 证券投资梯形期限法

但是，梯形投资法也存在着明显的缺陷：一是不灵活。当市场出现比较有利的投资机会时，银行往往难以作出反应，错失了机会。二是流动性不高。由于这种方法中的短期证券持有量较少，因此，当银行面临较高的流动性需求时，短期证券往往不能满足其需要，此时，如果银行没有其他资金来源，就不得不出售长期证券，但长期证券的流动性本来就不高，若想迅速出售换取流动资产，就必须大幅度压低价格出售，使银行遭受损失。

一些银行为了避免梯形期限法的缺陷，采用了比较灵活的办法。当市场上短期利率上升、短期证券价格下跌时，银行用到期证券收回来的资金购买短期证券而不是长期证券；当短期利率下降、短期证券价格上升时，再出售短期债券，购买长期证券。这样，从总体上，银行持有的证券在期限上仍然是梯形的，但可以多得一部分收益。此外，有的银行在运用梯形期限法时，往往加大短期证券的比重，使银行资产保持较高的流动性。

尽管分散化投资法的核心是期限的分散，但是地域、类型、发行者等方面的分散也是非常重要的。地域分散法是指商业银行不只购买某一地区发行的证券，而是购买各地发行的证券，使银行能够避免由于某一地区经济衰退而给投资业务造成重大损失的可能性。类型分散法是指商业银行持有的证券不是集中于某一种类证券，而是由各种类型的证券构成，如工业、农业、交通业等。由于各种类型证券的价格变动是不一致的，投资于多种类型的证券将使银行免受因集中投资于某一种证券，该证券价格下跌而对银行资产造成的损失。发行者分散法是指商业银行所持证券的债务人要多种多样，而不能集中投资于某一个债务人发行的债券，其目的同样是为了分散投资风险。

三、期限分离法

期限分离法和分散化投资法正好相反。分散化投资法是将全部资金平均分摊在从短期到长期的各种证券上，而期限分离法是将全部资金投放在一种期限的证券上，或短期，或长期。如果银行投资的证券价格大幅度上涨，银行会得到很高的收益；但如果银行投资的债券价格大幅度下降，银行将遭到巨大损失。由此可以看出，这种投资方法具有很大的风险，不能保证银行获取中等程度的收益。但银行一旦获利，收益也会很高。期限分离法有三种不同的战略：短期投资战略、长期投资战略和杠铃投资战略。

（一）短期投资战略

短期投资战略是指银行在面临高度流动性需求的情况下，且银行分析认为一段时期内短期利率将趋于下跌，银行把其绝大部分投资资金，全部投放在短期证券上，几乎不购买其他期限的证券。这种投资战略具有高度的灵活性和流动性，当银行需要资金时，可以迅速地把短期证券卖出。但是，这种投资战略的收益性，要取决于证券市场上利息率变动的情况。如果银行购买证券，市场上短期利率普遍下跌，短期证券的价格就会上涨，银行就会获得资本收入；反之，如果市场短期利率上升，短期证券价格下降，银行就会遭到较大的损失。这种短期投资策略又被称为“千斤顶”策略，如某银行全部投资资金为1000元，银行将990元投入在短期证券上，只有10元投入在长期证券上。如图8－5所示。

（二）长期投资战略

与短期投资战略相反，长期投资战略是银行将其绝大部分资金投资于长期证券上，几乎不持有任何其他期限的证券。由于长期利率的变化并不频繁，从而长期证券的价格波动不大，银行投资的资本收入和损失不太明显，而且长期证券票面收益率比其他期限的票面收益率都要高，所以这种投资战略可使银行获得较高的收益。但是长期投资战略缺乏短期投资战略的灵活性和流动性，银行在需要现金时难以转手长期证券，或者在证券转让时可能遭到较大的资本损失。银行一般在其流动性需求较低时才采取这种战略。

（三）杠铃投资战略

杠铃投资战略综合了上述两种方法，将其全部投资资金主要分成两部分，一部分投放在短期证券上，一部分投放在长期证券上，而对中期证券则基本不投资，银行的这种证券持有方式，从外表上看，与杠铃的形状大致类似，所以称之为杠铃投资战略，如图8－6所示。在这种投资战略中，长短期债券的期限选择以及长短期证券在组合中的比重由银行自己决定。有的银行将短期证券期限限定在 1 年以下，有的则包括 1—3 年期的证券；在长期债券中，有的为 15—20 年，有的则为 20—30 年。此种投资战略并不是长短期证券的持有量总是各为 50%，而是银行根据自己的情况进行安排，有的可能是 30:70，有的可能是 40:60 等。当然，银行也并不是完全不购买中期证券，只是购买数量极少，主要集中在短期和长期证券上。通常情况下，银行若判断短期利率可能下降，短期证券价格上涨，就会减少长期证券的比重，增大短期证券的投资比重；若银行判断短期利率可能上升，短期证券价格下跌，就会减少短期证券的投资比重，增加长期证券的比重。

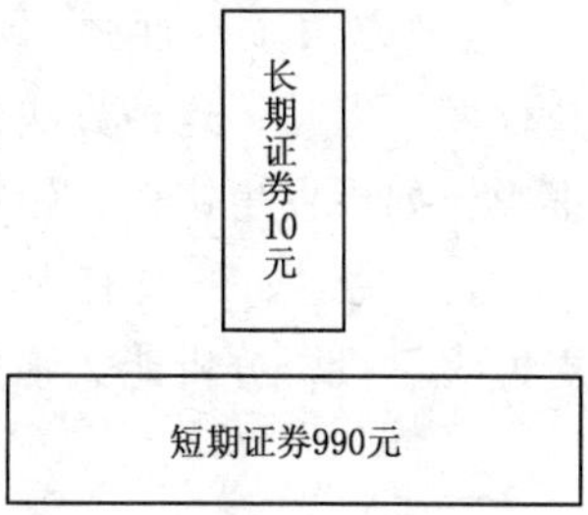

图 8－5 证券投资期限分离法
——短期投资策略

图 8－6 杠铃投资策略

杠铃投资战略与短期投资战略和长期投资战略相比，其优势主要在于：第一，比较灵活，银行可以根据市场利率的变动，对其投资进行调整。当银行预期长期市场利率下降，长期证券价格将上升时，银行可以售出部分短期证券，用所得资金购入长期证券；等到长期利率确实下跌，长期证券价格已上涨到一定幅度时，银行再将这部分长期证券售出，购入短期证券，银行可以多获得一部分收益。当银行预测短期市场利率将下降，短期证券价格将上涨时，银行可以出售部分长期证券购入短期证券；等到短期市场利率确实下降，短期证券价格上涨时将这部分证券出售，购入长期证券，银行可获得相当的收益。第二，杠铃投资战略可以使银行的投资活动在保持较高收益的同时，保持一定的流动性和灵活性。

杠铃投资战略的缺陷主要是银行必须根据对市场利率的预测来安排投资，因而需要密切注意市场上各种类型、各种期限的利率的变化情况，作出准确预测，并采取相应调整措施，这将耗费银行许多人力物力，对于小银行来说，往往得不偿失。而且，银行一旦预测失误，将遭受重大损失，所以，杠铃投资战略的风险是比较高的。

四、灵活调整法（操纵收益曲线法）

灵活调整法是针对分散化投资法和期限分离法在投资中资金转换灵活度差的特点，实施一种依情况变化而随机组合、灵活调整的方式。它的基本内容是：银行的投资不固守一个模式，而是随着金融市场上证券收益曲线的变化随时调整。当银行预期长期利率将下降，长期证券的价格将上涨时，银行就把短期投资资金转移到长期证券上；当银行预期短期利率将下降，短期证券的价格将上涨时，银行就把长期资金转移到短期证券上。

表面看来，灵活调整法与杠铃投资战略比较类似，实际上，两者有很大的区别。在杠铃投资战略中，虽然投资资金也是随着收益曲线的变化而进行调整，但是调整过程仍然以杠铃的另一端保持一定证券为前提，尽管数量可能不是很大。而灵活调整政策则更加主动，只要银行预测某种证券的价格将会上升，资金就可以全部转移到此种证券上，而不必考虑是否还要保留一定数量与之在期限上对称的证券。

灵活调整法完全是银行通过对各类证券收益曲线的分析，预测未来市场利率的变化趋势，从而相机作出投资组合的调整。这种方法主动性强、灵活度大，如果预测准确的话，其收益率可以达到很高程度。但是，这种方法的风险性也相当大，银行对证券收益曲线的预测必须正确，如果发生错误，银行所遭受的损失将是十分惨重的。所以，对于一般的银行来说，如果没有太大的把握，是不会采取灵活调整法的，只有那些资本规模大、投资分析能力强的大银行，才会将其作为增加收入的方法。

五、证券调换法

证券调换法是指当市场处于暂时性不均衡而使不同证券产生相对的收益方面的优势时，用相对劣势的证券调换相对优势的证券可以套取无风险的收益。调换的主要方法有以下几种。

（一）价格调换

价格调换是指当银行发现市场上有一种证券与自己已持有的证券在票面收益率、期限、风险等级和其他方面都一样，只是市价比较低时，就出售已持有的证券来换取这种证券，以赚取价格差异。

（二）收益率调换

收益率调换是指银行发现市场上有一种证券与自己已持有的证券在期限、票面价值、到期收益率、风险等级等其他方向都一样，只是票面收益率比较高时，就出售已持有的证券来换取这种证券，以获得证券再投资的收益。比如有两种证券，期限都是25年，票面价值都是100元。银行持有的证券票面收益率为10%，市场价格为92元，到期收益率为11%；另一种证券的票面收益率为11%，市场价格为100元，到期收益率为11%。此时银行将手中持有的证券卖出，增加8元买入票面收益率为11%的证券，银行每年能多获得1元的利息收入，25年即可多获得收入17元。如果将多获得的利息进行再投资，银行获得的收入还将进一步增加。

（三）市场内部差额调换

市场内部差额调换是指如果两种证券在期限、票面利率、风险等级等各方面，除了其中一项不同外，其他各项都一样，而这项不同将产生不同的价格或者收益影响，就可以将所持有的价格或者收益较差的证券调换为较好的证券。

（四）利率预期调换

当市场利率发生变化时，对不同证券的影响是不同的，根据对利率走势的预测，将因利率变化对收益率产生较差影响的证券调换成产生较好影响的证券。

（五）减税调换

西方国家一般规定，证券交易的收益要缴纳一定的所得税，缴纳方法一般是超额累进制，即收益每增加一个等级，纳税等级就增加一级。比如，1 万元时所得税率为 5%，5 万元时所得税率为 7%，10 万元时所得税率为 10%。如果证券持有者的资本收益超过某一限额，其必须多缴纳所得税。银行为了少缴税额，经常运用减税调换的方式，在银行的资本收益达到或超过某一限额时，将自己手中持有的价格下跌的证券在市场上出售，使银行在资本上受到一定损失，但是银行的资本收益保持在一定的限额之下，适用较低的所得税率，因而银行可获得更多的净收益。

本章小结

证券投资是指为了获取一定收益而承担一定风险，对有一定期限规定的证券的购买行为。商业银行作为经营货币资金的特殊企业，进行证券投资主要有三个目的：获取收益、分散风险和增强流动性。

可供银行选择的证券投资种类越来越多，主要有政府债券、公司债券、股票、商业票据、银行承兑票据、创新的金融工具。

商业银行进行证券投资的最主要目的是获取收益，但是收益和风险往往是并存的，如何处理好收益和风险的关系是商业银行证券投资的关键。证券投资的收益来自利息收入和资本收益两个方面。商业银行证券投资的风险是指商业银行在进行证券投资中存在的本金或收益损失的可能性。证券投资遭受损失的可能性越大，风险就越大。根据能否通过证券组合消除风险，证券投资的风险可以分为系统风险和非系统风险；根据风险的来源，可以将证券投资风险分为证券发行企业内部经营风险和外部风险。衡量商业银行证券投资的风险一般采用标准差法和 β 系数法。

证券投资的盈利性吸引了众多投资者，但证券投资的风险性又使许多投资者望而却步，要有效地解决这一难题，就必须通过有效的证券投资组合，削减甚至消除可分散风险，达到降低风险的目的。商业银行证券投资的策略有一般策略、分散化投资法、期限分离法、灵活调整法和证券调换法等。

复习思考题

一、名词解释

证券投资　　系统性风险　　非系统性风险　　期限分离法　　灵活调整法　　证券调换法

二、问答题

1. 商业银行证券投资的目的是什么？
2. 可供商业银行证券投资的工具主要有哪些？
3. 商业银行证券投资的风险主要有哪些？
4. 商业银行证券投资的策略主要有哪些？
5. 试简要叙述商业银行期限分离法的主要内容。

第九章

固定资产的管理

第一节　固定资产的定价和投资决策方法

一、固定资产的概念与计价

（一）固定资产的定义

新企业会计准则将固定资产定义为："固定资产，是指同时具有以下特征的有形资产：(1) 为生产商品、提供劳务、出租或经营管理而持有的；(2) 使用寿命超过一个会计年度。"其中"出租"，不包括作为投资性房地产的以经营租赁方式租出的建筑物。

商业银行应当根据固定资产定义，结合本银行的具体情况，制定适合于本企业的固定资产目录、分类方法、每类或每项固定资产的折旧年限、折旧方法，作为进行固定资产核算的依据。

（二）固定资产的计价

固定资产计价，是指用货币计量单位表示固定资产的价值。根据新企业会计准则规定，固定资产应按其取得时的成本及预计的处置费用折现值入账。固定资产取得时的成本应根据具体情况分别确定。

1. 外购固定资产的成本包括买价、增值税、进口关税等相关税费，以及为使固定资产达到预定可使用状态前所发生的可直接归属于该资产的其他支出，如场地整理费、运输费、装卸费、安装费和专业人员服务费等。如果以一笔款项购入多项没有单独标价的固定资产，按各项固定资产公允价值的比例对总成本进行分配，分别确定各项固定资产的入账价值。

2. 自行建造的固定资产，按建造该项资产达到预定可使用状态前所发生的必要支出，作为入账价值。

3. 融资租入的固定资产，其入账价值按《企业会计准则——租赁》的规定确定。

4. 非货币性交易中取得的固定资产，其入账价值按《企业会计准则——非货币性交易》的规定确定。

5. 投资者投入的固定资产，按投资各方确认的价值，作为入账价值。

6. 债务重组中取得的固定资产，其入账价值按《企业会计准则——债务重组》的规定确定。

7. 接受捐赠的固定资产，按以下规定确定其入账价值：

(1) 捐赠方提供了有关凭据的，按凭据上标明的金额加上应当支付的相关税费，作为入账价值；

(2) 捐赠方没有提供有关凭据的，按以下顺序确定其入账价值：

①同类或类似固定资产存在活跃市场的，按同类或类似固定资产的市场价格估计的金额，加上应当支付的相关税费，作为入账价值；

②同类或类似固定资产不存在活跃市场的，按接受捐赠的固定资产的预计未来现金流量现值，作为入账价值。

如接受捐赠的系旧的固定资产，按依据上述方法确定的新固定资产价值，减去按该项资产的新旧程度估计的价值损耗后的余额，作为入账价值。

8. 盘盈的固定资产，按以下规定确定其入账价值：

(1) 如果同类或类似固定资产存在活跃市场的，按同类或类似固定资产的市场价格，减去按该项资产的新旧程度估计的价值损耗后的余额，作为入账价值；

(2) 如果同类或类似固定资产不存在活跃市场的，按该项固定资产的预计未来现金流量现值，作为入账价值。

9. 应当计入固定资产成本的借款费用，按《企业会计准则——借款费用》的规定处理。

二、固定资产投资决策方法

固定资产的投资决策的分析评价，需要采用一些专门方法，常用的评价方法有净现值法、年金净流量法、现值指数法、内含报酬率法、回收期法和会计收益率法等。其中净现值法、年金净流量法、现值指数法、内含报酬率法、贴现回收期法统称为“贴现法”，它们均考虑了货币的时间价值；会计回收期法、会计收益率法统称为“非贴现法”，它们没有考虑货币的时间价值。

(一) 净现值法

1. 基本原理。净现值是指投资项目的未来现金净流量的现值与原始投资额现值之间的差额。计算公式为：

净现值 = 未来现金净流量现值 - 原始投资额现值

任何企业或个人进行投资，总是希望投资项目的未来现金流入量超过现金流出量，从而获得投资报酬。但长期投资中现金流出量和现金流入量的时间及数量是不相同的，这就需要将现金流出量和现金流入量都按预定的贴现率折算成现值，再将二者的现值进行比较，其差额即投资方案的净现值。净现值法设定的贴现率是投资者所期望的最低投资报酬率，净现值为正，方案可行，说明方案的实际投资报酬率高于所要求的报酬率；净现值为负，方案不可取，说明方案的实际投资报酬率低于所要求的报酬率。

当净现值为零时，说明方案的投资报酬率刚好达到所要求的投资报酬率。

所以，净现值的经济含义是投资方案报酬超过基本报酬后的剩余收益。其他条件相同时，净现值越大，方案越好。采用净现值法来评价投资方案，一般有以下步骤：

第一，测定投资方案每年的现金流出量和现金流入量。

第二，设定投资方案采用的贴现率。确定的方法可以是：①以社会平均资本成本率为标准，社会平均资本成本率也就是货币时间价值中无风险最低报酬率。②以投资者希望获得的预期最低投资报酬率为标准，这就考虑了投资的风险报酬因素以及通货膨胀因素。

第三，按设定的贴现率，分别将每年的现金流出量和现金流入量折算成现值。

第四，将未来的现金净流量现值与投资额现值进行比较，若前者大于或等于后者，则方案可采用；若前者小于后者，则说明方案达不到投资者的预期投资报酬率，不可采用。

[例 9－1] W 银行计划购买一台新型设备，新设备价款为 30000 元，购入时支付 60%，余款下年付清，按 20% 计息。设备使用年限 6 年，报废后估计有残值收入 3000 元。使用新设备后，银行每年新增利润 5000 元。当时的银行存款年利率为 12%。试问用净现值法分析 W 银行能否购买新设备？

机器购入使用后：

每年折旧费＝（30000－3000）÷6＝4500（元）

每年现金净流量 NCF＝利润＋折旧＝5000＋4500＝9500（元）

（1）未来现金净流量现值：

每年 NCF　　9500×（PA，12%，6）＝39054.50（元）

第一年利息费　　30000×40%×20%＝2400（元）

2400×（PA，12%，1）＝2143.20（元）

残值收入　　3000×（PA，12%，6）＝1521（元）

现金净流量现值合计：38432.30（元）

（2）原始投资额现值：

目前支付额　　30000×60%＝18000（元）

下年支付额　　30000×40%＝12000（元）

12000×（PA，12%，1）＝10716（元）

（3）净现值＝38432.30－28716＝9716.30（元）

该方案净现值 9716.30 元，说明该方案的报酬率大于资本成本率 12%，方案可行。

2. 对净现值法的评价。净现值法简便，其主要的优点在于：

第一，实用性强，能基本满足年限相同的互斥投资方案的决策。所谓互斥投资方案，是指两个以上投资项目不能同时并存，必然相互排斥。

第二，能灵活地考虑投资风险。净现值法只要在所采用的贴现率中包括要求的投资风险报酬率，就能有效地考虑投资风险。

净现值法也具有明显的缺陷，主要表现在：

第一，不能说明方案本身报酬率的大小。

第二，所采用的贴现率不明确。如果两方案采用不同的贴现率贴现，采用净现值法一般不能够得出正确结论。同一方案中，如果要考虑投资风险，则所要求的风险报酬率也不易确定。

第三，在独立投资方案决策时，如果各方案的原始投资额不相等，有时无法作出正确决策。所谓独立投资方案，是指两个以上投资项目互不依赖，可以同时并存。如，对外投资购买甲股票或乙股票，它们之间并不冲突。在独立投资方案中，尽管某项目净现值大于其他项目，但所需投资额大，获利能力可能低于其他项目，而该项目与其他项目又是非互斥的，因此只凭净现值大小无法决策。

第四，净现值有时也不能对寿命期不同的独立投资方案和互斥投资方案进行直接决策。某项目尽管净现值小，但其寿命期短；另一项目尽管净现值大，但它是在较长的寿命期内取得的。两项目由于寿命期不同，因而净现值是不可比的。要采用净现值法对寿命期不同的投资方案进行决策，可行方案之一是将各方案均转化为相等寿命期进行比较。

(二) 年金净流量法

投资项目的未来现金净流量与原始投资额的差额，构成该项目的现金净流量总额。项目期间内全部现金净流量总额的总现值或总终值折算为等额年金的平均现金净流量，称为年金净流量。其计算公式为：

$$年金净流量=\frac{现金流量总现值}{年金现值系数}=\frac{现金流量总终值}{年金终值系数}$$

与净现值法一样，年金净流量的结果大于零，说明每年平均的现金流入能抵补现金流出，投资项目的净现值（或净终值）大于零，方案的报酬率大于所要求的报酬率，方案可行。在两个以上寿命期不同的投资方案比较时，年金净流量越大，方案越好。

［例 9-2］ 甲、乙两个投资方案，甲方案需一次性投资 10000 元，可用 8 年，残值 2000 元，每年取得利润 3500 元；乙方案需一次性投资 10000 元，可用 5 年，无残值，第一年获利 3000 元，以后每年递增 10%。如果资本成本率为 10%，用年金净流量法分析应采用哪种方案？

两项目使用年限不同，净现值是不可比的，应考虑它们的年金净流量。由于：

甲方案每年现金净流量：$3500+(10000-2000)\div 8=4500$（元）

乙方案各年现金净流量：第一年 $=3000+10000\div 5=5000$（元）

第二年 $=3000(1+10\%)+10000\div 5=5300$（元）

第三年 $=3000(1+10\%)^2+10000\div 5=5630$（元）

第四年 $=3000(1+10\%)^3+10000\div 5=5993$（元）

第五年 $=3000(1+10\%)^4+10000\div 5$

$=6392.30$（元）

甲方案净现值 $=4500\times 5.335+2000\times 0.467-10000=14941.50$（元）

乙方案净现值 = 5000 × 0.909 + 5300 × 0.826 + 5630 × 0.751 + 5993 × 0.683 + 6392.30 × 0.621 − 10000 = 11213.77（元）

因此：甲方案年金净流量 = 14941.50 ÷（PA，10%，8）= 2801（元）

乙方案年金净流量 = 11213.77 ÷（PA，10%，5）= 2958（元）

尽管甲方案净现值大于乙方案，但它是 8 年内取得的。而乙方案年金净流量高于甲方案，如果按 8 年计算，可取得 15780.93 元（2958 × 5.335）的净现值，高于甲方案。因此，乙方案优于甲方案。本例中，用终值进行计算也可得出同样的结果。

从投资报酬的角度来看，甲方案投资额 10000 元，扣除残值现值 934 元(2000 × 0.467)，按 8 年年金现值系数 5.335 计算，每年应回收 1699（9066 ÷ 5.335）元。这样，每年现金流量 4500 元中，扣除投资回收 1699 元，投资报酬为 2801 元。按同样的方法计算，乙方案年投资报酬为 2958 元。所以，年金净流量的本质是各年现金流量中的超额投资报酬额。

年金净流量法是净现值法的辅助方案，当各方案寿命期相同时，实质上就是净现值法。因此，它特别适用于期限不同的投资方案决策。但同时，它也具有与净现值法同样的缺点，不便于对原始投资额不相等的独立投资方案进行决策。

（三）现值指数法

现值指数是投资项目的未来现金净流量现值与原始投资额现值之比。其计算公式为：

$$现值指数 = \frac{未来现金流量现值}{原始投资额现值}$$

从现值指数的计算公式可见，现值指数的计算结果有三种：大于 1、等于 1、小于 1。若现值指数大于 1，方案可行，说明方案实施后的投资报酬率高于预期报酬率；若现值指数小于 1，方案不可行，说明方案实施后的投资报酬率低于预期报酬率。现值指数越大，方案越好。

［例 9－3］ 有两个独立投资方案，有关资料如表 9－1 所示。

表 9－1　　净现值计算表

项　目	方案 A	方案 B
所需投资额现值	30000	3000
现金流入量现值	31500	4200
净现值	1500	1200

从净现值的绝对数来看，方案 A 大于方案 B，似乎应采用方案 A；但从投资额来看，方案 A 的投资额大大超过了方案 B。所以，在这种情况下，如果仅用净现值来判断方案的优劣，就难以做出正确的比较和评价。按现值指数法计算：

A 方案现值指数 = 31500 ÷ 30000 = 1.05

B 方案现值指数 = 4200 ÷ 3000 = 1.40

计算结果表明，B 方案的现值指数大于 A 方案，应选择 B 方案。

现值指数法也是净现值法的辅助方法，在各方案原始投资额相等时，实质上就是净现值法。由于现值指数是未来现金净流量现值与所需投资额现值之比，是一个相对数指标，反映了投资效率，所以，用现值指数法来评价独立投资方案，可以克服净现值法不便于对不同的独立投资方案进行比较和评价的缺点，从而使对方案的分析评价更加合理、客观。

现值指数法有时不能适应互斥投资方案的决策要求，同时与净现值法一样，也没有提供反映投资方案实际报酬率的数值。

（四）内含报酬率法

1. 基本原理。内含报酬率是指对投资方案的每年现金净流量进行贴现，使所得的现值恰好与原始投资额现值相等，从而是使净现值等于零时的贴现率。

内含报酬率法的基本原理是：在计算方案的净现值时，以预期投资报酬率作为贴现率计算，净现值的结果往往是大于零或小于零，这就说明方案的实际可能达到的投资报酬率大于或小于预期投资报酬率；当净现值为零时，说明两种报酬率相等。根据这个原理，内含报酬率法就是要计算出使净现值等于零时的贴现率，这个贴现率就是投资方案的实际可能达到的投资报酬率。

(1) 每年现金净流量相等时的计算方法。每年现金净流量相等是一种年金形式，通过查年金现值表，可计算出未来现金净流量，并令其净现值为零，有：

每年现金净流量 × 年金现值系数 - 投资额现值 = 0

计算出净现值为零时的年金现值系数后，通过查年金现值系数表，即可找出相应的贴现率 i，该贴现率就是方案的内含报酬率。

[例 9-4] D 银行拟购入一台新设备，购价为 158500 元，贷款一次付清，使用年限 4 年，无残值收入，该方案的最低投资报酬率为 12%（以此作为贴现率）。使用新设备后，估计每年现金净流量为 50000。试用内含报酬率法评价该方案是否可行。

令：50000 × 年金现值系数 - 158500 = 0

得：年金现值系数 = 158500 ÷ 50000 = 3.170

现已知方案的使用年限为 4 年，年金现值系数为 3.170。查年金现值系数表，可查得：时期 4，系数 3.170 所对应的利率为 10%，由此可以确定，方案的内含报酬率为 10%，低于最低投资报酬率 12%，所以不宜采用。

需要指出的是，如果计算出来的年金现值系数不能刚好等于年金现值系数表中的数字，就无法确定相应贴现率是多少。在这种情况下，需要采用内插法来进行计算。

[例 9-5] 某银行拟实施 A 方案，投资 60000 元，可使用 10 年，每年现金净流量为 15000 元。计算 A 方案的内含报酬率。

年金现值系数 = 60000 ÷ 15000 = 4.000

查年金现值系数表上时期 10 的横行中，没有 4.000 的折算系数，只有与

4.000相邻近的两个折算系数：4.193和3.682，它们对应的利率分别为20%和24%。由于4.000是介于4.193和3.682之间的。为了更精确地计算出A方案的内含报酬率，可采用内插法加以计算。方法如下：

将计算出来的年金现值折算系数4.000，需要计算的利率X%，以及从表中查得的与4.000相邻的两个系数及其对应的利率，分别列示如下：

20%	X%	24%
4.193	4.000	3.682

$$4.193 - 4.000 = 0.193$$

$$4.193 - 3.682 = 0.511$$

$$X\% = 20\% + (0.193 \div 0.511) \times (24\% - 20\%) = 21.51\%$$

计算结果表明，年金现值折算系数4.000对应的利率为21.51%，也就是说，A方案的内含报酬率为21.51%。

(2) 每年现金净流量不相等时的计算方法。如果投资方案的每年现金净流量不相等，各年现金流量的分布就不是年金形式，不能采用直接查年金现值系数表的方法来计算内含报酬率，而需采用逐次测试法。

逐次测试法的具体做法是：根据已知的有关资料，先估计一次贴现率，来试算未来现金净流量的现值，并将这个现值与投资额现值相比较，如净现值大于零，表示估计的贴现率低于方案实际可能达到的投资报酬率，需要重估一个较高的贴现率进行试算；如净现值小于零，表示估计的贴现率高于方案实际可能达到的投资报酬率，需要重估一个较低的贴现率进行试算。如此反复试算，直到净现值等于零或基本接近于零，这时所估计的贴现率就是希望求得的内含报酬率。

[例9-6] 某银行有一投资方案，需一次性投资120000元，使用年限为4年，每年现金流入量分别为30000元、40000元、50000元、35000元。计算该投资方案的内含报酬率并据以评价该方案是否可行。

因方案的每年现金流入量不相同，需逐次测试计算方案的内含报酬率。计算过程如表9-2所示。

表9-2　　净现值逐次测试表　　单位：元

年份	每年现金流入量	第一次验误8%		第二次验误12%		第三次验误10%	
1	30000	0.926	27780	0.893	26790	0.909	27270
2	40000	0.857	34280	0.797	31880	0.826	33040
3	50000	0.794	39700	0.712	35600	0.751	37550
4	35000	0.735	25725	0.636	22260	0.683	23905
现金流入量现值合计			127485		116530		121765
减：投资额现值			120000		120000		120000
净现值			7485		-3470		1765

第一次测试，利率8%，净现值为正数，说明估计的贴现率低了；第二次

测试，利率12%，净现值为负数，说明估计的贴现率高了；第三次测试，利率10%，净现值仍为正数，但已较接近零，因而可以估算，方案的内含报酬率在10%～12%之间。进一步运用内插法，则计算结果表明，当净现值为零时的贴现率为10.67%，也就是方案的内含报酬率为10.67%。

2. 对内含报酬率法的评价。

内含报酬率的主要优点在于：

第一，内含报酬率反映了投资项目可能达到的报酬率，易被高层决策人员所理解。

第二，对于独立投资方案的决策，如果各方案的原始投资额不同，可以通过计算各方案的内含报酬率，并与现值指数法结合，反映各独立投资方案的获利水平。

内含报酬率的主要缺点在于：

第一，计算复杂，不易直接考察投资风险大小。

第二，在互斥投资方案决策时，如果各方案的原始投资额不相等，一般无法做出正确的决策。产生这种现象的原因，主要是由于内含报酬率假设项目营运中各期产生的现金流量，都要求按该报酬率取得并贴现回收，造成内含报酬率高的项目净现值反而很低的现象。下面举例说明内含报酬率法的这种局限性。

[例9-7] 假设有两个互斥投资项目A和B，它们的原始投资是不相等的，有关资料如表9-3所示：

表9-3 **项目投资测算表** 单位：元

指标	年份	A项目	B项目
原始投资	0	9477	5943
每年现金流量	1～3	4500	3000
资本成本率		8%	8%
净现值		+2119.50	+1788
内含报酬率		20%	24%

该例中，A项目净现值大但内含报酬率低，从内含报酬率角度来看，应采用B项目。但是，由于两项目是互斥投资方案，尽管A项目投资额大、内含报酬率低，但在计算净现值时已经抵减了实施该项目的本金9477元和按资本成本率8%计算的利息，因而应选择净现值大的A方案。

进一步看，A项目的原始投资9477元和按资本成本率要求每年应收回3678元（9477÷2.577），实际每年收到现金流量4500元，每年产生了822元投资报酬；B项目的原始投资5943元，按资本成本率计算的投资回收为2306元（5943÷2.577），实际每年收到现金流量3000元，每年产生了694元投资报酬。A项目每年平均的投资报酬高于B项目，应当选择A方案。

事实上，由于A项目原始投资额大（9477元），因此每年现金流量中投资回收的份额也较大（3678元）。但内含报酬法假定每年现金流量是以原始投资额按20%取得的（4500元），而投资回收是按资本成本率8%的要求确定的，每年回收额也较高（822元）。只有当两方案每年现金流量投资报酬的数额相等时，内含报酬率法与净现值法才会得出同样的结论。我们假定资本成本率为i时的年金现值系数为（P_A，i，3），

令：

$$4500-\frac{9477}{(P_A,\ i,\ 3)}=3000-\frac{5943}{(P_A,\ i,\ 3)}$$

即：$4500-9477\times(A/P_A,\ i,\ 3)=3000-5943\times(A/P_A,\ i,\ 3)$

运用内插法，得 i = 13.15%。

从表9-4和上面的计算可以看出，当资本成本率低于13.15%时，关于内含报酬率无法得出正确结论，当资本成本率高于13.15%时，内含报酬率的结论与净现值相同。反之，对于投资额不同的互斥投资方案来说，净现值法的结论在任何时候都是合理的。

表9-4　　不同贴现率下净现值　　单位：元

贴现率	5%	8%	12%	13.15%	20%	40%
A项目	2777	2120	1332	1125	0	-2327
B项目	2226	1788	1263	1125	375	-1176
内含报酬率	A项目=20%　B项目=24%					

（五）回收期法

回收期是指投资项目的未来现金净流量与原始投资额相等时所经历的时间，即原始投资额通过未来现金流量回收所需要的时间。

投资者希望投入的资本能以某种方式尽快地回收，收回的时间越长，所担风险就越大。因而，投资方案回收期的长短是投资者十分关心的问题，也是评价方案优劣的标准之一。用回收期法评价方案时，回收期越短越好。

1. 会计回收期。会计回收期不考虑货币的时间价值，直接用投资引起的未来现金净流量累计到原始投资数额时所经历的时间作为回收期。

(1) 年现金净流量相等时的计算方法。这种情况是一种年金形式，因此：

$$会计回收期=\frac{原始投资额}{每年现金净流量}$$

[例9-8]　D银行准备从甲、乙两种设备中选购一种，甲设备购价为35000元，投入使用后，每年现金净流量为7000元，乙设备购价为36000元，投入使用后，每年现金净流量为8000元。试用回收期法决策该银行应选购哪种设备？

$$甲设备回收期=\frac{35000}{7000}=5（年）$$

$$乙设备回收期=\frac{36000}{8000}=4.5（年）$$

计算结果表明，乙设备的回收期比甲设备短，该银行应购买乙设备。

(2) 每年现金净流量不相等时的计算方法。在这种情况下，应把每年的现

金净流量逐年加总，根据累计现金净流量来确定回收期。

[例 9-9] L 银行有一投资项目，需投资 150000 元，使用年限为 5 年，每年的现金净流量不相等，资本成本率为 5%，有关资料如表 9-5 所示。计算该投资项目的回收期。

表 9-5 **项目现金流量表** 单位：元

年份	现金净流量	累计净流量	净流量现值	累计现值
1	30000	30000	28560	38560
2	35000	65000	31745	60350
3	60000	125000	51840	112145
4	50000	175000	41150	153295
5	40000	215000	31360	184655

从表 9-5 的累计现金净流量栏中可见，该投资项目的回收期在第 3 年与第 4 年之间。为了计算较为准确的回收期，采用以下方法计算：

$$项目回收期 = 3 + \frac{150000 - 125000}{50000} = 3.5（年）$$

2. 贴现回收期。贴现回收期需要将投资引起的未来现金净流量进行贴现，以未来现金净流量的现值等于原始投资额的现值时所经历的时间为回收期。

(1) 每年现金净流量相等时的计算方法。在这种年金形式下，假定经历几年所取得的未来现金净流量的年金现值系数为 (P_A, i, n)，则：

$$(P_A, i, n) = \frac{原始投资额现值}{每年现金净流量}$$

计算出年金现值系数后，通过查年金现值系数表，即可推算出回收期 n。

[例 9-10] 假定资本成本率为 9%时，第 6 年年金现值系数为 4.486，第 7 年年金现值系数为 5.033。这样，由于甲设备系数为 5，乙设备系数为 4.5，相应的回收期运用内插法计算，得知甲设备 n = 6.94 年，乙设备 n = 6.03 年。

(2) 每年现金净流量不相等时的计算方法。在这种情况下，应把每年的现金净流量逐一贴现并加总，根据累计现金净流量现值来确定回收期。例 9-9 中，L 银行投资项目的贴现回收期为：

$$项目回收期 = 3 + \frac{150000 - 112145}{41150} = 3.92（年）$$

回收期法的优点是计算简便、易于理解。这种方法是以回收期的长短来衡量方案的优劣，投资的时间越短，所冒的风险就越小。可见，回收期法是一种较为保守或稳妥的方法。

回收期法中会计回收期的不足之处是没有考虑货币的时间价值，因此，也就不能计算出较为准确的投资经济效益。

[例 9-11] A、B 两个投资方案的有关资料如表 9-6 所示。

从表 9-6 的资料看，A、B 两种投资方案的投资额相同，回收期也相同。以会计回收期来评价两个方案，似乎无优劣之分。但如考虑货币的时间价值，用贴现回收期分析，则B方案显然要好的多。

会计回收期和贴现回收期还有一个共同局限，就是用它们计算回收期时只考虑了未来现金流量小于和等于原投资额的部分，没有考虑超过原投资额的部分。显然，回收期长的项目，其超过原投资额的现金流量并不一定比回收期短的项目少。

表9-6　项目现金流量表　单位：元

项　目	年　份	A方案	B方案
投资额	0年	(1000)	(1000)
现金流入量	年	100	600
	年	300	300
	年	600	100
会计回收期	—	3年	3年

(六) 会计收益率法

会计收益率是每年平均利润额与原投资额之比，会计收益率越大，方案越好。计算公式为：

$$会计收益率 = \frac{年平均利润额}{原始投资额}$$

式中：

$$年平均利润率 = \frac{各年利润之和}{年数}$$

[例9-12]　某银行拟购买一台设备，需投资80000元，使用年限4年，无残值，按使用年限法折旧。投入使用后，每年现金流入量为28000元。计算该投资方案的会计收益率。

每年折旧费 = 80000 ÷ 4 = 20000（元）

每年平均利润 = 28000 - 20000 = 8000（元）

会计收益率 = 8000 ÷ 80000 = 10%

会计收益率法的优点在于简单方便，易于理解和掌握。由于会计收益率受利润额和投资额两个因素的影响，所以，采用这种方法评价投资方案，可以促使投资人重视利润额和投资额的增减情况。

这种方法的不足之处是未考虑货币的时间价值，所以不能较为客观准确地对投资方案的经济效益做出判断。

第二节　固定资产的折旧管理

固定资产的折旧，是指在固定资产的使用寿命内，按照确定的方法对应计折旧额进行的系统分摊。其中，应计折旧额，是指应当计提减值准备，还应当扣除已计提的固定资产减值准备累计金额。

一、计提固定资产折旧的范围

确定固定资产的折旧范围：一是要从空间范围上确定哪些固定资产应当计提折旧；二是要从时间范围上确定应计提折旧的固定资产应从什么时间开始计提折旧，什么时间停止计提折旧。

一般来说，下列固定资产应当计提折旧：房屋和建筑物；各类设备，大修理停用的固定资产；融资租入和以经营方式租出的固定资产。达到预定可使用状态应当计提折旧的固定资产，在年度内办理竣工决算手续的，按照实际成本调整原来的暂估价值，并调整已计提的折旧额，作为调整当月的费用处理。如果在年度内尚未办理竣工决算的，应当按照估计价值暂估入账，并计提折旧；待办理了竣工决算手续后，再按照实际成本调整原来的暂估价值，调整已计提的折旧额，同时调整年初留存收益各项目。

不计提折旧的固定资产包括：以经营方式租入的固定资产；已提足折旧继续使用的固定资产；按规定单独估价作为固定资产入账的土地。

商业银行一般应按月提取折旧，当月增加的固定资产，当月不提折旧，从下月起计提折旧；当月减少的固定资产，当月照提折旧，从下月起不提折旧。

固定资产提足折旧后，不论能否继续使用，均不再提取折旧；提前报废的固定资产也不再补提折旧。所谓提足折旧，是指已经提足该项固定资产应提的折旧总额。应提的折旧总额为固定资产原价减去预计净残值；如果已经对固定资产计提减值准备的，还应当扣除已计提的固定资产减值准备。

二、固定资产折旧的影响因素

从本质上说，折旧是一种费用，只不过这种费用没有在计提期间付出实实在在的货币资金，但是，这种费用是长期已经发生的支出，这种支出的收益在资产投入使用后的有效使用期内体现，无论是从权责发生制的原则，还是从收入与费用相配比的原则，计提折旧都是必需的。在计算固定资产折旧时，必须正确考虑影响固定资产计提折旧的因素。具体来讲，计提固定资产折旧的主要依据有：计提固定资产折旧的基数、固定资产的净残值、固定资产的使用寿命。

（一）计提固定资产折旧的基数

计提固定资产折旧的基数一般为固定资产的原始成本，即固定资产原价。企业在计提固定资产折旧时，应当以当月月初应计折旧的固定资产账面原价为依据，当月增加的固定资产，当月不提折旧，从下月起计提折旧；当月减少的固定资产，当月照提折旧，从下月起不提折旧。

（二）固定资产的净残值

固定资产的净残值是指在固定资产使用寿命终了时，企业预期从该资产的处置中获得的处置收入扣除预计处置费用后的净额。固定资产的净残值是固定资产使用期满时的回收额，在计提折旧时，应从固定资产原价中扣除。但是，在计算固定资产的净残值时，由于固定资产还没有使用到期，对于使用到期后的情况如何，还不能完全确定，因此，在计算固定资产的净残值时，只能人为地估计固定资产的残余价值和清理费用。为了避免人为因素对固定资产净残值乃至折旧额的影响，我国企业所得税暂行条例及其实施细则规定了固定资产净残值比例标准。由于情况特殊，需要调整净残值比例的，应报主管财税机关备案。

（三）固定资产的使用寿命

固定资产的使用寿命是指固定资产预期使用的期限，有些固定资产的使用寿命也可以用该资产所能生产的产品或提供服务的数量表示。固定资产使用寿命的长短，直接影响各期应计提的折旧额。在确定固定资产的使用寿命时，不仅考虑固定资产的有形损耗，还要考虑固定资产的无形损耗。

三、固定资产折旧方法

新企业会计准则规定，商业银行应当根据固定资产的性质和消耗方式，合理地确定固定资产的预计使用年限和预计净残值，并根据科技发展、环境及其他因素，选择合理的固定资产折旧方法。固定资产折旧方法可以采用年限平均法、工作量法、年数总和法、双倍余额递减法等。折旧方法一经确定，不得随意变更。如需变更，应当在会计报表附注中予以说明。商业银行因改建、扩建等原因而调整固定资产价值的，应当根据调整后价值，预计尚可使用年限和净残值，按选定的折旧方法计提折旧。对于接受捐赠旧的固定资产，应当按照规定的固定资产入账价值、预计尚可使用年限、预计净残值，以及所选用的折旧方法计提折旧。

（一）年限平均法

年限平均法是指将固定资产的可折旧金额均衡地分摊于固定资产使用年限内的一种方法。这种方法假定固定资产的可折旧金额是依使用年限均匀损耗，因此，使用年限内各期的折旧金额相等，它主要适用于固定资产各期的负荷程度基本相同，各期应分摊的折旧费也基本相同的情况。计算公式如下：

$$\text{固定资产年折旧额}=\frac{\text{固定资产原值}-（\text{预计残值收入}-\text{预计清理费用}）}{\text{固定资产预计使用年限}}$$

$$=\frac{\text{固定资产原值}-\text{预计净残值}}{\text{固定资产使用年限}}$$

$$\text{固定资产月折旧额}=\text{固定资产年折旧额}\div 12$$

在实际工作中，为了便于计算固定资产的折旧，通常以折旧率来反映固定资产在单位时间内的折旧程度。每月应计提的折旧额，一般是固定资产原值乘以月折旧率计算得到。折旧率也就是一定时期内固定资产折旧额对固定资产原值的比率，计算公式为：

$$\text{年折旧率}=\frac{\text{固定资产年折旧额}}{\text{固定资产原值}}\times 100\%$$

或

$$\text{年折旧率}=\frac{1-\text{预计净残值率}}{\text{固定资产预计使用年限}}\times 100\%$$

月折旧率 = 年折旧率 ÷ 12

[例 9 - 13] 中国发展银行股份有限公司一台原值为 240000 元的办公设备于 1999 年 12 月 28 日投入使用。该设备的预计使用年限为 20 年，预计残值收入为 5600 元，预计清理费用为 2000 元，则计算过程如下：

固定资产净残值率 = [（5600 - 2000）÷ 240000] × 100% = 1.5%

固定资产年折旧额 = [240000 - （5600 - 2000）] ÷ 20 = 11820（元）

固定资产年折旧率 = 11820 ÷ 240000 = 4.93%

或固定资产年折旧率 = （1 - 1.5%）÷ 20 = 4.93%

月折旧率 = 4.93% ÷ 12 = 0.41%

月折旧额 = 240000 ÷ 0.41% = 985（元）

以上计算的折旧率是按个别固定资产单独计算的，称为个别折旧率，即某项固定资产在一定期间的折旧额与该项固定资产原值的比率。除此以外，还有分类折旧率和综合折旧率。

分类折旧率是指固定资产分类折旧额与该类固定资产原值的比率，采用这种方法，首先应把性质、结构和使用年限相近的固定资产归为一类，再按类计算平均折旧率，用该类折旧率对该类固定资产计提折旧。如将房屋、建筑物归为一类，将机械设备归为一类。分类折旧率的计算公式为：

$$某类固定资产年分类折旧率 = \frac{该类固定资产年折旧额之和}{该类固定资产原值之和}$$

综合折旧率是指某一期间商业银行全部固定资产折旧额与全部固定资产原值的比率。计算公式为：

$$固定资产年综合折旧率 = \frac{各项固定资产年折旧额之和}{各项固定资产原值之和}$$

采用个别折旧率计提固定资产折旧，计算比较准确，但是，计算起来比较麻烦，特别是在商业银行固定资产种类、数量比较多的情况下，尤其如此。采用分类折旧率，虽然计算方法比较简单，但是，准确性却不如个别折旧率。采用综合折旧率，其计算结果的准确性就更差。因此，我国会计实务中一般要求商业银行采用分类折旧率。

（二）工作量法

工作量法是根据固定资产的实际工作量计提固定资产折旧的一种方法。它和平均年限法同属直线法。但是，它是假定固定资产在使用年限内依工作量均匀损耗，按工作量计提折旧。在一定期间内，固定资产的工作量越多，计提的折旧也就越多。所以，固定资产在使用年限内的各会计期间的工作量不同，计提的折旧也就不同。该法适用于损耗程度与完成工作量成正比关系的固定资产在使用年限内不能均衡使用的固定资产。计算公式为：

$$单位工作量折旧额 = \frac{固定资产原值 - 预计净残值}{预计总工作量}$$

$$= \frac{固定资产原值 \times （1 - 预计净残值率）}{预计总工作量}$$

某项固定资产月折旧额 = 单位工作量折旧额 × 当月实际完成的工作量

实际工作中，采用工作量法计提固定资产折旧时，可采用以下三种方法：

1. 按工作小时计提折旧。

$$单位工作小时折旧额 = \frac{固定资产原值 - 预计净残值}{预计总工作小时}$$

$$= \frac{固定资产原值 \times (1 - 预计净残值率)}{预计总工作小时}$$

2. 按行驶里程计提折旧。

$$单位行驶里程折旧额 = \frac{固定资产原值 - 预计净残值}{预计总行驶里程}$$

$$= \frac{固定资产原值 \times (1 - 预计净残值率)}{预计总行驶里程}$$

3. 工作台班计提折旧。

$$单位工作台班折旧额 = \frac{固定资产原值 - 预计净残值}{预计总工作台班}$$

$$= \frac{固定资产原值 \times (1 - 预计净残值率)}{预计总工作台班}$$

[例 9-14] 中国发展银行股份有限公司的一辆货运卡车账面原值为80000元，预计总行驶里程为1000000千米，预计净残值率为4%。2000年7月共行驶5000千米。本月计提折旧额如下：

单位行驶里程折旧额 = 80000 × （1 - 4%） ÷ 1000000 = 0.0768（元/千米）

本月折旧额 = 5000 × 0.0768 = 384（元）

（三）双倍余额递减法

加速折旧法又称为快速折旧法或递减折旧法，其特点是在固定资产有效使用年限的前期多计提折旧，后期则少提折旧，从而相对加快折旧速度，以使固定资产成本在有效使用年限中加快得到补偿。

双倍余额递减法是加速折旧法的一种，是在不考虑固定资产残值的情况下，根据每期期初固定资产账面余额和双倍的平均年限法折旧率计算固定资产折旧金额的方法。计算公式为：

年折旧率 = 2 ÷ 固定资产预计使用年限

月折旧率 = 年折旧率 ÷ 12

月折旧额 = 固定资产账面余额 × 月折旧率

由于双倍余额递减法不考虑固定资产的残值收入，因此，在采用这种方法时必须注意不能使固定资产的账面余额降低到其预计残值以下。

我国会计实务中，实行双倍余额递减法计提固定资产折旧时，应当在固定资产使用年限到期前两年以内，将固定资产账面余额扣除预计净残值后的平均余额平均摊销。

[例 9-15] 中国兴业银行股份有限公司一台设备，账面原值为200000元，预计使用年限为5年，预计净残值为8000元。按双倍余额递减法计提固定资产折旧。每年的折旧额计算如下：

年折旧率 = 2 ÷ 5 = 40%

第一年应计提折旧额 = 200000 × 40% = 80000元

第二年应计提折旧额 = （200000 - 80000） × 40% = 48000元

第三年应计提折旧额 =（120000 - 48000）×40% = 28800 元

从第四年起改按平均年限法计提固定资产折旧。

第四、第五年应计提折旧额 =（72000 - 28800 - 8000）÷2 = 17600 元

(四) 年数总和法

年数总和法又称年限合计法，是指以固定资产的原值减去预计净残值后的净额为基数，乘以一个逐年递减的分数计算每年的折旧额，这个分数的分子代表固定资产尚可使用的年数，分母代表使用年数的逐年数字合计。

这种方法的特点是：计算折旧的基数是固定不变的，折旧率依固定资产尚可使用年限确定，各年折旧率呈递减趋势，依此计算的折旧额也呈递减趋势。计算公式如下：

$$年折旧率 = \frac{尚可使用年限}{预计使用年限的逐年数字合计}$$

或

$$年折旧率 = \frac{预计使用年限 - 已使用年限}{预计使用年限 \times (预计使用年限 + 1) \div 2}$$

月折旧率 = 年折旧率 ÷ 12

月折旧额 =（固定资产原值 - 预计净残值）×月折旧率

[例 9 - 16] 中国兴业银行股份有限公司一台设备，账面原值为 250000 元，预计使用年限为 5 年，预计净残值为 4000 元。按年数总和法计提固定资产折旧。每年的折旧额计算如下：

第一年应计提折旧额 =（250000 - 4000）×5 ÷ 15 = 82000 元

第二年应计提折旧额 =（250000 - 4000）×4 ÷ 15 = 65600 元

第三年应计提折旧额 =（250000 - 4000）×3 ÷ 15 = 49200 元

第四年应计提折旧额 =（250000 - 4000）×2 ÷ 15 = 32800 元

第五年应计提折旧额 =（250000 - 4000）×1 ÷ 15 = 16400 元

以上固定资产折旧四种计算方法计提的折旧额，必须纳入当期成本，从当期收益中收回，根据资本保全原则，计提折旧不允许减少资本金，以保证投入资本的保值和增值。

折旧方法和折旧年限一经确定，不得任意变更。如确需要变更的，应在财务报表附注说明。

四、固定资产修理

固定资产由于正常使用、自然力作用或意外事故等原因，在有限使用年限内会发生不同程度的损坏或磨损，维护和发挥固定资产的固有效能，需要及时和有计划地对固定资产进行维护修理。

固定资产的修理，按照修理时间间隔的长短、修理次数的多少、修理费用的大小，可以分为大修理和日常修理。

(一) 固定资产的大修理

固定资产的大修理，修理范围大，一次性支出较多。如果将大修理发生额直接列作当期费用，势必影响大修理发生期间的成本水平，所以，我国的财务

制度规定，修理费用发生不均衡、数额较大，可以采用待摊或者预提的办法。采用预提办法的，实际发生的修理支出冲减预提费用，实际支出数大于预提费用的差额计入有关费用，小于预提费用的差额冲减有关费用。采用待摊办法，可将发生的固定资产大修理支出列作待摊费用或长期待摊费用项目处理。

（二）固定资产的日常修理

固定资产的日常修理是为保护固定资产正常运转而进行的日常保养性修理，修理次数多，修理范围小，发生的修理支出少。故发生的固定资产经常修理支出直接计入当期成本、费用。

五、固定资产的清查

为了保证固定资产的安全和完整，商业银行应当定期或不定期地对固定资产进行盘点清查，年末编制决算报表之前，还要对固定资产进行一次全面的盘点清查。通过清查，掌握固定资产的账实是否相符，查明有无余缺、报废、毁损等情况。固定资产的清查有定期和不定期清查两种。

固定资产进行清查盘点时，应根据已经核对的固定资产账卡进行实物核实，对固定资产报废、毁损和盘亏、盘盈查明原因，及时处理，并填制“固定资产盘盈盘亏报告表”。

处理清查结果时，对盘盈的固定资产，按其原价减去估计折旧的差额以及报废时的固定资产变价净收入超过其净值部分计入营业外收入，盘亏报废及毁损的固定资产，按照原价扣除累计折旧、变价收入、过失人及保险公司赔款后的差额计入营业外支出。

在商业银行工程施工中发生的固定资产清理净损益，计入有关工程成本。

筹建期间发生的与工程不直接有关的固定资产盘盈、盘亏和清理净损益，以及由于非常原因造成的固定资产清理净损失，计入开办费项目。

本章小结

商业银行应当根据固定资产定义，结合本银行的具体情况，制定适合于本企业的固定资产目录、分类方法、每类或每项固定资产的折旧年限、折旧方法，作为进行固定资产核算的依据。固定资产的计价一般采用以下两种计价标准：按历史成本计价和按净值计价。

固定资产的投资决策的分析评价，需要采用一些专门方法，常用的评价方法有净现值法、年金净流量法、现值指数法、内含报酬率法、回收期法和会计收益率法等。每一种方法各有其优缺点。其中净现值法、年金净流量法、现值指数法、内含报酬率法、贴现回收期法统称为“贴现法”，它们均考虑了货币的时间价值；会计回收期法、会计收益率法统称为“非贴现法”，它们没有考虑货币的时间价值。

新企业会计准则规定，商业银行应当根据固定资产的性质和消耗方式，合理地确定固定资产的预计使用年限和预计净残值，并根据科技发展、环境及其他因素，选择合理的固定资产折旧方法。固定资产折旧方法可以采用年限平均法、工作量法、年数总和法、双倍余额递减法等。折旧方法一经确定，不得随意变更。如需变更，应当在会计报表附注中予以说明。

固定资产的修理，按照修理时间间隔的长短、修理次数的多少、修理费用的大小，可以分为大修理和日常修理。

为了保证固定资产的安全和完整，商业银行应当定期或不定期地对固定资产进行盘点清查，年末编制决算报表之前，还要对固定资产进行一次全面的盘点清查。通过清查，掌握固定资产的账实是否相符，查明有无余缺、报废、毁损等情况。

复习思考题

一、名词解释

固定资产　　折旧　　应计折旧额　　贴现法

二、问答题

1. 商业银行固定资产管理的意义是什么？
2. 怎样理解商业银行固定资产的计价方法？
3. 商业银行固定资产投资决策的方法主要有哪些？
4. 商业银行固定资产折旧的计提方法有哪些？
5. 商业银行如何进行固定资产清查？

第十章

商业银行资本成本与资本结构

资本成本是财务管理中一个十分重要的概念。资本成本是筹资者为了筹集和使用资金而付出的代价，如向权益资本提供者（股东）支付的报酬，向债务资本提供者支付的利息等。资本结构是指银行总资本中债务资本和权益资本的比例。在银行财务决策中，资本成本和资本结构有着很关键的作用。比如为了追求股东财富最大化，银行应尽量降低资本成本，这就需要能够正确地估算资本成本和合理地确定资本结构。银行在进行投资决策时，作为贴现率的资本成本是最为重要的参数之一。

第一节　商业银行资本成本

一、资本成本的含义和作用

资本成本是指银行为筹集和使用资金而付出的代价。从广义的角度来讲，银行筹集和使用任何资金，不论长期还是短期都要付出代价。狭义的资本成本仅指筹集和使用长期资金（包括自有资本和借入长期资金）的成本。由于长期资金具有资本性质，因此通常也被称为资本，而长期资金的成本也称为资本成本。

资本成本包括资金筹集费和资金占用费两部分。资金筹集费是指在资金筹集过程中支付的各项费用，如发行股票、债券支付的印刷费、发行手续费、律师费、资信评估费、公证费、广告费等。资金占用费是指占用资金所支付的费用，如股票的股息和债券利息等。相比之下，资金占用费是筹资银行经常会发生的，可作为成本计算的主要内容。而资金筹集费通常在筹集资金时一次性发生，因此，在计算资本成本时可作为筹资金额的一项扣除。资本成本的大小通常用相对数来表示，即资本使用成本与所筹资本之间的比率，用公式表示如下：

$K = D/(P - F)$ 或 $K = D/P(1 - f)$

式中：K 为资金成本或资金成本率；

D 为使用成本；

P 为筹资数额；

F 为资金筹集成本；

f 为筹资费用率。

可见，资本成本与利息率或股息率在含义上和数量上是不同的。

资本成本的概念广泛运用于财务管理的许多方面。对银行筹资来讲，资本成本是选择资金来源、确定筹资方案的重要依据，如个别资本成本是选择筹资方式的依据，加权平均资本成本是进行资本结构决策的依据，边际资本成本是在进行追加筹资决策时，选择筹资方案的依据。银行应力求选择资金成本最低的筹资方式和筹资方案。对银行投资来讲，资本成本是评价投资项目、比较贷款方案的主要经济标准。资本成本还可用作衡量银行经营业绩的尺度，即资金利润率应高于资本成本，反之表明业绩欠佳，需要改善经营管理。

二、个别资本成本的计算

个别资本成本是指使用各种长期资金的成本，可分为普通股成本、优先股成本和债券成本。

（一）债券成本

银行发行债券通常要按照事先规定的面值和利率支付利息。债券利息计入银行的成本费用，这就等于在税前开支，银行实际上是少缴一部分所得税，因而起到抵税的作用。而股本成本不能计入银行成本，只能在税后利润中支付，也就是对银行净利润的扣减。因此在计算其资本成本时，就要把债券成本换算为税后成本，才可以进行比较。此外债券的发行费用一般较高。

按照一次还本、分期付息的方式，债券成本的计算公式为：

$K_b = I_b(1-t)/B(1-f)$

或

$K_b = R_b(1-t)/(1-f)$

式中：K_b 为债券成本；

I_b 为债券年利息；

t 为所得税率；

B 为债券筹集额；

f 为筹集费用率；

R_b 为债券利率。

［**例 10-1**］　某银行发行总面额为 1000 万元的 10 年期债券，债券利率为 12%，发行费用率为 5%，所得税率为 33%，则该债券的成本为：

$K_b = 12\% \times (1-33\%) \div (1-5\%) = 8.46\%$

若债券溢价或折价发行，为准确计算资本成本，应以实际发行价格作为筹资额。

［**例 10-2**］　假定上述银行发行面额为 1000 万元的 10 年期债券，债券利

率为12%，发行费用率为5%，发行价格为1100元，所得税率为33%，则该债券成本为：

$K_b = 1000 \times 12\% \times (1-33\%) \div 1100 \times (1-5\%) = 7.69\%$

[例10-3] 假定上述银行发行面额为1000万元的10年期债券，债券利率为12%，发行费用率为5%，发行价格为900万元，所得税率为33%，则该债券成本：

$K_b = 1000 \times 12\% \times (1-33\%) \div 900 \times (1-5\%) = 9.4\%$

上述计算债券成本的方法比较简单，但缺点在于没有考虑货币的时间价值。在实务中，还有根据现金流量计算债券成本的，其公式为：

$$B(1-f) = \sum_{t=1}^{n} \frac{I_b}{(1+K)^t} + \frac{P}{(1+K)^n}$$

$$K_b = K(1-t)$$

式中：P为第n年年末应偿还的本金；

K为所得税前的债券成本；

K_b为所得税后的债券成本。

第一个公式中的等号左边是债券的实际现金流入；等号右边为债券所引起的未来现金流出的现值总额，由各年利息支出的年金现值之和加上到期本金的复利现值而得。

按照这种办法，实际上是将债券成本看作是使这一债券的现金流入等于其现金流出现值的贴现率。运用时，先通过第一个公式，采用内插法求解债券的税前成本，再通过第二个公式将债券的税前成本调整为税后成本。

[例10-4] 沿用例10-2的资料，根据考虑货币时间价值的方法，该债券的计算成本如下：

第一步，计算税前债券成本：

$$1000 \times (1-5\%) = \sum_{t=1}^{10} \frac{1000 \times 12\%}{(1+K)^t} + \frac{1000}{(1+K)^{10}}$$

查表，12%、10年期的年金现值系数为5.65；12%、10年期的复利现值系数为0.322。代入上式得：

$1000 \times 12\% \times 5.65 + 1000 \times 0.322 - 950 = 50$（万元）

50万元大于零，提高贴现率再试。

查表，14%、10年期的年金现值系数为5.126；14%、10年期的复利现值系数为0.27。代入上式得：

$1000 \times 12\% \times 5.126 + 1000 \times 0.27 - 950 = -64.88$（万元）

-64.88万元小于零，运用内插法求得税前债券成本：

$$\left\{\begin{matrix} \left\{\begin{matrix} 12\% & 50 \\ X & 0 \end{matrix}\right\} \\ 14\% \quad -64.88 \end{matrix}\right\}$$

$(X-12\%) \div (14\%-12\%) = (0-50) \div (-64.88-50)$

$X = 12\% + 50/(50+64.88) \times (14\%-12\%) = 12.87\%$

第二步，计算税后债券成本：

$K_b = K(1-t) = 12.87\% \times (1-33\%) = 8.62\%$

（二）优先股成本

优先股的收益即股利是预先确定的，按照股利固定的股票估价公式，优先股的价格为：$P_e = D_p/K_p$

式中：K_p 为优先股股东要求的收益率；

D_p 为优先股股利；

P_e 为优先股发行价格。

K_p 即为优先股成本，由于优先股股利是税后支付的，K_p 属于税后成本，按下式计算：

$K_p = D_p/P_e$

考虑新发行的优先股的发行成本 F，新筹集的优先股成本为：

$K_p' = D_p/(P_e - F)$

［**例 10－5**］ 假定某银行优先股发行价为 10 元，每股股利为 1 元，发行率为 3%，则该优先股成本为：

$K_p = 1 \div 10 \times (1-3\%) = 10.3\%$

（三）普通股成本

普通股是股份制商业银行股本资本的基本形式，普通股资本属于权益资本，其持有者对银行拥有所有权。与优先股相比，普通股股东的收益一般不固定，它随银行的经营状况而改变。普通股东承担的银行的风险比债权人和优先股东大，因此普通股东要求的收益率也较高。鉴于普通股成本计算考虑的因素较多，通常可用三种方法估算，然后互相印证，取一合理数值。

1. 资本资产定价模型。根据资本资产定价模型，普通股东对某种股票 S 的期望收益率可表示如下：

$\overline{Ks} = RF + \beta(Km - RF)$

$\overline{Ks}$ 由两部分组成。RF 是无风险收益率，一般采用国库券利率。β（Km－RF)是对股票 S 投资的风险补偿率。(Km－RF）是对市场平均风险的补偿，β 是 S 股票相对于市场平均风险的波动倍数。当市场股票处于均衡状态时，普通股东要求收益率 KS 等于期望收益率 $\overline{Ks}$。市场平均股票收益率 Km 和 β 值由股票市场的数据统计得出。由于不同的机构对同一种股票 β 值的估算往往有差异，加之 Km 和 β 值一般用历史数据分析，与未来的预期也会有差异，因此对用资本资产定价模型计算的普通股成本，最好再作进一步的判断分析。

2. 折现现金流量法（discounted cash flow)。根据普通股票估值公式，普通股票每股的当前市场价格等于预期的每股股利现金流序列的现值之和：

$$P_0 = \sum_{t=1}^{\infty} \frac{D_t}{(1+Ks)t}$$

若已知股票市场价格和期望的未来股利流，则可求出普通股东的要求收益率。多数公司预期股利按某一固定的比率增长，此时上式可表示为：

$P_0 = D1/(KS - g)$

即为戈登（Gordon）公式。故

$KS = D1/P_0 + g$

对普通股资本成本估计的困难在于股利增长率的测定。当前股票的市场价格可从股票市场上获得，下一期股利也容易测算。而将来较长时期（50 年左右）银行股利和增长率难以测算得准确，而对其影响又较大，故此法对普通股成本的计算也只是估算的范围。

对于新发行的普通股，发行时其资本成本为：

$KS' = D1/P_0 + g$

3. 债务成本加风险报酬法。对股票未上市银行或非股份制银行，以上两种方法都不适用于计算权益资本成本。这时可采用债务成本加风险报酬率的办法。若银行发行债券，债务成本为债券收益率，若无银行债券，则可用银行的平均负债成本。这种方法的关键是估算风险报酬率，即相对于债券持有者而言，股东因承担更大的风险，所以要求获得更多的风险补偿。如果银行的风险报酬率通常是在一个稳定的范围内，则可采用平均的历史风险报酬率。此外也可根据市场的平均风险报酬率来确定此数值。

下面用一个例子来说明普通股资本成本的估算过程。

[例 10-6] 某银行股票市场价格为 25 元，下一期股利预计为 1.75 元，预期未来股利将按 9% 的速率增长。此时市场平均股票收益率 Km = 18%，政府 3 年期国库券的利率为 11%。股票的 β 值为 0.95。银行债券收益率 Kd = 13%。求该银行普通股资本成本。

（1）按资本资产定价模型计算

$Ks = RF + \beta(Km - RF)$

$= 11\% + 0.95 \times (18\% - 11\%) = 17.65\%$

（2）按折现现金流量（DCF）法计算：

$KS = D1/P0 + g = 1.75 \div 25 + 9\% = 16\%$

（3）按债券收益率加风险报酬率法计算：

$KS = 13\% + 4\% = 17\%$

据统计，大部分股票投资者要求相对于公司债券，股票的风险报酬率大约在 2%～4%之间。本例取风险报酬率为 4%。

三种方法计算的结果，该银行普通股资本成本 KS 在 16%～17.65%之间。通常可取其算术平均值：

$KS = (17.65\% + 16\% + 17\%) \div 3 = 16.88\% \approx 17\%$

在权益资本中，留存收益作为内部筹资的资本用于再投资时，其资本成本可以按上述例子计算，因为留存收益若不用于再投资，则可分发给股东。普通股要求收益率是留存收益再投资的机会成本。所以，留存收益的成本等于现有的普通股成本。

银行从外部筹资，发行新的普通股票时，其资本成本的计算要考虑发行成本。

三、加权平均资本成本

由于各种因素和条件的制约，银行不可能只从资本成本低的来源渠道筹集资金，应形成各种筹资方式的组合是银行筹资的一般形式。因此就必须计算全部资金来源的总成本即加权平均资本成本（weighted average cost of capital，简写为 WACC），以利于筹资决策。加权平均资本成本一般是以各种资本占全部资本的比重为权数，对个别资本成本进行加权平均确定。其计算公式为：

$$WACC = \sum_{i=1}^{n} Wi \times Ki$$

式中：WACC 为加权平均资本成本；

Ki 为第 i 种资本的税后资本成本；

Wi 为第 i 种个别资本占全部资本的比重（权数）。

银行筹资时各种资本的组成比例构成了资本结构，每个银行都有一个最优资本结构，可使银行股票的价值最大化。根据最优资本结构制定的银行目标资本结构应是银行筹集新资本时确定各种资本数量的依据，上述公式中的权重 W_i 便由此得出。

[例 10－7] 某银行资本共 50000 万元，其中，长期债券 10000 万元，普通股 30000 万元，优先股 10000 万元。其成本分别为 8.46%、16.4%、10.3%，所得税税率为 33%，则该银行的加权平均资本成本为：

$$8.46\% \times (1-33\%) \times 10000 \div 50000 + 16.4\% \times 30000 \div 50000 + 10.3\% \times 10000 \div 50000 = 13.034\%$$

按照银行股票价值最大化的目标，资本权重中各类资本的价值应按市场价值计算。若市场价值无法得到或资本的市场价值接近账面价值时，则可按资产负债表上资本的账面价值计算。

四、边际资本成本

边际资本成本是指资金每增加一个单位而增加的成本。随着新资本的扩大，银行规模增大，经营风险增加。若银行的债务继续增加，新债权人考虑到财务风险，必定提高贷款或债券的利率，使债务成本增加。普通股本中若当年的利润留存于再投资后，仍不能满足按目标资本结构确定的新筹资资本中普通股本的数额，则需要发行新的普通股。投资者对新普通股的要求收益率一般大于老股本，以此来补偿增加的风险。因此新资本增加会引起边际资本成本上升。银行在追加筹资时，需要知道当筹资额多大时会引起资本成本率的变化，这就需要运用到边际资本成本的计算方法。边际资本成本也是按加权平权资本成本计算的，是追加筹资时所使用的加权平均资本成本。

以下举例说明边际资本成本的计算和运用。

[例 10－8] 某银行拥有资本 50000 万元，其中长期债券 10000 万元，普通股 30000 万元，优先股 10000 万元。因扩大经营规模需要增筹资金，经分析，认为增筹资金后仍应保持目前的资本结构，即长期债券占 20%，优先股

占20%，普通股占60%，并测算出了随筹资的增加各种资本成本的变化（见表10-1）。

表10-1　某银行随筹资增加各种资本成本变化表

资金种类	目标资本结构（%）	新筹资额	资本成本（%）
长期债券	20	1000万元以内	6
		1000万~2000万元	7
		2000万元以上	8
优先股	20	6000万元以内	10
		6000万~9000万元	11
		9000万元以上	12
普通股	60	12000万元以内	14
		12000万~30000万元以内	15
		30000万元以上	16

(1) 计算筹资突破点

在现有的资本结构和资本成本率不变的条件下，可以筹集到的资金总限度称为筹资突破点。在筹资突破点范围内筹资，原来的资本成本率不会改变，一旦筹资额超过筹资突破点，即使维持现有的资本结构，其资本成本率也会提高。筹资突破点的计算公式为：

$$筹资突破点=\frac{某一特定成本率可筹集到的某种资金额}{该种资金在资本结构中所占比重}$$

本例中，在花费6%资本成本时，取得的长期债券筹资限额为1000万元，其筹资突破点则为：

1000÷20%=5000（万元）

而在花费7%资本成本时，取得的长期债券筹资限额为2000万元，其筹资突破点则为：

2000÷20%=10000（万元）

按此方法，资料中各种情况下的筹资突破点的计算结果见表10-2。

表10-2　筹资突破点的计算

资金种类	资本结构（%）	资本成本（%）	新筹资额	筹资突破点（万元）
长期债券	20	6	1000万元以内	5000
		7	1000万—2000万元	10000
		8	2000万元以上	
优先股	20	10	6000万元以内	30000
		11	6000万—9000万元	45000
		12	9000万元以上	

续表

资金种类	资本结构（%）	资本成本（%）	新筹资额	筹资突破点（万元）
普通股	60	14	12000 万元以内	20000
		15	12000 万 ~ 30000 万元	50000
		16	30000 万元以上	

(2) 计算边际资本成本

由表 10－2 计算出的筹资突破点，可以得到 7 组筹资总额范围：①5000 万元以内；②5000 万元—10000 万元；③10000 万元—20000 万元；④20000 万元—30000 万元；⑤ 30000 万元—45000 万元；⑥ 45000 万元—50000 万元；⑦50000 万元以上。对以上 7 组筹资范围分别计算加权平均资本成本，即可得到各种筹资范围的加权平均资本成本。计算结果见表 10－3。

表 10－3 加权平均资本成本计算

筹资总额范围	资金种类	资本结构（%）	资本成本（%）	加权平均资本成本
5000 万元以内	长期债券	20	6	6%×20%＋10%×20%＋14%×60%＝11.6%
	优先股	20	10	
	普通股	60	14	
5000 万—10000 万元	长期债券	20	7	7%×20%＋10%×20%＋14%×60%＝11.8%
	优先股	20	10	
	普通股	60	14	
10000 万—20000 万元	长期债券	20	8	8%×20%＋10%×20%＋14%×60%＝12%
	优先股	20	10	
	普通股	60	14	
20000 万—30000 万元	长期债券	20	8	6%×20%＋10%×20%＋14%×60%＝12.6%
	优先股	20	10	
	普通股	60	15	
30000 万—45000 万元	长期债券	20	8	8%×20%＋10%×20%＋15%×60%＝12.8%
	优先股	20	11	
	普通股	60	15	
45000 万—50000 万元	长期债券	20	8	8%×20%＋12%×20%＋15%×60%＝13%
	优先股	20	12	
	普通股	60	15	
50000 万元以上	长期债券	20	8	8%×20%＋12%×20%＋16%×60%＝13.6%
	优先股	20	12	
	普通股	60	16	

表 10－3 计算得出的各加权平均资本成本，就是随着筹资额增加而增加的边际资本成本。银行可依此作为追加筹资的规划。由于银行筹资新资本都按一

定的数额批量进行，故新筹资的边际资本的边际资本成本曲线是一条有间断点的曲线。

第二节 资本结构理论

资本结构是指银行的资金来源中，负债和股东权益的对比关系。实际上也是银行的股东权益与债权人权益的分配问题。银行的股东最关心的莫过于公司价值及其最大化问题，公司价值的提高意味着股东财富的增加。公司价值等于公司债务的市场价值与公司股本的市场价值之和。从这个角度来看，公司价值最大化问题与债权与股权的关系比例问题关系密切。有关负债杠杆如何影响企业价值和企业资本成本的所有理论都试图回答这样两个问题：企业能否用负债替代股本，从而增加股本资产的价值？如果回答是肯定的，那么公司负债比例应为多大？

戴维·杜兰德1952年的研究成果就是早期资本结构理论研究的基奠。他将当时流行的资本结构理论见解归为三种：第一，净收入理论（net income approach，NI）；第二，净经营收入理论（net oprating income approach，NOI）；第三，传统理论。三者的不同之处就在于投资者确定企业负债和股本价值的假设条件不同。戴维·杜兰德归纳的早期三大资本结构理论都是建立在对投资者行为的假设推断和经验判断的基础上，而非来自大量的统计数据推断。

1958年6月，美国著名财务管理学家莫迪格利亚尼（France Modigliani）和米勒（Merton Miller）发表了一篇题为《资本成本、公司财务和投资理论》（The Cost of Capital，Corporation Finance，and the Theory of Investment）的文章，深入探讨了企业资本结构和企业价值之间的关系，形成了著名的MM理论，奠定了现代资本结构理论的基础。莫迪格利亚尼和米勒使资本结构研究成为一种严格的、科学的、系统的理论，时至今日这一理论还在不断的完善之中。

一、无公司所得税时关于资本结构的MM理论

公司资本结构与公司价值之间的关系是公司财务理论和实践中一个非常重要的课题，Modigliani和Miller两位著名学者对这一问题作了开创性的研究，他们的研究成果被称为MM理论或MM命题。

（一）MM理论的基本假设

MM关于资本结构与公司价值的理论是建立在严格的理论分析基础之上的，MM理论的基本假设如下：

1. 没有公司所得税和个人所得税；

2. 营业风险由息税前收益EBIT的标准差衡量，具有相同营业风险的企业属于同一风险等级组（homogeneous risk class）；

3. 所有投资者对每一企业未来的息税前收益EBIT的期望值和分布状况具

有完全相同的估计，即他们对企业未来的收益和风险具有完全相同的预期（homogeneous expectations）；

4. 股票和债券在完美资本市场（perfect capital markets）上交易，不论是机构还是个人，在进行上述交易时没有交易费用，它们的借款利率也相同；

5. 机构与个人的债务都是无风险的，所以所有债务的利率均为无风险利率，且不受借款数额的影响；

6. 所有现金流量都是永续现金流量，公司是零成长公司，投资者对企业息税前收益的预期是常数，债券是永续年金债券。

MM 的这些假设提出了一个与实际经济环境差别巨大的完美的经济环境。但从这个完美的经济环境出发得出的相关结论，能够告诉我们关于实际中价值形成的最本质的道理。而且，通过不断地调整和修正上述完美的假设，使之逐渐接近现实，我们就可以在一定程度上解释现实中资本结构与公司价值的关系，以及企业资本结构的形成原因。

（二）无公司所得税时的 MM 命题Ⅰ（MM Ⅰ）

根据上述假设，MM 提出了在无公司所得税情况下的资本结构与公司价值的命题Ⅰ：

任何企业（不论是否负债）的价值均由其预期息税前收益（EBIT）按照其风险等级所对应的贴现率贴现后决定，即：

$$V_U = V_L = \frac{EBIT}{WACC} = \frac{EBIT}{R_{EU}}$$

式中：V_U 为无负债公司的价值；V_L 为负债公司的价值；WACC 为负债公司的加权平均资本成本；EBIT 为公司息税前收益；R_{EU} 为无负债公司普通股的权益资本成本。

根据 MM 命题Ⅰ可得出以下结论，在没有公司所得税并满足 MM 的一系列假设的前提下：

1. 企业的价值与其资本结构无关；

2. 企业的加权平均资本成本只由其风险等级决定，而与其资本结构无关，即负债企业的加权平均资本成本等于与它同风险等级的无负债企业的普通股成本。

这一结果初看起来似乎令人惊奇，实际上却非常自然。我们知道，公司的价值（V）是债务资本价值（D）与权益资本价值（E）之和，即 $V = D + E$，而债务资本和权益资本的价值就是它们未来全部现金收益（即债权人的利息收入与股东的现金股利收入）的现值。在没有公司所得税的前提下，公司息税前收益 EBIT 最终将分解为两部分，一部分是属于债权人的利息，另一部分是属于股东的现金股利，这一情况如图 10－1 所示。因此，公司资本结构的不同，只影响 EBIT 在债权人和股东两类投资者之间的分配数额（即利息与现金股利的比例），但不影响 EBIT 本身的数额，从而不影响公司价值的大小。实际上，从图 10－1 来看，资本结构的不同反映的是股东和债权人根据所出资本数额的大小和承担风险的大小对公司价值进行的分配（即圆饼在债权人和股东之间的分配比例），不影响公司价值（圆饼本身）的大小。

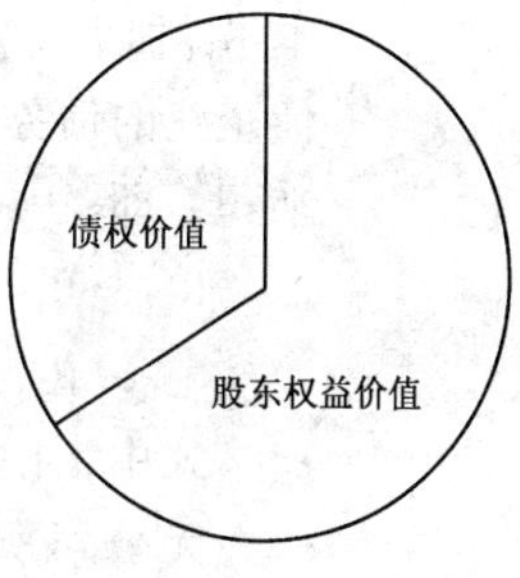

图 10－1　公司价值

无公司所得税时的 MM 命题Ⅰ还可以用下述讨论加以说明：

设有 U、L 两家公司，除资本结构外，两者各方面的情况都完全相同（EBIT 相同，风险等级相同，等等），公司 U 为无负债公司，价值为 $V_U = E_U$；公司 L 为负债公司，价值为 $V_L = D_L + E_L$，负债 D_L 的利息率为 10%。投资者可以任意选择这两家公司中的一家作为投资对象。

（1）投资者投资于公司 U，获得其 1% 的投权，其结果为：

投资额	投资收益
$0.01V_U$	$0.01EBIT_U$

（2）投资者投资于 L 公司，分别购买 L 公司 1% 的股票和 1% 的债券，其结果为：

	投资额	投资收益
股票	$0.01E_L$	$0.01\times(EBIT_L-0.1D_L)$
债券	$0.01D_L$	$0.01\times(0.1D_L)$
总计	$0.01(D_L+E_L)=0.01V_l$	$0.01EBIT_L$

由于 $EBIT_L = EBIT_U$，且两者的风险等级完全相同，$R_{EU} = WACC_L$，故两种投资的价值应完全相同，否则将会出现套利现象，所以有：

$$V_U=\frac{0.01\times EBIT_U}{R_{EU}}=\frac{0.01\times EBIT_L}{WACC_L}=V_L$$

由上述分析可以看出，MM 命题Ⅰ实质上说明了这样一个问题：由于公司的总体价值是其各类投资者在公司中所拥有的价值之和，在没有公司所得税的情况下，这一价值只取决于公司利用所拥有的资产创造收益（EBIT）的能力大小和风险程度（决定贴现率）的高低，与由谁向企业提供资本无关，企业资本结构的差异只影响不同投资者对企业价值的分配比例。比如，当公司的 EBIT＝100 万元，WACC＝10% 时，公司的价值为 1000 万元（100/0.10）。如果公司资本总额中权益资本占 60%，债务资本占 40%，则公司股东拥有公司价值 60%，即 600 万元，公司债权人拥有公司价值的 40%，即 400 万元。如果公司资本总额中权益资本只占 40%，债务资本占 60%，则公司股东只拥有公司价值的 40%，即 400 万元，而公司债权人则拥有公司价值的 60%，即 600 万元。不论哪种情况，两者之和始终是 1000 万元，公司价值的总值不变。

（三）无公司所得税时的 MM 命题Ⅱ（MMⅡ）

无公司所得税时的 MM 命题Ⅱ是讨论公司资本结构对其权益资本成本和加权平均资本成本的影响的。无公司所得税时的 MM 命题Ⅱ指出：

负债企业的权益资本成本 R_{EL} 等于同风险等级的无负债企业的权益资本成本 R_{EU} 加上一定数量风险报酬，其数值等于无负债企业的权益资本成本减去负债企业的债务资本成本后与负债企业的债务资本与权益资本之比（D_L/E_L）的乘积，即：

$$R_{EL} = R_{EU} + \text{风险报酬}$$
$$= R_{EU} + (D_L/E_L) \times (R_{EU} - R_D)$$

式中，E 为权益资本的价值；D 为债务资本的价值；R_D 为债务资本成本。

无公司所得税时的 MM 命题Ⅱ讨论的是公司权益资本成本与资本结构的关系，这一命题提出，随着企业负债的增加，其权益资本成本（权益收益率）也随之按命题Ⅱ的公式的规律增加。虽然债务资本的成本低于权益资本的成本，但随着债务资本在总资本中所占比例的增加和财务杠杆的增大，权益资本收益率的波动增大，权益资本承担的风险增大，其成本也随之增加。权益资本成本的增加正好抵消债务资本的低成本带来的好处，企业的加权平均资本成本不变，因此企业的价值并不会因债务资本的增加而增加。公司的加权平均资本成本与其资本结构无关，增加债务资本并不会降低企业的加权平均资本成本。

无公司所得税时的 MM 命题Ⅱ的推导如下：

设有 U、L 两家公司，其中 U 为无负债公司，L 为负债公司，对于公司 U，公司的价值就是其股东权益的价值，$V_U = E_U$，公司的资产收益率 R_{AU} 与股东权益收益率 R_{EU} 相等，即：

$$R_{AU} = R_{EU} = \frac{EBIT_U}{V_U}$$

公司 L 的资产收益率为：

$$R_{AL} = \frac{EBIT_L}{V_L} = \frac{EBIT_L}{D_L + E_L}$$

但是，$EBIT_L = \text{利息支出} + \text{股东权益收益} = D_L \cdot R_D + E_L \cdot R_{EL}$

所以：

$$R_{AL} = \frac{D_L R_D + E_L \cdot R_{EL}}{D_L + E_L} = \frac{D_L}{D_L + E_L} R_D + \frac{E_L}{D_L + E_L} R_{EL}$$

整理移项后有：

$$R_{EL} = R_{AL} + (D_L/E_L) \cdot (R_{AL} - R_D)$$

根据无公司所得税时的 MM 命题Ⅰ：

$$R_{AL} = \frac{EBIT_L}{D_L + E_L} = \frac{EBIT_L}{V_L} = \frac{EBIT_U}{V_U} = R_{EU}$$

所以，有：

$$R_{EL} = R_{EU} + (D_L/E_L) \cdot (R_{EU} - R_D)$$

综合无公司所得税时的 MM 命题Ⅰ和命题Ⅱ可知，MM 资本结构无关论的基本思想是：在没有公司所得税时，增加公司的债务并不能提高公司的价值，因为负债带来的好处完全为其同时带来的风险增加所抵消。

无公司所得税时的 MMⅠ和 MMⅡ可以用图 10－2 来描述。

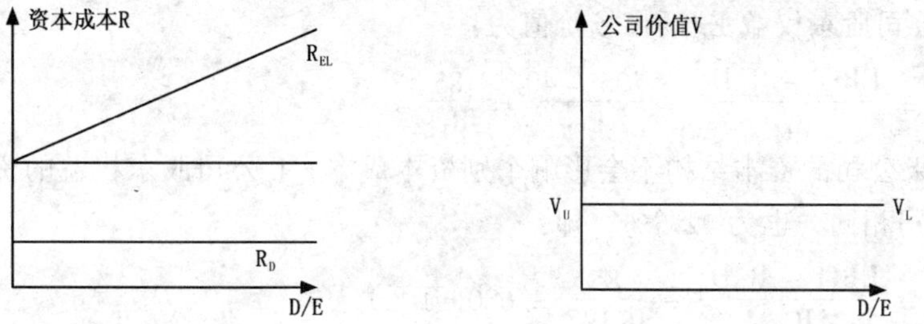

图 10－2

［**例 10－9**］ U 公司为一无负债公司，具有永续的息税前收益 EBIT 每年 125 万元，权益资本成本为 12.5%。L 公司为一与 U 公司完全相同的负债公司，其债务资本为 500 万元，利息率为 8%。设关于 MM 命题的各项假设均成立，求 U、L 两公司价值 V_U 和 V_L，权益价值 E_U 和 E_L，权益资本成本 R_{EU} 和 R_{EL}，以及 L 公司的加权平均资本成本 $WACC_L$。

解 U 公司股东权益的价值 E_U 为：

$$E_U = \frac{EBIT - R_D D_U}{R_{EU}} = \frac{125 - 0}{0.125} = 1000\text{（万元）}$$

U 公司的市场价值 V_U：

$$V_U = D_U + E_U = 0 + 1000 = 1000\text{（万元）}$$

根据 MMⅠ，L 公司的市场价值 $V_L = V_U = 1000$（万元）

L 公司权益资本的价值 $E_L = V_L - D_L = 1000 - 500 = 500$（万元）。

利用无公司所得税时的 MMⅡ，L 公司的权益资本成本 R_{EL} 为：

$$R_{EL} = R_{AL} + (D_L/E_L) \times (R_{AL} - R_D)$$
$$= 12.5\% + (500/500) \times (12.5\% - 8\%) = 17\%$$

L 公司的权益价值 E_L：

$$E_L = \frac{EBIT - R_D D}{R_{EL}} = \frac{125 - 40}{0.17} = \frac{85}{0.17} = 500\text{（万元）}$$

L 公司的加权平均资本成本 $WACC_L$ 为：

$$WACC_L = 0.5 \times R_D + 0.5 \times R_{EL} = 0.5 \times 8\% + 0.5 \times 17\% = 12.5\%$$

MM 命题Ⅰ和命题Ⅱ可以用下面例子中的套利（arbitrage）分析加以证明。

［**例 10－10**］ 继例 10－9，设在满足 MM 各项假设的前提下，有 U 和 L 两家公司。这两家公司各方面的情况完全相同，都具有永续的息税前收益 EBIT 每年 125 万元。唯一不同的是 U 公司没有债务资本，L 公司有价值 500 万元、利息率为 8%的债务资本，两家公司的全部收益都用于分配，又知 U 公司的权益资本成本 R_{EU} 为 12.5%。

U 公司股东权益的价值 E_U 为：

$$E_U = \frac{EBIT - R_D D_U}{R_{EU}} = \frac{125 - 0}{0.125} = 1000\text{（万元）}$$

U 公司的市场价值 V_U 为：

$$V_U = D_U + E_U = 0 + 1000 = 1000\text{（万元）}$$

L公司股东权益 E_L 的市场价值为：

$$E_L = \frac{EBIT - R_D D_L}{R_{EL}} = \frac{125 - 40}{E_{EL}} = \frac{85}{R_{EL}}$$

如果公司的资本结构不会影响个别资本成本，L公司股东权益的资本成本与U公司相同，也为12.5%，即：

$$E_L = \frac{EBIT - R_D D_L}{R_{EL}} = \frac{85}{0.125} = 680(\text{万元})$$

L公司的市场价值 $V_L = D_L + E_L = 500 + 680 = 1180$（万元）。

这表明，拥有债务资本的公司（L公司）的价值高于没有债务资本的公司(U公司)。但是，由于套利活动的存在，上述情况不会发生，或者会迅速消失。

设某投资者拥有10%的L公司的股票，价值68万元（10%×680）。该投资者可以售出手中的L公司股票，获得68万元的现金。再按照8%的无风险利息率借入价值为L公司负债总额500万元的10%，即50万元的债务资金，两项共计118万元。然后购入U公司10%的股票，支出100万元，余下的18万元投资于利息率为8%的无风险债券。通过这一投资组合的变化，该投资者的投资收益也发生了变化，具体如表10－4所示：

表10－4

	投资方向	投资额（万元）	投资收益（万元）
原投资组合	10%的L公司股票	68	68×0.125＝8.5
新投资组合	10%的U公司股票	100	100×0.125＝12.5
	借入利息率8%的债务	－50	－50×0.08＝－4
			8.5
	投资利息率8%的债券	18	18×0.08＝1.44
	新投资组合的自有资金	68	9.94

不难看出，投资者投资于新投资组合的自有资金仍为68万元（投资总额118万元中的50万元是借入资金），而且投资于股票的收益与原投资组合相同，均为8.5万元。但新组合使得投资者有额外的18万元投资于无风险债券，多收益1.44万元，从而使新投资组合的总收益达到9.94万元。与此同时，L公司的债务资本为500万元，当投资者投资于L公司10%的股票时，他就相应承担了L的公司10%的债务，其权益资本的投资收益通过公司财务杠杆加以放大。当投资者通过个人借入同样数额的债务投资于10%的U公司股票时，其实际承担的债务状况与投资于L公司相同，投资者的权益投资收益通过个人财务杠杆加以放大。因此，当投资者在新投资组合中利用50万元的个人债务替代原投资组合中50万元的公司债务时，其财务杠杆和风险状况与投资于原投资组合完全相同。这样，该投资者就在不改变自己的实际投资额和投资风险的情况下，通过改变投资组合的方式提高了自身的投资收益。一旦这种情况存

在，市场上的投资者将会竞相出售L公司的股票，购入U公司的股票，以在同样的投资风险下获取更高的投资收益，这种行为即称为套利。通过套利活动，L公司的股票价格因抛售而下降，U公司的股票价格则因抢购而上升，直到新的市场均衡建立。而所谓新的市场均衡，即U公司的价值与L公司的价值相等，U公司的加权平均资本成本与L公司的加权平均资本成本相等，即与无公司所得税时的MM命题所描述的结果相同。

如果股票市场允许卖空股票，那么，即使投资者手中没有L公司的股票，只要U公司的价值与L公司的价值不等，投资者同样可以通过卖空行为进行套利活动。首先，投资者借入10%的L公司股票并将其售出，得款68万元，再借入50万元利息率为8%的债务，手中的资金总计为118万元。然后，该投资者用100万元购入10%的U公司股票，用余下的18万元购买利息率为8%的无风险债券。通过这一系列投资与筹资活动，投资者构造了三个投资组合：第一个组合是借入的L公司股票和50万元无风险债务，可称之为“空头组合”；第二个组合是购入的10%的U公司股票，可称之为“多头组合”；第三个组合是购入的18万元无风险债券，可称之为“盈利组合”。由于持有“空头组合”，该投资者必须向L公司股票的真正所有者和50万元无风险债务的债权人分别支付8.5万元（68×12.5%）和4万元（50×8%），总计12.5万元的报酬。但是，该投资者同时持有的10%的U公司股票这一“多头组合”可以向其提供12.5万元（100×12.5%）的收益，恰好与投资者持有的“空头组合”的支出相抵消。这样，投资者持有的“盈利组合”所提供的1.44万元收益就完全归投资者所有，成了套利收益。

二、有公司所得税时的MM理论

（一）公司所得税对公司价值的影响

无公司所得税时MM关于资本结构与公司价值的讨论是建立在完美市场假设的基础上的，但现实要比MM的假设复杂得多。首先，现实中是存在公司所得税的，而公司所得税的存在将导致企业的资本结构有可能影响其价值。这是因为，公司所得税是从公司税前利润中扣除的，而公司的税前利润是息税前收益EBIT减去利息支出I后的剩余。因此，考虑公司所得税后，企业的息税前收益就不再是由债权人和股东两类投资者来分享，而是由债权人（得到利息）、政府（得到所得税）和公司股东（得到税后利润）三方来分享，情形如图10－3所示。由于公司价值仅为债权人收益现值与股东收益现值之和，如果不同的资本结构可以导致不同的公司所得税支出，则能够使公司所得税支出最小的资本结构将使公司价值达到最大。这时，企业的资本结构将使公司价值达到最大。这时，企业的资本结构将对公司价值产生某种影响。

（二）有公司所得税时的MM命题Ⅰ

考虑公司所得税的影响后，由于公司债务资本的利息支出可以扣抵部分公司所得税支出，从而使有债务资本公司的EBIT分配到投资者（包括债权人与股东）手中的比例高于无债务资本的公司，故公司的价值会随债务资本的增加而增大，这就是有公司所得税时的 MM 命题。

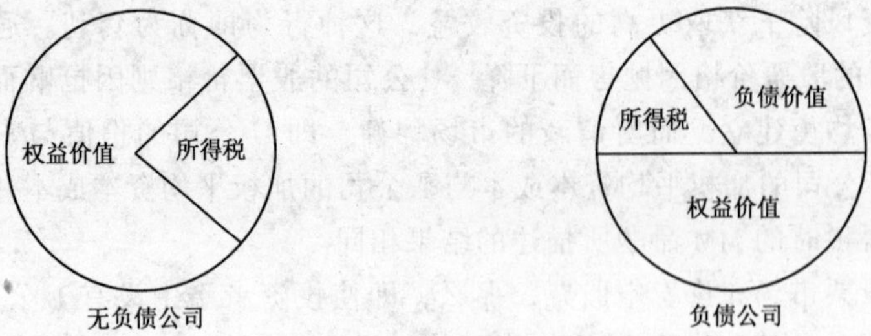

图 10-3

有公司所得税时的 MM 命题Ⅰ：有债务资本的公司的价值等于具有同样风险等级的无债务资本公司的价值加上因债务资本而产生的税收屏蔽（tax shield）利益，其中税收屏蔽利益等于公司的债务资本总额乘以公司所得税税率。

$$V_L = V_U + TD$$

式中：V_L 为负债公司的价值；V_U 为无负债公司的价值；T 为公司所得税税率；D 为负债公司的债务资本总额。

无负债公司的价值就是其权益资本的价值：

$$V_U = E_U = \frac{EBIT(1 - T)}{R_{EU}}$$

有公司所得税时的 MM 命题Ⅰ可以用下面的例子来说明。

[例 10-11] 假设有 U、L 两家公司，U 公司没有债务资本，L 公司有 1000 万元、年利息率为 6%的债务资本，除资本结构外这两家公司完全相同。它们都永久性地每年产生 200 万元的息税前收益（EBIT），都要按照 40%的公司所得税税率缴纳公司所得税。U、L 两家公司的收益状况如表 10-5 所示：

表 10-5　有公司所得税时 U 公司与 L 公司的收益状况

	U 公司	L 公司
息税前收益（EBIT）	200	200
利息支出	0	60
税前利润 EBIT	200	140
公司所得税（40%）	80	56
税后利润 NI	120	84
债权人与股东收益合计	120	144
债务资本的税收屏蔽利益	0	24

由表 10-5 可知，L 公司由于借入了 1000 万元、年利息率 6%的债务资本，每年发生 60 万元的利息支出，同时少支付 24 万元的公司所得税（表 10-5第 5 行），这一部分少支付的现金就成为属于股东的多出的现金流量。因为这一现金流量是由于公司借入债务资本支付利息产生的，所以它的风险与债

务资本相同。用债务资本成本（这里的利息率）6%对这一现金流量折现，其现值是：

$$\frac{24}{0.06} = 400\text{（万元）}$$

即公司借入债务资本后其价值增加了400万元，这400万元就是公司债务资本所产生的税收屏蔽的价值。

由于债务资本的利息支出等于债务资本总额D乘以债务资本的利息率i（债务资本成本），即Di，它所产生的税收屏蔽的数量为TDi（T是公司所得税税率），所用的折现率是债务资本成本i，所以债务资本税收屏蔽的现值即为：

$TDi/i = TD$。

假设U公司的权益资本成本为10%，我们称之为无财务杠杆时的资本成本，则U公司的价值 V_U，同时也是U公司股东权益的价值 E_U 为：

$$V_U = E_U = \frac{EBIT(1-T)}{R_{EU}} = \frac{200 \times (1-40\%)}{0.10} = 1200\text{(万元)}$$

根据有公司所得税时的MMⅠ，L公司的市场价值 V_L 为：

$$V_L = V_U + TD = 1200 + 40\% \times 1000$$
$$= 1200 + 400 = 1600\text{（万元）}$$

从表10-5可以看出，L公司股东与债权人的收益合计比U公司多了24万元，而这24万元恰好是政府所得税收入的减少额。同时我们还可以看到，尽管L公司为借入1000万元的债务每年要支付60万元的利息，但L公司股东的实际收益仅比U公司股东少36万元，而不是60万元。这表明L公司的股东只用自己的收益支付了24万元的债务利息，余下24万元是以少向政府缴纳所得税的方式，由政府代为支付了。

事实上，引入公司所得税后，参与息税前收益EBIT分配的由原来的股东和债权人两家变成了股东、债权人和政府三家，如图10-4所示。在息税前收益EBIT不变的情况下，调整中资本结构可以改变政府在EBIT中所分得的数额。通过增加债务资本，利用债务利息的税收屏蔽作用，减少了政府在EBIT中所分得的数额，增加了股东和债权人所分得的数额。由于公司的价值是债务资本的价值与权益资本的价值之和，所以借入债务资本，利用其利息支出的税收屏蔽效应可以增加公司的价值。

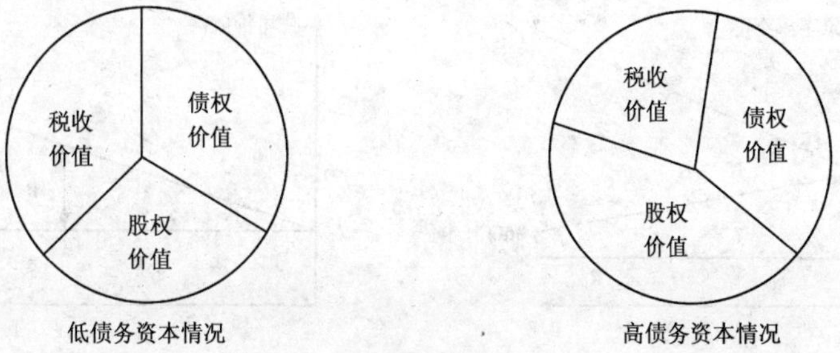

图10-4

(三) 有公司所得税时的 MM 命题Ⅱ

与无公司所得税时的 MMⅡ相同，有公司所得税时的 MMⅡ也是讨论公司权益资本成本的。有公司所得税时的 MM 命题Ⅱ（MMⅡ）：负债公司的权益资本成本等于具有同样风险等级的无负债公司的权益资本成本加上一定的风险补偿，即：

$$R_{EL} = R_{EU} + \frac{D}{E}(R_{EU} - R_D)(1 - T)$$

与无公司税的 MMⅡ式相比，上式在风险补偿因子上多出了一个系数（1 − T）（T 是公司所得税税率），由于（1 − T）小于 1，所以考虑公司所得税后，负债企业的权益资本成本的上升幅度要小于无公司所得税时。实际上，正是税收屏蔽效应减小了负债企业债务资本成本和权益资本成本，导致了公司价值的上升。

考虑公司所得税后，负债公司的加权平均资本成本为：

$$WACC = (E/V)R_{EL} + (D/V)R_D(1 - T)$$

[例 10 − 12] 计算例 10 − 11 中 L 公司的权益资本成本和加权平均资本成本。

利用 MMⅡ，L 公司的权益资本成本 R_{EL}为：

$$\begin{aligned} R_{EL} &= R_{EU} + \frac{D}{E}(R_{EU} - R_D)(1 - T) \\ &= 10\% + (1000/600) \times (10\% - 6\%) \times (1 - 40\%) \\ &= 14\% \end{aligned}$$

L 公司的加权平均资本成本：

$$\begin{aligned} WACC_L &= (E/V)R_{EL} + (D/V)R_D(1 - T) \\ &= (600/1600) \times 14\% + (1000/1600) \times 6\% \times (1 - 40\%) \\ &= 7.5\% \end{aligned}$$

由例 10 − 12 的结果可以看出，考虑公司所得税后，负债公司的加权平均资本成本与不负债公司相比下降了（由 10%下降为 7.5%）。

与图 10 − 3 类似，有税收时的 MMⅠ和Ⅱ可以用图 10 − 5 来描述。可以看出，由于税收屏蔽利益的存在，图 10 − 5 中企业的加权平均资本成本与资本结构的关系不再是一条水平线，而是随着负债权益比的上升而下降，而负债公司的价值也随着负债权益比的上升而上升。

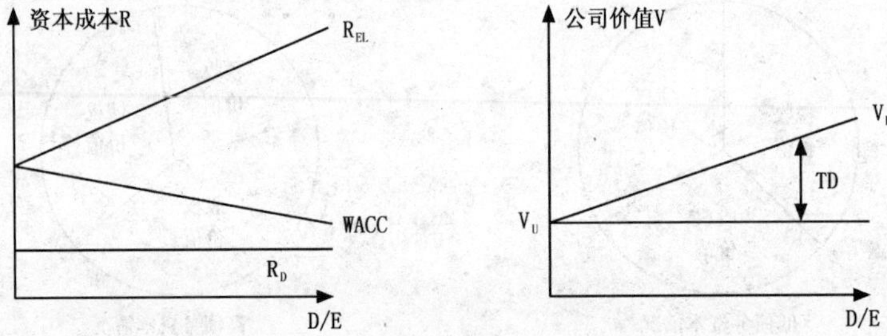

图 10 − 5

三、财务危机成本与资本结构

根据有公司所得税时的MM命题，企业的价值随负债的增加而增大，我们会得出一个极端而且显然不符合现实的结论，即企业的资本来源应该百分之百为债务资本，这样企业的价值将达到最大。之所以出现这种极端的结论，是因为在前面关于资本结构的讨论中，我们假设债务是无风险的，因此债务资本成本不随债务额的变化而变化。但现实中债务是有风险的，这种风险的存在会导致相应成本的发生，从而会改变我们前面的结论。

MM关于资本结构的讨论是建立在一系列假设之上的，而现实世界与MM的假设有许多不同之处。但现实与MM假设的差异并不能否认MM关于资本结构理论的重要意义，相反，MM理论为我们讨论现实中的资本结构问题提供了一个很好的出发点。我们可以从MM的资本结构理论出发，通过分析现实情况与MM假设的差异来讨论现实中企业资本结构对资本成本和公司价值的影响。

（一）财务危机成本

财务危机（financial distress）是指企业在履行偿债义务方面遇到了极大的困难，甚至无法履行某些偿债义务的状况。财务危机处理得好，企业可以度过危机，避免破产。财务危机处理得不好，企业将无法走出困境，最终走向破产。因此，财务危机是指包括破产在内的企业无法支付到期债务的现象。但不论企业是否会因财务危机而最终破产，财务危机的发生都会给企业造成很大的损失，各种财务危机成本也会随之发生。财务危机成本可分为直接成本与间接成本两大类。

直接成本是指企业为处理财务危机（如进行破产清算或企业重整）时所发生的各项费用，如律师费、清算费等，以及企业因财务危机而造成的资产贬值损失。比如，在企业破产时，债权人可能会为争夺对企业剩余资产的清偿权及清偿方式而争吵不休，使企业的破产过程一拖再拖。在这期间，企业的厂房、设备等得不到充分的利用，而且很容易贬值；企业的各项存货可能会因得不到及时处理而变得不适应市场需求，其价值也会大为下降；另外，企业原有的技术优势、发展机会、人才资源等无形资产也会因企业破产而大量流失，这些损失有时是非常大的。

间接成本是指企业因发生财务危机而在经营管理方面遇到的种种困难和损失，包括为避免破产而付出的代价等各种成本的总和。比如，因为企业无力偿债导致债权人对企业正常经营活动的限制，原材料供应商因担心企业不能按期付款而要求企业必须用现金购买货物，顾客因担心企业的生存能力而不愿购买其产品，等等。这些都会造成企业与正常经营时相比收入减少，成本上升，价值下降。另外，企业为了避免破产，还可能会采取一些有利于企业的短期生存但却会损害企业长远利益的做法。比如，减少对设备的维修保养以节省资金，以较低的价格出售某些优质资产以筹措资金，以降低质量、损害企业产品的市场形象为代价来削减生产成本，一些优秀人才因得不到足够的报酬而离开企业造成的人才损失，等等。考虑到上述各种因素，企业的财务危机成本可能相当高昂，美国学者 Eewrd I. Altman 的一项研究表明，企业因破产而发生的成本超过企业价值的 20%。因此，不论是债务人还是债权人，在进行筹资或投资决策时都必须考虑企业财务危机成本可能产生的影响。由于财务危机成本只有在财务危机发生时才会表现出来，事前只能根据有关事实和资料对财务危机成本进行判断，即对财务危机成本的期望值做出估计，并以此指导自己的筹资或投资行为。财务危机成本的期望值取决于两个因素，一是危机真正发生时成本的大小，二是发生危机的可能性的大小，所以：

期望财务危机成本 = 危机成本数额 × 危机发生的概率

在其他情况相同的情况下，经营收益越不稳定的企业，发生财务危机的概率越大，价值主要依赖于未来成长性的企业，财务危机的成本数额越高。比如，网络公司与航空公司，前者的价值主要体现于其未来的发展前景和未来的现金收益，一旦陷入财务危机乃至破产，给清算者留下的价值将非常有限。相反，由于航空公司有大量的飞机等固定资产，一旦破产，其清算价值还是相当可观的。因此，网络公司的破产成本数额要远大于航空公司。

总起来讲，企业的负债率越高，财务风险越大，企业发生财务危机的可能性就越大，财务危机的期望成本就越高。

（二）代理成本

代理问题是现代经济学和公司财务学中的一个重要问题。简单地说，代理问题是指由于委托人与代理人之间的利益不完全一致，而契约的不完善和信息的不对称又使委托人无法完全约束和监督代理人的各项行为，从而导致代理人可能会为追求自身利益的最大化而损害委托人的利益的现象。代理问题的两个主要表现是逆向选择和败德问题。逆向选择是指代理人利用其与委托人之间的信息不对称等因素在不同方案中做出不利于委托人的选择；败德问题则是指代理人违背当初的承诺。显然，任何一种情况的发生，都会给委托人造成损失。而不论是代理人给委托人造成的损害，还是为防止代理问题的发生，或减少代理问题造成的损害而采取的措施，都必然形成一定的成本，即代理成本。

当债权人将资金借给企业之后，在一定程度上就失去了对资金的控制权（至少是直接控制权），只保留了相应的收益权。由于债权人与企业股东的利益不完全一致，他们之间的利益冲突也就不可避免。企业的经营控制权由代表股东利益的公司董事会和经理层掌握，在某些情况下，特别是当企业陷入财务危机等不利境地时，企业可能会为维护股东利益做出某些损害债权人利益的事情。下面就是几种可能：

1. 项目替换。企业在借入资金前，保持并答应继续采取较为保守和低风险的经营策略，从而使债权人按照较低的风险报酬（较低的利息率）将资金借给企业。而当企业拿到资金后，却改变了原来的经营策略，将资金投入到一些高风险的项目，使企业的总体营业风险增大。如果投资成功，由于债权人是按照低风险预期将资金借给企业的，他们只能按照较低的利息率获取收益，但这一收益并不能充分补偿其所承担的实际风险，余下的高额收益全部为公司股东所有。如果投资失败，债权人则要分担损失。显然，这种事后单方面改变企业营业风险的做法对债权人是不利的。

2. 不恰当地进行高风险投资。当企业面临破产的可能时，由于股东与债权人在破产时的利益冲突，掌握企业控制权的股东可能更愿意选择对企业整体价值会产生不利影响的高风险投资。比如，假设A企业目前资产的实际价值为70万元，负债为100万元。显然，A企业已是资不抵债，如果不进行必要的变化，必然走向破产。设现在A企业有两个可供选择的互斥投资项目，一个是低风险项目，另一个是高风险项目，而未来经济形势好或经济形势差的可能性各为50%。如果未来经济形势转好，预计低风险项目的净现值为80万元，高风险项目的净现值为140万元；如果未来的经济形势不好，预计低风险项目的净现值为30万元，高风险项目的净现值为-50万元。根据以上资料，A企业选择低风险项目或高风险项目的预计结果如表10-6所示：

表10-6　A企业选择低风险项目或高风险项目的预计结果　单位：万元

	概　率	公司价值	债务资本价值	权益资本价值
低风险项目				
经济形势好	50%	150	100	50
经济形势差	50%	100	100	0
期望值		125		
高风险项目				
经济形势好	50%	210	100	110
经济形势差	50%	20	20	0
期望值		115		

从公司价值分析和维护债权人利益的角度看，A企业都应该选择低风险项目，因为选择这一项目公司价值的期望值高于选择高风险项目，而且债权人的投资可以得到有效的保护。如果A企业是一个完全由权益资本投资的企业，它也会选择低风险的项目，因为这时公司整体价值的提高将全部属于公司股东。但如果A企业是一个负债经营且濒临破产的企业，这时从股东的角度看，他们更倾向于选择高风险项目。这是因为，如果选择低风险项目，股东权益的期望值为25万元（$0.5\times0+0.5\times50$）。而如果选择高风险项目，股东权益的期望值为55万元（$0.5\times0+0.5\times110$），后者高于前者，对股东更为有利。更为重要的是，如果经济形势不好，不论选择哪一个项目股东都会一无所有；如果经济形势好，则选择高风险项目权益价值更高，对股东更为有利。因此，从股东利益出发，A企业将放弃对债权人和提高公司整体价值有利的低风险项目，选择对提高公司整体价值和债权人不利的高风险项目。

3. 投资不足。与选择不恰当的高风险项目相反，有时企业股东在企业濒临破产时会主动放弃一些有利的投资项目，因为这些项目只会给债权人带来好处，但却需要企业股东为此支付成本。比如，如果一个企业在破产前夕找到了一个需要投资100万元、净现值为100万元的投资项目，但100万元的投资需要公司股东支付。这时，如果投资这一项目后公司仍然要破产，且破产偿债后留给股东的价值小于100万元，公司股东将会拒绝进行这项投资，因为投资成本要股东来支付，而投资收益却由股东与债权人分享，而且股东分得的收益不足以收回投资成本。然而，如果企业是一个完全由权益资本投资形成的企业，公司股东将选择这一项目进行投资，因为投资增值的好处将全部为股东享有。

4. 转移资金。在企业发生财务危机、濒临破产之际，企业股东为了减少自己的损失，可能会通过增发现金股利或其他分配形式尽量将公司价值转移到自己手中，而给债权人留下一个空壳企业。

5. 稀释债权。企业在未经老债权人同意，或在未能为老债权人提供有效担保的情况下借入新的债务，提高企业的资产负债率，从而使企业的老债权得到的保护被削弱，风险增大，这同样损害了老债权人的利益。

债权人是理性的，他们可以事先想象到或预料到负债企业的股东可能采取的某些损害债权人利益的做法，同时也会采取一系列的措施来限制企业股东的行为，防止他们采取预料到或未预料到的损害行动，保护自己的利益。这些措施包括：通过尽量严格和苛刻的债务合同对企业的经营行为，特别是有关筹资活动和投资活动进行限制，如限制企业发放现金股利和回购股票，限制企业出售或购买资产，限制企业进一步借债，等等；对企业的财务状况、经营活动等进行审查和监督；提高利息率以弥补可能增加的风险，等等。

上述种种措施无疑加大了签订债务合同的复杂性，使签约成本上升。同时，上述做法在保护债权人利益的同时也降低了企业的经营效率，特别是决策效率，使企业追求股东财富最大化的经营努力受损，最终导致股东财富的减少。这些损失都是代理成本的表现，而这些代理成本最终将主要由公司股东承担。

随着企业资本结构中债务资本的增加，股东在公司中的相对利益逐渐减少，在公司价值受到损害时所遭受的相对损失也逐渐减少，在企业发生财务危机时通过损害公司和债权人利益来保护或增加自身利益的动力增加。因此，股东和债权人之间的代理问题和代理成本随着企业负债权益比的增加而增大。

（三）静态资本结构理论

1. 最优资本结构与公司价值。财务危机会导致作为债务人的公司可能发生偿债困难，甚至可能无法偿还部分乃至全部债务。因此，债权投资是一种有风险的投资，我们以前讨论资本结构问题时关于债务是无风险的假设也就不再成立了。当考虑到债权是一种有风险的投资后，债权人就会根据其所承担的风险大小要求相应的投资回报。由于财务危机成本随着公司负债权益比的增加而增大，债权人的投资风险也就随着公司负债权益比的增加而增大。根据高风险高回报的基本投资原则，债权人要求的投资回报，也即债务资本的成本也会随着公司负债权益比的增加而增大。

财务危机导致债务资本成本随着债务额的增加而增大，而债务的税收屏蔽利益也随着债务额的增加而增大，但两者对公司价值（股东财富）的影响是相反的。前者使公司价值减少，后者使公司价值增加。合并考虑两者的影响后，公司资本结构中债务资本达到某一数额时，债务资本产生的税收屏蔽利益正好等于其所产生的财务危机成本，这时公司的价值最大，这时的公司资本结构称为最优资本结构。这一关系可用图 10－6 表示为：

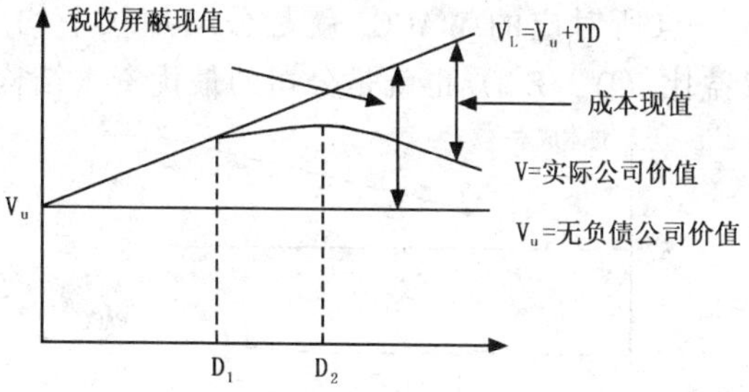

图 10－6

由图 10－6 可以看到，当企业的债务资本较少，负债权益比较低时，财务危机成本与代理成本的数额很小，主要起作用的是债务的税收屏蔽效应，公司价值随企业负债权益比的上升而增大，而且上升速率与有税收时的 MMⅡ所预期的相似。当企业的债务资本总额上升到一定幅度后（图中 D_1 点），负债增加导致的财务危机成本和代理成本开始有较明显的反映，但此时财务危机成本和代理成本的增加额仍小于税收屏蔽效应的增加额，故公司价值仍随债务资本的增加而增大，但增大的速率明显减小。当企业的债务资本进一步上升，超过 D_2 点后，负债增加导致的财务危机成本和代理成本的增加额超过了税收屏蔽的增加额，故公司价值随债务资本（负债权益比）的增加而降低。

公司价值与资本结构的上述关系称为公司资本结构的均衡（trade—off）关系，也就是静态的公司资本结构理论。静态的公司资本结构理论告诉我们，综合考虑负债带来的收益和成本后，企业有一个最优的资本结构，在这一资本结构下，企业的价值达到最大。

值得指出的是，虽然上述关系可能成立，但并不意味着我们可以准确地计算出每一企业应该选择的最优资本结构。这是因为：第一，影响企业资本结构的因素很多，除税收屏蔽和财务危机成本与代理成本外，还有其他因素，所以我们并不能单纯依赖上述分析得出关于企业资本结构的全部结论。第二，税收屏蔽和财务危机成本与代理成本只是为我们分析问题提供了一种有益的渠道，并可以帮助我们大致估算相关成本与价值，但它们相对每一个企业的具体价值是无法精确计算的。尽管如此，企业的资本结构应选择在某一范围之内对增加企业价值或降低企业资本成本的结论还是正确的。

2. 最优资本结构与加权平均资本成本。使公司价值最大的最优资本结构也就是使加权平均资本成本最小的资本结构。根据静态资本结构理论，公司加权平均资本成本与公司负债权益比（D/E）之间的关系如图 10－7 所示：

由图 10－7 可以看出，由于在公司债务权益比例较低时财务危机成本较低，公司债务资本的税后资本成本低于权益资本成本较多，因此公司的加权平均资本成本随着公司负债权益比的增大而降低。当债务资本达到一定数额，公司负债权益比达到一定值时，债务的资本成本开始增大，虽然其仍然低于权益资本成本，但新增债务资本产生的成本已经抵消了新增的税收屏蔽利益。这时，继续增加债务资本只会增大公司的加权平均资本成本。以图 10－7 中所显示的（D^*/E^*）这一点所对应的 $WACC^*$ 就是公司加权平均资本成本的最小值，相应的负债权益比（D^*/E^*）也就是公司的最优资本结构。

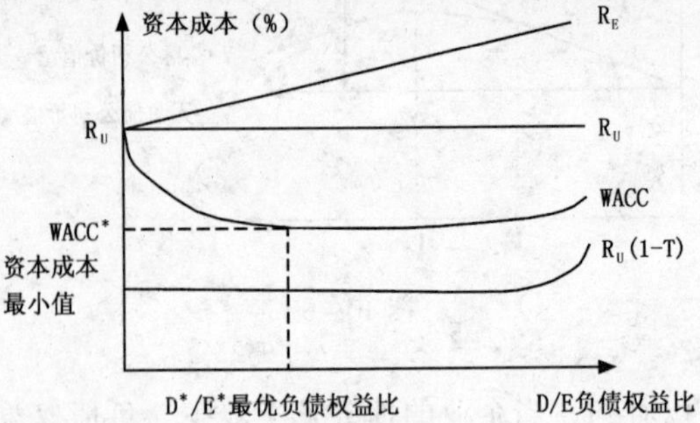

图 10－7

3. 最优资本结构与价值分配。考虑财务危机成本后，有权参与息税前收益。EBIT 分配的利益团体变成了四个：股东对 EBIT 的索取权（股权价值），债权人对 EBIT 的索取权（债权价值），政府对 EBIT 的索取权（所得税价值）和公司破产时的相关利益集团（如律师、各种清算参与者等）的索取权（财务危机成本），这种情况如图 10－8 所示：

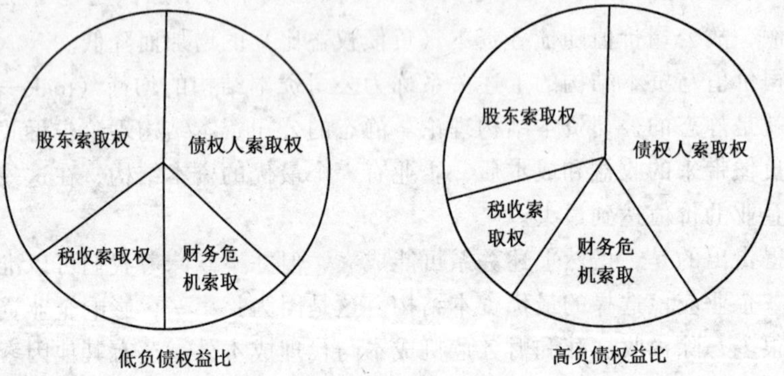

图 10－8

由于财务危机成本主要发生在公司接近破产阶段，而公司的负债权益比越高，出现财务危机和破产的可能性越大，所以如图 10－8 所示：当公司的负债权益比较低时，财务危机成本也较低，属于公司股东、债权人和政府的价值较高；当公司的负债权益比较高时，财务危机成本也较高，占据了较多的价值，属于公司股东、债权人和政府的价值就较低了。

根据上述分析，负债公司的价值与无负债公司的价值及税收屏蔽和财务危机成本的关系可以写成下式：

$V_L = V_U + TD$ － 财务危机成本

上式表明，负债公司的价值等于无负债公司的价值加上债务资本的税收屏蔽利益再减去债务资本带来的财务危机成本。这时的最优资本结构就是使“TD—财务危机成本”最大的资本结构。

如果我们把公司现金流量 CF 带来的价值作为整体价值 V，我们可以把价值公式写作如下的形式：

$$V = E + D + G + B + \cdots$$

式中：E 是股东权益的价值；D 是债权人的价值；G 是政府税收的价值；B 是财务危机成本。

上式就是 MM 命题的核心与精髓，它表明，对公司现金流量所有索取权的总价值 V 是由公司创造的现金流量所决定的，与公司的资本结构无关。但其中部分索取权的价值，股东索取权与债权人索取权的价值，可能受到资本结构的影响。所以，最优资本结构就是使股东索取权与债权人索取权的价值最大、使其他索取权价值最小的资本结构。

如果仔细分析上述索取权，我们可以发现，对上市公司来说，其股东对公司现金流量的索取权（股票）是可以流通交易的，如果公司的债务资本主要是公司债券，那么它们也是可以流通和交易的。但是，政府的所得税对公司现金流量的索取权和财务危机成本对现金流量的索取权是不能流通的。因此，我们又可以将上述索取权分为流通索取权和非流通索取权，这时的最优资本结构意味着使流通索取权价值最大、非流通索取权价值最小的资本结构。

本章小结

商业银行同其他企业一样，其筹集长期资金的方式包括股权融资、债券融资、借款和留存收益等。各种筹资方式都有自己的优点，也有各自的缺陷，所以商业银行的长期资金来源是各种筹资方式的集合。

商业银行无论采取何种方式筹集资金，都必须计算其成本，以便进行投资决策管理。长期资金的成本有单个资本的成本、加权平均资本成本和边际成本，各种资本成本在决策中有不同的作用。

商业银行在日常经营管理过程中，不仅要重视资本成本，还要重视资本的结构。目前较流行的资本结构理论是 MM 资本结构理论，财务危机成本和代理成本以及静态资本结构理论是对 MM 资本结构理论的发展。

复习思考题

一、名词解释

资本成本　　加权平均资本成本　　边际成本　　资本结构　　MM 资本结构理论　　代理成本　　财务危机成本

二、问答题

1. 什么是资本成本？它有什么作用？

2. 如何计算加权平均成本和边际成本？

3. MM资本结构理论的假设前提有哪些？

4. 无公司税的资本结构理论的主要内容是什么？

5. 有公司税的资本结构理论的主要内容是什么？

6. 财务危机成本包括哪些内容？代理成本又包括哪些内容？

第十一章 商业银行风险管理

从国外商业银行风险管理演进过程来看，到20世纪90年代中后期，亚洲金融危机以及大量银行损失案件表明，损失不再是由单一风险造成，而是由信用风险、市场风险和操作风险等相关风险共同形成。市场风险与信用风险的综合模型、操作风险的量化问题，开始成为国际活跃银行关注的重点。以《巴塞尔新资本协议》、《企业全面风险管理体系》正式颁布为标志，全面风险管理成为国际银行业的新标准。

中国的银行业风险管理理论探索和实践历程并不长。1997年11月，国家召开全国金融工作会议后，陆续出台了一系列国有独资商业银行的改革措施，包括实行资产负债比例管理，将经营效益与资产质量纳入对四家银行管理者的考核等。以信贷资产质量管理为核心的国内商业银行风险管理模式逐步形成。20世纪末，随着信用风险管理经验的逐步积累，以及风险管理技术的快速发展，国内商业银行陆续成立了信贷风险管理部门，开始将信用风险的监测、分析、预警和控制职能划归由一个专业部门进行独立管理。进入21世纪，我国银行也开始探索全面风险管理。中国建设银行率先建立了全面风险管理的组织架构，成立了风险与内控管理委员会和风险管理部，统一协调和管理信用风险、市场风险和操作风险。后随着中国银监会《商业银行资本充足率管理办法》的出台，国内商业银行全面风险管理理念和框架日渐清晰，逐步开始由被动、静态的传统管理模式，向积极、动态的现代管理模式转变，从信用风险管理，向信用风险、市场风险、操作风险并重的全面风险管理转变。

第一节 商业银行信用风险管理

信用风险是商业银行面临的最古老也是最重要的金融风险形式之一。信用风险是指由于借款人或市场交易对手违约而导致的损失的可能性；更一般地，信用风险还包括借款人的信用评级的变动和履约能力的变化导致其债务的市场价值变动而引起的损失的可能性。因此，信用风险的大小主要取决于交易对手的财务状况和风险状况。信用风险在过去的20多年时间里已变得更加突出和严重，它已经影响到社会经济生活的各个方面。由于信用风险的破坏性、联动性以及不确定性，它已经给经济体带来了重大损失并影响到他们的投资决策和效益。显然传统的度量和管理信用风险的定性方法和手段已远远不能适应当今社会发生的新情况和新问题，更不能满足人们对信用风险进行科学的量化度量和有效的管理的需要。因此，近年来在信用风险度量和管理这一领域正经历着一场革命性的变化，新的量化度量以及管理方法和技术如雨后春笋般不断涌现，如：J.P.Morgan（1997）建立的 CreditMetrics 模型，KMV 公司建立的 KMV 模型，Mckinsey 公司的 CreditPortfolioView 模型，瑞士信贷银行的 CreditRisk^{+} 模型，RAROC 模型，KPMG 公司的贷款分析体系，死亡模型等等。本节主要介绍几种信贷信用风险度量模型。

一、KMV 模型

KMV 模型是由 KMV 公司利用默顿的期权定价理论开发的一种违约预测模型，模型的核心分析工具是预期违约频率 EDF（expected default frequency），它的原理是银行贷款相当于向债务人卖出一个看跌期权，当企业资产的市场价值超过企业的负债时，企业有动力偿还贷款。当企业资产的市场价值低于债务时，企业会行使期权，选择违约。KMV 模型根据借款公司的股票价格波动计算 EDF，通过 EDF 来计算违约损失额 LGD（Loss Given Default）。有如下公式：

（一）计算 EDF

理论上，知道企业资产的变动性就可得出其违约的频率（EDF），但实际操作中并不知道企业资产的市场价值在整年中的确定概率，为此，模型引入了距违约触发点的距离（DD）的概念。假设 A 企业在 t 年里，企业的资产市值为 V（A），资产的变动性为 σ_A，DD 的公式如下：

$$DD=\frac{V(A)-DPT_A}{\sigma_A}\ (\text{当 } t=1 \text{ 时})$$

$$DD=\frac{V(A)-DPT_A}{\sqrt{t}\sigma_A}\ (\text{当 } t>1 \text{ 时})$$

其中，DPT_A 表示企业债务的面值，式中有两个未知变量：资产价值 V（A）和资产变动性 σ_A。

计算资产价值和资产变动性。按照默顿对布莱克－斯科尔斯模型 V（A）的修正公式，利用公司股票市场价格的历史观测值，采用迭代法，可以求出资产价值 V（A）和资产变动性 σ_A。

EDF 的计算。根据资产价值和变动性，就可以求出 DD 值。根据 DD 值和 EDF 值的经验对应数据，求出企业在一定 DD 值下的 EDF 值。

（二）计算违约损失额 LGD 和预期损失 EL（（Expected Loss，EL）

LGD =（1 - 预期回收率）× 贷款的面值，预期回收率由各银行根据历史经验进行假设。

EL = EDF × LGD

EL为预期损失，UL（Unexpected Loss，UL））为非预期损失，ES为预期回报，AIS为总溢价，指在银行收取的利息中不含基准利率的部分，AIS = EL + ES。

（三）对单个信贷资产风险的计算

$$EL_i = EDF \times LGD$$

$$UL_i = LGD \times [EDF \times (1 - EDF)]^{1/2}$$

（四）组合风险的计算

对组合风险的计算主要问题是资产相关性。KMV公司根据多年的经验，将所有行业分为61类，建立了庞大的资产相关性数据库，利用数据库就可以算出不同企业的资产相关性。

二、信用度量制模型

J.P.Morgan银行与其他合作者在1997年2月共同推出了度量信用风险的新模型——信用度量制模型。该模型属于盯市类（MTM）模型。其核心思想是组合价值的变化不仅受到债务人违约的影响，而且还会受到债务人信用等级转移的影响。该模型通过求解信贷资产在信用品质变迁影响下的价值分布，计算信用风险的VaR值，即在给定的置信区间上，在给定的时间段内，信贷资产可能发生的最大价值损失。

（一）单笔贷款信贷风险测算

第一步：通过构建概率转移矩阵计算借款人的期末信用等级转移概率P。关于借款人信用评级级别在未来转移的概率情况可以从大的信用评级公司中（如标准普尔、穆迪、KMV公司、ZETA公司等）获得。

第二步：估算未来不同信用等级下的贷款市值。计算贷款的市值公式为：

$$\mu = R + \sum_{i=1}^{n-1} \frac{R}{(1 + r_i + s_i)^i} + \frac{R + F}{(1 + r_n + s_n)^n}$$

式中：R为固定年利息，F为贷款金额，n是贷款剩余年限。r_i为第i年远期零息票国库券利率无风险利率，s_i为特定信用等级贷款的i年度信用风险价差。

第三步：得出贷款价值的实际分布。将第一步得出的概率及从第二步得出的价值相结合，即可得到贷款价值在年末的非正态的实际分布。

均值为：$\mu = R + \sum_{i=1}^{s} p_i \mu_i$

标准差为：$\sigma = \left[\sum_{i=1}^{s} p_i(\mu^2 + \sigma^2) - \mu^2\right]^{1/2}$

其中σ_i为各折现值的标准差。

第四步：求出VaR值。可利用信用等级转移概率和与之相对应的贷款价值表，近似地求出不同置信度下的VaR值。

（二）贷款组合信贷风险测算

J.P.Morgan将单项资产模型加以扩展，使之成为组合风险计量模型。与单个信贷资产风险的计算相比，计算组合资产风险时，将各组合资产之间的相关性考虑进去，用各资产的联合信用等级转换概率替代单个资产的信用等级转换概率。

三、麦肯锡模型——信用组合观点模型

基于经济周期的各种宏观因素会对债务人的信用等级转移产生重要影响，麦肯锡公司借用 Wilson 的建模思想，将宏观因素与转移概率间的关系模型化，建立了宏观模拟模型，以有条件转移矩阵取代以历史数据为基础的无条件转移矩阵，并求出对经济周期敏感的 VaR 值。

具体步骤：设 y_t 为一定宏观因素所构成的经济状态，x_i 为系统宏观变量（包括 GDP 增长率、失业率等）的集合，v_t 为非系统宏观变量（指经济体系受到的随机冲击或创新）的集合。y_t 与 x_i、v_t 的关系可表示为：$y_t = g(x_t, v_t)$

转移概率 p_t 和宏观因素 y_t 的关系可表示为：$p_t = f(y_t)$

由于 v_t 已知，v_t 可用蒙特卡罗模拟法求出。

按照该思路，对转移矩阵中所有其他元素进行调整，估算出以宏观经济状态为条件的未来各期的转移概率模拟值，进而得到未来各期的有条件的模拟转移矩阵，计算出对经济周期敏感的未来各期的 VaR 值。

四、保险模型

（一）死亡率模型

美国学者 Altman 借鉴寿险精算的思想建立了该模型。该模型的思路非常简单，它以贷款或债券的组合以及它们在历史上的违约经历为基础，开发出一张表格，用该表来对信贷资产寿命周期内每一年的边际违约率 MMR（marginal mortality rate）和累计违约率 CMR（cumulative mortality rate）进行预测，将预测的两个违约率与 LGD 结合就可以得到预期损失的估计值，进一步可得到预期损失之外的估计值。

（二）CreditRisk$^+$模型

该模型是由瑞士信贷银行金融产品开发部依据财险思路于 1997 年开发的。其基本思路是运用保险经济学中的保险精算方法，将风险暴露划分成不同的频段，以提高风险度量的精确程度。具体步骤如下：

第一步：将银行持有的全部贷款按单笔贷款的风险暴露额划分为若干频段，并求出各频段的违约概率分布（假定贷款组合违约概率近似于泊松分布）。

$$p(n) = \frac{\mu^n e^{-\mu}}{n!} \quad (n = 0,1,2,\cdots)$$

式中：μ 表示单位时间里平均违约次数。

第二步：计算各频段的损失分布。

该频段的预期损失 + 平均违约次数 × 每笔贷款的风险暴露

第三步：将各频段的损失分布加总就可以得到组合损失分布。

五、对现代信用风险度量模型的评价

（一）KMV 模型

该模型的优点是：它根据受险企业的资产市值来估算借款企业信用风险波动情况，由此将市场信息纳入了违约概率；KMV 模型是一个动态模型，将借款企业的股价信息转换成信用信息，对借款企业的质量变化比较敏感，因为市场信息被反映在模型当中，具有一定的前瞻性，模型的预测能力较强。

KMV 模型的不足之处是：首先，该模型的使用范围受到了限制。通常，该模型主要使用于对上市公司的信用风险评估，在对非上市公司的预期违约频率进行计算时，则往往需要借助于某些会计资料信息或其他能反映借款企业特征值的指标来替代模型中一些重要变量，同时还要通过对比分析手段最终得出企业的预期违约频率，因而这一过程复杂且计算出的预期违约频率值未必准确。其次，该模型基于资产价值服从正态分布的假设和实际不相符。最后，模型不能够对长期债务的不同类型进行分辨。

（二）信用度量制模型

信用度量制模型的优点是：该模型首次将受险价值的方法运用在信用风险的量化度量和管理上，该模型属于 MTM 模型；该模型首次将组合管理理念引入信用风险管理领域，适用于商业信用、债券、贷款、贷款承诺、信用证以及市场工具等信贷资产组合的风险计量。

信用度量制模型的缺点在于：首先该模型对信用风险的评判很大程度上依赖于借款人的信用等级的变化，在信用环境不好的情况下，出现大量损失的概率可能很高。其次，信用度量制模型的违约概率与宏观经济状况无关。这与经验事实以及当前的信用风险管理实践不符。再次，信用度量制模型假设资产收益之间的相关系数等于净资产之间的相关系数，模型的结果对这一假设的敏感性很高。最后，信用度量制模型存在着计算复杂的问题。

（三）信用组合观点模型

信用组合观点模型是一个多因素、多时期离散时间序列模型，它被用来模拟不同国家各个信用级别产品的违约概率和信用等级转换概率的联合条件分布。该模型将宏观经济因素对信用等级转移概率的影响引入模型之中，对所有风险暴露都采用盯市法，弥补了信用度量制的不足。

该模型的不足之处在于：一是实施这一模型需要可靠的数据，而这些可靠的数据往往较难获得；二是模型使用经调整后的信用等级转换概率矩阵的特殊程序，而调整则基于银行信贷部门积累的经验和信贷周期的主观判断。

（四）保险模型

1. 死亡率模型。该模型的思路相对简单，在实际中容易操作。但因为它是根据保险精算的死亡率原理，因而要求有每一信用等级的大量观测值。就商业银行贷款而言，几乎很少有银行建立了这样的信息系统。

2. CreditRisk$^+$模型。该模型的优点是它对贷款损失的概率分布有闭型解，所以不需要采用模拟技术，计算速度也较快，而且模型所需的输入数据很少，只需每笔贷款的违约概率和给定违约概率下的损失。该模型也有其局限性，表现为模型忽略了债务人信用等级的变化，同时未综合考虑市场风险对贷款组合损失的影响，所以它是一个违约模式模型而非盯住市场模型。

第二节　商业银行市场风险管理

商业银行市场风险是指因市场价格（利率、汇率、股票价格和商品价格）的不利变动而使银行表内和表外业务发生损失的风险。由于我国的商业银行不允许经营与股票、商品期货等相关的业务，所以我国的商业银行目前主要面临的市场风险，基本上就是利率和汇率风险。

一、商业银行利率风险管理

商业银行利率风险是指由于利率变化而使银行收益下降的风险。当前我国的利息收入是绝大多数商业银行收入的主要来源。显然利率是影响银行利息收入的最主要因素之一。基准利率有根据宏观经济情况需要调整的特点，金融交易市场利率更具有变动频繁和难以预测的特点，这就导致了银行利息收入的不确定性，最终给银行的经营收入带来影响。因此利率风险的分析与计量工作十分重要。

（一）利率敏感性分析

1. 利率敏感性缺口的计算。利率敏感性缺口是指一段时期内利率敏感性资产与利率敏感性负债的差额。利率敏感性资产和利率敏感性负债是指随着市场利率的变化而需要重新定价的资产和负债。利率敏感性缺口用公式可表示为：

利率敏感性缺口 = 利率敏感性资产 - 利率敏感性负债

当利率敏感性资产大于利率敏感性负债时，缺口为正，称为正缺口；当利率敏感性资产小于利率敏感性负债时，缺口为负，称为负缺口；当利率敏感性资产恰好与利率敏感性负债相等时，缺口为零，称为零缺口。在利率变动时，资产负债的缺口数额将直接影响银行的净利息收入。

银行处于不同的利率敏感性缺口状态时，利率变动对银行净利息收入的影响是各不相同的。从理论上分析，如果一家银行处于正缺口状态，它的利率敏感性资产大于它的利率敏感性负债。当市场利率上升时，银行从利率敏感性资产中获取的收益就会增多，而且会多于为利率敏感性负债支付增加的利息，由于利率敏感性资产要大于利率敏感性负债，银行获取利息收入的增长幅度要高于利息支出的增长幅度，最终银行净利息收入就会增长。反之，当市场利率下降时，银行净利息收入将会减少。表 11 - 1 列出了利率敏感性缺口、利率变动与银行净利息变动之间的关系。

表 11-1　　利率敏感性缺口、利率变动与银行净利息变动之间的关系

利率敏感性缺口	利率变动情况	净利息收入变动情况
正数	上升	上升
正数	下降	下降
负数	上升	下降
负数	下降	上升
零	上升	不变
零	下降	不变

利率敏感性缺口直接影响银行利息收入的大小，利率敏感性缺口越大，净利息收入受影响的程度就越大，银行承担的利率风险也就越大。当然，从另一个角度看，风险与收益是相对应的。如果银行能够准确预期利率的走势，而且缺口与利率预测走势相符，利率敏感性缺口越大就会给银行带来越多的利息收益。

2. 利率敏感性系数的计算。利率敏感性系数是计量银行利率风险的另一种计量工具，它是利率敏感性资产与利率敏感性负债的比值。

$$利率敏感性系数=\frac{利率敏感性资产}{利率敏感性负债}$$

该系数大于1时，说明利率敏感性资产多于利率敏感性负债，银行处于正缺口状态；该系数小于1时，说明利率敏感性资产少于利率敏感性负债，银行处于负缺口状态；该系数等于1时，利率敏感性资产等于利率敏感性负债，银行处于零缺口状态。可以看出，利率敏感性系数只不过是利率敏感性缺口的另一种表现方式，两者在本质意义上是相同的。两者区别仅在于利率敏感性缺口表示了利率敏感性资产与利率敏感性负债之间的绝对差额，而利率敏感性系数反映了他们之间相对量的大小。

虽然利率敏感性缺口具有简单容易计算的特点，但在实际应用中却存在着以下一些问题：

(1) 在分析利率敏感性缺口时，首先必须确定计划期：3天、1个星期、1个月、6个月，还是1年。但利率敏感性缺口分析很难有一个明确的计划期标准，而计划期的选择对利率敏感性缺口的正负和大小又是非常重要的。

(2) 利率敏感性缺口管理必须是建立在银行对利率走势能够准确预测的基础上的，但在实际工作中，市场利率的变动趋势一般商业银行也很难百分之百地预测准确，一旦银行对利率走势预测失败，敏感性缺口不仅不能起到规避风险的作用，反而会加大银行的利率风险。

(3) 利率敏感性缺口分析是一种静态的分析方法，并没有考虑到外部利率条件和内部资产负债结构的动态连续变动性。

(二) 久期分析

1. 久期的概念与计算。久期也称持续期，是指商业银行资产或负债以现值方式收回其价值的时间，故也称加权平均回收期。

实际上，久期是计量回收一笔投资资金所需要的平均时间。久期的概念最早是由麦考利（Macaulay）在1938年提出的，因此这个概念也经常被称为麦考利久期。由此，任一金融工具的久期公式可以表示为：

$$D = \frac{\sum_{t=1}^{n} \frac{CF_t t}{(1+r)^t}}{\sum_{t=1}^{n} \frac{CF_t}{(1+r)^t}}$$

其中：D为久期；CF_t为在时间t利息收入（或利息支出）和本金偿还的预期现金流；t为某笔现金流量发生时刻距期初的时间；r为当前市场利率或到期收益率；n为现金流量次数。

2. 利用久期缺口管理利率风险。久期能动态地反映出市场风险的变化，其原因是久期是以当前市场利率为折现率计算的折现值。因此，久期会随市场利率波动而变动，从而可以衡量银行的利率风险。

利用久期缺口管理商业银行利率风险的主要步骤是：

第一步，计算出每笔资产和负债的久期；

第二步，以每笔资产和负债占总资产和总负债的比重作为权数，计算出银行总资产和总负债的久期；

第三步，计算久期缺口，其计算公式为：

$$久期缺口 = 资产平均久期 - \frac{总负债}{总资产} \times 负债平均久期$$

从该公式中可以看出，久期缺口并不是资产平均久期与负债平均久期的直接相减。这是因为银行的资产都不直接等于负债，而是负债与股本权益之和。因此需要对负债的平均久期价格系数作调整，这个系数称为资产负债系数（总负债/总资产），这个系数一定小于1。

第四步，分析银行的利率风险，分析思路如下：

(1) 如果久期缺口为正，表明银行资产的平均久期大于负债的平均久期与负债资产比之积，因此，市场利率的变动，对于银行资产市场价值的影响大于对银行负债市场价值的影响。此时有两种情况：一是当市场利率下降时，银行总资产和总负债的市场价值都会上升。但是，银行总资产的市场价值的升幅大于银行总负债市场价值的升幅，这就导致银行股权的市场价值增加；二是当利率上升时，银行总资产和总负债的市场价值都会下降，但是，银行总资产的市场价值的下降幅度也大于银行总负债市场价值的下降幅度，这就导致银行股权的市场价值的减少。

(2) 如果久期缺口为负，说明银行资产的平均久期小于负债的平均久期与负债资产比之积，因此，市场利率的变动，对于银行负债市场价值的影响大于对银行资产市场价值的影响。此时有两种情况：一是当市场利率下降时，银行总资产和总负债的市场价值都会上升。但是，银行总资产的市场价值的升幅小于银行总负债市场价值的升幅，这就导致银行股权的市场价值下降；二是当利率上升时，银行总资产和总负债的市场价值都会下降，但是，银行总资产的市场价值的下降幅度小于银行总负债市场价值的下降幅度，这就导致银行股权的市场价值增加。

下面举例加以说明。

[例 11-1] 某商业银行资产负债表如表 11-2 所示，所有表中金额都以当前市场价格计算。为简便起见，假定所有的利息都是按年收付，没有提前支付和提早取款，也不存在不良贷款。

表 11-2　　某商业银行资产负债表（假设）　　单位：千元

资　产	当前市价	利　率	资产久期	负债和资本	当前市价	利　率	负债久期
现金	2000			定期存款	1000	8%	1.20 年
商业贷款	1500	15%	2.85 年	可转让定期存单	800	10%	3.20 年
国债	300	12%	5.88 年	总负债	1800		
				股东权益	200		
总计	2000				2000		

第一步：计算各项资产与负债的久期，计算方法参见前面的介绍，计算结果见表 11-2 中数据。

第二步：计算资产和负债的加权平均久期。

资产加权平均久期 = （1500/2000）×2.85 + （300/2000）×5.88 = 3.02

负债加权平均久期 = （1000/1800）×1.20 + （800/1800）×3.20 = 2.08

第三步：计算久期缺口。

久期缺口 = 3.02 - （1800/2000）×2.08 = 1.14

第四步：对计算结果进行分析。

这个计算结果的含义是，由于该银行的久期缺口大于 0，当市场利率上升 1%时，资产和负债的市值都会下降，但由于资产的加权平均久期比负债的大，因此资产市值下降的幅度也较负债市值下降的幅度大，久期缺口可以衡量这种变化的大小。最终的结果是 1000×（-1.14×1%）= -22800（元），该银行的净现值下降了 2.28 万元。反之，如果市场利率下降时，则结论刚好相反，该银行的净现值会上升。

久期缺口分析综合衡量了资产和负债结构的利率风险，与其他缺口的含义相同，其绝对值越小，说明银行面临的风险越小；其绝对值越大，说明银行面临的风险越大。与前面介绍的利率敏感性分析相比，久期缺口分析更为精确，并从长期角度分析了利率变化趋势对银行收益的影响；同时，久期缺口分析考虑了每笔现金流量分析的时间价值，而利率敏感性缺口不能反映现金流的时间价值。因此，久期分析本质上是从经济价值角度对银行的利率风险进行整体管理的一种方法。

3. 久期缺口管理的缺陷。久期缺口管理可以根据利率的变化来衡量市场价值变化的风险，它考虑了每笔现金流量的时间价值，相比于利率敏感性缺口管理，它更加全面、客观地反映了银行的利率风险，是一种动态的利率分析方法。但是，这种较精确的衡量方法，就需要较复杂的衡量手段，同时需要更高的成本，而在具体实践中，久期缺口管理确实存在以下缺陷：

首先，久期缺口管理本身的准确计算是一个很困难的问题。久期的计算前提是要满足一些假设条件的，如提前取款的概率、提前偿付的概率、呆坏账的概率等，出现这些情况，现金流量就很难估计，当然久期也就更难计算了。还有，久期也不是一成不变的，当利率变动后，银行必须重新制定资产负债表和重新计算久期，这将是一个非常耗时耗力的过程，极大地增加了银行的成本。

其次，即使久期可以通过准确计算得出，但是利用久期来衡量市场利率变动和金融工具价格变动还是可能存在误差。经研究发现，银行资产的收益率曲线往往是呈凸状的，这就意味着当银行利率上升幅度较大时，久期方法高估了银行资产价格的下跌幅度，而当利率有较大幅度下降时，它又低估了银行资产价格上涨的幅度。所以，当利率变化较小时，久期方法的误差不会很大，而一旦利率出现大幅波动，久期方法衡量资产负债价值变动的准确性就大打折扣。

再次，即使久期缺口方法可以用来准确反映银行的市场价值波动，但在实际工作中如何利用分析结果来规避利率风险也是个难题。从理论上讲，银行可以通过调整资产负债结构来规避利率风险，但是调整资产负债结构并非一件容易的事，因为银行是不能左右客户的存取款行为的，而且调整的成本也较大。所以，银行的管理者必须在充分回避风险与交易成本之间作出积极的动态选择。

（三）商业银行利率风险管理工具

前面介绍的利率敏感性缺口分析和久期缺口分析，实际上本身就包含了利率风险管理的概念。但是，除了这些较基本的利率风险管理方法之外，为了应对银行的利率风险，再加上金融交易市场尤其是衍生产品市场的不断发展，金融交易市场上涌现出了大量利率类衍生产品用以防范、规避利率风险或套利。这里介绍几种常见的利率风险管理工具。

1. 远期利率协议。远期利率协议（Forward Rate Agreements，FRA）是一种关于利率的远期合约，客户与银行或银行与银行之间商定将来一定时间点（指利息起算日）开始的一定期限的协议利率，并规定以何种利率为参照利率，在将来利息起算日，按规定的协议利率、期限和本金额，由买卖双方的一方向另一方支付协议利率与参照利率利息差的贴现额。

远期利率协议交易实际上是从远期对远期存款市场发展而来的。协议的买方为避免利率上升的风险，协议的卖方为避免利率下跌的风险，双方商定在未来某个期限的一笔资金使用事先约定的协议利率，并规定以何种利率为参考利率，双方在结算日根据选定的参照利率（通常是在结算日前两个营业日使用伦敦同业拆借利率来决定）与约定的协议利率结算利差。收到对方支付参照利率的交易方为买方，在结算日支付该参照利率的交易方为卖方，并由利息金额大的一方支付一个利息差额现值给利息金额小的一方。

远期利率协议实质上是不通过期货交易所而在场外交易的远期金融合约。比较而言，它不是标准化的，交易金额、交割日期都不受限制，也不需要缴纳保证金，可以适合于一切可兑换货币，与金融期货相比更灵活、更简便，尤其对于没有期货合约的货币，远期利率协议更具有特别的吸引力。与此同时，银行能够不改变资产负债表的流动性而调整其利率风险。由于其交易的本金不流动，利率也进行差额结算，资金流动量较小，故常被银行用来削减其同业往来账面。

远期利率协议是用来防范将来利率变动风险的一种金融工具，其特点是预先锁定将来的利率。在远期利率协议市场中，远期利率协议的买方是为了防止利率上升引起筹资成本上升的风险，希望在现在就锁定将来的筹资成本。用远期利率协议防范将来利率变动的风险，实质上是用远期利率协议市场的盈亏抵补现货资金市场的风险，因此远期利率协议具有预先决定筹资成本或预先决定投资报酬率的功能。下面举例加以说明。

[例 11-2] 欧洲商业银行 A，根据其资金周转情况，预期在未来 3 个月内需要借款 100 万美元，时间为 6 个月。假定 A 银行能够以 LIBOR（London Interbank Offer Rates，伦敦银行业间协定利率）的水平筹措资金，现在的 LIBOR 是 8%左右。A 银行担心未来 3 个月内市场利率会上升，为了避免遭受这种利率风险，在今天 A 银行就可以购买一份远期利率协议，期限为 6 个月，时间自现在开始 3 个月内有效，简称 3×9 远期利率协议。这时另一家银行 B，可能对这样的协议以 8.25%的利率报价，从而使 A 银行以 8.25%的利率将借款成本锁定。

现在再假定市场利率在 3 个月后上升到 9%。假设没有远期利率协议，A 银行将不得不以市场利率借款，即 9%借款。借款 6 个月后，A 银行不得不多支付 3750 美元。

即 1000000 美元×（9%-8.25%）=100000 美元×0.0075=7500 美元（一年），半年就是 3750 美元。

如果按照远期利率协议的交易规则，A 银行将收到 3750 美元以补偿 6 个月 100 万美元借款的额外利息支付（9%-8.25%=0.75%），这个清算额正好冲销了较高的借款成本。因此 A 银行通过远期利率协议的交易锁定了其借款成本，降低了利率波动的风险。

2. 利率互换。利率互换（Interest Rate Swap）是指交易双方约定在未来的一定期限内，根据约定数量的同种货币的名义本金交换利息额的金融合约。最初，利率互换主要是为了满足在固定利率和浮动利率市场上具有不同比较优势的双方降低融资成本的需要。随着越来越多的投资者利用利率互换进行利率风险管理，利率互换市场迅猛发展，目前已经成为全球最大的金融市场之一。

在利率互换中，本金只是象征性地起着计息作用，双方之间只有定期的利息支付流，并且这种利息支付表现为净差额支付。

比如，一家商业银行有长期固定利率资产，用浮动利率负债融资。另一家商业银行有短期浮动利率资产，用长期固定利率负债进行融资。两家银行都面临着利率变化的风险，但风险暴露的方向正好相反。当市场利率下降时，第一家银行将获益，第二家银行将受损；当市场利率上升时，第一家银行将受损，第二家银行将获益。对于这样的两家商业银行来说，就可以进行利率互换，以使双方都避免损失。第一家银行用固定利率负债替换浮动利率负债，第二家银行用浮动利率负债替换固定利率负债，这样就可以降低利率风险。

利率互换的主要目的是降低利率风险的程度，方法是使流入与流出现金的利率敏感性更加一致。但在某些条件下，利率互换还可以降低互换双方的资金成本。

[例 11-3] 银行 A 与银行 B 于 2002 年 3 月 1 日签订了一个 3 年期的利率掉期合约，A 银行同意向 B 银行支付 5% 的固定利率的利息（每半年支付一次），名义本金为 100 百万美元，B 银行同意向 A 银行支付 6 个月期 LIBOR 的浮动利率的利息，名义本金也为 100 百万美元。

这笔利率掉期交易用图 11-1 来表示。

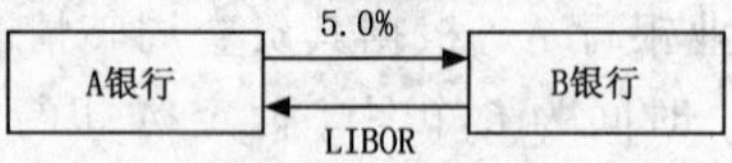

图 11-1 A、B 银行的利率互换

下面来计算该利率掉期在每期的现金流量。第一次现金流交换发生在利率掉期合约签订后的 6 个月，即 2002 年 9 月 1 日，A 银行将向 B 银行支付 100×5%×0.5=2.5（百万美元），B 银行向 A 银行支付 100 百万美元乘以 LIBOR 的现金流。注意，由于 LIBOR 是合约签订时确定的，在合约签订后 6 个月支付，故这里的 LIBOR 应该是 6 个月前的 LIBOR。因此，本次 LIBOR 应是 2002 年 3 月 1 日时的 LIBOR，这里设为 4.2%，则 B 银行向 A 银行支付 100×4.2%×0.5=2.1（百万美元）。该利率掉期合约中 A 银行每期的现金流量见表 11-3。

表 11-3 利率掉期合约中 A 银行的净现金流量 单位：百万美元

日　期	LIBOR（%）	收到的浮动利率现金流	支付的固定利率现金流	净现金流
2002-03-01	4.2			
2002-09-01	4.8	+2.10	-2.5	-0.40
2003-03-01	5.3	+2.40	-2.5	-0.10
2003-09-01	5.5	+2.65	-2.5	+0.15
2004-03-01	5.6	+2.75	-2.5	+0.25
2004-09-01	5.9	+2.80	-2.5	+0.30
2005-03-01	6.4	+2.95	-2.5	+0.45

A 银行的净现金流量为：-0.41+（-0.10）+0.15+0.25+0.30+0.45=0.65（百万美元），即在整个利率掉期合约的有效期内，A 银行收到的净现金流量为 0.65 百万美元（不考虑资金的时间价值）。

同样，A 银行也可同 B 银行签订以浮动利率交换固定利率的利率掉期合约，每期现金流的计算原理与上面计算类似。

由于利率互换中交换的本金是名义本金，又是场外交易的利率产品，因此，利率互换能相当方便和灵活地调整银行资产和负债中的浮动利率资产与负债或固定利率的资产与负债的构成，从而达到调整利率缺口大小的目的。

3. 利率期货。期货合约是一种按照确定价格在未来某一时间买卖特定数量商品（金融工具）的标准化契约。

利率期货就是利用期货合约减少或消除利率变化对商业银行的不利影响。比如，一家商业银行具有资产负债正的利率敏感性缺口时，如果市场利率上升，则银行会因净利息收入增加而受益；如果市场利率下降，会因净利息收入减少而遭受损失。为了减少这种市场利率下降所带来的损失，商业银行可以在现货金融交易市场上进行交易来减少利率敏感性资产，使利率敏感性缺口趋于零，也就是通过调整资产负债表内项目来减少这种损失。还有另外的办法是，商业银行可以通过购买一个或多个未来交割的利率期货合约来进行多头套期。这样，如果市场利率下降，净利息收入的下降就会被在期货市场上多头套期的收益所抵消；但如果市场利率上升，则净利息收入的增加也会被期货交易中的损失所抵消。当一家商业银行资产负债呈现负的利率敏感性缺口时，如果市场利率上升，会因净利息收入减少而遭受损失。为了减少这种市场利率上升所带来的损失，商业银行可以通过出售一个或多个未来交割的期货合约来进行空头套期调整其利率敏感性头寸。这样，如果市场利率上升，净利息收入的下降会被在期货市场上空头套期的收益所抵消；如果市场利率下降，则净利息收入的增加会被期货交易中的损失所抵消。

商业银行在进行利率敏感性缺口的多头或空头的套期保值时，可用以下公式计算：

$$N = k\frac{PV \times T_y}{P \times T_h}$$

其中：N 表示合约的数量；k 表示现货市场与期货市场的波动比率；PV 表示需要套期保值的现金流量的价值；P 表示期货合约的面值；T_y 表示预期头寸的期限；T_h 表示期货合约的期限。

利率期货除了可以对利率敏感性缺口进行套期保值外，还可以对商业银行的资产和负债久期缺口进行套期保值。比如，某商业银行有正的久期缺口，即资产的久期大于负债的久期，在这种情况下，为了减少久期缺口，银行可以延长负债的久期或缩短资产的久期，减小缺口；还可以在金融期货交易市场上建立一个空头头寸进行套期保值。同样，当此银行有负的久期缺口时，该银行还可以在金融期货交易市场上建立一个多头头寸进行套期保值。

商业银行进行空头或多头套期保值的合约的数量可以用下式计算：

$$N = -\left(D_a - D_L\frac{PV_L}{PV_a}\right)\frac{PV_a}{D_f P}$$

其中，N 表示期货合约数量（正数表示买入期货合约、负数表示卖出期货合约）；PV_a 和 D_a 分别表示资产的市场价值和久期，PV_L 和 D_L 分别表示负债的市场价值和久期，D_f 表示期货合约标的资产的久期，P 表示期货合约的价格。

下面举例说明利率期货在久期缺口管理中的运用。

[例 11-4] 某银行资产负债简况见表 11-4，假设该银行的资产都是一次性还款的贷款，贷款利率均为 12%，负债是利率为 10% 的 90 天大额定期存单。

表 11-4　某银行资产负债表（假设）　单位：美元

期限（天数）	资　产	负　债
90	500	3299.18
180	600	
270	1000	
360	1400	

首先计算各类资产负债的久期，见表 11-5。

表 11-5　银行资产与负债久期的计算　单位：美元

资产的构成	资产的市场价值（12%）	资产的平均久期	负债的构成	负债的市场价值（10%）	负债的平均久期
90 天	486.03	0.25	90 天	3221.51	0.25
180 天	566.94	0.5			
270 天	918.54	0.75			
360 天	1250.00				
合　计	3221.51			3221.51	

银行资产的久期：

$$D_a = 486.03 \times \frac{0.25}{3221.51} + 566.94 \times \frac{0.5}{3221.51} + 918.54 \times \frac{0.75}{3221.51} + 1250 \times \frac{1}{3221.51} = 0.73$$

银行负债的久期 $D_t = 0.25$

可见该银行具有一个正的久期缺口，可以通过一个空头套期保值来减少或消除这种正缺口。假设该银行用 90 天的美国短期国债期货合约来进行空头套期保值，国债期货的价格为 97.21 美元（面值 100 美元短期国债期货的价格），根据期货合约数量的计算公式可以计算出应该出售期货合约的数量：

$$N = -\frac{0.73 \times 3221.51 - 0.25 \times 3221.51}{97.21 \times 0.25} = -63.63 \approx -64$$

套期保值后，该银行的久期缺口为：

$$VD = \left(0.73 - 0.25 \times \frac{3221.51}{3221.51}\right) \times 3221.51 + (-64) \times 0.25 \times 97.21$$
$$= -0.94(\text{美元})$$

可见，套期保值后该银行的久期缺口接近于零。

银行通过期货交易进行套期保值，还应当注意：一是银行要能准确地预测市场利率的变化趋势，是上升还是下降，从而决定是做空头还是做多头交易；

二是要选择合适的期货合约，期货合约中的金融工具应类似于要保值的资产或负债。

4. 利率期权。利率期权（Internet Rate Option）是买方获得的一项权利，在到期日或期满前按预先确定好的利率即执行价格，按一定的期限借入或贷出一定金额的货币。卖方从买方处收取期权费，同时承担相应的责任。利率期权是一项规避短期利率风险的有效工具。借款人或贷款人通过买入一项利率期权，就可以在利率水平向不利于自己的方向变化时得到保护，而在利率水平向有利于自己的方向变化时获益。这与利率期货或远期利率协议单纯地固定未来利率水平的策略不同，利率期权提供了更为灵活的避险手段。

利率期权的描述采用远期利率协议的形式。如一项有效期限为3个月的利率期权，借贷期限为6个月，被称为3×9利率期权，用来防范3个月之后为期6个月的利率风险。利率期权执行时，也采用远期利率协议的方式交割，市场利率和执行价格之间的差额以贴现的形式支付给期权的买方，因此利率期权也被认为是以远期利率协议为载体的期权，又称远期利率协议期权(Fraption)。

根据借贷方向的不同，利率期权可以分为两种：借款人担心未来利率水平上升，可以买入一项利率期权，买方有权在到期日或期满前按执行价格借入一定金额和期限的资金。于是在到期日或期满前，在市场利率高于执行价格的情况下，期权买方即借款人执行期权，获得利差的贴现金额，从而避免了利率上升的风险。而在市场利率水平低于执行价格的情况下，期权买方不执行期权，获得利率下跌的收益。这种期权被称为借款人期权（Borrower's Option）。

贷款人担心未来利率水平下降，可以买入一项利率期权，买方有权在到期日或期满前按执行价格贷出一定金额和期限的资金。于是在到期日或期满前，在市场利率低于执行价格的情况下，期权买方即贷款人执行期权，获得利差的贴现金额，从而避免了利率下跌的风险。而在市场利率高于执行价格的情况下，期权买方不执行期权，获得利率上升的收益。这种期权被称为贷款人期权(Lender's Option)。

在利率期权交易中，不仅要明确是借款人期权还是贷款人期权，还需要明确以下内容：借贷的货币和金额、借贷的起息日和到期日、执行价格、期权费、期权的到期日等。

利率期权的期权费通常以年率的形式表示，实际的期权费金额计算方式为：

$$P = \frac{A \times R \times T}{B}$$

其中：P为期权费金额；A为期权金额；R为期权费报价；T为期权交易所约定的借贷期限；B为一年的天数，取360或365，根据不同的货币和不同的市场惯例而定。

假设某公司将在3个月之后收入一笔金额为1000万美金的资金，并计划作6个月的存款。公司担心在今后的几个月内短期利率有可能下跌，届时再作存款，利息收入将会减少。公司希望能避免利率下跌的风险，但目前利率走势很不确定，利率也存在上升的可能，因此公司决定不用远期利率协议或利率期货来固定利率水平，而是选择利率期权。这样公司可以在利率上升的情况下获得较高的利息收益。

公司买入有效期限为3个月的欧式期权，执行价格为5%，贷款期限为6个月，金额1000万美元，按年率0.3%支付期权费，期权费金额为15166.67美元。

3个月之后的到期日，如果市场利率跌至5%以下，公司将执行期权，获得执行价格与市场利率差额的贴现金额（贴现金额的计算原理和方式与远期利率协议的交割金额相同）。同时公司按市场利率作6个月存款。扣除所支付的期权费，公司实际获得的存款收益为4.7%。如果市场利率升至5%以上，公司将放弃期权，按市场利率进行存款。通过买入利率期权，公司的最大损失是期权费支出。其存款收益将随着市场利率的上升而增加。

二、商业银行汇率风险管理

（一）商业银行汇率风险的分析与计量

商业银行汇率风险，也称外汇风险，是指由于汇率的变动而使商业银行以外币表示的债权和债务的价值发生变动，从而使商业银行蒙受经济损失的可能性。商业银行的汇率风险按表现形式可以划分为三种：外汇交易风险、外汇会计折算风险和外币资产与外币负债不匹配风险。

1. 净外汇风险敞口的分析与计量。商业银行外汇风险可以用净外汇风险敞口来计量，其中某一币种的净外汇风险敞口用以下公式来计算：

净外汇风险敞口 i =（外币资产 i - 外币负债 i）+（外币购入 i - 外汇售出 i）

= 净外币资产 i + 净外汇购入 i

其中，i 为任何一种外币

如果由公式计算出的净外汇风险敞口为正数，则意味着当外币对本币的汇率下降时银行将面临外汇亏损的风险，当外币对本币的汇率上升时，银行将有所收益；反之，如果计算出的净外汇风险敞口为负数，则当外币对本币的汇率上升时，银行将面临外汇亏损的风险，当外币对本币的汇率下降时，银行也会有所收益。

近年来，商业银行已经成为外汇买卖和交易的主要参与者，作为外汇的交易商和自营商，商业银行在外汇市场上扮演着十分重要的角色，它们大量地以外币形式持有资产。因此，商业银行为了规避外汇风险，可以将它在某种外币业务上存在的不相匹配的资产和负债尽可能地使之相匹配，从而使它的以该币种表示的净敞口风险趋于零。

2. 汇率风险的分析与计量。为了分析计量一家银行因其外币资产和负债组合的不相匹配以及外汇买卖的不相匹配而可能产生的汇率风险，可以首先计算净外汇风险敞口，然后将其折算成本币，再结合汇率的预期变动趋势进行计算，具体公式为：

$$\text{以本币计价的某种外币 i 的损失} = \text{以本币计价的净风险敞口 i} \times \text{外币 i 的汇率变动值}$$

公式表明，银行某一外币存在的净风险敞口越大，或者该种外币的汇率变动幅度越大，它的潜在的以本币计价的风险损失也就越大。

（二）商业银行汇率风险的控制与管理

商业银行汇率风险的控制与管理要根据风险的不同特点，采取不同的控制与管理方法。目前主要从外汇交易的角度、会计核算的角度和汇率敏感性衡量的角度来进行汇率风险的管理。

1. 外汇交易风险的控制与管理。目前我国的各商业银行在外汇交易市场的参与程度有很大的不同，有的商业银行很少涉足外汇交易市场，而有一些商业银行则是外汇交易市场的积极参与者。在外汇交易市场中，有些商业银行只是客户外汇交易的代理人，而另一些商业银行自己也进行外汇的买卖交易。对于外汇交易风险的报告一般都采取较为简单的计量方式，仅记录即期与远期市场的各种货币头寸。银行为外汇交易员设置一定的外汇风险交易额度限制，然后就实时监测汇率变化，或只监视每日的收盘情况。

在西方的商业银行多采用一些新的外汇交易风险管理工具，比如 VaR（Value at Risk）等方法。但是额度控制仍然是商业银行外汇交易风险控制的主要方法，银行对所交易的币种的即期和远期头寸都设置了限额，还根据以往的经验或主观判断为外汇风险暴露头寸设置限额。商业银行采用的各种限额控制方法大致如下：

（1）即期外汇头寸限额。这种限额一般根据交易货币的稳定性、交易的难易程度以及相关业务的交易量来确定。

（2）掉期外汇买卖限额。由于掉期汇价受到两种货币同业拆放利率的影响，故在制定限额时，必须考虑该种货币利率的稳定性。远期期限越长，风险越大。同时，还应制定不匹配远期外汇的买卖限额。

（3）敞口头寸限制。敞口头寸是指没有涉及抵补而形成的某种货币的多头或者空头头寸。敞口头寸限额一般需要规定相应的时间和金额。

（4）止损点限额。止损点限额是银行对交易人员建立外汇头寸后，面对外汇风险引起的外汇损失的限制，是银行对最高损失的容忍程度。而这种容忍程度主要取决于银行对外汇业务的参与程度和对外汇业务的期望值。在外汇市场中参与程度越高，期望收益率越高，愿意承担的风险就越大。

除了制定每天各类交易的限额之外，还需制定每日各类交易的最高亏损限额，当突破了这些限额时，银行将在市场中进行相应的外汇即期、远期、掉期以及期货和期权等交易，将多余的头寸对冲掉。

2. 外汇会计折算风险的控制与管理。外汇会计折算风险实际上是一种由于外汇账面折算所带来的风险，即外汇折算成本币记账，由于汇率的不利变化所表现出来的风险。因会计折算损益只是一种会计账面上的损益，并不涉及商业银行真实的价值变动，所以会计折算风险与交易风险、汇率敏感性风险有很大的不同。这种会计账面折算风险主要影响向股东和债权人提供的会计报表，但是这种折算损益也在一定程度上反映了商业银行所承担的外汇风险，有可能在未来真正变为实际的损失。

对于外汇会计折算风险的控制与管理主要有以下两种方法：一是尽量使资产负债表中性化。资产负债表中性化的方法要求商业银行尽量调整资产和负债，使得以各种功能货币表示的资产和负债的数额相等，在会计折算时风险头寸接近于零，因此无论汇率怎样变化，也不会带来会计折算上的损失。二是风险对冲。风险对冲法是通过在金融衍生产品交易市场上的操作，利用外汇合约的盈亏来冲销外汇会计折算的盈亏。

3. 汇率变动敏感性风险的控制与管理。汇率变动敏感性是商业银行未来现金流对潜在汇率变动的敏感性的衡量，其管理控制的主要目标是隔离汇率变动对未来现金流的影响。具体管理步骤如下：一是考虑汇率变动的影响期间。如果汇率变动仅仅是暂时的，为此对商业银行经营进行大规模的调整很可能使管理风险的成本大于可能带来的收益，因此是不可取的；如果这种变动是持久的，对商业银行的影响也将是持久的，则相应的经营调整就是必需的。二是考虑商业银行需要决定汇率敏感性的政策。这种政策取决于现金流与其变动的性质，以及管理人员对风险的态度。如果根据所预测的汇率变动时间、方向和幅度可以确定未来现金流的变动将有利于银行，管理人员就没有必要采取行动。

汇率变动敏感性风险管理与控制的原则是，应该尽可能地降低汇率变动对现金流的不利影响。商业银行可以通过资产负债匹配、业务分散化、融资分散化、营运资本管理等措施来规避汇率变动敏感性风险。

（三）商业银行汇率风险管理工具

随着全球金融外汇市场的不断发展、金融创新的不断进步，汇率风险管理工具层出不穷。这里介绍几种常见的汇率风险管理工具。

1. 远期外汇交易。远期外汇交易（Forward Exchange Deals）是按照事先规定的金额和汇率在约定的未来某一时间交割的外汇买卖。该汇率即为远期汇率。远期外汇交易可以用于避免未来汇率变化的风险。借助远期外汇合约，商业银行可以创造与未来外汇流量相反的头寸，固定未来外币现金流量的本币价值。

[例 11－5] 某商业银行给一个客户提供一笔 3 个月期的 100 万美元的贷款，3 个月期的贷款利率为 3%，这样该银行 3 个月后可以收回本金加利息共计 103 万美元。但是，该商业银行预测到 3 个月后人民币与美元的汇价会有较大的升值，为了防止这笔美元贷款在归还时遭受汇率变化的损失，该银行可以在外汇市场上签订出售 103 万美元的 3 个月远期合同。假设人民币与美元的即期汇率是 1:8.1，3 个月远期汇率是 1:8.05，则 3 个月后，客户将贷款归还给银行，银行就可以按照 3 个月的远期汇率锁定收益。无论 3 个月后的即期汇率是多少，该商业银行的收益都不会受到大的影响。

2. 掉期外汇交易。掉期外汇交易（Swap Operation）是在买入某日交割的某种外币（A 币），卖出另一种外币（B 币）的同时，卖出在另一个交割日的某种外币（A 币），买回另一种外币（B 币）。这两笔外汇买卖货币数额相等，方向相反，交割日不同。掉期外汇交易在外汇风险管理中的主要用途是对冲期限不一致的风险。

［例 11-6］ 某商业银行在 1 个月后有 100 万英镑的应收款，200 万美元的应付款，1 个月后的远期汇率英镑/美元为 2.000；6 个月后有 100 英镑的应付款，190 万美元的应收款，6 个月后远期汇率英镑/美元为 1.900。为了对冲这两个外汇头寸的风险，该商业银行就可以做一笔掉期交易，即按照 1 个月后远期汇率卖出 100 万英镑，买入 200 万美元；同时按照 6 个月远期汇率买入 100 万英镑，卖出 190 万美元。

3. 外汇期货。外汇期货（Currency Futures）实际上是金额、期限和到期日都标准化的远期外汇合同，而远期外汇合同的金额、期限可以由银行和交易对手商定。外汇期货交易只需要缴纳保证金，交易一方如果违约，损失的只是保证金。外汇期货流动性强，任何人都可以自由买卖期货合同，随时可以做相反交易平仓了结，或者根据实际头寸的变化和市场汇率水平调整期货头寸。

外汇期货交易的套期保值是针对现货市场的某笔交易，在期货市场上做一笔买卖方向相反、期限相同的交易，用期货市场上的盈利来抵冲现货市场上的亏损。其原理是，在正常的市场情况下，不存在无风险的套利机会，期货市场上的价格与现货市场上的价格变动趋势是一致的。与期货合同买卖方向相反的现货交易如果发生亏损期货交易就会盈利，反之亦是。外汇期货的缺陷在于，期货合同标准化的金额、期限和到期日很难与现货交易完全一致，而且期货价格的变动也可能与现货价格的波动不完全一致，从而出现基差风险。

4. 外汇期权。外汇期权（Currency Options）是商业银行买卖远期外汇的权利，是一种货币买卖合约，它赋予合同购买者在一定期限内按规定价格购买或出售一定数量某种货币的权利。其与外汇远期交易或外汇期货合同的差别在于，外汇期权合同购买方拥有执行合同的权利，而没有必须执行合同的义务，从而在防范不利的汇率波动的同时，又不丧失汇率有利波动可能产生额外收益的机会。相应地，购买货币期权进行套期保值的成本要高一些。期权合同也是标准化的，其缺陷同样在于其金额和期限很难与现货交易完全一致。

5. 货币互换。货币互换（Currency Swaps）是交易双方交换实际支付债务本金与利息的责任。交易双方首先按固定汇率在期初交换两种不同货币的本金，然后按预定的日期和预定的利率进行一系列的利息互换，到期日按事先决定的汇率将本金再换回来。货币互换，期初可以不交换本金，利息可以是浮动利率对浮动利率的不同货币互换、固定利率对固定利率的货币互换，也可以是固定利率对浮动利率的货币互换。商业银行可以通过货币互换，换来所需要货币的资金，从而降低所需货币的负债成本，并避免汇率变化的风险。

［例 11-7］ 甲银行有一笔 2 年期美元的负债，本金为 200 万美元，到期一次偿还，年息为 8%，付息日为每年 7 月 1 日。乙银行有一笔 2 年期英镑的负债。本金为 100 万英镑，到期一次偿还，年息 9%，付息日为每年 7 月 1 日。由于开展业务的需要，甲银行希望将负债换成固定利率的英镑，乙银行希望将负债换成固定利率的美元。因为两项债务都是过去发生的，开始时可以不交换

本金。以第一个付息日为互换的开始日，假设为 2005 年 7 月 1 日，英镑/美元的汇率是 1.5。因此，互换的本金金额为 100 万英镑和 150 万美元。这样，乙银行将其全部英镑负债换为美元负债，而甲银行将其部分（75%）美元负债换为英镑负债。由于乙银行美元需求强烈，乙银行同意每年向甲银行支付本金 1%的费用。

在以后的两年中，甲银行每年向乙银行支付 9 万英镑的利息，并在第二年的 7 月 1 日支付 100 万英镑本金。乙银行每年向甲银行支付 8 万美金的利息，加 1 万英镑的费用，并在第二年的 7 月 1 日支付 150 万美元本金。这样，甲银行 75%的美元债务转换成了实际年息 9%的英镑负债；乙银行的全部英镑债务转化为实际年息 8%的美元负债。双方都可以规避两年内汇率变化的风险。

第三节　商业银行操作风险的管理

国际金融界对操作风险的定义林林总总。巴塞尔银行监管委员会认为，“操作风险是指由不完善或有问题的内部程序、人员及系统或外部事件所造成损失的风险”。《巴塞尔新资本协议》将操作风险纳入全面风险管理框架，并在第一支柱中提出 3 种操作风险计量方法，标志着对操作风险进行量化管理正日益成为全球银行业的风险管理的重要研究领域。虽然银监会宣布近期不准备以《巴塞尔新资本协议》为标准，未将操作风险纳入资本充足率计算范畴，但近几年发生的中海油、国储铜事件以及其他众多的操作风险事件，表明操作风险管理依然是我国企业面临的主要风险，尤其是国有或国有控股商业银行。在目前国内金融业竞争加剧，国内金融市场化步伐加快，金融体制改革、经营全球化、股份制改造和上市的大环境下，加强内部控制和操作风险管理的需求已越来越迫切。银监会《关于加大防范操作风险工作力度的通知》已下发，并自 2006 年 1 月 1 日起试行《商业银行风险监管核心指标》，其中已包括了操作风险损失率衡量指标，表明我国将越来越重视对操作风险的量化管理。借鉴《巴塞尔新资本协议》相对成熟的操作风险度量框架思路和 ISO 质量管理的有关计量标准，以及国外活跃银行的实践经验，构建适宜的我国商业银行操作风险计量模型，将是我国商业银行进行操作风险管理实践的必由之路。

与信用风险和市场风险一样，操作风险的度量也以《巴塞尔新资本协议》框架为基础，并随着《巴塞尔新资本协议》的实施而不断推进。操作风险度量模型可总结为自上而下和自下而上两种，自上而下是指由监管机构根据行业标准得出统一的资本计提率，运用于银行的风险资本测算；自下而上是指使用银行的内部数据，计算自身的风险资本。自上而下的度量方法主要有：基本指标法、标准法等；自下而上的方法有：内部衡量法、记分卡法、损失分布法、Delta 方法、极值理论法、因果模型法等。

操作风险的量化过程实际上是一个综合运用定性和定量工具进行管理的过

程，运用量化工具进行操作风险管理可以提高操作风险管理流程的标准化程度，增强操作风险管理的可操作性；将抽象、复杂的操作风险转变为直观、简单的数字，更容易掌握银行操作风险的整体状况；通过对比不同时期的量化数据判断已有的操作风险管理措施的成效，并做出相应的改进；通过分析量化数据，预测操作风险的未来变化趋势，从而提前采取控制措施；为操作风险分配经济资本，提高抗风险能力。

一、《巴塞尔新资本协议》的操作风险度量框架

《巴塞尔新资本协议》介绍的框架包括3种计算操作风险资本的方法：基本指标法（The Basic Indicator Approach）、标准法（The Standardized Approach），以及高级计量法（Advanced Measurement Approach，AMA法）。这3种方法在复杂性和风险敏感度方面渐次加强。巴塞尔银行监管委员会鼓励银行提高风险管理的复杂程度并采用更加精确的计量方法，并提出了用于确定银行是否有资格使用标准法和高级计量法定性和定量标准。鉴于操作风险对银行的影响越来越大，将要实施《巴塞尔新资本协议》的各国监管机构明确要求本国的大银行使用高级计量法。鉴于操作风险计量的复杂性，巴塞尔银行监管委员会允许银行采用部分高级法，即在满足某些规定的最低标准后，银行可以对某些业务采用基本指标法或标准法，对另一些业务采用高级计量法。以下对这3种计量方法进行简要介绍，详细情况请参阅巴塞尔新资本协议《统一资本计量和资本标准的国际协议：修订框架》的有关内容。

（一）基本指标法（The Basic Indicator Approach，BIA）

基本指标法的基本思路是，银行所持有的操作风险资本应等于：前3年中各年的正的总收入乘上一个固定比例（用α表示）并加总后的平均值。资本计算公式如下：

$$K_{BIA} = \sum (GI_{1 \cdots n} X_{\alpha})/n$$

其中，K_{BIA}为基本指标法下的操作风险资本要求；GI为前3年银行总收入的平均值；α为对总收入提取固定比率（一般为15%），n为前3年总收入为正的年数。基本指标法对于总收入的定义是，净利息收入加上非利息收入。总收入的这种定义包括了所有计提准备（例如未付利息准备），但是不包括银行账户上出售证券实现的利润或损失，此外也不包括特殊项目以及保险收入。基本指标法计算的资本比较简单，新协议中未对采用该方法提出具体门槛标准。但巴塞尔银行监管委员会鼓励采用此法的银行遵循2003年2月发布的指引《操作风险管理和监管的稳健做法》。

（二）标准法（The Standardized Approach，SA）

在标准法中，银行的业务分为8个业务类别：公司金融（Corporate Finance）、交易和销售（Trading & Sales）、零售银行业务（Retail Banking）、商业银行业务（Commercial Banking）、支付和清算（Payment & Settlement）、代理服务（Agency Services）、资产管理（Asset Management），以及零售经纪（Retail Brokerage）。标准法计算操作风险的基本思路是，银行的操作风险应该按照不

同的业务种类分别计算。每一类的操作风险等于各类别业务的总收入乘以一个该业务类别适用的系数（用β值表示）。β值代表银行在特定业务类别的操作风险损失经验值与该业务类别总收入之间的关系，不同业务类别的β值如表11-6所示。

表11-6　不同业务类别的β值

业务部门	业务类型	指　　标	系　　数
投资银行	公司金融 β_1	总收入	18%
	交易和销售 β_2	总收入	18%
银行	零售银行业务 β_3	年均资产	12%
	商业银行业务 β_4	年均资产	15%
	支付和清算 β_5	年清算总量	18%
其他	代理服务 β_6	总收入	15%
	资产管理 β_7	管理的资金总额	12%
	零售经纪 β_8	总收入	12%

计算每类业务资本要求的方法是，用银行的基本财务指标乘以一个β值。β值代表行业在特定业务的操作风险损失经验值与代表银行该类业务情况并按监管标准修正的基本财务指标之间的关系。而标准法中的总资本要求是每类业务类别资本要求的简单加总，其计算公式如下：

$$K_{TSA} = \left\{ \sum_{years1-3} \max\left[\sum((GI_{1-8} X \beta_{1-8}), 0) \right] /3 \right\}$$

其中：K_{TSA}是标准法计算的资本要求；

GI_{1-8}是按基本指标法的定义，8个产品线中各产品线过去3年的年均总收入；

β_{1-8}是由委员会设定的固定百分数，建立8个产品线中各产品线的总收入与资本要求之间的联系。

在标准法下的各业务类别中，总收入是个广义指标，代表业务经营规模，因此也大致代表了各业务类别的操作风险暴露。

巴塞尔银行监管委员会还允许银行采用另外一种形式的标准法（ASA）。除零售银行业务和商业银行业务这两类业务外，用另外一种形式的标准法计算操作风险资本的方法与标准法相同。对于这两类业务，用贷款和垫款乘以一个固定系数m代替总收入作为风险指标。零售和商业银行业务的β值与标准法一样。在其他标准法下计算零售银行业务（商业银行业务的基本计算公式相同）的操作风险资本公式为：

$$K_{RB} = b_{RB} X m X LA_{RB}$$

$$K_{RB} = \beta_{RB} X m X LA_{RB}$$

其中：K_{RB}为零售银行业务资本；

β_{RB}为零售银行业务的β值；

LA_{RB}为零售贷款和垫款之和的前3年年平均余额（未进行风险加权准备之和）；

m等于0.035。

与标准法一样，另外一种形式的标准法将8个产品线的资本要求简单加总得出资本总额。

除了明确给出标准法的计算办法，巴塞尔银行监管委员会还对拟采用标准法的银行提出了资格要求以及采用标准法计量监管资本需遵循的定性标准，对银行的操作风险管理政策、操作风险管理岗位、操作风险管理系统和操作风险管理流程提出了明确要求。

（三）高级计量法（Advanced Measurement Approach，AMA）

高级计量法是指银行在满足巴塞尔银行监管委员会提出的资本要求以及定性和定量标准的前提下，通过内部操作风险计量系统计算监管资本要求。

1. 资格要求。银行的董事会和高级管理层积极参与操作风险管理框架的管理；银行必须开发专门的风险管理系统，并且保证计算结果正确有效；有充足的资源支持高级计量法在主要业务单元、控制及审计部门的运用。

2. 定性标准。

(1) 银行必须设置独立的操作风险管理岗位负责设计和实施银行的操作风险管理框架，操作风险管理框架包括统一的操作风险管理控制政策和程序，操作风险计量方法，操作风险报告系统，操作风险识别、计量、控制/缓释策略。

(2) 银行必须将操作风险评估系统整合入银行的日常风险管理流程；评估结果必须成为银行操作风险监测和控制流程的有机组成部分，必须在风险报告、管理报告、内部资本分配和风险分析中发挥重要作用；银行必须在全行范围内对主要业务条线分配操作风险资本，并采取激励手段鼓励改进操作风险管理。

(3) 必须定期向业务管理层、高级管理层和董事会报告操作风险暴露和损失情况，并明确规定处理程序，针对管理报告中反映的情况采取相应处理措施。

(4) 银行必须以正式文件形式制定内部操作风险管理政策、制度和流程，并在文件中明确规定对违规的处理办法。

3. 定量标准。

(1) 鉴于操作风险计量方法处于不断演进之中，巴塞尔银行监管委员会不规定用于操作风险计量和计算监管资本所需的具体方法和统计分布假设。但银行必须表明所采用的方法考虑到了潜在较严重的概率分布“尾部”损失事件。无论采用哪种方法，银行必须表明，操作风险计量方式符合与信用风险IRB法相当的稳健标准（例如，相当于IRB法，持有期1年，99.9%置信区间）。

(2) 高级计量法的上述稳健标准赋予银行在开发操作风险计量和管理方面很大的灵活性，但银行在开发系统的过程中，必须有操作风险模型开发和模型独立验证的严格程序。

(3) 任何操作风险内部计量系统必须提供与巴塞尔银行监管委员会规定的操作风险范围和损失事件类型一致的操作风险分类数据。

(4) 监管当局要求银行通过加总预期损失（EL）和非预期损失（UL）得出监管资本要求，除非银行表明在内部业务实践中能足以准确计算出预期损失，即，若要只基于非预期损失得出最低监管资本，银行必须说服所在国监管当局自己已计算并包括了预期损失。

(5) 银行的风险计量系统必须足够“分散”(granular)，以将影响损失估计分布尾部形态的主要操作风险因素考虑在内。

(6) 在计算最低监管资本要求时，应将不同操作风险估计的计量结果加总。监管当局允许银行在计算操作风险损失时，使用内部确定的相关系数，但银行必须验证其相关性假设，并能证明其系统能在估计各项操作风险损失之间相关系数方面计算准确，实施合理有效，考虑到了此类相关性估计的不确定性(尤其是在压力情形出现时)，且高度可信，符合监管当局要求。

巴塞尔银行监管委员会除了对拟采用高级计量法的银行提出了严格的资本要求以及需遵循的定性标准和定量标准外，还对操作风险计量系统必须具备关键要素（内部数据、外部数据、情景分析以及反映银行经营环境和内部控制系统情况的其他因素），各要素的相关程度等提出了明确的标准要求。

4. 内部数据要求。

(1) 收集并跟踪记录内部损失数据是开发操作风险计量系统并使其发挥作用的前提，是进行操作风险评估实证分析的基础。

(2) 银行必须持续地评估历史损失数据的意义，明确在何种情况下可以主观地舍弃、规定放大倍数或采取其他调整措施，采用到何种程度，并规定明确的决策程序。

(3) 必须具备至少 5 年的内部损失数据，无论用于损失计量还是用于验证。对初次使用高级计量法的银行，允许使用 3 年的历史数据（包括旧资本协议和新资本协议同时使用的 1 年）。

(4) 银行必须提供按巴塞尔银行监管委员会规定的业务单元和损失类别分类的损失数据，内部操作风险计量系统对具体细化到新资本协议分类的哪一级，则由银行自行决定。

(5) 银行的内部损失数据必须综合全面，涵盖所有重要的业务活动，反映所有相应的子系统和地区的风险暴露情况。除了收集损失数额信息外，银行还应收集损失事件发生时间、总损失收回部分等信息，以及致使损失事件发生的主要因素或起因的描述性信息。

(6) 银行应制定跨业务类别、跨时期分配操作风险损失的标准，对于已反映在银行的信用风险数据的操作风险损失，在计算最低监管资本时将其视为信用风险损失，不计入操作风险资本，但是应将所有的操作风险损失记录在内部操作风险数据库中，并在内部操作风险数据库中单独标记出来。

5. 外部数据要求。

(1) 银行的操作风险计量系统必须利用相关的外部数据（无论是公开数据

还是行业集合数据），尤其是在预期将会发生非经常性、潜在的严重损失时。

（2）外部数据应包含实际损失金额数据、发生损失事件的业务范围信息、损失事件的起因和情况、其他有助于评估其他银行损失事件相关性的信息。

（3）银行必须建立标准的程序，规定在什么情况下必须使用外部数据以及使用外部数据的方法（例如，放大倍数、定性调整或为情景分析提供的信息）。

（4）定期对外部数据的使用条件和使用情况进行检查，修订有关文件并接受独立检查。

6. 情景分析要求。

（1）银行必须对外部数据配合采用专家的情景分析，求出严重风险事件下的风险暴露。情景分析依赖于有经验的业务经理和风险管理专家们的知识水平。

（2）除了将专家提出的评估结果作为假设的损失统计分布的参数之外，银行还应采用情景分析来衡量，偏离设定的相关性假设时，造成的影响有多大，多项操作风险损失事件同时发生时的潜在损失等。

（3）银行应将情景分析评估结果与实际损失进行对比，随时进行验证和重新评估，以确保其合理性。

7. 业务经营环境和内部控制因素。除了使用实际内部损失数据或情景分析损失数据外，在进行全行范围内的风险评估时，还必须考虑关键的业务经营环境和内部控制因素，从而使风险评估更具前瞻性，更能直接反映银行的控制和经营环境的质量，有助于银行按风险管理目标从事资本评估，及时发现操作风险的改善和恶化信息。

二、主要的高级计量法

虽然《巴塞尔新资本协议》没有明确规定用于操作风险计量和计算操作风险资本所需的具体方法和统计分布假设，但国际活跃银行和一些研究机构已提出了多种操作风险高级计量方法并已实际投入使用。本节选择巴塞尔银行监管委员会在2001年新资本协议征求意见稿中推荐过的高级计量法以及当前业界比较流行的几种高级计量法进行介绍，进一步说明操作风险高级计量方法的思路、内容以及最新进展，希望能对我国商业银行选择适用的操作风险计量方案有所帮助。

这里选择具有一定代表性的内部衡量法（Internal Measurement Approaches，IMA）、损失分布法（Loss Distribution Approaches，LDA）、记分卡法（Scorecard Approaches，SCA）、因果模型法（Causal Modelling Approches，CMA）、Delta法、极值理论法（Extreme Value Theory，EVT）6种高级计量法进行详细说明。

不论采用哪种高级计量法，操作风险计量系统最终都须计算出1年内99.9%置信水平下的操作风险的预期损失、非预期损失、超额损失以及资本要求，如图11-2所示。预期损失用一般准备金来覆盖，非预期损失用资本来覆盖，而99.9个百分点外的意外损失或超额损失可能会导致银行破产。

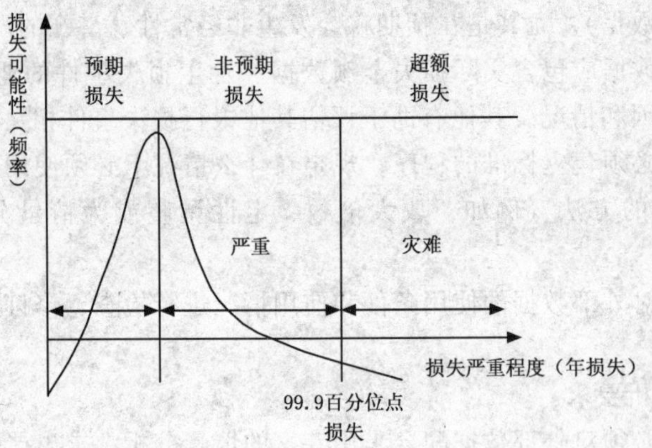

图 11－2　操作风险损失分布图

(一) 内部衡量法（Internal Measurement Approaches，IMA）

内部衡量法是巴塞尔银行监管委员会在 2001 年新资本协议咨询文件 2.5 中首次引入，基于银行内部损失数据计算操作风险资本的一种操作风险高级计量法，它按照业务条线/损失类型的组合对操作风险敞口指标进行了细化，完整地描绘出银行业务的风险全貌。与基本指标法和标准法相比，它将前两种方法中的固定百分比分解成损失概率和损失程度，有利于银行使用内部数据计算操作风险资本同时使用换算因子反映银行业务间的相关性因素对操作风险资本的影响。内部衡量法操作风险资本的计算公式为：

$$操作风险资本 = \sum_{i}\sum_{j}\gamma(i,j) \times EI(i,j) \times PE(i,j) \times LGE(i,j)$$

其中：i 表示业务类型，j 表示风险类型，(i，j）表示业务类型 i 和风险类型 j 的组合；γ（i，j）是将预期损失（EL）转化为资本要求的换算因子，其定义是，在一定的置信水平内，每一个持有期的最大损失量，参数 γ 由监管部门根据全行业操作风险损失数据统一设定；EI（i，j)表示组合（i，j）的操作风险敞口大小；PE（i，j）表示组合（i，j）对应的损失事件发生的概率；LGE（i，j)表示组合（i，j）给定的损失事件发生时的损失程度。EI（i，j)、PE（i，j)、LGE（i，j）这三个参数由银行内部估计。

操作风险资本要求的计算步骤如下：

1. 按业务条线和操作风险类型划分操作风险损失事件；

2. 对每一个业务条线/损失类型组合（i，j）指定一个操作风险敞口指标 EI，如财务指标、业务量指标，根据内部损失数据计算 PE、LGE，并确定一个换算因子 γ，计算公式为：

$$PE_{i,j} = \frac{引起该业务条线/损失类型损失事件的交易数量}{该业务条线的总交易数量}$$

$$LGE_{i,j} = \frac{业务条线/损失类型组合未能覆盖的损失金额}{该业务条线/损失类型组合总损失额}$$

(3) 对每一个业务条线/损失类型组合（i，j）计算其预期损失，计算公式为

$$EI(i,j) = EI(i,j) \times PE(i,j) \times LGE(i,j);$$

(4) 由换算因子 $\gamma(i, j)$ 将预期损失 $EL(i, j)$ 换算成组合 (i, j) 的操作风险资本，计算公式为 $\gamma(i, j) \times EL(i, j)$；

(5) 对所有业务条线/损失类型组合的资本加总，即得到总操作风险的资本要求，计算公式为 $\sum_i \sum_j \gamma(i,j) \times EI(i,j) \times PE(i,j) \times LGE(i,j)$

(二) 损失分布法 (Loss Distribution Approaches，LDA)

损失分布法是巴塞尔银行监管委员会在其咨询文件中引入的另一种操作风险高级计量法，它是基于保险精算技术发展出来的一种方法。2000 年成立的以著名金融机构 J.P.Morgan Chase，Citi Group 等为主要成员的行业技术工作小组还开发了基于损失分布法高级计量模型，并在有关银行进行了应用。

巴塞尔银行监管委员会将损失分布法定义为：它是一种在对损失事件频率和损失强度的有关假设基础上，对每一业务条线/损失类型组合的操作风险损失分布进行估计的方法，这些假设必须基于银行的内部历史损失数据做出，计算操作风险时须按《巴塞尔新资本协议》的要求定义置信水平和期限。损失分布法同内部衡量法的最大区别在于它直接估计出非预期损失，然后再根据非预期损失计算出操作风险资本，而内部衡量法是从估计出的预期损失（EL）来计算出操作风险资本要求。损失分布法是目前高级计量法中最具风险敏感度的方法。

损失分布法计算操作风险的计算过程为（见图 11－3）：

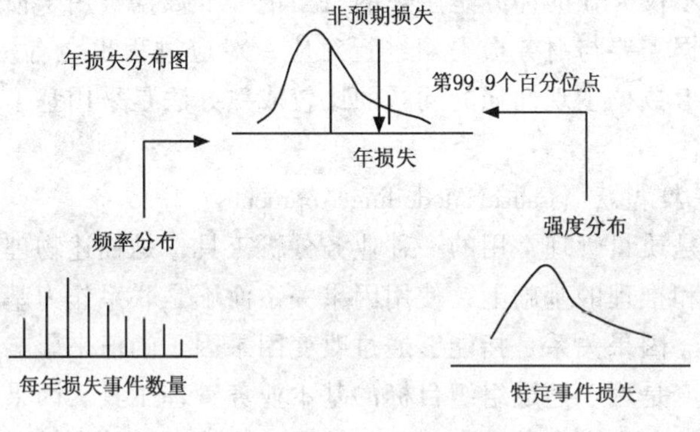

图 11－3 损失分布法原理图

1. 对每一个业务条线/损失类型组合都估计在未来一段时间里（如 1 年）操作风险损失事件发生的可能概率和严重程度。

2. 估计出二者所服从的具体概率分布，如假设损失事件发生的可能概率服从泊松分布，损失的严重程度服从对数正态分布等。

3. 用蒙特卡罗模拟法拟合出合计的损失分布。

4. 选择 99.9%置信度，1 年的事件区间，计算出操作风险 VaR 值和资本总额。

(三) 记分卡法 (Scorecard Approaches，SCA)

由于内部衡量法和损失分布法存在损失数据难于收集，而且需要至少 3 年的损失数据积累，因此目前仅有少数银行有条件使用。为了鼓励银行尽早开始使用高级量化方法进行操作风险的识别和管理，巴塞尔银行监管委员会在其咨询文件中将记分卡法也作为一种计算操作风险资本的高级计量法。实际上记分卡方法是银行进行风险控制自评估时所用的操作风险计量方法。采用记分卡法计算操作风险资本金时，无需一开始就必须利用内部历史损失数据库和无关的外部损失数据，量化操作风险时可具有一定的内在弹性，而且该方法能很好地与银行的内控过程和风险管理相适应。

与内部衡量法和损失分布法相似，在记分卡方法下，银行的业务同样被划分为若干种业务条线/损失类型组合，银行首先依据行业标准为风险制定一个初始值，然后通过记分卡法不断修正使其更能反映潜在风险和适应不同业务条线的风险控制环境。通常记分卡以损失金额计量潜在的损失强度，以 1 年内发生次数表示发生频率，以评级表示操作风险管理的质量（如极好、良好、一般、较差、很差）来记分，再根据记分卡数据计量资本金。除了识别、评估和计量操作风险，记分卡还被用来记录关键风险指标（KRI），反映风险结构的变化、风险控制的改进等。

和其他高级计量法相比，记分卡法较少依赖于历史数据，而更多偏重于全面的定性分析，用银行的风险控制能力来反映其资本水平，所以记分卡数据的主观性较强，迄今为止还没有建立可用于每一种风险类型的 KRI 行业标准；给定 KRI 后，频率和损失等参数的评分都由操作风险的承担者给出，因而有一定的主观偏差；不仅 KRI 的评分是主观的，当记分卡数据被用于损失分布模型估计时，评分数据需要与财务损失额进行对应，对应过程也会有一定的主观性，现在解决记分卡数据主观性强的问题的比较成熟办法是采用基于贝叶斯网络技术的因果建模法。

（四）因果模型法（Causal Modelling Approches）

因果模型是质量管理常用的一种业务分析工具，是描述物理世界的一种方法，它在观察和推理的基础上，使用因果关系而不是联系作为基础，推导不确定事件的影响。因果关系是指能够通过改变因果因子的值来影响某个特定变量的值，这种改变是用于达成组织目标的基本业务管理工具。因果模型有两种支持管理的方式：首先它有助于与流程相关联的不确定性的度量，其次它能提供可能的干预效果的信息；因果模型的可适应性很好，能够对变化做出快速反应，通过逐步输入历史数据并更新概率的方法，可以像神经元网络一样对模型进行训练，从而得到一些类似广义回归的瞬时多因子系数；因果建模法采用图形化方法表述问题，并对大量变量和关系进行编码，不仅适用于风险分析人员，而且适用于业务单元的管理人员。

因果模型法是基于贝叶斯（Beyesian）决策理论的一项技术。贝叶斯方法是一种用条件概率等统计方法对不确定性进行计算的方法，贝叶斯网络是一系列依赖关系（定性部分）和一系列条件概率分布（定量部分）的联合概率分布，是一种用于计算一系列贝叶斯统计量的图形表示法，这些贝叶斯统计量有明确的相互关系，也可以说贝叶斯网络是一个非线性多因子模型。因果模型法使用贝叶斯网络对操作风险进行描述，是对记分卡方法的一种深化，较好地解决了记分卡方法主观性强的问题。在决策理论中，管理者所关心的是统计计算的结果，以及根据结果和其他信息做出的最佳决策，贝叶斯网络的优点是除了包含统计样本信息外，还允许包含其他相关决策数据；不仅明确定义了模型中各因子之间的关系，并且在获得附加信息时还能够及时更新网络。

一般建立操作风险因果模型基本步骤是：

1. 识别业务增值流程和因果因子；

2. 建立一个因果模型结构，反映出流程、活动和因素之间的相关性和层次关系；

3. 用分析方法（如 Delta 法）或经验技术收集因果模型节点处的数据（波动性和灵敏度）；

4. 训练因果模型生成波动性和灵敏度数据；

5. 运用训练过的因果模型来生成操作损失分布；

6. 为风险因素生成情景并模拟超额损失事件；

7. 评估模型因素以识别重要风险。

（五）Delta 法

Delta 方法由 Jack L .King 在陈剑等译的 King（2001）《运作风险度量与建模》这本书中提出，其思路是利用 ISO 质量管理标准中误差传播技术来度量操作风险，该方法首先在度量和控制全球原子能风险中得到应用。在这本书中，King 博士又用 Delta 方法来度量银行操作风险，关于 Delta 法的详细介绍请参阅该书。Delta 方法是建立在误差传播基础上的一种操作风险计量技术，用来度量由误差和疏忽引起的不确定性，Delta 方法运用风险因素的不确定性来计算收益的不确定性，Delta 方法优点是：第一，依靠现有数据而不是历史损失数据对操作风险损失进行预测；第二，它通过灵敏度建立了业务活动之间清晰的关系，从而模拟出潜在的流程活动的结果，并可以对流程活动中的紧急变化做出快速反应；第三，只要将实际损失数据和意外情况同模型预测结果进行比较，就可以对 Delta 方法进行证实。采用 Delta 方法度量操作风险原理如下：

1. 收益是因果因子的函数

收益 = f（因果因子）= f（绩效驱动力）±/f（风险因子）

Delta 方法假设收益根据一组因果因子来计算，决定收益的因果因子为创造收益的绩效驱动力和导致收益波动的风险因子。

2. 收益的波动性是一个随机波动值，是由风险因子的不确定性引起的，是风险因子不确定性的函数：$u(E) \approx f(u(x))$。

3. 操作风险的基本度量指标是均值的标准差或叫标准误差。根据 ISO 误差传播标准，均值的标准差根据样本的标准误差或简单误差计算，n 个样本度量值的标准差计算格式为：

$$\sigma\bar{x} = \sqrt{\frac{1}{n(n-1)}\sum_{k=1}^{n}(xk-\bar{x})^2}\text{。}$$

4. 利用方差和把不确定性综合起来。在操作风险度量中，仅包括相关值为 0 和 1（对应完全独立的度量和完全相关的度量）就已经足够了。

$$\sigma_z^2 = \sum_i \sigma_i^2 + \left(\sum_j \sigma_j\right)^2$$

i 代表不相关度量，j 代表完全相关度量。

5. 操作风险度量函数的不确定性，用误差传播规则来计算。只要知道收益对每一个风险因子的灵敏度，在其他因子保持不变的条件下，风险因子的单位变化引起收益变化的总和，即收益函数对风险因子的偏导，就是灵敏度。风险度量函数的不确定性计算公式如下：

$$u^2(E) = \sum_{i=1}^{n}\left(\frac{\partial f}{\partial x_i}\right)^2 u^2(x_i)$$

通常用泰勒级数来展开上面的函数，而且灵敏度计算只取泰勒级数的前几项。

6. 计算操作损失的风险值（VaR）。依据 Delta 方法计算出的流程受操作风险影响的日盈亏波动性后，还须采用 99% 置信度，3 倍标准差生成操作风险的日风险值（日 VaR），即操作风险导致的日损失最大值，然后，应用时间平方根法则可以计算全年的风险值，甚至可以扩展到多年的情况。

（六）极值理论

操作风险的一个基本特点是发生频率高的损失事件造成的损失小，发生频率低的损失事件造成的损失大，从分布形态上看，低频率损失事件具有鲜明的尾部特征。前面介绍的几种高级计量法都没有很好地解决操作风险的尾部问题，而极值理论是度量极端条件下风险损失的一种常用方法，它具有较强的估计能力，特别适合于具有尾部分布的情况，而且在保险精算中得到广泛运用，Elena Medova（2000）率先提出利用极值理论法解决操作风险计量中的尾部问题。

极值理论主要包括两类模型，即传统的分块样本极大值模型和近年来发展起来的 POT（Peaks Over Threshold）模型。其中 POT 模型在解决极值问题上更为有效，该模型的推理过程如下：

设损失 X 的分布为 F，对于给定的阈值 u 定义 F_u 为超过该阈值的观察值 X 的超量损失分布，则：

$$F_u(y) = Prob(X - u \leqslant y \mid X > u) \qquad 0 \leqslant y \leqslant X_F - U \qquad (11.3.1)$$

其中：$y = x - u$ 是超量损失，$x_F \leqslant \infty$ 是 F 的右结束点。

对于 $x > u$，同样也可从原分布 F 函数得到：

$$F(x) = Prob(X \leqslant x) = \{1 - Prob(X \leqslant u\}F_u(y) + Prob(X \leqslant u) \qquad (11.3.2)$$

而根据 Pickands - Balkeme - DeHaan 定理，超量损失分布 F_u（y）在 u 极大时近似为：

$$F_u(y) \approx G_{\xi\sigma}(y)$$

其中

$$G_{\xi\sigma}(y) = \begin{cases} 1 - \left(1 + \dfrac{\xi y}{\sigma}\right)^{-1/\xi} & \text{如果 } \xi \neq 0 \\ 1 - e^{\frac{-y}{\sigma}} & \text{如果 } \xi = 0 \end{cases} \qquad 0 \leqslant y \leqslant X_F - U \qquad (11.3.3)$$

$G_{\xi\sigma}$（y）为广义的 Pareto 分布（GPD）。其中 ξ 为重要的形状参数，σ 为分布的尺度参数。

根据参数 ξ 取不同的值，GPD 分布对应着不同的分布形式。当 $\xi<0$ 时，被称之为 ParetoII 型分布，它具有较薄的尾部；当 $\xi=0$ 时，GPD 分布与指数分布相对应，它具有正常的尾部；当 $\xi>0$ 时，就是通常的 Perato 分布，这种分布具有肥尾的特点，在金融时间序列分析中备受关注。

对，$x>u$ 从（11.3.2）（11.3.3）可得到 F（x）的近似分布：

$$F(x)=[1-F(u)]G_{\xi\sigma}(x-u)+F(u)$$

并且 F（x）也是广义 Pareto 分布，具有相同的形状参数 ξ，而尺度参数 $\bar{\sigma}=\sigma\{1-F(u)\}^{\xi}$，位置参数 $\bar{u}=u-\frac{\sigma}{\xi}\{[1-F(u)^{-\xi}]-1\}$。用 $\frac{n-N_u}{n}$ 替换 F（u），其中 n 是总的观察值，N_u 是超过阈值 u 上 x 的观察值，有：

$$F(x)=\frac{N_u}{n}\left\{1-\left[1+\frac{(x-u)\xi}{\sigma}\right]^{\frac{-1}{\xi}}\right\}+\left(1-\frac{N_u}{n}\right)$$

化简为：

$$F(x)=1-\frac{N_u}{n}\left[1+\frac{(x-u)\xi}{\sigma}\right]^{\frac{-1}{\xi}} \tag{11.3.4}$$

与 VaR 法相一致，可利用等式（11.3.4）计算出操作风险的 VaR 值，从而得出操作风险的风险价值：

$$VaR_p=u+\frac{\sigma}{\xi}\left[\left(\frac{np}{N_u}\right)^{-\xi}-1\right] \tag{11.3.5}$$

参数 ξ 和 σ 的估计可以应用极大似然估计法得到，但是要正确估计 ξ 和 σ 需要选取适当的阈值 u。如果阈值 u 定得太大，会导致超额数很少，以致参数估计的方差变得太大；如果阈值 u 定的太小，则会产生有偏的参数估计。实际中，阈值 u 的确定一般需要应用探索性的数据分析方法来实现。一个有用的工具就是可以利用超额均值函数 $e(u)=E(X-u|X>u)$ 图形来选取适当的 u，作散点图 $\{[u,e(u)],X_1\leqslant u\leqslant X_n\}$，选取 u，使得当 $X\geqslant u$ 时 eu（x）是近似线性的。样本超额均值函数估计由下式给出：

$$e_n(x)=\frac{\sum_{i=1}^{m}(X_i-u)}{\sum_{i=1}^{m}I_{(x_i>u)}} \tag{11.3.6}$$

POT 模型的最大特点在于它直接处理损失分布的尾部，而不是对整过分布进行建模，且没有对损失数据预先假设任何分布，而是直接利用数据本身说话。但其也有自身的不足，例如模型中的参数估计存在不确定性，阈值的确定难度较大，满足损失条件的数据不足，等等。随着损失数据的不断积累和研究的进一步加深，该方法在度量操作风险中的作用将会日益突出。

三、操作风险计量方法的比较分析

《巴塞尔新资本协议》提供了一系列逐步完善的操作风险测量方法，其基本思路是运用资本激励方式鼓励银行采用更高的高级计量法。

基本指标法和标准法计算操作风险资本基本思路是操作风险资本等于前3年中各年的正的总收入乘以一个固定比例加总后的平均值，选择收入为基础来度量操作风险，不是说收入很好地反映了银行的操作风险状况，仅是因为与其他一些指标如交易量等相比，收入是所有指标中最合适的一个，收入能较好地反映业务活动规模，容易获取，在不同地区具有连贯性与可比较性等特点。这两种方法比较简单，因而对风险敏感度较差，巴塞尔银行监管委员会提供这两种计量方法主要是对无法使用高级计量法的银行提供一个统一标准的监管资本要求。

内部衡量法和损失分布法基于历史损失数据，按业务条线/风险类型的组合以及基于对损失事件概率和损失强度的统计分析数据来计量操作风险。内部衡量法可以看做是对标准法的一个深化，使用内部损失数据代替业务收入指标采用解析法来计量出预期损失，再由预期损失高级监管机构规定的γ系数计算出非预期损失（即操作风险资本）；损失分布法则是采用数理统计方法基于损失事件概率分布和损失强度分布生成操作风险分布，采用VaR方法计算出1年时间区间、99.9%置信度水平下的操作风险VaR值和非预期损失。根据巴塞尔银行监管委员会在西方一些银行的测试结果，采用这两种方法计量操作风险的确大大减少了对操作风险的资本要求。但采用这两种方法计量操作风险，要求至少3年的历史损失数据积累，并且需要本地区外部损失数据的支持。而事实上就是在国外，只有少数银行有条件使用这两种方法，大多数银行都缺少可用于计算操作风险资本的内部历史损失数据，对国内商业银行来说，要想使用这两种计量方法就更困难了。

记分卡方法在风险和控制自评估基础上，通过分析和评估银行的风险控制能力来计量操作风险资本，与内部衡量法和损失分布法相比，对内部损失数据的依赖性不是很强，使用该方法来计量操作风险资本时，只是参考损失数据来估算操作损失。但与其他高级计量法相比，记分卡方法的主观性较强。因而目前西方一些活跃银行在进行风险与控制自评估时，采用因果模型法来简化记分卡方法，提高自评估过程的量化程度，减少自评估过程的主观性。

因果模型法使用贝叶斯网络分析操作风险因素，利用业务管理信息量化操作风险，是对记分卡方法的一种深化，较好地解决了记分卡方法主观性强的问题，且对历史损失数据的依赖性不强，而且由于贝叶斯网络除了包含统计样本信息外，还允许包含其他相关决策数据；不仅明确定义了模型中各因子之间的关系，并且在获得附加信息时还能够及时更新网络，因而还被广泛用来进行操作风险的预测和管理。与记分卡方法相比，因果模型法是更适合的风险与控制自评估的工具。

Delta方法是建立在误差传播基础上的一种操作风险计量技术，通过度量风险因素的变动引起的收益波动来度量操作风险。Delta方法依靠现有业务管理数据而不是历史损失数据对操作风险损失进行计量，它建立了业务活动之间清晰的关系，便于对操作风险做出快速反应，还可以用来确定极值法的阈值，是因果模型法和极值法的一个很好的配套度量方法。

内部衡量法、损失分布法、记分卡法以及 Delta 法都未能很好度量低频高损失事件引起的操作风险，近几年来理论和实务界都倾向于采用极值理论解决操作风险的尾部问题。极值理论是可以用来度量极端条件下风险损失的一种方法，在保险精算中得到广泛使用，较适合于解决操作风险的尾部问题。

通过比较分析可知各种高级计量方法的选择和使用都有一定先决条件，不同的度量方法之间也存在着不同的优势与缺陷，单一使用一种度量方法的效果未必理想，只有根据实际情况选择并综合运用不同方法才能取得最好的度量与管理效果。

本章小结

商业银行的业务经营过程中充满着风险。商业银行是典型的信用中介机构，在经营过程中面临的风险主要有信用风险、市场风险、操作风险、流动性风险等。

信用风险是指由于借款人或市场交易对手违约而导致的损失的可能性；更一般地，信用风险还包括借款人的信用评级的变动和履约能力的变化导致其债务的市场价值变动而引起的损失的可能性。近年来在信用风险度量和管理这一领域正经历着一场革命性的变化，新的量化度量和管理方法、技术如雨后春笋般不断涌现，主要有 J.P.Morgan（1997）建立的 CreditMetrics 模型，KMV 公司建立的 KMV 模型，Mckinsey 公司的 CreditPortfolioView 模型，瑞士信贷银行的 CreditRisk$^+$模型，RAROC 模型，KPMG 公司的贷款分析体系，死亡模型等等。

市场风险是指因市场价格（利率、汇率、股票价格和商品价格）的不利变动而使银行表内和表外业务发生损失的风险。商业银行的市场风险主要有利率和汇率风险。对利率风险通常用敏感性分析和久期分析。对利率风险进行管理的工具常用的有远期利率协议、利率互换、利率期货和利率期权等。对汇率风险用净外汇风险敞口进行计量，对汇率风险进行管理常用的工具是远期外汇交易、掉期外汇交易、外汇期权、外汇期货和货币互换等。

操作风险是指由不完善或有问题的内部程序、人员及系统或外部事件所造成损失的风险。操作风险度量模型可总结为自上而下和自下而上两种，自上而下是指由监管机构根据行业标准得出统一的资本计提率，运用于银行的风险资本测算；自下而上是指使用银行的内部数据，计算自身的风险资本。自上而下的度量方法主要有：基本指标法、标准法等；自下而上的方法有：内部衡量法、记分卡法、损失分布法、Delta 方法、极值理论法、因果模型法等。不同的度量方法之间也存在着不同的优势与缺陷，单一使用一种度量方法的效果未必理想，只有根据实际情况选择并综合运用不同方法才能取得最好的度量与管理效果。

复习思考题

一、名词解释

信用风险　利率风险　汇率风险　市场风险　操作风险

二、问答题

1. 什么是信用风险？常用的定量分析方法有哪些？
2. 试比较分析各种信用风险定量分析法的优缺点。
3. 利率风险常用的分析方法有哪些？其常用的管理工具有哪些？
4. 汇率风险常用的管理工具有哪些？其主要内容是什么？
5. 操作风险的度量模型主要有哪些？其主要内容是什么？

第十二章

商业银行财务计划

无论银行规模大小，它所掌握的资金、人力和物力总是有一定限度的，而且为了保持健康稳定的发展，银行在经营过程中应具备足够的流动性和良好的收益性；而流动性与收益性本身又互为冲突。因此，银行为了最大效益地利用资源，必须事先做好计划工作。

根据编制计划所涵盖期限的长短，计划可以分为战略计划和战术计划（经营性计划）。战略期限较长，一般考虑3～5年甚至更长的时间，属于中长期计划。战术计划则一般只预计未来1～2年的情况，属于短期计划。实际运用中往往将战术计划用数字和表格的形式加以反映，这就是预算。如果银行将其全部经营活动过程的正式计划用数量和表格的形式反映出来，则称为全面预算。计划和预算的编制对于银行未来的短期和长期发展都具有重要的指导性意义。

第一节　财务计划概述

一、财务计划的作用

财务计划是在行动之前，通过预测和充分的研究，对未来财务活动做出的全面安排。它以财务预测提供的资料和财务决策确定的方案为基础，是对未来一定时期财务活动总体目标和财务管理要求的具体化、系统化。财务计划管理，是对商业银行财务活动中的资金、收支和损益等进行的计划管理，包括编制财务计划以及为实现财务计划所进行的日常管理。

对任何一个企业而言，其所面临的资源总是有限的，商业银行也不例外。为了使商业银行资源充分发挥其效能，以尽可能少的资源为社会提供最大限度的金融服务并实现银行自身的经营目标，就必须搞好计划工作。实践表明，经济自由化程度越高，竞争越激烈，计划管理对于商业银行的生存便越重要，因为没有一个符合实际需要的业务计划，没有一个具有战略眼光的发展规划，没有一套完善的规划系统，商业银行便可能在当今激烈的市场竞争中失去机会并被淘汰。

商业银行财务计划包括：资金来源计划、资金使用计划、表外业务计划、资本计划、流动性计划等，贯穿于银行货币经营的全过程，因而它对合理组织财务活动、促进货币经营活动的顺利开展起着十分重要的作用。

（一）编制财务计划，可使商业银行内部各部门明确奋斗目标，预见发展前景

商业银行的目标是多重的，其中盈利是其主要的经营目标，但盈利的取得受到银行内部和外部理财环境多方面的制约，这就需要银行依据主要目标，通过计划分门别类地、有层次地表达银行的各种目标，包括贷款、投资、资金筹集、收入、成本等。有了明确的奋斗目标，银行内部各级部门就可以按照计划分解成的各级各部门的具体目标，合理安排各自的经济活动，从而动员全体职工为此而奋斗。如果银行各级各部门都完成自己的具体目标，那么银行总体目标的实现就有了切实保障。

（二）财务计划是协调银行各职能部门工作的重要工具

银行内部各职能部门的工作必须协调一致，才能最大限度地实现财富最大化的总目标。但是各职能部门由于承担的任务不同、职责不同，往往会出现许多不协调的情况。参与财务计划的编制和综合平衡，可以促使各职能部门之间相互了解、相互协调配合，对各自财务活动进行合理的组织和安排，严格控制成本支出和资金耗费，为取得银行最佳经济效益而共同努力。

（三）财务计划是控制银行经济活动和考核各部门工作的依据

计划一经确定，就进入执行阶段，各职能部门为使经济活动按计划进行，都必须提出相应的措施，并对实际执行结果进行计量、比较，确定差异，进行差异分析，针对性地提出改进措施，调整经济活动。各职能部门工作的好坏也要以财务计划指标作为考核评价的依据，进行奖惩，以激励他们更加努力地工作。当然作为考核依据的计划指标也不是绝对的，因为有时计划突破不一定是坏事，未超过计划数不一定是好的表现。因此，计划必须先进、合理，考核应以是否对银行经营有利为标准。

总之，财务计划有利于协调各部门工作，是银行各项计划的综合体现，对动员和有效地运用信贷资金、保持商业银行良好的财务状况、促进业务经营活动的顺利进行具有重要作用。

二、财务计划的编制程序

财务计划的综合性决定了财务计划编制的复杂性。商业银行财务计划的编制是一项涉及面广，技术性和政策性都很强的工作，其主要依据是商业银行的经营计划、利率水平、各种历史资料、商业银行劳动人员计划及市场资金需求预测、国家有关政策法规等。商业银行财务计划的编制程序如下：

第一，由银行领导机构或董事会提出银行一定时期经营发展的总目标，并下达规划控制指标。

第二，各级职能部门根据规划控制指标，结合本部门实际，编制本部门预算草案。

第三，由财务部门对各级职能部门预算草案进行初步审核、调整、平衡，汇总编制总预算，报请银行领导机构或董事会批准。

第四，银行领导机构或董事会审议批准，并下达各级各职能部门执行，或驳回修改。

三、财务计划指标的确定方法

财务计划的编制实际是财务计划指标的确定过程，一般是根据具体情况，采用以下方法来确定：

第一，凡是由数量和价格构成的指标，可根据预计数量和价格来计算。如贷款利息收入、借款利息支出、职工工资总额及各项低值易耗品的购置摊销等均可采用此种方法计算。

第二，凡规定有费用开支标准的项目，均可按开支标准和相应基数计算确定，也就是按有关部门规定的固定比率来测算计划期有关项目的计划数。例如，应缴税金及附加可根据税法规定的计税依据与相应税率计算确定，职工福利费、各种呆账准备、风险准备金等均可按财务制度和有关财经法规、制度的规定提取比例来确定。

第三，凡是与相关因素存在一定比例关系的财务指标，均可采用比例推算法计算。例如，商业银行的办公费支出一般与职工人数有关，可根据公杂费与商业银行职工人数之间的比例关系计算确定；贷款总额一般占银行总资产的一定比例，则计划贷款总额就可以根据前期或历史平均的贷款总额占资产总额的比例与预计计划期资产总额来确定；同样，存款利息支出总额也适用于比例计算法。其计算公式为：

$$\text{计划期贷款总额}=\text{计划期的资产总额}\times\left(\frac{\text{上期贷款总额}}{\text{上期资产平均总额}}\pm\text{计划期贷款比率调整}\right)$$

$$\text{计划期利息支出总额}=\text{计划借债总额}\times\left(\frac{\text{上期利息支出总额}}{\text{上期借债总额}}\pm\text{计划期借债利息升降}\right)$$

运用比例推算法时，首先要确定相关因素之间的比例关系，然后考虑计划期各种因素变动的影响，调整确定。这样才能确保计划指标的切实可行。

第四，凡是在其他计划中已经确定了合理计划开支额的项目，可根据有关计划资料确定。例如，职工工资总额可根据劳动工资计划确定，折旧费可根据折旧计划确定，固定资产修理费用可根据固定资产维修计划确定，职工教育经费可根据职工技术培训计划确定，等等。

第五，凡是开支额比较稳定、一般变化不大的固定成本支出项目可采用分析计算法确定。例如，差旅费、租赁费、电子设备运转费、审计费、业务宣传费、保险费等均可采用这种方法计算确定。

第六，指标之间有内在的平衡联系的，可根据平衡计算法确定，如利润总额、资金余缺及增加的外部筹资额等。

第二节 战略计划的编制

银行的经营战略是根据内外环境及可取得资源的情况，为求得生存和长期稳定的发展，对发展目标、达到目标的途径和手段的总体谋划。它是银行经营思想的集中体现，是一系列战略决策的结果，同时又是做好银行计划和预算的基础。为规划银行的经营战略，有必要制订战略计划。战略计划的主要特点是：

第一，总体性：战略计划以整个银行的发展规律为研究对象，是指导银行经营活动的纲领；

第二，前瞻性：银行的战略计划必须着眼于未来长远发展，高瞻远瞩；

第三，系统性：一方面银行的战略计划本身就是一项系统工程，另一方面银行战略计划的编制和执行，需要调动银行内部各个部门来进行。

一、战略性分析

战略性分析考虑银行如何最优地将其自身潜能与市场上的发展机会结合起来。对银行进行战略性分析，可采用如表 12－1 所示的表格形式进行分析调查。

表 12－1　　银行战略性分析（5 年）

年度		2003 年	2004 年	2005 年	2006 年	2007 年
总体经营目标						
市场分析	国内					
	国际					
商品分析	自身					
	竞争者					
组织结构						
财务管理						
研究开发						
……						

战略计划的时间跨度较长，许多不确定的因素，如利率变动很难事先考虑周到，因此这类预算的准确性较差。但战略计划关系到银行经营的战略目标，会在较长的时间内对银行的财务状况和经营成果产生重大影响，因而直接受到高级管理和决策人员如董事会、首席执行官（行长）的关注。同时，随着时间的推移，银行还需要每年根据实际情况对原先编制的战略计划进行修订和调整，以便对经营活动进行有效的规划、监督和控制。

战略性分析的过程如图 12－1 所示。

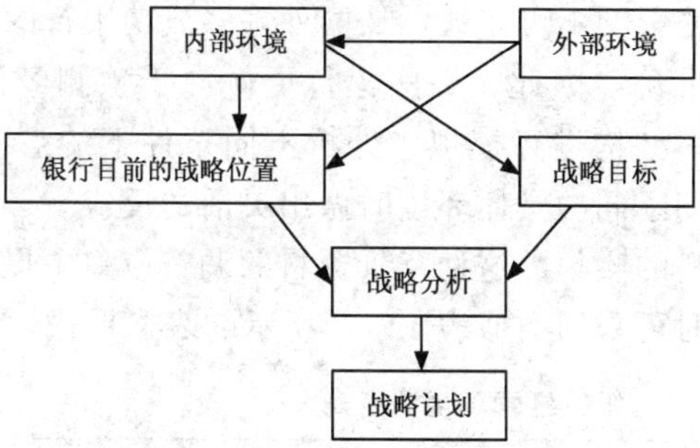

图 12－1 战略性分析的过程

二、战略计划的编制程序

对于战略规划的编制，全局性的了解和创造性的思考极为重要。银行可以设立执行委员会，专门负责战略计划的编制；执行委员会由首席执行官（行长）领导，包括银行的高级经理们和各个部门的关键负责人。表 12－2 列出了在战略计划的编制过程中的必要步骤：

表 12－2 战略计划的编制程序

	步骤	责任部门	时间安排（略）
1	分析银行未来发展前景，提出有创造性的问题，形成初步战略思想	董事会、首席执行官	
2	宏观经济前景分析	研究部门、计划部门	
3	进行初步调查，收集背景资料	业务部门	
4	资本性支出预算指导及模型	财务部门	
5	召开战略计划会议，形成战略计划中心思想	高级管理层	
6	具体业务部门编制业务计划	各相关部门	
7	形成银行综合战略计划	相关部门	
8	审阅战略计划	董事会	
9	如有必要，修改战略计划	各相关部门	
10	批准战略计划	执行委员会	

表 12－2 所示的战略计划编制程序包括 10 个步骤。在实际使用中，各个银行可以灵活掌握。现对这 10 个步骤解释如下：

第一，初步战略思想的形成。战略计划，首先应促使高级管理层思考银行的未来发展方向和经营理念，董事会与首席执行长官可与有关人员就银行未来的发展进行思考和展望，提出一些具有挑战性的问题，发挥各人的创造性思维。通过这种丝毫不受约束的创造性构想，形成初步的战略思想。这一步骤应摆脱银行原有条条框框的束缚，但也要尊重客观情况。

第二，宏观经济前景分析。银行的经营总是在特定的经济环境下开展的，国家的经济政策和世界的经济形势对其经营活动影响甚大。因此，分析宏观经济环境对未来经济的影响不可或缺。从国外许多成功银行的经验来看，长期利率预测一般都不太准确。因此，一些银行更倾向于预测经济环境，而不是利率。根据不同的利率结构进行模拟，分析不同条件下的盈利水平是否可以接受，以便银行在遇到不同的具体环境时做出灵活的反应。

第三，背景资料的收集。这种背景资料的调查应集中提供与战略规划有关的信息。收集资料时可采用类似表 12 - 3 所示的表格形式。

表 12 - 3　　银行经营环境调查表

项　目	环境分析（略）
一、经济环境	
1. 各国经济现状及未来展望	
2. 通货膨胀	
3. 利率、汇率变化	
二、市场竞争态势	
三、监管规定	
1. 地区界限	
2. 业务许可范围	
3. 资本要求	
四、客户	
五、产品和业务	
六、组织结构	

第四，资本性支出预算指导。银行的计划财务部门应对银行在未来年度的固定资产购置、租赁资产改良等资本性支出项目立项，进行调查分析，提出资本性支出的指导性纲领，以评估各个资本性支出项目是否可行，从而合理分配资金。

第五，召开战略计划会议。战略计划会议是对整个战略计划具体编制工作的一次详细部署。计划会议的主要目的是加强自由交流，让有关各方认识到银行面临的主要问题，并提出各种解决建议，促使管理人员提出新思路，最后形成战略计划概述。

第六，编制具体业务计划。根据战略计划概述，编制具体业务计划。这项工作由主要业务单位参加，其内容主要有：市场计划、产品计划、经营计划和组织计划。本步骤应立足于市场驱动的基础，分析银行的业务品种，并进行与此相关的经营和组织计划。

第七，对各部门计划进行综合，形成银行综合战略计划。

第八，董事会全面考察业务部门具体计划和银行综合战略计划。

第九，如有必要，董事会提出战略计划修改建议，重新进行修订。

第十，批准战略计划。银行管理委员会批准战略计划的实施，一经批准，银行就要于战略计划的起始年度，开始执行其制订的计划。

战略计划的编制是一件既费力又费时的事，它的制订直接关系到银行的长远发展。因此，银行应高度重视编制战略计划的工作，力争使编制出来的计划既合理、实用，符合客观现实条件，又具有激励和指导作用，要求全体员工经过一定努力才能达到。战略计划又是战术计划的基础，银行的短期计划应该服从于长期计划。总之，战略计划的编制和具体落实，对银行的发展至关重要。

第三节　全面预算及其实现方法

一、全面预算简介

全面预算是银行总体规划的数量说明。它是将银行各项经济活动的决策目标及其资源配置计划加以量化，并控制实施的内部计划活动或过程，是管理会计的基础。

全面预算的最终目的是为了最大限度地激发银行经营管理人员的积极性，发掘各个要素资源的潜力，保证企业经营目标的实现；其作用概括起来有以下三点（图 12－2）。

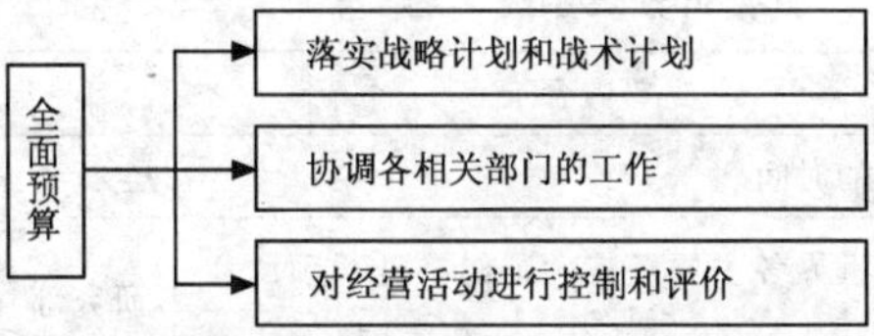

图 12－2　全面预算或主预算

（一）落实战略计划和战术计划

计划是银行在一定假设的基础上，对未来经济活动的合理预期做出的一种判断，它预示着银行来来一定时间内经营活动的基本方向和总体目标。作为计划的具体实施载体，全面预算将企业的计划详细地予以量化，促使有关人员明确各自应达到的目标，这是全面预算最重要的功能。

（二）协调各相关部门的工作

全面预算根据整个银行的情况来考虑问题，有利于指导各个相关部门向共同的战略目标前进。各相关部门之间的协调，不仅保证了预算与银行目标的一致性及各个部门经营目标的基本统一，而且极大地促进了全面预算体制的完善和功能的发挥。

（三）对经营活动进行控制和评价

全面预算一经制订，就必须付诸实施。在预算执行上，有关部门以全面预算为依据，及时提供实际偏离预算的差异数额，并分析原因。实际偏离预算的差异，不仅是银行控制日常经营活动的主要依据，也是评定责任部门工作绩效的重要标准。通过这种控制和评价，可以促使各级管理人员各尽其责，推动银行总体资金潜能的发挥和整体预算目标的顺利实现。

总之，编制全面预算是规划银行发展的重要举措，它将银行的计划具体落实，有利于各级人员明确目标。同时，全面预算也是对日常经济活动进行控制的重要依据和评价管理人员业绩的主要标准。

二、预算管理

大型银行需要有一套收集数据和编制全面预算的正式程序，以保证工作的顺利开展。通常的做法是指定银行财务部总经理作为预算主任，负责制定预算编制的全套程序。为了让银行内部每位员工都非常了解预算程序和编制完成期限等预算编制过程中的关键问题，财务部往往会编制一个预算手册在银行范围内发放。预算手册主要说明谁应该对提供何种形式的信息负责，信息何时收集，应采取何种形式等问题。成立预算委员会也是为了更好地组织预算工作。预算委员会由关键部门的高级管理人员组成，在预算编制期间为财务总经理提出意见和建议。批准预算的最终权力归属于董事会。董事会下设一个附属委员会，其职责是仔细审阅提交的预算，并建议董事会批准或者进行必要的修改变动。董事会通过实施调整预算和批准预算的权力，可以对银行的总体发展方向施加重要的影响。我们用表 12 – 4 表示某银行预算手册的主要内容。

表 12 – 4　　某银行预算手册内容

项　目	主要内容	分　工
1. 计划时间表	规定具体的时间	全行各业务部门
2. 经济展望	对本国和世界各主要经济大国经济进行预测和分析	研究部（在风险管理部门内）
3. 有关利率、汇率、内部资金定价假设	对与计划有关的所有“率”进行假设	由研究部、交易部、资金部提供
4. 计划指导	对计划中有关资本金分配、缺口管理、呆账准备金、劳资、固定资产购置、税收等问题进行说明	人事部、财务部、风险管理部、资金部
5. 材料要求	对各部门提供的计划材料提出具体要求	财务部、各部门

其中，第 5 项材料中要求各部门提供：

财务计划数据包括资产负债表、损益表、主要财务指标（含资本回报率、收入费用率、经济资本金占用、资产质量）、人员个数、有关业务量的财务信息（如人均业务量、客户使用 ATM 机的次数、业务新增量的大小等）；

部门实现计划的具体战略、措施、主要财务假设、考核指标、同业情况、主要风险等；

部门主要措施实现时间表；

部门对实现全行目标的贡献；

具体上报数据要求与财务部的管理信息系统衔接。

三、全面预算的编制方法：自下而上和自上而下

（一）自上而下的预算编制程序

所谓自上而下的预算编制程序，是指依照银行管理层权力大小，由上而下，按照从董事会到总经理，到高级管理人员，再到中级管理人员直至最底层员工的顺序，进行预算编制的过程。

最高管理层根据银行的战略计划，对经营者提出预算年度应达到的经营目标，并对经营者目标完成效果制订考核与奖惩标准，落实到中级管理人员；中级管理人员根据上级管理者提出的经营目标，在本组织范围内进一步将目标分解到各基层组织；这种程序自上而下逐级层层落实。

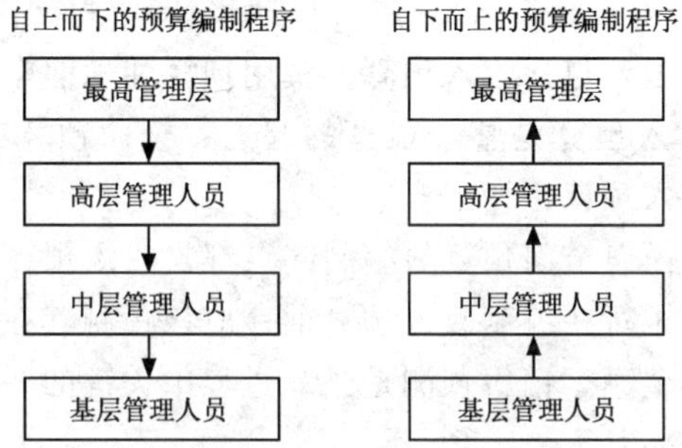

图 12－3　预算编制方法

（二）自下而上的预算编制程序

自下而上的预算编制程序，正好与自上而下的预算编制程序相反。它是先由基层人员自行编制其本身的预算，然后送交上一层管理人员审查，经过反复研究、协商、修订和平衡后，再逐级加以汇总。经过中级和高级管理层审查汇总，再送交至最高管理层审核批准。这种编制程序是从基础开始的。

（三）对两种预算编制程序的评价

自上而下和自下而上的两种预算编制程序各有优缺点：

自上而下的预算编制程序先由最高管理层从总体角度确定目标，有利于将预算与全行战略计划紧密联系起来，体现银行的长期发展战略。最高管理层在开始编制预算时，获取了与银行发展有关的许多综合信息，同时考虑到同行业竞争者的情况，便于银行把握自身在整个竞争市场中的地位。自上而下的预算编制程序，基本上以强制的方式逐级落实执行，如果目标太高，经常会在一定程度上受到中低层管理者和预算具体执行人员的抵制。

自下而上的预算编制程序容易得到贯彻，而且因为基层管理人员与具体业务直接接触，所编制的预算往往比较切合实际，经过努力可以达到；自下而上的预算能较好地得到广大预算执行者的支持，容易提高他们完成预算所确定目标的积极性。这种编制程序的缺点是基层管理者可能考虑整个银行发展面临的机遇和挑战，而且由于“偷懒”心理的存在，使得基层人员制订非常宽松的预

算，这样得出的预算可能未能充分发挥银行的潜力，而且可能不符合银行的长期发展战略。

鉴于两种编制程序各有优缺点，西方一些银行开始采用同时编制自上而下和自下而上两套预算的方式进行全面预算的编制。两种程序编制出的预算产生出来的差别，经过各层管理人员互相协商将其适当调整趋于一致。虽然这种方式使得银行在编制全面预算时的工作量大大增加，但它基本上结合了两种编制程序的优点，互为补充，因而逐渐受到一些大型银行的青睐。然而，为了节省时间，一些银行目前主要采用自上而下的办法，进行预算的编制。

四、全面预算的内容

银行全面预算的内容主要包括业务预算、资本支出预算和财务预算。

（一）业务预算（operating budget）

银行的业务预算主要包括收入预算，费用预算和税前净收益预算等。

1. 收入预算。收入预算是整个预算的起点，全面预算应以收入预算为中心，其他预算应与收入预算密切配合。

（1）销售预测。任何全面预算的编制起点都是收入预算，收入预算以预测的销售额作为基础。银行在编制收入预算前，应该预测其在预算年度各种贷款和其他业务的数量和金额。销售预测是预算过程中关键的一步，也是非常困难的一步。

销售预测中经常运用各种不同的方法，最后的结果往往是各种来源所提供资料的综合。许多银行设立市场研究人员来组织销售预测工作。从高级管理人员到银行的基层销售人员，每一位雇员可能都要为销售预测提供信息。

在销售预测中应考虑主要因素的影响有：以前年度销售水平及过去的发展趋势；宏观经济趋势（经济是否呈增长态势？速度如何？是否发生经济衰退?)；银行业的发展趋势；政治和法律因素；银行对其各种产品服务的定价政策；计划的广告和营销活动；竞争者的预期行为；银行自身及其他银行将要推出的新产品；市场研究工作。

销售预测的起点一般是上年度的销售额，然后市场研究人员通过听取从高级经理到基层销售人员的意见，就上述因素进行思考分析。在销售预测中经常运用统计的方法，如回归分析、散点图分析等。总之，销售预测是整个预算程序中关键性的一步，需要付出大量的工作。进行销售预测就如射箭，即使弓箭手在瞄准时仅偏离一点点，在箭到达目标时就可能偏离了一大段距离。销售预测也是如此。一旦在预算最初的起点对销售预测稍微不准，随后编制的各种预算有可能都站不住脚。

（2）收入预算的编制。银行的收入项算中，收入主要有三种来源：手续费收入、净利息收入和其他收入。手续费收入取决于两个因素：业务量和价格。

此外，银行还应该考虑预算期将要开展的新业务和准备放弃的旧业务所产生的影响。具体计划的形成应考虑到每一个主要业务种类。一些银行甚至对每一个业务种类均进行预算，并纳入全面预算的编制之中。

对于净利息收入的计算，银行应先对其主要资产和负债——贷款和存款进行预测；对于贷款和存款的预测，可以以历史资料为基础，计算出有规律性的增长率，结合计划期可能出现的某些影响因素，估计计划的存款和贷款额。将预期的不同的利率运用于预计的贷款和存款等有关项目，通过计算机进行模拟，计算出不同利率水平下的利息收入总额和资金成本。这样编制的预算可以使银行在遇到不同的经济环境时都可灵活地进行反应。净利息收入的计算公式为：

净利息收入 = 利息收入总额 - 利息支出总额

其他收入主要按不同来源分别进行预算，包括交易收入等。

表 12-5 是 XYZ 银行的收入预算，从中我们可以看到银行的收入分布。

表 12-5 **XYZ 银行收入预算**（2006 年度） 单位：万美元

收入项目	第一季度	第二季度	第三季度	第四季度	全年计划	下年计划
手续费收入	36	38	39	41	154	160
信托费	12	13	13	14	52	55
经纪佣金	8	9	9	10	36	38
信用卡手续费	16	16	17	17	66	67
……						
净利息收入	80	83	84	86	333	350
利息收入总额	145	150	152	156	603	634
利息成本	65	67	68	70	270	284
其他收入	24	25	27	28	104	110
外汇买卖收益	16	17	18	18	69	73
银行承兑收入	8	8	9	10	35	37
……						
总收入	140	146	150	155	591	620

2. 费用预算。银行发生的各种非利息费用主要包括员工报酬费用和其他业务费用。员工报酬费用应以员工人数为基础，由工资、加班费、津贴红利和奖金等项目组成。其他业务费用是银行在开展业务活动中发生的其他支出，如广告费、业务招待费、差旅费、保险费、法律费用、固定设备折旧等。非利息费用的预算可以历史期间的数据为基础，根据预期变化进行必要的调整来计算。

非利息费用是银行费用的另一个主要控制源。西方银行专门用收入费用率指标来考核银行的经营情况；收入费用率的指标口径与国内的口径是有区别的。表 12-6 表示 XYZ 银行非利息费用的预算。

表 12－6　　　　**XYZ 银行的非利息费用预算**（2006 年度）　　　　单位：万美元

费用项目	第一季度	第二季度	第三季度	第四季度	全年计划	下年计划
员工报酬费用	62	64	63	65	254	260
工资	43	44	43	45	175	180
加班费	9	10	10	9	38	35
津贴	4	5	4	5	18	20
红利和奖金	6	5	6	6	23	25
其他业务费用	32	33	35	34	134	140
广告费	6	7	7	6	26	30
业务招待费	3	2	2	4	11	10
差旅费	3	4	3	3	13	12
保险费	5	5	6	6	22	24
法律费用	7	7	9	7	30	32
固定资产折旧	8		8	8	32	32
……						
费用总计	94	8	98	99	388	400

3. 税前净收益预算。编制完收入预算和费用预算后，将收入预算和费用预算进行综合，就可以得出税前净收益预算，如表 12－7 所示。

表 12－7　　　　**XYZ 银行税前净收益预算**（2006 年度）　　　　单位：万美元

项　　目	第一季度	第二季度	第三季度	第四季度	全年计划	下年计划
收　　入	140	146	150	155	591	620
费　　用	94	97	98	99	388	400
税前净收益	46	49	52	56	203	220

（二）资本支出预算（Capital Expenditure Budget）

对于下年度将要发生的长期投资决策项目，银行应编制资本支出预算。由于固定资产在银行总资产中的比例相对较小。因此相对于其他行业而言，银行的资本性支出预算并不如业务预算那么重要。对于各个资本性支出项目，应分析确定其是否有必要立项开支。另外应注意的是，不同的资本性支出决策对纳税的影响也是不同的。

假设 XYZ 银行计划购买一台电脑以更换总经理现用的电脑，提高其工作效率，编制资本支出预算如表 12－8。

表 12－8　　　　**XYZ 银行资本性支出预算**（2007 年）　　　　单位：美元

资本支出项目	时　间	金　额	使用年限	残　值	年折旧费	理由说明
购置一台电脑	1月1日	2000	4年	200	450	更换总经理所用电脑

（三）财务预算

财务预算主要包括资金来源预算、流动性预算、表外业务预算、资本预算等，现以资金来源预算说明财务预算的编制方法。

1. 资金来源计划的编制。资金来源计划是商业银行总体财务计划的有机组成部分。一方面，银行财务收支计划决定了银行的资金来源计划；另一方面，银行财务收支计划又受到资金来源计划的制约。资金来源计划的确定方法如下：

(1) 预测资金需要量。资金筹集是为满足资金需要。银行的资金需求包括：满足银行资产增长的发展性资金需求，由银行流动性决定的流动资金需求，由利率波动决定的利率敏感资金组合需求。要保证银行能顺利实现其预期利润的最终目的，就必须以财务收支计划为基础，确定完成预期利润需要多大的资产规模，即资金需求总量。该指标可根据预计资产收益率和预期利润来确定。其计算公式为：

资金需要量 = 预期目标利润/预计资产收益率

在此基础上，根据资产构成确定不同的资金需求。概括地说，不同类型的银行的资金需求存在着很大差异，银行只有根据自身具体情况，在详尽、细致地分析其不同的资金需求种类及变化后，方能制定切实可行的资金来源计划。

(2) 确定资金来源规模和结构。银行资金来源规模大小应该直接与利润的增长相联系，即银行筹资规模应该由盈利水平所决定。从理论上讲，当银行资金来源的边际成本等于银行资产边际收益时，银行的筹资规模便达到了均衡水平。这一银行筹资的均衡状况也确定了银行资金使用的上限。

银行资金来源结构与资产结构是相互影响、相互制约的。因此在考虑筹资规模的同时，应注意其资金来源种类的配合。银行应该用贷款的边际收益是否高于资金来源的边际成本为标准来决定筹资方式和资产结构。为了降低风险，银行在资金来源的重组过程中，可以调整不同负债的到期期限以及不同类型的负债利率，以达到最佳的筹资组合。为了有效配置不同种类的资金来源，银行应对市场利率做出自己的预测与判断。若预期市场利率会上升，银行应注意吸引长期资金；反之，若预计市场利率下降，银行则应着重吸引短期资金来满足需要。同时，银行还应采取对资金来源与资金运用的到期期限的动态配合来安排不同的筹资方法。

(3) 确定权益资本需要量。银行权益资本为预计资产总额与负债总额之间的差额。预期的银行权益资本与现有资本的差额便是银行权益资本的需要数量。根据政府当局的银行资本规定，银行的核心资本与总资本还必须满足银行资本最低限额的要求。例如，某银行目前权益资本与总资产的比例为5.6%，而金融管理当局规定，资本与资产的比例应提高到8%，银行计划期预计资产总额可达3450万元，则权益资本增加额应为：

3450×（8%－5.6%）＝82.8（万元）

银行资本的补充应首先考虑留存利润，当银行的留存利润不能满足其资本需要时，再寻求外部资本来源，如优先股、普通股或由投资者直接注入资金。

银行选择哪种资本来源形式取决于该外源资本的优点与代价。

(4) 在经常性负债与自有资本仍不能满足资金需要时，可考虑采用借款和发行债券的方式来筹集。

对于全面预算的编制，应以各个具体部门为基础，对其进行综合，就可以得到整个银行的全面预算。

五、敏感性分析

在预算编制中运用敏感性分析是为了提高预算的价值。敏感性分析如果最初的预测未能实现或者原定的假设条件发生变化，会对预算产生什么样的影响：敏感性分析一般是通过使用财务分析模型软件进行的。

我们对 XYZ 银行收入预算的纳税前净收益进行敏感性分析如下：

分析 1：贷款利率比预计降低 2%基点（由原来的 10%降低为 8%）；

分析 2：利息成本比预计上升 2%。

表 12－9 说明了敏感性分析的过程。

表 12－9 敏感性分析过程

项　目	利息收入总额	利息成本	净利息收入	总收入	非利息费用	税前净收益	税前净利益影响
XYZ 银行全面预算中数额	603	270	333	591	388	203	
分析 1	590.9	270	320.9	578.9	388	190.9	下降 6%
分析 2	603	275.4	327.6	585.6	388	197.6	下降 2.7%

通过分析可以看出，若贷款利率比预计降低 2%，税前净收益将降低 6.0%；若利息成本比预算上升 2%，税前净收益将下降 2.7%。可见，税前净收益对贷款利率的变动比对利息成本的变动更为敏感。敏感性分析的目的是使管理人员把握计划期各种假设的变化将对预算产生何种影响，及应该采取何种措施。

第四节　编制预算的另外两种方法

预算编制实务中，许多银行在预算所涵盖的时间范围、预算基础等方面采用了一些先进的方法，如弹性预算、零基预算和滚动预算等，在此我们介绍其中的两种方法及两种预算行为。

一、零基预算（zero－based budget）

(一) 基本概念

零基预算是以“零”为基础的编制计划和预算的方法，它被公认为能有效地控制费用开支。零基预算区别于传统的费用预算编制方法，传统的费用预算方法一般是用以前期间银行发生的实际费用开支数为基础，再根据预算期内可能发生变动的各种相关因素带来的影响，确定预算期的费用开支计划。这种传统的费用预算以历史数据为依据，方法简便易行，并可以在各个不同期间进行相互比较。然而它也存在着较大的缺陷：传统费用预算以历史开支为依据，事实上承认了这些历史开支的合理性。而实际情况是，历史开支中可能有一部分并没有产生多大的效益，相反，还给企业带来了严重的浪费。因此，传统费用预算方法，已经受到有关各方的指责；零基预算正是为弥补这一缺陷而产生的。

零基预算的基本原理是：对于任何一个预算期内任何一种费用项目的开支，不是从原有的基础出发，即根本不考虑基期的费用开支水平，而是一切以“零”为起点，从根本上来考虑各个项目的必要性及其开支规模。这种方法不受历史开支的束缚。其科学性受到包括银行在内的各种企业的认可，成为一种先进的费用预算方法。

（二）成本习性（behavior of cost）

在介绍零基预算运用于银行费用预算以前，我们先按照成本习性对银行的非利息费用的主要项目进行分析。

成本习性是指成本总额对业务量总数的依存关系。凡成本总额与业务量总数成正比例关系增减变动的，称为变动成本；凡成本总额在一定范围内不受业务量增减影响的，称为固定成本。银行的非利息费用主要包括员工的报酬费用和其他业务费用。员工报酬费用是半变动成本，即一部分是变动成本（如佣金），一部分是固定成本，但都是银行经营所必需的。其他业务费用中，房屋及设备租金、保险费、文具和办公用品费、折旧费等都同于固定成本。银行还有一部分非利息费用属于自主性（discretionary）固定成本，自主性固定成本是指通过管理层的决策，可以决定其是否发生或发生多少的固定成本，如营销和广告费、招待费、差旅费、咨询费、新产品研究开发费和员工培训费等。这些费用的开支并不是银行必不可少的，但其开支多少对银行的经营尤其是未来潜在发展有一定的影响。许多金融机构为了立足于长远发展，不断挖掘市场潜力以获取竞争优势，往往很重视这一部分固定成本开支。然而，自主性固定成本的开支，应考虑到银行的实际承受能力，不能盲目地一味增加。固定成本是指银行管理层以前的决策已经导致的，或者现今的决策无法改变其数额的成本，这些费用是银行经营业务必须负担的最低成本，一旦削减将影响银行经营活动的正常开展，因此对银行来说必不可少，具有约束性。对于成本习性的分析，在管理会计中具有非常重要的意义，被视为整个管理会计的基础。

目前，北美一些银行也在研究将非利息费用直接分为三块：固定的、变动的和自主的，其中：变动成本包括变动的佣金、回扣、年终奖金、加班费和临时工费；自主成本包括差旅费、专业咨询费、企业发展和公共关系费、广告费、雇员培训费等；固定成本包括全部职工工资、资本税、业务税、设备费、办公费、办公用房费等等，但这种方法争议较大，也正在完善之中。

(三) 零基预算的编制步骤

在认识了成本习性之后，我们介绍银行如何运用零基预算的方法编制费用预算。其具体过程可分为以下四步：

第一步，根据银行在计划期的经营目标，分析和估计需要发生的非利息费用项目及数额；

第二步，对于银行经营必不可少的变动成本和固定成本，预计其发生额，这一部分是费用预算的最低限额；

第三步，对于各种自主性固定成本，具体分析各自的成本效益，按开支的优先顺序进行排列；

第四步，按开支的必需性和收益性分配资金，编制非利息费用预算。

举例来说，假设 XYZ 银行通过对其经营计划的分析，并考虑到各种相关因素，认为其在计划期内将要发生非利息费用支出如表 12－10 所示。

表 12－10　　非利息支出费用　　单位：元

费用项目	开支金额
员工报酬费用	300000
保险费	20000
折旧费	40000
广告费	20000
招待费	50000

XYZ 银行将自主性固定成本中的“广告费和招待费”进行成本效益分析，结果如表 12－11 所示。

表 12－11　　自 主 成 本　　单位：元

项　　目	成本金额	收益金额
广告费	1	25
招待费	1	15

然后，按开支的必需性和收益性分配资金如下：按必需性分配，员工报酬费用和保险费、折旧费为银行经营活动不可缺少的项目，应全额予以保证；而广告费和招待费等自主性固定成本不是必需的费用，按成本收益对比进行分配。对于非必需费用，如果银行无力承担，可先不作安排，在银行安排完必需费用后，仍有剩余时间加以考虑。非必需费用按收益大小排定优先次序；显然，上例中广告费用的成本收益率要高于招待费，应予以优先安排，之后再考虑招待费。

毫无疑问，零基预算通过对费用支出有选择的安排，可以在保证银行正常经营的同时，最大限度地发挥资金的效用，而且在一定程度上考虑了银行的长远发展，具有非常重大的意义。零基预算已经在许多银行得到广泛的运用。

二、滚动预算（rolling budget）

（一）基本概念

银行在编制全面预算时，习惯上以下一年度作为预算涵盖的期间，如收入预算、非利息费用预算，往往考虑下一年度，按月或按季编制。但是，这种预算经常被指责为不具远见性，特别是有关人员在执行一段时间后，往往只将注意力集中于一个年度剩余的期间，可能为完成当年的预算目标而放弃长远发展计划。与此同时，由于长期利率等影响银行经营的关键因素具有极大的不确定性，随着时间的变化可能发生很大改变，银行在前一年末编制预算时，对这些因素无法合理预期。因此，这种预算不够准确，又缺乏灵活性。滚动预算正是为了弥补上述缺陷而产生的。其基本原理是：使预算期永远保持一个年度（分为12个月或4个季度），每过一个时间段（1个月或一个季度），立即在期末增列一个时间段的预算，逐期向后滚动，因而在任何时间点上都能保持有一个完整年限的时间跨度。滚动预算的编制可以调整银行在编制预算的时间集中性，缓解银行在期末编制预算的压力，更为重要的是，它能保证银行的经营持续有序地发展，而不会造成时紧时松的不稳定情况。

（二）滚动预算的编制

对于滚动预算的编制，一些银行采用了长计划、短安排的方式进行。这种方式是指银行在计划期前一年度编制预算时，先将计划年度分季，并将其中的第一季度按月详细划分，其他三个季度则按各季度总数编制。到第一年度将要结束时，再补充进计划期下一年度的第一季度，将本年第二季度细分为三个月，其他季度仍按总数列示。

举例来说，假设XYZ银行按滚动预算编制其净利息收入预算，如表12－12所示。

表12－12　　XYZ银行净利息收入预算

2006年					
第一季度			第二季度	第三季度	第四季度
1月	2月	3月	总　计	总　计	总　计
18	20	19	58	60	61

2006年第一季度结束前，根据实际执行情况差异对比，继续将预算“滚动”，如表12－13所示。

表12－13　　XYZ银行净利息收入预算

2006年					2007年
第二季度			第三季度	第四季度	第一季度
4月	5月	6月	总　计	总　计	总　计
19	19	20	60	61	63

这样编制出来的预算，理论上可以矫正管理人员的短期心理。实际工作中，管理人员可以经常对预算执行情况和经营环境变化作出调整，提高银行的应变能力，使银行编制的预算更为实用合理。

在编制预算的实践中，有些银行在传统编制一年的基础上增加一年，这种方法采用长计划、短安排的方式，如表 12 - 14 所示。

表 12 - 14　　滚　动　计　划

2006 年					2007 年
第一季度	第二季度	第三季度	第四季度	全年合计	全年计划
57	58	60	61	236	250

这种预算编制方法也是为了一定程度上增加预算的长远性，使银行的战略计划和战术计划创建更为密切的联系。我们前面在介绍全面预算编制，可采用这种方法。值得注意的是，虽然该方法具有一些滚动预算的特点，但它并不是真正意义上的滚动预算。与所有其他行业的管理会计实务一样，行为影响也是银行管理会计中一个重要的方面，而最为注重行为影响的又莫过于预算。银行的全面预算影响着银行内的每个人：预算编制者、预算执行者、预算执行结果的评定者等。预算过程中，人的行为可以对银行的整个经营效率产生重大影响。

第五节　财务计划的执行与控制

商业银行在编制好财务计划以后，应报有关部门或上级批准，财务计划经批准后，即可进入执行阶段。商业银行在计划执行过程中，若遇到情况变化较大或发现在编制计划过程中没有考虑到的新的因素，还应按规定程序，对财务计划进行修改和补充，这就是商业银行计划的控制。商业银行的财务计划执行与控制是密切联系的。计划的执行是计划控制的前提，计划控制则是保证计划顺利执行的必要手段。

一、财务计划的执行

为保证财务计划目标的实现，在组织财务计划执行过程中应做好以下几项工作：

第一，应完善行长负责制，在行长的领导下制定和执行其财务计划，并应以人为本，充分依靠职工，调动广大职工参与财务计划执行的自觉性与积极性，挖掘商业银行的资金潜力，增收节支。

第二，应加强内部管理的各种规章制度的建立和健全，以做到有法可依，有章可循，坚持原则，杜绝浪费。

第三，商业银行在执行财务计划过程中应遵守国家有关政策法律，不得与国家有关政策法规相抵触。要严格审查各项费用支出，及时总结经验、发现漏洞，防患于未然，坚决同违法乱纪行为作斗争。

第四，实行目标管理，以调动各职能部门的积极性，保证计划指标的全面完成。以利润计划为核心分解各项指标，配置人、财、物资源，以签订协议的形式落实到部门或个人，按照银行的有关规章制度组织协调发展，实行自我控制。

第五，商业银行在计划执行过程中应根据出现的新情况、新问题，对计划予以修正、补充，使商业银行的计划执行与控制相互促进。

第六，注意搜集和整理计划执行过程中的各种资料，为以后编制计划做准备。

二、预算差异分析

银行预算编制完成以后，在计划年度开始实施。在实际执行预算的过程中，实际结果和预算数往往会不一致，即产生了差异。差异产生的原因可能是银行的经营环境发生了变化，导致某些因素影响了实际结果，也可能是原预算编制不合理，还有可能是银行的管理人员未能较好地执行预算。为了更有效地发挥预算的作用，对银行经营管理进行控制，并指导以后期间预算的编制和执行，各有关部门应对实际数和预算数不一致的金额及产生的原因进行分析，这就是差异分析。在进行预算差异分析时，应注意以下问题：一是重要性。对产生每个小差异的各种原因都进行详细的调查分析是不现实的，也是不经济的。只有当差异的数额较大时，才有必要对产生差异的原因进行深入调查。对于重要性金额的确定，通常是规定一个差异占原预算的百分比，或在百分比之外再用一个最低金额加以限制。应该注意的是，某些差异可能数额非常小，但却持续一段时间，这也需要引起管理人员的高度重视。二是责任。在对重要性差异进行调查的过程中，将涉及到谁应该对该差异负责的问题。进行差异分析有利于划分清楚各个责任部门的责任，从而合理地评价各个部门的经营绩效，激励各经理、员工通过认真有效的工作履行各自的职责，调动其工作积极性。三是内部关系。事实上，各部门之间的各种差异并不是相互独立的，它们之间可能存在着因果或相互依存关系，即某一差异的产生是由另一差异引起的。对于内部关系的分析，可以合理明确有关人员的责任。

预算差异根据性质的不同可以分为有利差异（favorable）和不利差异（unfavorable）。凡实际收入大于预算收入或实际费用支出小于预算费用支出的，称为有利差异；凡实际收入小于预算收入或实际费用支出大于预算费用支出的，称为不利差异。有利差异计算出金额后，常在金额后注明 F（favorable）表示，如 60F 就表示有利差异 60；而不利差异则在金额后注明U（unfavorable），如 30U 表示不利差异 30；表 12－15 所示为收入差异分析。

（一）收入差异分析

对于重大差异产生的原因，银行应进一步进行调查，而不能仅限于差异数额的计算。以利息收入总额差异为例，导致较大有利差异的原因可能是：政府提高了贷款利率，使银行利息收入总额增加；原有预算数额估计过低，不够乐观；管理人员通过各种方式增加了贷款额，等等。

表 12-15　　XYZ 银行收入差异分析（2007 年第一季度）　　单位：万美元

收入项目	预算数	实际数	差　异
手续费收入	36	34	2U
信托费	12	11	1U
经纪佣金	8	10	2F
信用卡手续费	16	13	3U
……			
净利息收入	80	84	4F
利息收入总额	145	152	7F
资金成本	65	68	3U
其他收入	24	25	1F
外汇买卖收益	16	17	1F
银行承兑	8	8	0
……			
总收入	140	143	3F

通过逐条分析以上各种可能的情况，可以找出差异产生的真正原因。如果是贷款比率变化或原有预算不正确，应考虑是否对以后期间的预算进行必要的调整。如果是管理人员通过各种方式增加了贷款额使利息收入增加，应注意贷款的质量是否有所下降，信贷损失准备金是否相应增加等。经过客观分析后，才能对管理人员的业绩进行公正的评价。

（二）非利息费用差异分析

对于非利息费用差异，同样可以通过对各种可能因素的分析找出真正的原因：对某些费用（如工资），还可以将其差异进一步细分为工资中差异和人工效率差异。表 12-16 所示为对 XYZ 银行非利息费用差异的分析。

表 12-16　　银行非利息差异分析（2007 年第一季度）　　单位：万美元

费用项目	预算数	实际数	差　异
员工报酬费用	62	70	8U
工资	43	50	7U
加班费	9	10	1U
津贴	4	5	1U
红利和奖金	6	5	1F

续表

费用项目	预算数	实际数	差　异
其他业务费用	32	34	2U
广告费	6	8	2U
业务招待费	3	2	1F
差旅费	3	4	1U
保险费	5	6	1U
法律费用	7	6	1F
固定资产折旧	8	8	
……			0
费用总计	94	104	10U

工资率差异 = 实际工资率 × 实际工时 − 预算工资率 × 实际工时

人工效率差异 = 预算工资率 × 实际工时 − 预算工资率 × 预算工时

将差异进行细分，可以更深入地找出差异产生的原因。

（三）税前净收益差异分析

税前净收益的差异分析，可以通过收入差异与费用差异产生原因进行，如表 12 – 17 所示。

表 12 – 17　　银行税前净收益差异分析（2007 年第一季度）　　单位：万美元

项　目	预算数	实际数	差　异
收　入	140	143	3F
费　用	94	104	10U
税前净收益	46	39	7U

三、财务计划的控制

财务计划控制的目的在于掌握计划执行情况，总结经验，揭露财务管理中存在的问题，分析影响计划完成情况的主客观因素，挖掘潜力，以确保计划的均衡完成。同时，对计划执行过程中遇到的较大变动情况或发现在编制计划过程中没有考虑到的因素进行分析，改进补充计划。商业银行财务计划的控制具体包括事前控制、事中控制和事后控制。

（一）事前控制

事前控制就是在商业银行计划执行前，对银行计划执行过程及其结果的可能性有比较准确和充分的估计，并开始采取防范措施予以预防。它对保证商业银行计划目标的实现意义重大。控制的重点在于各种影响计划目标实现的不利因素、目标管理工作的分级归口落实情况和相关部门或单位的人员素质等。

（二）事中控制

事中控制就是指计划执行过程中采取自控措施予以控制的方法。这是日常的控制活动，重点在于检查各部门的目标执行情况、计划执行进度、各部门之间的协作以及各相关计划之间的衔接与协调，以及时发现计划编制与实际的差异，对计划执行过程中发生的未预料的情况进行处理，并及时总结经验教训，解决计划执行过程中出现的新问题、新矛盾等。

（三）事后控制

事后控制是指商业银行在业务或行为发生后，采取修正措施以减少损失。事后控制应及时、有效，以避免商业银行遭受更大的损失，确保财务计划的全面完成。

本章小结

商业银行财务计划管理，是对商业银行财务活动中的资金、收支和损益等进行的计划管理，包括编制财务计划以及为实现财务计划所进行的日常管理。商业银行财务计划的编制应有相对稳定的程序和确定财务计划指标的方法。

战略计划的编制是一件既费力又费时的事，它的制订直接关系到银行的长远发展。战略计划的编制应首先进行战略分析，然后按照一定的程序编制。战略计划的编制和具体落实，对银行的发展至关重要。

全面预算是银行总体规划的数量说明。它是将银行各项经济活动的决策目标及其资源配置计划加以量化，并控制实施的内部计划活动或过程，是管理会计的基础。全面预算的编制方法主要有自下而上和自上而下两种方法。自上而下和自下而上的两种预算编制程序各有优缺点，因此西方一些银行开始采用同时编制自上而下和自下而上两套预算的方式进行全面预算的编制。银行全面预算的内容主要包括业务预算、资本支出预算和财务预算。

商业银行在编制好财务计划以后，应报有关部门或上级批准，财务计划经批准后，即可进入执行阶段。商业银行在计划执行过程中，若遇到情况变化较大或发现在编制计划过程中没有考虑到的新的因素，还应按规定程序，对财务计划进行修改和补充，这就是商业银行计划的控制。商业银行的财务计划执行与控制是密切联系的。计划的执行是计划控制的前提，计划控制则是保证计划顺利执行的必要手段。

财务计划控制的目的在于掌握计划执行情况，总结经验，揭露财务管理中存在的问题，分析影响计划完成情况的主客观因素，挖掘潜力，以确保计划的均衡完成。同时，对计划执行过程中遇到的较大变动情况或发现在编制计划过程中没有考虑到的因素进行分析，改进补充计划。商业银行财务计划的控制具体包括事前控制、事中控制和事后监督。

复习思考题

一、名词解释

银行财务计划　　战略计划　　全面预算

二、问答题

1. 商业银行财务计划的意义是什么?
2. 怎样理解商业银行财务战略计划的编制?
3. 商业银行全面预算的编制方法主要有哪些?
4. 商业银行财务计划执行过程中应注意什么?
5. 商业银行财务计划的控制主要包含哪些内容?

第十三章

股 利 政 策

第一节 股利的支付

一、利润分配项目

股利一般从税后利润中支付，但并不是全部的税后利润都用做股利支付。根据我国《公司法》的相关规定，银行税后利润分配主要涉及以下项目。

第一，盈余公积金。盈余公积金主要用于弥补银行亏损、扩大银行生产经营规模或者转增银行资本。盈余公积金分为法定盈余公积金和任意盈余公积金。银行在分配当年税后利润时，应提取利润的10%为法定公积金，当盈余公积金累计额达到银行注册资本金的50%时，可不再提取；任意公积金的提取由银行章程或股东会议决定，但要有合理的比例，上市银行的任意盈余公积金应在支付优先股股利后提取，提取任意盈余公积金时应考虑下面的诸多因素：

（1）银行的盈利状况。当银行盈利较多时可以多提，盈利状况不佳时应当少提或者不提，银行发生亏损时不提。

（2）盈余公积金累计额。银行提取的公积金累计额占公司注册资本的比例较低时，应当多提，否则少提或不提。

（3）兼顾大小股东的利益。公积金是对税后利润的扣除，必然影响银行的股利支付，如果股东普遍要求多分配股利时，任意盈余公积金应当少提。此外，公积金属于银行的所有者权益，仍由银行支配，因而多提任意盈余公积金对实际掌握银行控制权的少数大股东更为有利，所以，银行在计提任意盈余公积金时应当权衡大小股东的利益。

（4）对股票价格的影响。计提盈余公积金对银行的股票价格会有一定的影响，所以，银行计提盈余公积金时对此不得不予以考虑。

第二，一般准备。一般准备是商业银行按照年末贷款余额的1%从税后利润中提取的一般风险准备金。

第三，股利。银行只有在计提盈余公积金、公益金和一般准备后才能向投资者支付股利。银行应当以各股东（投资者）持有股份（投资额）的数额为依据，按其持有股份（投资额）占总股份（投资额）的比例支付股利。一般说来，股份有限公司应当从累计盈利中分配股利，无盈利时不得支付股利，即所谓“无利不分”原则。若银行用盈余公积金抵补亏损以后，为维护其股票信誉，经股东大会特别决议，也可用盈余公积金支付股利，但支付股利后留存的法定盈余公积金不得低于商业银行注册资本的25%。

二、利润分配顺序

商业银行分配税后利润，应该按照一定的顺序进行。按照我国的相关规定，银行的利润分配顺序为：

第一，计算本年度可供分配的利润。银行的上一年度亏损额可用本年度的税前利润来弥补，本年度税前利润不足以弥补的，可以逐年延续弥补，但延续弥补期最长不超过5年。银行应当计算出本年度是累计盈利还是累计亏损，如果累计亏损，则不能进行后续的分配。此时银行可以用有权支配的其他资金弥补亏损，其中最重要的是补亏资本公积金。

第二，计提法定盈余公积金。如果本年度银行累计盈利，则应该按照抵减年初累计亏损后的本年度净利润计提法定盈余公积金。提取盈余公积金的基数，不是可供分配的利润，也不一定是本年度的税后利润。只有不存在年初累积亏损时，才能按本年度税后利润计算。

第三，计提公益金。计提公益金的基数与计提法定盈余公积金的基数相同。按照新《公司法》规定：公司不再为购建职工住房提取公益金。公司提取公益金主要是用于购建职工住房。住房分配制度改革以后，按照财政部的有关规定，企业已经不得再为职工住房筹集资金，公益金失去了原有用途。实践中出现了大笔公益金长期挂账闲置、无法使用的问题。

第四，计提任意盈余公积金。任意盈余公积金的提取比例和数额及是否提取，由商业银行董事会决定，不受国家法律、法规的限制。

第五，提取一般准备。按新会计准则的规定，商业银行应按税后利润的1%提取一般准备。

第六，支付股利。银行应该严格按照上述分配顺序对税后净利润进行分配。对此，我国《公司法》规定：“股东大会或者董事会违反规定，在公司弥补亏损和提取法定公积金之前向股东分配利润的，必须将违反规定分配的利润退还给公司。”

三、股利支付的方式

股利支付的方式有多种，常见的有以下几种：

第一，现金股利。现金股利是以现金支付的股利，它是股利支付的主要方式。银行支付现金股利除了要有累计盈余（特殊情况下可用弥补亏损后的盈余公积金支付）外，还要有足够的现金。因此，银行在支付现金股利前需筹备充足的现金。

第二，股票股利。股票股利是银行以增发的股票作为股利的支付方式。股票股利并不直接增加股东的财富，不会导致银行资产的流出或负债的增加，因而不是银行资金的使用，同时也不因此而增加银行的财产，但会引起所有者权益各项目的结构发生变化。

第三，股票回购。股票回购是指股份公司按照一定的程序购回发行或流通在外的本公司普通股股票的行为。在成熟资本市场中，股票回购已经成为一项非常重要的金融活动。金融业务比较发达的国家对股票回购业务都有比较具体的规定。我国股票回购业务发展相对滞后，《公司法》规定：公司不得收回本公司的股票，但因为减少公司资本而注销股份或者与持有本公司股票的其他公司股票合并时除外。

四、股利发放程序

股份公司对外发放股利，应遵循相关规定，按照一定的程序进行。在股利支付过程中，主要涉及以下几个重要概念：

（一）分红预案公布日

股份公司分红时，首先应由董事会制定分红预案，具体确定本次分红的数量、分红方式。安排召开股东大会或临时股东大会的时间、地点及表决方式，并由董事会向社会公开发布以上内容。

（二）分红方案批准即宣告日

董事会制定的分红预案必须经过公司董事会或股东临时大会的讨论。如果讨论通过获得批准，应对社会公布分红方案及实施时间。如分红预案未获得通过，则需要重新修改。按规定，公司召开股东大会讨论分红预案，公司股票应停止交易一天，公司公布分红预案，公司股票应停止交易半天。

（三）股权登记日

股权登记日是由公司董事会在分红时确定的一个具体日期。只有在股权登记日前在企业股东名册上有名字记录的股东，才有权分享股利。

（四）除息日（或除权日）

股份公司的股票，在分红之前，其股价中包含着股利因素，因此叫做含息股票或含权股票。在公司分红时，应采取一定的技术处理将股票中的股利因素排除掉。这种技术处理叫除权或除息。公司分派现金红利时，要进行除息处理，送红股时要进行除权处理。股票进行除权或除息处理一般是在股权登记日的下一个交易日进行。股票进行除权或除息处理的这一天就叫做除权日或除息日。根据《上海、深圳交易所交易规则》第 95 条的规定：上市证券发生权益分配、公积金转赠股本、配股等情况，交易所在股权（债权）登记日（B 股为最后交易日）次一交易日对该证券作除权除息处理。

（五）送股交易日

沪、深两市的 A 股所送红股在登记日的第二日即可上市交易。

（六）股利发放日

股利发放日指股利正式发放给股东的日期。在此日期，证券交易所会将公司分配的完税后的现金红利记入股东账户。

五、我国上市公司股利发放特点

（一）股利政策的特点

在股票市场的发展过程中，我国上市公司股利政策呈现出上市公司股利政策在执行过程中缺乏连续性、稳定性。稳定的股利政策是上市公司良好的持续经营能力和盈利能力的体现。国外成熟资本市场中的上市公司大多追求连续、稳定的股利政策。而我国的上市公司在股利分配方面，无论是股利支付率还是股利分配形式方面，都具有很大的随意性和波动性。很多公司出现股利分配在公司上市头一年很好，第二年即出现亏损的情况。能够不间断派现，使股利政策保持连续性的公司很少。1996—2000年间，连续4年分配红利的公司仅为总数的4.5%；1997—2000年间，连续3年分配红利的公司，也仅为上市公司总数的7.44%。股利政策不具有连续性。2001—2004年，连续分配现金股利的公司只有340多家，占上市公司总数的比例约为25%。

（二）政策导向严重

上市公司在制定股利分配政策时既应考虑公司未来发展战略，也应考虑广大投资人的利益。但我国上市公司在股利分配中主要考虑自身发展利益，忽视股东的利益。在股利政策的制定过程中过多考虑为达到自身目标而必须迎合的政府相关规律。在股利制定过程中，政治导向严重。我国上市公司一直存在不分配或者即使分配也是现金股利分配较少，转增股份或送股较多的状况。造成这种状况有一定的现实原因。中国股民偏爱送股是中国股市中股票产权结构的特殊性决定的。中国上市公司中，国有股和法人股股本数占绝对优势。在国有股和法人股不能流通的情况下，社会公众所得到的红股可以尽快在市场上变现。所以，一些上市公司采取送红股或资本公积转增红股的方式分配股利，一方面迎合了市场的需要，另一方面，抬高了公司的股份，提高了公司的市场价值总额。2000年证监会规定上市公司申请配股或增发新股必须满足近3年现金分红条件，同时必须满足近3年的净资产收益率达到6%的要求。因此，从2001年起，上市公司在股利分配中，现金分配比例明显提高，但多数公司只是为了满足证监会的相关条件，分红金额极低。另外一些处于净资产收益率6%边缘的公司，为达到这一配股、增发的硬性比例条件，在无计可施的情况下，分配一定量的现金股利降低净资产额也不失为一种办法。所以中国股市股利分配中出现一种奇怪的现象，这就是上市公司一边分配现金红利，一边配股收钱。

（三）股利分配行为不规范

股利分配过程中，应遵循“同股同权、同股同利”的原则。但在我国上市公司中，存在着同股不同权、同股不同利的现象。由于历史原因，我国上市公司股权构成情况比较复杂，存在国有股、法人股和社会公众流通股等三种股权形式，并且一些上市公司中国有股占绝对多数股份。同时，同一只股票在不同的证券市场挂牌交易，存在A股、B股及H股。如一些上市公司在分配时，对国有股采用一种分配方案，对B股采用另一种分配方案，在分配时出现，同股不同权、同股不同利的现象。

（四）股利分配形式不断创新，但总体分配水平偏低

近年来我国上市公司的股利分配形式越来越多样化。广义上看，股利分配方式主要有现金分红、送红股、转增股本三种方式，但在此基础上又派生出将派发现金、送股与转增股本相结合的多种分配方式。2005 年 6 月中国证监会发布《上市公司回购社会公众股份管理办法（试行）》后，回购股票也成为潜在的股利分配方式。上市公司在具体分配股利时多是将几种分配方式结合起来，并且不分配公司在上市公司中所占的比重较大。

第二节　股利政策理论

一、MM 股利无关论

MM 股利无关论的含义很简单：投资者并不关注其收益是以股利形式获得还是以股票增值形式获得，而股利分配对公司的市场价值（或股票价格）不会产生任何影响，公司价值完全是受由其投资决策所决定的获利能力影响的。这一观点同资本结构无关论一样，源自米勒和莫迪格利亚尼于 1961 年发表的论文《股利政策、增长和股票价值》。这一理论建立在以下假设的基础上：

第一，存在一个完全资本市场。在该市场上，任何投资者都无法大得足以通过其自身交易来影响操纵证券价格；投资者可以平等地免费获得影响股票价格的任何信息；证券的发行、买卖不存在成本、经纪人佣金及其他交易费用；资本利得和股利之间不存在税收差异。

第二，理性行为假设。每个投资者都是个人财富最大化的追求者，即增加的财富是以现金支付抑或表现为所持股票资本的增值并不重要，即实质重于形式。

第三，不存在个人或公司所得税。这一条件保证了公司发行新股获得的资本收入等于新股东实际支付的现金。另外，政府对股利收入不征税，这可保证股东获取 1 元股利与公司留存 1 元利润是等价的，他们都将之用于再投资，这样，就消除了资本增值与股利的差异。

第四，公司的投资决策与股利决策彼此独立，即投资决策不受股利分配的影响。

第五，公司的投资者和管理当局可以相同地获得关于未来投资机会的信息。

上述假定描述的是一种完美无缺的市场，因而股利无关理论又被称为完全市场理论。

如果公司获得了好的投资机会，因而留存较多的利润用于再投资，尽管投资者获得的股利相对减少，但是再投资将会刺激股票价格的上升，从而使得投资者的财富增加，投资者的流动性需求也可以通过股票交易得到满足。所以两种情况下，投资者的境况并无差别。另一方面，公司也可以在满足再投资的情况下发放较多的红利，但必须增发新股进行筹资，增发新股将使股票价格下跌，于是股东的实际财富并没有差异。因此，无论公司的股利政策如何，投资者都能维持其应有的财富状况，基于这一原因，投资者对股利和资本利得无偏好，从而，股利支付比率不会影响公司的股价。

MM股利无关论成功地利用数学模型，解释了股利政策与股票价值的正确关系。但是其理论的前提条件过于脱离现实，以致使其结论与现实情况不相吻合。但是，未经证实就否定这种看上去过于空泛的理论是错误的，因为股利无关论至少包含了一个有价值的信息：投资失败的公司无法通过提供更多的股利来弥补它的形象损失，事实上，股利政策和股票总收益之间的相关关系是十分微弱的。

二、股利相关论

股利无关论赖以生存的完全市场假设与现实有一定的距离，经验并不支持其观点。与之相对应的是股利相关论，其基本观点是：投资者对股利收入和资本利得有不同的偏好；公司的股利政策影响公司股票的价格和公司的总体价值。股利政策为什么会产生这样的影响？这个问题可以从以下几个方面进行解释。

（一）“在手之鸟”理论

“在手之鸟”理论可以说是流行最广泛的股利理论。其初期表现为股利重要论，后来经过威廉姆斯、林德勒、华特和戈登等的发展而逐步完善。

该理论认为，很多投资者都信奉“双鸟在林，不如一鸟在手”的谚语。也就是说，在不确定的条件下，在投资者的眼里，股利收益要比留存收益带来的资本利得更为可靠，又由于投资者一般均为风险厌恶型，宁可收到较少的股利，也不愿意承担较大的风险来等到将来收到金额较多的股利，因而投资者将偏好股利而非资本利得。在这种思想的影响下，当公司提高其股利支付率时，就会减低投资者的风险，投资者可要求较低的必要报酬率，公司股票价格上升；如果公司降低其股利支付率或延付股利，则会增加投资者的风险，投资者必然要求较高的必要报酬率，以作为承担额外奉献的补偿，从而导致公司股票价格下降。由此可见，“在手之鸟”理论认为股利政策与公司的价值息息相关，支付股利越多，股价越高，则公司的价值越大。

“在手之鸟”理论虽然流行时间最久，也广泛地被实际工作者所采纳，但它很难解释投资者在收到现金股利后又购买公司新发行普通股的现象，这一理论实际上混淆了投资决策和股利决策对股票价格的影响。赫斯（Hens，1981）尖锐地指出：“在未来资本利得贴现率大于未来股利所得贴现率的情况下，戈登的论点实际上建立在高风险政策与低市场价值之间的因果关系上，而非建立在股利本身的某些内在价值之上”。如果公司发放较少的股利而将资金用于再投资，这些投资的未来收益具有很大的不确定性，而市场之所以对低股利的公司采用较高的贴现率，是因为投资决策的风险而不是低股利。因此，用留存收益再投资所形成的资本利得的风险取决于公司的投资决策而非股利政策。股利支付并未改变整个公司投资的风险程度。在投资决策既定的前提下，公司的股利政策变化不影响投资者在此期间的总报酬，或者与总报酬相关的不确定性。或许有人通过观察发现在其他条件相同的情况下，发放股利高的公司通常风险性较小。但必须明确的是，风险与股利之间的因果关系是高风险导致低股利，而不是低股利导致高风险。

股东的总财富包括收到的股利和股价增值，如果一家公司增加股利支付而投资决策不变，则在股利上获益的投资者就会发现其与股价增值损失以现值表示的数量相同。从长远来看，公司给予投资者的现金流风险最终是由公司经营的现金流风险所决定的，而不是孤立政策。

（二）发行成本和交易成本的影响

MM 理论假设新增投资所需资金可以无代价地从外部取得，资本利得可以转化为等额的现金股利。如果股利低于投资者所期望的水平，投资者可以出售部分股票以获取期望的现金收入；如果股利水平高于投资者所期望的水平，投资者可以用股利收入购买一些该公司的股票。但这只有在无发行成本和其他交易成本的情况下才可能，而在现实世界中，市场交易是相当昂贵的。

（三）税收差异的影响

股利收益与出售股票的资本收益是不同的，一般来说，股利收入的税率高于资本利得税的税率，仅从这点考虑，投资者理应更偏好资本利得。最早从事这方面研究的是法勒和塞尔文（Farra and Selwyn，1987），后来布伦南（Brennan，1970）通过创建一个股票评估模型，将法勒和塞尔文的研究扩展到一般均衡情况。税差理论的结论主要有两点：一是股票价格与股利支付率成反比；二是权益资本成本与股利支付率成正比。

按照税差理论，公司在制定股利政策时，必须采取股利支付率政策，才能使公司价值最大化。然而，约翰·朗（John Long，1978）经过深入研究后发现，与税差理论的观点不同，市场上存在着大量的偏好现金股利的投资者。这个问题可以从以下几个方面进行解释：（1）投资者非理性；（2）有的投资者收入不高，需要支付低税收，因而不关心两者在税率上的差异；（3）有些投资者需要改善资产流动性，因而急需现金；（4）股票的交易成本较高，并且可能存在交易股数的限制。不管何种原因，不同的投资者对股利收入和资本利得确实存在不同的偏好，这足以说明公司的股利政策确实影响市场投资，进而影响股价走势。

以上几种理论的争论主要集中于股利政策与股票价格和公司价值是否有关的研究上，股利无关论认为股利不会引起股价变化，"在手之鸟"理论和税差理论认为股利会引起股价变化，但前者赞成高股利政策，认为股利发放的越多越好，后者支持低股利。经过激烈的论战后，股利无关论在其严格的假设条件下基本为理论界所接受。然而，在现实经济生活中，却很少有公司信奉股利无关论。为了解决理论和实务的矛盾，西方学者分别从不同的角度，运用不同的方法进行了大量的理论和实证研究。进入 20 世纪 80 年代以后，股利之争主要集中于股利为什么会引起股票价格的变化，相应地形成了顾客效应、信号理论、代理理论和行为学派等。

（四）顾客效应

顾客效应学派是对税差学派的进一步发展，可以说是广义的税差学派。该学派从股东的边际所得税率出发，认为每个投资者所处的税收等级不同，由此会引致他们对待股利的态度不一样，例如，边际税率高的投资者（富人）偏好低股利支付率或不支付股利的股票，而边际税率低的投资者（穷人）则喜欢高股利支付率的股票。据此公司会相应调整其股利政策，使股利政策符合股东的愿望。达到均衡时，高股利支付率的顾客将吸引边际税率较低的顾客；而低股利支付率的股票将吸引边际税率较高的顾客，投资者将选择实施满足自己偏好的股利政策的公司的股票，这种现象称为“顾客效应”。按照该学派的观点，公司的任何股利都不可能同时满足所有股东对股利的要求，公司股利政策的变化，只是吸引了喜爱这一股利政策的投资者，而另一些不喜欢这一股利政策的投资者则会出售该股票。对不同股票的供求会通过市场机制达到一个动态均衡，一旦市场处于均衡状态，则没有公司能够通过改变股利政策来影响股票价格。这实际上从另一个角度证明了股利无关论。

“顾客效应”最早由米勒和莫迪格利亚尼提出，后来的许多经济学家对此进行了研究，但对于现实经济中是否存在“顾客效应”仍没有达成普遍的意见。

（五）信号假说

信号假说放松了 MM 理论关于投资者和管理当局拥有相同信息的假定，认为管理当局与公司外部投资者之间存在着信息不对称，管理当局占有更多的有关公司前景方面的信息。而股利是管理当局向外界传递其掌握的内部信息的一种手段，因为金融市场对公司采取的对将来现金流量和公司价值产生潜在影响的每一个行动都会作出相应的反应。公司宣布改变股利政策，无疑向投资者传递了公司收益情况的信息，或者反映了公司管理层改善经营状况的决心。但是，股利政策的变化所传递的是有利的还是不利的信号，还需要做出具体的分析。

1. 增加股利。当公司获得了很好的投资机会，并可能因此得到持续发展时，如何向市场传递这样的信息？简单地向市场宣布这一信息是成本最低的，但往往也是效果最差的方法，因为市场通常对公司的宣布持怀疑态度。信号传播原理认为，增加股利是公司向市场传递信息的有效方式。投资者会认为，增加股利无疑增加了公司的成本，但既然公司愿意这样做，说明公司相信自己有能力在长期内创造出所需的现金流量。这个积极的信号因此也就会使投资者对公司的价值进行重新评估并引起股票价格的上扬。

但是，并不是所有的公司都可以采用这样的方式向市场传递信息。对于规模较小的公司来说，传递信息的方式相对较少，采用增加股利的方式传递信息可能是不错的选择。但对于规模很大的公司来说，他们拥有大量的传递信息的方式，股利就未必是成本最低、效果最好的方式，例如，通过公司的分析报告信息或许能更有效地进行传递。

增加股利并不总是向市场传递积极的信息，如果一家公司发展迅速，投资项目的收益率很高，但是从未支付过股利。当这家公司开始发放股利时，股东们可能反而把它当作公司投资收益开始下滑的信号。

2. 减少股利。减少股利通常向市场传递不利于公司的信号，所以公司往往都不愿意削减股利，一旦公司采取这样的行动，投资者会认为公司陷入了长期的财务危机，于是纷纷抛售股票，引起股价下跌。

(六) 其他理论

除了顾客效应和信号假说，经济学家还从代理成本和行为学的角度探讨了股利政策。

代理成本学说认为现实世界中，并不像MM理论的假设那样，公司经营者和股东之间的利益完全一致，事实上，两者存在着不同的效用函数。于是，该学说将委托代理理论纳入股利政策的分析中，并认为发放股利能够有效地降低代理成本。代理学说对股利政策的研究成果并不是很多。

从行为学的角度对股利政策进行研究始于20世纪80年代，主要代表人物有米勒、塞勒（Thaler，R.）、谢弗林（Shefrin，H.M.）和施特德曼（Statman，M.）。目前这方面的成果并不多，但可以预见，它将逐步成为一个重要的、具有广阔发展前景的研究方向。

第三节 影响股利政策的因素

一、投资机会

如果公司有足够的现金流量，那么公司究竟能够给股东发放多少股利，其中很重要的一个影响因素就是公司所面对的投资机会的多少，以及投资项目即将获得的投资回报率的高低。当公司的投资回报率大于最低可接受回报率时，公司会尽量地筹集资金进行投资。公司筹集资金主要通过外部筹资和内部筹资两种途径。公司的外部筹资主要是通过股权筹资和债务筹资两种方式。通过外部股权筹资的方式会稀释公司的股权，影响原有股东的利益。为了保护原有股东的利益，公司一般会考虑充分利用内部筹资的渠道。在公司拥有足够现金流入量的情况下，通常会先满足公司投资所需要的现金，如果还有剩余，公司才会考虑分配股利。这就是所谓的剩余股利政策（residual dividend approach）。应用剩余股利政策的公司，我们通常假设它有一个固定的资本结构。

采用剩余股利政策的公司，在发布此项政策之前，首先要对公司的投资项目进行评估，确定该项目的投资收益是否超过公司最低可接受投资报酬率。然后，确定该项目投资所需的权益资金量。公司在筹资过程中会尽量使用留存收益，在满足投资需要后的剩余现金，才用于对外派发股利。如果该公司拥有100万元的净收入，公司的权益资本和债务资本各占50%，公司现有一投资项目，该投资项目的净现值大于零，其回报率高于最低可接受的投资回报率，项目的总投资为100万元。在采用剩余股利政策的情况下，为保证公司的资产负债率不变，公司除了利用留存收益50万元用于投资外，还必须通过借债对外筹资50万元，满足投资的需求。在投资以后，公司仍然将有留存收益50万元，可以用来分配股利。

剩余股利政策的优点是能够保持理想的公司资本结构，有利于降低筹资成本，提升企业价值。但剩余股利政策也存在一些缺点。这主要是因为投资机会较多的公司分配股利较少；而投资机会较少的公司分配股利较多。公司的股利政策可能会随着投资机会的多少而出现变动，影响股利政策的稳定性。

二、收入的稳定性

公司的股利通常会随收入的变化而变化。但大多数公司并不愿意经常改变公司的股利分配政策。我们称股利具有黏性。公司保持股利政策稳定的前提条件是具有稳定的公司收入。公司收入是否能保持稳定，除受行业发展、宏观经济状况影响外，公司采用的财务政策，如公司财务杠杆和经营杠杆的应用在一定程度上也会影响公司的收益情况。公司运用财务杠杆情况会直接影响到公司股利的分配。财务杠杆比例越高，公司分配股利会越少，同时由于财务杠杆的运用，为保护债权人的利益，在分配股利时还会受到一定的限制，如不得分配超过一定比例的现金股利。

公司发展的周期性在一定程度上也会影响公司股利政策的运用。在公司发展的初期，由于需要大量的资金投入，通常支派较低的股利，在公司发展的鼎盛的时期，由于一切步入良性运转时期，经营平稳，回报率稳定，回报率相对于公司发展初期较高，因此通常采用高股利分派政策。但由于股利政策具有黏性，公司一旦采用高股利政策，在以后一个相当长的时期内，维持股利政策的平稳，就需要有持续稳定的现金流入量，需要公司具有持续发展的实力。所以一般情况下，行业发展存在周期性的公司及收益变动大的公司如高科技的IT行业，在派发股利上倾向于采用较低的股利政策，而收益变动小，公司发展比较平稳的公司如公用事业公司通常倾向于采用高股利政策。股利政策与公司生命周期的关系参见图13-1。

三、公司融资能力的大小

公司的融资能力直接关系到公司所采取的股利政策。公司为筹得经营所需资金通常通过以下三个渠道：内部筹资、对外债务筹资和权益筹资。

公司如果想要通过内部筹资，前提条件是公司拥有大量的留存收益，而内部留存收益大量用于再生产需获得股东的同意。因为内部筹资方法的大量采用会减少股利的分配，直接影响股东现时收益量。在经济迅猛发展的今天，只通过内部筹资满足公司扩大再生产的需要已经变得不是非常现实。实际生活中，多数公司将不同的筹资方式与公司股利政策结合起来进行全盘考虑，决定公司的筹资和股利政策。

公司通过市场进行直接融资或间接融资已经成为越来越多公司的主要筹资渠道。公司对外筹资主要有债务筹资和股权筹资两种。

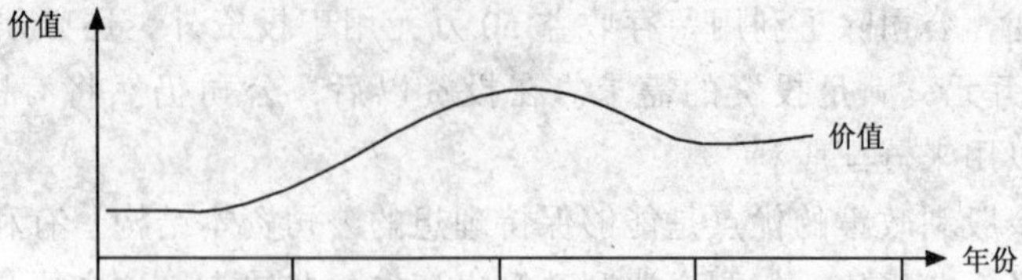

	阶段1（开发）	阶段2（迅速开发）	阶段3（成熟增长）	阶段4（衰退）
资金需求	受规模和其他基础设施的限制	相对于公司价值较高	相对于公司价值中等	由于投资项目萎缩，资金需求较低
产生的现金流量	进行投资流量为负	相对于公司价值较低	占公司价值的比例上升	相对于公司价值较高
股利政策	没有股利发行新股	没有或低股利	增加股利	特殊股利股票回购

图 13－1　公司发展周期与股利政策

公司对外筹资能力大小受许多因素的影响，但总的来讲，一方面取决于公司财务状况及经营情况的好坏，另一方面也取决于金融市场的发达程度。公司财务状况可以用一系列指标进行衡量，如利润率、股权收益率、资产回报率等；金融市场的发达程度可以从货币化程度、金融工具的多少、金融服务覆盖程度及服务质量的好坏等方面进行衡量。

公司无论是利用债务筹资还是通过资本市场进行筹资，都是需要付出成本的，这些成本包括利息费用、佣金支出、税款支出等。当公司筹资成本较高，筹资渠道不是很畅通的时候，公司如果过高配发股利，势必会影响公司资金的运用情况。如果公司在此时需要大量的资金进行投资，需要资金保证企业的运转，那么多数情况下公司会采取改变公司的高股利分配政策措施，节省出资金以满足经营需要。

公司在进行融资决策时除考虑融资成本外，还应重点考虑财务风险问题。如果公司在经营中大量利用财务杠杆，则财务杠杆的应用会增加公司的财务费用，如利息费用。虽然利息费用的增加可以起到抵税的作用，但财务费用的增加无疑增加了公司无力偿还债务的可能性，在既定的经营风险条件下，财务杠杆的应用会加剧每股收益的波动，加大公司的财务风险。财务风险的增加促使公司在进行股利决策时需要权衡股权、债权筹资与内部筹资的比例关系，不能简单地全部依赖借款筹措资金，将公司的所得全部用于进行股利分配，或者全部依赖内部筹资而放弃对外筹资的某些优越条件。

四、法律法规及合同等的限制

法律通常不规定公司必须发放股利。但出于保护投资者和债权人的利益考虑，许多国家的法律都明确规定了公司在何种情况下不能发放股利。

（一）法律法规的规定

首先，资本保全的要求。公司不能动用资本金发放股利，确保公司有完整的产权，保护债权人的利益。

其次，企业发展的需要。企业发展强调持续性。公司必须按照一定的比例提取留存收益。只有公司当期利润及以前提取的留存收益才可以发放股利，当公司当年无利润时，原则上不发放股利，如果配发股利应在弥补亏损后存在剩余，经股东大会批准后才可以发放股利。

此外，出于保护债权人权益的考虑，当公司不能偿还债务，出现财务危机时，不得分配股利。因为股利的分配会加速公司财务危机的发展，危害债权人求偿权的实施。

（二）合同契约的规定

公司采用高股利分派政策可能会影响公司营运资金，增加公司的经营风险。债权人为保护自身的利益在公司的借款合同上，债券认购协议等契约上加入限制股利发放的条款。如规定公司盈利在未达到某一水平前不得发放现金股利，目的是保证公司有更多的税后盈余用于公司扩大再生产，增强盈利能力，为公司按时还本付息提供保障。

五、信息效应

如前所述，公司采用的股利政策会被投资者理解为在向市场传递公司经营状况好坏的信息。高的股利分配政策，通常会被理解为公司经营状况良好，有稳定的资金流入量，可以承担以后支付的高额股利，股票会受到追捧。反之，低的股利政策会被投资者认为，公司经营遇到一些困难，无法承受高的股利政策；或公司没有更好的投资项目，所以结余大量资金可以用于股利分配，这种负面影响会对公司股价产生不利影响。公司究竟采用何种股利政策，在一定情况下受信息传递效应的影响。如果股利分配政策没有达到公司预想的效果，考虑到股利分配的成本因素，在信息传递渠道如此之多的今天，公司可能会采取其他的信息传递方式向市场传递信息。

六、股东偏好

公司股东的偏好会在很大程度上影响公司采用的股利政策。股东的偏好具体体现在很多方面，比如税收偏好、投资偏好、现金偏好等。如果公司的大部分股东为较高收入的个人股东，由于个人在股利收入方面税收的劣势，所以这些个人投资者可能更倾向于低股利政策。而公司的股东如果机构投资者占绝大多数比例，由于大部分机构投资者的股利收入具有税收的优势，尤其一些特殊投资者如基金单位由于法律的规定在理财时不许动用基金的本金，所以这些机构投资者可能更加欢迎较高的股利政策。同时，投资者的投资机会也是影响公司采取不同的股利政策的一个重要因素。当公司对外投资回报率低于股东个人对外投资回报率时，股东往往偏好高股利政策。但也应看到，公司通常很难评价全部股东对外投资回报率的实际情况，只能分析一些主要客户的投资情况。公司如果大量考虑这些股东的利益，有可能采用高现金股利政策。

虽然公司的股利政策理论发展到今天，只有不到50年的时间，但在研究成果上却取得了骄人的成绩。纵观股利政策的发展历史，有关股利政策的理论主要有以下几种。在股利政策理论产生的初期，人们的讨论主要集中于股票价格与股利政策是否有关的问题上。这一阶段的理论主要有以戈登为代表的“一鸟在手理论”、以莫迪格利安尼和米勒为代表的MM股利政策无关理论以及税差理论。“一鸟在手理论”赞同高额现金股利政策，而税差理论赞同低股利政策，同时MM理论认为公司的股利政策不会影响公司的市场价值，无论公司采用高股利政策还是低股利政策对公司价值都是没有影响的。这些理论在一定程度上解释了公司采用不同股利政策的出发点及不同的股利政策的影响后果。这些传统股利政策理论在经过激烈的讨论后，MM理论在其严格假设条件下，被理论界及实务界所接受。此后对股利政策的理论研究一直没有间断，许多学者、专家对股利政策进行了大量的实证研究，期望对股利政策作出完美的解释。随着经济理论的发展、创新，股利政策理论在研究时借鉴了大量的相关学科的理论，出现了追随者效应理论、代理理论和行为理论等，这些理论从崭新的角度对股利政策与公司股价是否相关、为什么相关及如何相关作出解释。

股利政策理论发展到今天，虽然取得了可喜的成绩，但对现实世界存在的许多问题仍然不能做出令人满意的解释。人们对股利政策的经济意义及影响的了解还太少。例如人们接受股利政策可以向市场传递公司经营状况的信息这一事实，同意这些信息的传递可以影响到公司股票价格的变化这种解释，但股票价格变化中究竟包含何种信息，这些信息的变化与公司价值具有怎样的相关度，迄今为止还不能给出令人满意的答案，这就是布莱克所说的“股利政策之谜”。股利政策理论还有待于进一步发展完善。

公司在确定股利政策时，既要考虑公司的发展，也要考虑股东的利益。公司的股利政策实际上就是要解决公司与股东当前利益与长远利益，增长与分配之间的矛盾。如何解决好这一矛盾关系到公司的发展，关系到股东的投资积极性。公司要发展，就需要大量的资金流入，投入的资金一方面靠资本市场融资，另一方面需要靠公司自身的积累。分配过高的股利，会影响公司资本积累，在融资渠道不畅，或企业财务状况不理想的情况下，会影响公司对那些有良好投资回报率的项目的投资，进而影响公司的发展；股东收益主要来自公司的分红和市场上股价的上涨，分红的股利是股东的一条特别主要的收益渠道，不分配股利会极大地损害股东的利益；股利政策需要持续、平稳，否则不单会影响公司的形象，还会造成公司股价的频繁波动，这对公司的发展也是极其不利的。

第四节 股利政策的制定

每个公司的具体情况不同，从而采用的股利政策也不同，但总体来看，公司的股利政策可以分成以下几类：

一、剩余股利政策

除去通货膨胀，影响公司股利政策的最主要因素是投资机会和资本成本。为了满足公司的投资资金需求并维持较为理想的资本结构，许多公司往往先确定盈余中的留存部分，然后将剩余部分作为股利发放给股东，这种股利政策称为剩余股利政策。

采用剩余股利政策，应当按照下述顺序进行：

第一，根据投资决策测算公司新投资所需要的资本额。

第二，设定目标资本结构，即确定股权资本和债务资本的比率，此比率保证加权平均资本成本最低。

第三，确定在目标资本结构下投资所需的股权资本额。

第四，尽量使用保留盈余来满足投资方案所需的股权资本数额，如果公司的净利不足，则可以考虑增发普通股来筹资。

第五，如果满足了投资所需的股权资本后仍有剩余利润，则将其作为股利分配给股东。

剩余股利政策的坚持者认为，在完备的资本市场条件下，股东对股利和资本利得并无偏好，只要投资项目可行，能带来较高的投资回报，且保持理想的资本结构，公司的价值便能达到最大。该种股利政策的优点在于能使公司维持最佳资本结构，使综合资本成本最低。但是由于在股利政策下，股利与利润无直接关系，因而会导致股利支付的不连贯。

二、固定股利或稳定增长的股利政策

如果公司有较高且相对稳定的利润和现金流量，则可以将每年的股利稳定在某一固定的水平上并在较长时期内不变，只有当公司预期未来盈利会显著地、不可逆转地增长时，才提高年度的股利发放额。

采用固定或稳定增长的股利政策的公司可能出于以下考虑：

第一，稳定的股利会向市场传递公司正常发展的信息，有利于树立公司的良好形象，增强投资者对公司的信心，稳定股票的价格。

第二，稳定的股利有利于投资者安排股利收入和支出，尤其是对于那些对股利有很高依赖性的股东则更是如此，这些股东可能更喜欢相对平滑的现金流。

第三，如果公司拥有比较好的投资机会，往往实施剩余股利政策，但如果考虑到股东的心理状态和其他要求价值的影响，则将股利维持在稳定的水平，甚至推迟投资或暂时偏离目标资本结构可能对公司更有利一些。

固定或稳定增长的股利政策的缺点也较为明显，它使得股利支付和公司盈利相脱节，因而显得不够灵活，尤其是在公司盈利较少时仍要支付固定的股利，就可能会导致财务状况紧张，甚至发生财务危机。此外，采用固定或稳定增长的股利政策决策也经常会增大公司的资本成本，影响到公司的价值。

三、固定股利支付率政策

固定股利支付率政策，是指公司确定一个股利占盈余的比率，长期按此比率支付股利的政策。这种政策将股利和公司盈余状况较好地结合起来，股利多寡完全取决于盈利状况，因而与前两种股利政策相比更为灵活，体现了多盈多分、少盈少分、不盈不分的原则。但是，如果公司经营状况不稳定，导致股利支付额也随之上下波动，投资者就很可能会认为公司陷入困境，从而抛售股票造成股价下跌，这就不利于树立和稳定公司形象。

四、低正常股利加额外股利政策

采用这种股利政策的公司，一般情况下每年只支付固定的、数额较低的股利；在经营状况较好、盈余较多的年份，再根据实际情况向股东发放额外股利。但额外股利并不固定化，不意味着公司永久地提高了规定的股利率。

采用这种股利政策，对公司来讲，具有以下好处：

第一，这种股利政策具有较大的灵活性，当公司盈余较少或投资需要较多资金时，维持低但正常的股利，从而股东不会有股利跌落感，同时又不会给公司带来过大的财务负担。

第二，当盈余有较大幅度增加时，适度提高股利支付额，可以增强股东对公司的信心，有利于稳定股票的价格。

但是需要注意的是，如果公司支付额外股利的次数过于频繁，股东会形成较高的预期，一旦公司减少或停止支付额外股利，就很可能会给投资者造成不良的印象，不利于公司股价的稳定。

以上介绍的几种股利政策各有利弊。公司不可能完全照搬某种政策模式，应当根据自身的具体情况，制定适合本公司的股利政策。

第五节 股票股利、分割和股票回购

一、股票股利

股票股利是公司以发放的股票作为股利的支付方式。股票股利并不直接增加股东的财富，不导致公司资产的流出或负债的增加，因而不是公司资金的使用，同时也并不因此而增加公司的财产，但会引起所有者权益各项目的结构发生变化。

现举例说明如下：

[例 13-1] 某公司在发放股票股利前，股东权益情况见表 13-1。

表 13-1 **股东权益情况**（发放股票股利前） 单位：元

普通股（面额 1 元，已发行 200000 股）	200000
资本公积	400000
未分配利润	2000000
股东权益合计	2600000

假定该公司宣布发放 10%的股票股利，即发放 20000 股普通股股票，并规定现有股东每持 10 股可得 1 股新发放股票。若该股票当时市价 20 元，随着股票股利的发放，需从“未分配股利”项目划转出的资金为：20×200000×10%=400000（元）。

由于股票面额（1 元）不变，发放 20000 股，普通股只应增加“普通股”项目 20000 元，其余的 380000（400000-20000）元应作为股票溢价转至“资本公积”项目，而公司股东权益额保持不变。发放股票股利后，公司股东权益各项目见表 13-2。

表 13-2 **股东权益情况**（发放股票股利后） 单位：元

普通股（面额 1 元，已发行 220000 股）	220000
资本公积	780000
未分配利润	1600000
股东权益合计	2600000

可见，发放股票股利，不会对公司股东权益总额产生影响，但会发生资金在各股东权益项目间的再分配。

发放股票股利后，如果盈利总额不变，会由于普通股股数增加而引起每股收益和每股市价的下降；但又由于股东所持股份的比例不变，每位股东所持股票的市场价值总额仍保持不变。这可从下例中得到说明。

[例 13-2] 假定上述公司本年盈余为 440000 元，某股东持有 20000 股普通股，发放股票股利对该股东的影响见表 13-3。

表 13-3 **发放股票股利对股东的影响** 单位：元

项　目	发放前	发放后
每股收益（EPS）	440000÷200000=2.2	440000÷220000=2
每股市价	20	20÷（1+10%）=18.18
持股比例	20000÷200000=10%	22000÷220000=10%
所持股总价值	20×20000=400000	20÷（1+10%）×22000=400000

发放股票股利对每股收益和每股市价的影响，可以对每股收益、每股市价的调整直接算出：

发放股票股利后的每股收益 = E_0/（1 + D_S），式中：

E_0——发放股票股利前的每股收益；

D_S——股票股利发放率。

发放股票股利后的每股市价 = M/（1 + D_S），式中：

M——股利分配权转移日的每股市价；

D_S——股票股利发放率。

依上例资料：

发放股票股利后的每股收益 = 2.2 ÷（1 + 10%）= 2（元）

发放股票股利后的每股市价 = 20 ÷（1 + 10%）= 18.18（元）

尽管股票股利不直接增加股东的财富，也不增加公司的价值，但对股东和公司都有特殊意义。

（一）股票股利对股东的意义

1. 事实上，有时公司发放股票股利后其股价并不成比例下降，一般在发放少量股票股利（如 2% ~ 3%）后，大体不会引起股价的立即变化。这可使股东得到股票价值相对上升的好处。

2. 发放股票股利通常由成长中的公司所为，因此投资者往往认为发放股票股利预示着公司将会有较大发展，利润将大幅度增长，足以抵消增发股票带来的消极影响。这种心理会稳定股价，甚至使股价略有上升。

3. 在股东需要现金时，还可以将分得的股票股利出售，有些国家税法规定出售股票所需缴纳的资本利得（价值增值部分）税率比收到现金股利所需缴纳的所得税税率低，这使得股东可以从中获得纳税上的好处。

（二）股票股利对公司的意义

1. 发放股票股利可使股东分享公司的盈余而无须分配现金，这使公司留存了大量现金，便于进行再投资，有利于公司长期发展。

2. 在盈余和现金股利不变的情况下，发放股票股利可以降低每股价值，从而吸引更多的投资者。

3. 发放股票股利往往会向社会传递公司将会继续发展的信息，从而提高投资者对公司的信息，在一定程度上稳定股票价格。但在某些情况下，发放股票股利也会认为是公司资金周转不灵的征兆，从而降低投资者对公司的信心，加剧股价的下跌。

4. 发放股票股利的费用比发放现金股利的费用大，会增加公司的负担。

二、股票分割

股票分割是指将面额较高的股票交换成面额较低的股票的行为。例如，将原来的一股股票交换成两股股票。股票分割不属于某种股利方式，但其所产生的效果与发放股票股利近似，故在此一并介绍。

股票分割时，发行在外的股数增加，使得每股面额降低，每股盈余下降；

但公司价值不变，股东权益总额、权益各项目的金额及其相互间的比例也不会改变。这与发放股票股利时的情况既有相同之处，又有不同之处。

[例 13－3] 某银行原发行面额 2 元的普通股 200000 股，若按 1 股换成 2 股的比例进行股票分割，分割前、后的股东权益项目见表 13－4、表 13－5，分割前、后的每股盈余计算如下：

表 13－4　股票分割前的股东利益　单位：元

普通股（面额 2 元，已发行 200000 股）	400000
资本公积	800000
未分配利润	4000000
股东权益合计	5200000

表 13－5　股票分割前后股东利益　单位：元

普通股（面额 1 元，已发行 400000 股）	400000
资本公积	800000
未分配利润	4000000
股东权益合计	5200000

假定公司本年净利润 440000 元，那么股票分割前的每股收益为 2.2（440000 ÷ 200000）元。

假定股票分割后公司净利润不变，分割后的每股收益为 1.1 元，每股市价也会因此而下降。

从实践效果看，由于股票分割与股票股利非常接近，所以一般要根据证券管理部门的具体规定对两者加以区分。例如，有的国家证券交易机构规定，发放 25％以上的股票股利即属于股票分割。

对于银行来讲，实行股票分割的主要目的在于通过增加股票股数降低每股市价，从而吸引更多的投资者。此外，股票分割往往是成长中公司的行为，所以宣布股票分割后容易给人一种“公司正处于发展之中”的印象，这种有利信息会对公司有所帮助。

对于股东来讲，股票分割后各股东持有的股数增加，但持股比例不变，持有股票的总价值不变。不过，只要股票分割后每股现金股利的下降幅度小于股票分割幅度，股东仍能多获现金股利。例如，假定某公司股票分割前每股现金股利 2 元，某股东持有 100 股，可得现金股利 200（2 × 100）元；公司按 1 换 2 的比例进行股票分割后，该股东股数增为 200（100 × 2）股，如现金股利降为每股 1.1 元，该股东可得现金股利 220（1.1 × 200）元，仍大于某股票分割前所得的现金股利。另外，股票分割向社会传播的有利信息和降低了的股价，可能导致购买该股票的人增加，反使其价格上升，进而增加股东财富。

尽管股票分割与发放股票股利都能达到降低公司股价的目的，但一般来说，只有在公司股价剧涨且预期难以下降时，才采用股票分割的办法降低股价；而在公司股价上涨幅度不大时，往往通过发放股票股利维持在理想的范围之内。相反，如公司认为自己股票的价格过低，为了提高股价，会采取反分割（也称股票合并）的措施。反分割是股票分割的相反行为，即将数股面额较低的股票合并为一股面额较高的股票。例如，如上例中原面额 2 元、发行 200000 股、市价 20 元的股票，按 2 股换成 1 股的比例进行反分割，该公司的股票面额将成为 4 元，股数将成为 100000 股，市价也将上升。

三、股票回购

股票回购，是指股份公司按照一定的程序购回发行或流通在外的本公司普通股股票的行为。在成熟资本市场中，股票回购已经成为一项非常重要的金融活动。金融业务比较发达的国家对股票回购业务都有比较具体的规定。各国政府的规定中，美国对股票回购业务规定相对宽松，英国、德国包括我国台湾地区对股票回购的规定相对较严。从世界各国股票回购业务发展总体情况看，美国股票回购业务开展较好。近来，美国政府又进一步放宽股票回购的有关规定，以便促进股票回购业务的发展。我国股票回购业务发展相对滞后。《中华人民共和国公司法》规定：公司不得收购本公司的股票，但为减少公司资本而注销股份或者与持有本公司股票的其他公司股票合并时除外。公司收购本公司的股票后，必须在 10 日内注销该部分股份，依照法律、行政法规办理变更登记。股票回购在我国发展时间较短，应用范围较窄，随着企业产权制度改革的深入，有人提出通过股票回购达到上市公司减持国有股的目的，如 1999 年 12 月 21 日，申能股份以协议回购方式向国有法人股股东申能（集团）有限公司回购并注销 10 亿股国有法人股，占总股本的 37.98%，回购价格为 1998 年末调整后的每股净资产值 2.51 元，回购后，其总股本自 26.33 亿股减少至 16.33 亿股，成为上市公司通过股份回购减持国有股的一个成功案例。

（一）公司股票回购的方式

公司股票回购方式主要有以下几种：

1. 公开市场回购。公开市场回购，是指公司在股票市场以等同于任何潜在投资者的地位，按照公司股票当前市场价格回购。股份公司通常采用此种股票回购方式在股票市场表现欠佳时，小规模回购特殊用途所需股票。这种股票回购方式由于要支付佣金及手续费等，成本较高。在美国，股票回购多数采用此种方式。

2. 要约回购。要约回购也叫招标收购股权。具体又分为固定价格要约回购和荷兰式拍卖回购。固定价格要约回购指公司在特定时间发出以某一高出股票当前市场价格的价格水平，回购既定数量的股票。荷兰式拍卖回购比固定价格要约回购在回购价格和回购数量方面具有更大的灵活性。采用荷兰式拍卖的股票回购中，首先由公司指定回购价格的范围和计划回购的股票数量，然后由股东进行投标，说明愿意以某一价格出售股票的数量，公司汇总后再次确认股票回购的价格，进行股票回购。

3. 协议回购。协议回购，是指公司以协议价格直接向一个或几个主要股东购回股票。协议购买的价格通常低于市场价格。由于回购不是面向全体股东，价格如果定得不合理可能会损害一部分未出售股票股东的利益。

（二）股票回购的目的

公司通过回购股票，主要可以达到以下目的：

1. 股票回购通常可以增加每股收益的金额。公司进行股票回购后，流通在外的普通股股票数量减少，可能会带来每股收益的上升。之所以说可能会带来每股盈余的上升，是因为当公司用自有资金进行股票回购时，借款费用的增加可能会抵消股票数量减少带来的每股盈余增加的数量。

2. 股票回购可以调整公司的资本结构，发挥财务杠杆的作用。股票回购直接减少股权资本的数量，改变公司股权结构。例如我国上市股权结构中国有股占绝大部分比例，如果允许上市公司开展股票回购业务，上市公司可以通过股票回购达到调整资本结构的目的。1999 年云天化通过回购 20000 万股国有股份，使国有股从 56818.18 万股下降到 36818.18 万股，改变了公司股本的构成结构。另外，当公司的投资报酬率高于债务成本而公司的负债比率又不是很高时，公司存在很大的融资空间。如果公司此时回购股票，无论采用现金回购还是采用负债回购，最终都会导致股权资本比重的下降，公司如果能够适度举债，提高资产负债率，充分利用负债的税盾作用，将提高公司净资产收益率，更好地发挥财务杠杆效应。

3. 股票回购可以在方便股东选择股利支付方式的同时为股东提供避税的优惠。公司通过股票回购进行股利分配，股东具有选择权。需要现金的股东，可以选择参加股票回购，而不需要现金的股东可以选择继续持有股票。例如，在美国个人现金股利收入应按普通收入全额纳税。而资本利得收入只需按收入超过成本的部分纳税，且税率相对较低，并可以延迟缴纳。如果公司派发的股利适用于较高的税率，股东则会选择股票回购的股利政策。我国规定股利收入应按 20% 的税率缴纳个人所得税，而股票转让收入的个人所得税还未开始征收。因此，开展股票回购业务，对于那些对税款考虑较多的股东来说，是一种比较有诱惑力的股利分配方式。

4. 股票回购，通常可以提升公司股票价值。公司如果持有多余的现金又没有更好的投资渠道，那么在进行分配时，公司很有可能采用股票回购的股利分配政策。公司宣布回购股票常常会被理解为公司在向市场传递其认为自己的股票被市场低估的信号，市场会因此做出积极反应，股价也会随之上升。如上市公司云天化 1999 年进行股票回购，4 月 1 日董事会发布拟回购股票的公告，当日收盘价为 12.1 元，4 月 8 日发布董事会通过回购议案的公告，当日收盘价为 13.17 元。公司股价上涨了 8.84%。

5. 股票回购为上市公司资本运营提供一条新渠道。公司股票在不同的、被分割的市场中进行交易，如果不同的市场存在较大的价差，公司进行股票回购可以实现在不同市场中的套利。如青岛啤酒在 2001 年 2 月 5 ~ 20 日在中国境内向社会公众公开发行人民币普通股 1 亿股股票，每股发行价格为 7.87 元，募集资金净额为 7.59 亿元。增发新股的同时青岛啤酒授权公司董事会回购不超过公司发行在外的境外上市的外资股的10%，即3468.5万H股。如果按每股净资产2.36元计算，将用去8185.66元。青岛啤酒在实施增发后实施股票回购，根本原因在于香港和内地股市之间存在巨大的套利空间，内地股市的市盈率高于香港股市的市盈率。经过这样的资本运作，募集的资金增加了近7亿元，远远高于股本扩张的比例。

本章小结

股利政策作为商业银行财务管理的三大内容之一，对商业银行的价值有重要影响。商业银行首先应按利润分配的顺序进行利润分配，剩下的留存收益才能按银行的股利政策进行股利分配。银行对外发放股利，在股利支付过程中，首先要先向社会公布分红预案，然后进行股权登记，再进行除权（除息），最后发放股利。

商业银行在制定股利政策时，要考虑以下因素：银行的投资机会；收入的稳定性；银行对外融资能力的大小；法律或其他方面的约束；股利的信息效应及股东的偏好等。

目前，有关股利政策的理论主要有MM的股利政策无关论和股利相关论。影响股利政策的因素主要有投资机会、收入的稳定性、公司盈利能力的大小、法律法规及合同等的限制、信息效应、股东偏好等。公司的股利政策可以分成以下几类：剩余股利政策、固定股利或稳定增长的股利政策、固定股利支付率政策和低正常股利加额外股利政策。

公司除了发放现金股利外，还通过股票股利、股票分割以及股票回购等方式分配股利。

复习思考题

一、名词解释

MM股利无关论　　信号假说　　股票回购　　股票分割　　剩余股利政策　固定股利政策

二、问答题

1. 商业银行利润分配的顺序是什么？
2. 股利发放的顺序是什么？
3. 股利政策理论的主要观点有哪些？
4. 影响股利政策的因素有哪些？
5. 股利政策的种类有哪些？

第十四章

商业银行并购

第一节　商业银行并购概述

一、兼并收购的一般涵义

在深入研究与银行兼并收购活动有关的理论问题之前，有必要明确一些概念。企业的兼并收购，通常被简称为并购，其英文是 Merger&Acquisition，简称 M&A，是指在市场机制的作用下，企业为了获得其他企业的经营控制权而进行的产权交易活动，是企业控制权交易中最主要的形式。由于商业银行也是企业，所以企业并购的一般概念也完全适用于商业银行。一些人对企业兼并和收购不加区分，混为一谈。实际上，两者存在重大区别。收购（acquisition）是接管（takeover）的一种主要形式，而接管则是一个笼统且不精确的术语，一般指一家企业的控制权从一个股东集团转移到另一个股东集团，控制权可被定义为在董事会中拥有多数投票表决权。欲获取控制权的企业被称为投标企业（bidder），有时也被称为兼并企业，而将出让控制权的企业被称为目标企业（target），有时也被称为被兼并企业。

除了收购以外，接管还可以采取另外两种形式：委托投票权竞争（proxy contest）和转为非上市企业（going private）。所谓的委托投票权竞争，就是一个股东集团希望通过股东投票选举新的董事会而在董事会中获得大多数席位，从而达到控制企业的目的。股票按照是否拥有投票表决权可分为两种：一种是拥有投票表决权的股票；另一种是不拥有投票表决权的股票。拥有投票表决权的股东可以直接出席股东大会行使表决权，也可以委托代理人出席股东大会代自己行使表决权。因此，希望获得公司控制权的股东集团必须获得足够数量的其他股东的委托投票权才能达到自己的目的。转为非上市企业是指在股票交易所挂牌交易的公开上市企业的所有股权都被少数投资者买去，该企业的股票就不能在公开市场上交易了，变成了一家私人所有公司。少数投资者既可以是外部投资者，也可以是本公司现有的管理人员。如果投资者运用高比例的债务融资购买企业的股票，就是杠杆收购（leveraged buyout，简称 LBO），如果是公司管理层通过杠杆收购的方式取得了公司的所有股票，就是管理层收购

(management buyout，简称为 MBO)。收购的形式主要有三种：兼并（合并）即吸收合并（merger）或新设合并（consolidation)；购买股票（acquisition of stocks)；收购资产（acquisition of assets)。

(一) 吸收合并

吸收合并是指目标（被兼并）企业被投标（兼并）企业吸收，目标企业的股东原来的股票被置换成投标企业的股票，兼并企业原来的名称和法律地位不变，继续存在，而被兼并企业则解散，其法律地位消失，不再作为一个独立经营实体而存在。新设合并则是指参与合并的双方经过解散，其法律地位均消失、重新登记设立一家全新的公司的一种兼并形式。新设合并除了会产生一家全新的企业外，其他方面都与吸收合并相同。吸收合并与新设合并的最终结果都会导致双方企业资产和负债的联合。因为从公司财务学的角度看吸收合并与新设合并之间的差别并不重要，所以两者的差别不是本书讨论的重点，我们在本书以下内容中将两者统称为兼并。

(二) 购买股票

购买股票是指投标企业用现金、股票或其他证券（或三种方式的某种组合）购买目标企业的具有表决权的股票。在购买股票时，投标企业的管理层就收购股票的有关事宜进行协商，也可以直接向目标企业的股东发出购买股票的要约，该要约常常通过报纸广告等方式进行公告。后者被称为发盘收购(tender offer)，通常，投标企业与目标企业的管理层协商失败后才采取发盘收购的方式。

(三) 收购资产

通过购买目标企业的资产也可以实现对目标企业的收购。资产收购中投标企业向目标企业进行支付，而不是直接向其股东进行支付。资产收购可以避免在购买股票方式下由少数股东带来的潜在问题，也可以逃避目标企业的一些债务（实际债务以及或有债务)；其缺点是这种方式要求进行资产过户，而这一法定程序成本高昂。

综上所述，接管的范围更广泛，收购只是其形式之一，而兼并又是收购的一种形式。三者的关系可以由图 14－1 清晰地表现出来。

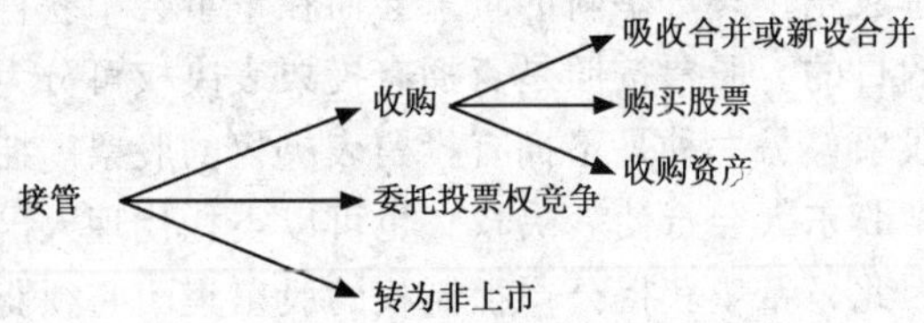

图 14－1　接管、收购与兼并的关系

二、兼并的分类

按照投标企业和目标企业从事业务的关联程度，可以将兼并分为横向兼并(horizontal merger)、纵向兼并（vertical merger）和混合兼并（conglomerate merger）三种类型。

(一) 横向兼并

横向兼并又称水平兼并，投标企业和目标企业处于同一行业内并生产相同类型的产品，它们在产品市场中相互竞争。横向兼并能够通过企业间的资源整合，扩大市场份额，降低产品市场上的竞争程度；通过规模经济效应降低单位产品成本，提高企业的竞争力。国外企业兼并的历史经验表明，横向兼并是早期企业兼并最主要的形式，至今仍然在世界各国企业兼并中占有相当的比例。

(二) 纵向兼并

纵向兼并也称垂直兼并。纵向兼并是指生产过程中或经营环节相互衔接、密切相关的企业之间，或者具有纵向协作关系的专业化企业之间的兼并。兼并企业和被兼并企业常常处于同一行业产品生产过程中的不同阶段，其关系是生产资料的供应者和使用者之间关系。纵向兼并按照兼并的方向不同，又可以分为前向兼并和后向兼并。前者是指兼并企业生产处于产品生产过程中的下游产品，而被兼并企业则生产上游产品，如钢铁企业兼并采煤企业就属于前向兼并。后者是指兼并企业对生产下游产品的企业兼并。生产企业兼并销售自己产品的商业企业就属于后向兼并。纵向兼并将处于产品生产不同阶段的企业整合在一起，加强了各生产环节的协调配合，节省了企业生产的中间环节费用，保证了原材料的及时供给。

(三) 混合兼并

混合兼并是指兼并企业和被兼并企业的业务互不相干，通常处于不同行业并生产不同的产品，企业生产的产品不具有竞争性。汽车生产企业兼并生产冰激凌的企业就属于混合兼并。混合兼并在20世纪60~70年代的西方企业兼并浪潮中非常盛行，现在这种形式的兼并在西方国家已经很少见了。

三、我国企业兼并收购的有关法律规定

企业并购的完成要求有完善的法律环境为保障。与西方国家相比，我国企业并购的法律还相对落后，有待完善。我国目前没有正式的《企业并购法》，有关企业并购的规定散见在《民法通则》、《公司法》、《证券法》和《关于企业兼并的暂行办法》等法律、行政法规、部门规章和地方性法规中。

(一)《公司法》对公司合并的规定

2005年10月27日修订后的《公司法》在第九章以“公司合并、分立、增资、减资”为题，对公司并购做出了有关规定。《公司法》规定，公司合并可以采取吸收合并和新设合并两种形式。一个公司吸收其他公司为吸收合并，被吸收的公司解散。两个以上公司合并设立一个新的公司为新设合并，合并各方解散。公司应当自作出合并决议之日起10日内通知债权人，并于30日内在报纸上公告。债权人自接到通知书之日起30日内，未接到通知书的自第一次公告之日起45日内，有权要求公司清偿债务或者提供相应的担保。公司合并时，合并各方的债权、债务，应当由合并后存续的公司或者新设的公司承继。

根据我国《公司法》的有关规定，公司合并要经过以下5个步骤：

1. 由具有合并意向的各公司的董事会拟订合并方案，并形成合并决议。由各公司的股东大会对提出的合并方案作出特别决议；股东大会对董事会提交的合并方案进行审议，并投票表决。《公司法》规定，“股东大会对公司合并作出决议，必须经过出席会议的股东所持表决权的2/3以上通过。”

2. 合并的各方之间签订合并协议。

3. 通告债权人。

4. 报经有关部门批准。

5. 办理有关公司合并方面的登记手续。

（二）《证券法》对于公司收购的规定

2005年10月27日修订后的《证券法》在第四章对上市公司收购的方式、信息披露、收购双方权责关系等方面做出了一系列规定。

《证券法》第85条规定，“投资者可以采取要约收购、协议收购及其他合法方式收购上市公司。”第86条规定，“通过证券交易所的证券交易，投资者持有或者通过协议、其他安排与他人共同持有一个上市公司已发行的股份达到5%时，应当在该事实发生之日起3日内，向国务院证券监督管理机构、证券交易所作出书面报告，通知该上市公司，并予公告；在上述期限内，不得再行买卖该上市公司的股票。”“投资者持有或者通过协议、其他安排与他人共同持有一个上市公司已发行的股份达到5%后，其所持该上市公司已发行的股份比例每增加或者减少5%，应当依照前款规定进行报告和公告。在报告期限内和作出报告、公告后2日内，不得再行买卖该上市公司的股票。”

第88条规定，“通过证券交易所的证券交易，投资者持有或者通过协议、其他安排与他人共同持有一个上市公司已发行的股份达到30%时，继续进行收购的，应当依法向该上市公司所有股东发出收购上市公司全部或者部分股份的要约。收购上市公司部分股份的收购要约应当约定，被收购公司股东承诺出售的股份数额超过预定收购的股份数额的，收购人按比例进行收购。收购要约约定的收购期限不得少于30日，并不得超过60日。第91条规定，“在收购要约确定的承诺期限内，收购人不得撤销其收购要约。收购人需要变更收购要约的，必须事先向国务院证券监督管理机构及证券交易所提出报告，经批准后，予以公告。”

第93条规定，“采取要约收购方式的，收购人在收购期限内，不得卖出被收购公司的股票，也不得采取要约规定以外的形式和超出要约的条件买入被收购公司的股票。”第94条规定，“采取协议收购方式的，收购人可以依照法律、行政法规的规定同被收购公司的股东以协议方式进行股份转让。以协议方式收购上市公司时，达成协议后，收购人必须在3日内将该收购协议向国务院证券监督管理机构及证券交易所作出书面报告，并予公告。在公告前不得履行收购协议。”第95条规定，“采取协议收购方式的，协议双方可以临时委托证券登记结算机构保管协议转让的股票，并将资金存放于指定的银行。”第96条规定，“采取协议收购方式的，收购人收购或者通过协议、其他安排与他人共同收购一个上市公司已发行的股份达到30%时，继续进行收购的，应当向该上市公司所有股东发出收购上市公司全部或者部分股份的要约。但是，经国务院证券监督管理机构免除发出要约的除外。”

第97条规定，“收购期限届满，被收购公司股权分布不符合上市条件的，该上市公司的股票应当由证券交易所依法终止上市交易；其余仍持有被收购公司股票的股东，有权向收购人以收购要约的同等条件出售其股票，收购人应当收购。收购行为完成后，被收购公司不再具备股份有限公司条件的，应当依法变更企业形式。”

第二节 商业银行并购及发展趋势

一、商业银行并购的动因分析

（一）股东利益最大化是银行并购的根本动因

银行并购为什么会发生？从银行并购的历史来看，银行股东、管理者和政府都可能对银行并购起到推动作用。首先，银行股东追求收益最大化的行为推动了银行并购。如果银行股东相信银行并购能够增加银行的盈利能力和市场价值，从而增加了股东财富的话，股东将推进银行并购。其次，银行管理者也可能从自身利益出发推动银行并购，这是因为在很多情况下，银行管理者在社会上的地位和影响力依赖于该银行的规模而不是其利润水平，而且大银行倾向于向高层支付更高的报酬。这样，银行管理者客观上也存在通过并购扩大银行规模的冲动。最后，从政府的角度来看，政府既要保持市场的公平竞争，同时也要鼓励市场的适度集中，以增强银行实力，参与国际竞争。特别是在出现银行破产倒闭的情况下，政府特别希望有实力的银行能够对破产银行进行并购，从而维护金融秩序的稳定。

从根本上看，银行并购这种经济行为的原始动力是追求股东利益的最大化。银行作为金融企业，存在和发展的目标是为了增加其股东财富，也就是上市银行的市场价值。和其他投资决策一样，银行并购是否发生，取决于它们是否增加股东财富或市场价值。通过银行并购可以提高银行的规模，增加新的金融品种，扩大金融服务领域，获得更多的利润。同时，银行并购也是在面对激烈的市场竞争下，商业银行进行低成本扩张以扩大银行规模，增强银行竞争力的重要手段。所以，对利润的追逐和生存竞争的压力推动着商业银行展开大规模的并购活动，并购的最终目的在于使股东利益最大化。

（二）银行并购的具体动因分析

追求银行股东利益最大化只是银行并购的原始推动力，在大量的银行并购案例中，引起银行并购兴趣的主要是以下几个方面。

1. 产生规模效应。银行并购后，通过减少重复设置机构，实现资源有效配置，可以减少总的经营成本，并购将使得新的银行能以较少的员工和较低的资产来提供与并购前相同质量的金融服务。在许多并购案例中，并购成功后紧接着就是大规模的机构撤并和裁员，这显然可以节约大量的成本。例如，Fleet 银行与新英格兰银行合并后，每年可节约3.5亿美元。并购使得银行规模扩大后还有一个重要作用，就是被用来达到某个临界值。这是因为规模太小的银行可能无法开展信托等其他业务，但一个大型控股银行集团就可以支持信托、国际业务等其他业务。

2. 进入新的市场。为了进入新的市场，可以对目标市场中的现有银行进行并购。与在目标市场雇用新的员工、成立一家新银行相比，并购能大大减少进入新市场的成本，特别是在市场管制较为严格的地区，把所收购的银行作为基础，以分行的形式进入新市场的案例是很多的。例如，1991年新英格兰银行被美国联邦监管机构关闭，其大约130亿美元的优质资产被拍卖。Fleet 银行金融集团通过这次并购成功地进入新英格兰地区，成为新英格兰最大的银行。

3. 发展新的业务。开辟不同性质的新业务，不仅能够创造更多的现金流，能够提供现金流与现有业务现金流时间不相匹配的新服务种类，还能降低风险，获得多样化收益。例如，一家主营批发业务的银行会产生对零售银行兼并的要求，或者银行会去兼并保险公司来达到开展多方面业务的目的。美国花旗银行与旅行者集团之间的并购就是业务互补方面的一个极好的例子。

4. 提高市场占有率。许多银行并购的动因是为了增加银行的核心存款，从而扩大其在核心市场上的占有率。核心存款的扩大将能够增加新银行的市场价值，并提高其在将来的并购中讨价还价的能力。这方面的例子有1994年美洲银行对大陆银行的并购。大陆银行拥有巨大的客户网，与美国最大的1万家大企业中的1600家有业务联系，良好的支票结算和现金管理等多项服务使得这些客户不易流失。美洲银行对大陆银行的并购将使得新银行拥有巨大的客户网，扩大市场占有率。

5. 目标银行具有改进管理的潜力。显然，管理缺乏效率的银行是潜在的收购目标，由于目前的管理者未能最大限度地提升银行的价值，如果并购后带来了更为先进的组织管理，银行利润将大量增加。这方面的例子很多，比如 Wells Fargo 银行和第一洲际银行的合并，国民银行和美洲银行的合并。

6. 税收上的好处。如果目标银行出现亏损，对其的收购还可能带来税收上的好处。对并购银行来说，可以用目标银行的亏损冲抵自己的利润，这样可以降低应税利润，减少纳税。另一方面，并购则可以成为一种拖延纳税的手段，因为如果银行将用于并购的资金向股东发放现金股息，股东则为此要缴纳所得税。如果银行留下资金用于并购，股东财富能够为此增加。

7. 获得破产银行的优质资产。不少银行的并购是在监管机构的撮合下完成的，目的是保留有限的保险储备，避免因为银行倒闭带来的客户服务的中断。在这种并购中，收购者往往并不买下整个目标银行的资产，而只是买下适合自己并满足标准的那部分优质资产。由于这些目标银行宣布破产，并购银行往往能以较低的价格购进其优质资产。一个突出的例子是1993年1月纽约化学银行通过它的得克萨斯商业银行对得克萨斯第一城市银行的并购。它只用少于3.5亿美元的很小一笔资金就购买了大约66亿美元的巨额资产。

以上只是一些较为典型的银行并购动因及其案例。应该看到，许多银行并购案例的动因极为复杂，可以是多种具体动因的结合体，在上述分析中只是强调了银行在具体并购中会对哪方面比较感兴趣，并侧重于达到何种目的。

(三) 银行并购效果的验证

银行并购是否达到了预期的效果，可以从以下两个方面来验证。一是股价是否会上升，股价的上升直接说明了银行股东的财富增加了，银行并购的目的达到了。二是银行获利能力是否得到了提高，银行获利能力的提高预示着其股价在未来的提高，从长远来看有利于增加股东财富。

1. 股价是否会上升。银行并购的拥护者们认为，通过并购，目标银行的股价将上升，同时银行的股价不会下降，在并购交易中创造的价值将会增加目标银行股东的财富。

1990年哈尼维尼（Hanawini）和斯沃瑞（Swary）运用实证研究法分析了从1970~1987年间的118桩银行并购事件，他们发现在消息宣布的那周，对风险进行调整后，目标银行的股价平均上升了11.5%，然而并购银行的股价下降了大约1.5%，不过，他们的分析依然表明银行并购增加了总财富。1991年考耐特（Cornett）和笛（De）发现无论对并购银行还是目标银行来讲，股价对银行并购宣布的反应是显著的，他们将该结果归功于“放出了有关资本质量的正信号和银行并购中出现的协同效应”。

以上这两个著名的实证研究论文似乎证明了并购确实能够对并购双方的股价产生总体上的正效应。然而，也存在相当多的反例。例如2000年，德意志银行和德累斯登银行合并后不到一个月，即因意见不合而又分道扬镳。当取消合并的消息传出来后，两家银行的股票反而出现了上升。

2. 获利能力是否得到改善。并购后的银行由于在人事和管理等方面都存在着明显差异，必须有一个磨合的过程，这可能对银行的有效运行产生不利影响。同时，并购后银行由于内部组织体系变得更加庞大，将使行政管理费用急剧升高，甚至可能会超过因并购所带来的交易费用节约方面的收益。

根据安达信顾问公司（Andersen Consulting）对一些美国银行所做的成本与获利分析研究，从银行服务每一客户使用的成本与银行获利来看，自1995年起，小型银行的营运效率一直比大型银行的营运效率高。1997年，资产规模小于100亿美元的小型银行服务一位客户的费用支出比率要比超大型银行低20%，对顾客提供的放款与重整咨询的获利比超大型银行高出44%。事实证明，大型银行的获利能力确实不如小型银行。

另外，美国一家财务咨询公司SNL针对过去5年美国银行并购进行研究后发现，通过并购使资产规模扩张最多的前10家银行，他们通过并购取得的资产超过200亿美元，没有一家的股价表现超过SNL的美国银行指标。而在通过并购使资产规模扩张最小的10家银行中，它们通过并购取得的资产不到50亿美元，却有4家银行的股价表现优于指数。

二、银行并购的外部效应

银行并购这种市场交易行为，不仅对市场交易当事人有影响，对社会经济的发展也有重大的影响，可从正效应和负效应两方面阐述。

（一）银行并购的正效应

1. 提高经济资源的配置效率。通过并购，可以调整内部结构，淘汰低效的经营服务项目。这样，在银行并购过程中，各种经济资源向高利润项目流动，实现了资源的优化配置。例如，商业银行过去往往是通过扩展营业网点来增加市场占有率，而随着电子技术的发展，特别是银行自动化程度的增强和电子网络银行的出现，各国商业银行纷纷收缩分支机构来控制成本，提高资源的配置效率。银行并购则在更大的空间范围内整合了金融资源，提高了金融资源的整体效率。

2. 提供多种金融产品，全方位服务社会。随着社会经济货币化程度的提高，消费者对金融产品的需求偏好不断发生变化，并要求金融机构提供多样化的金融产品和金融服务。而商业银行通过并购，特别是对非银行金融机构的并购，可以组成“金融超市”，为消费者提供齐全的金融服务产品。例如，花旗银行与旅行者集团的合并使得花期集团成为集多种金融服务于一身的“金融超市”。这样，消费者需要金融服务时，走进花旗集团，很可能与走进大型超市买东西一样方便，如申请信用卡、银行服务、抵押贷款、共同基金、投资顾问、保险或纳税等可以一次办妥。因此，银行并购不仅使银行的规模扩大，而且它为消费者提供的服务范围也在扩大。

3. 拯救低效银行，保持金融体系和社会稳定。金融业是高风险行业，而且对社会经济生活影响十分广泛。通过银行并购处理银行危机可以用较低的成本避免银行倒闭，这既保护了存款人利益，又保持了金融体系的稳定，减少了社会震荡。例如，法国地产信托银行由于经营不善出现巨额亏损。该行一直寻找买家，但无人问津。法国政府不得不出面进行干预，要求国有储蓄和信托银行以每股70法郎的价格竞购地产信托银行，并尽量保持该行3000名员工的工作。同样，日本政府也采取过类似的方法，促进了住友银行与长期信用银行之间的并购。

（二）银行并购的负效应

1. 银行并购可能导致过度垄断，从而降低效率。随着银行并购活动的发展，超级银行不断涌现，这虽然增强了银行的自身竞争力，但这些超级银行在各个方面的优势有可能形成业务垄断，这就降低了金融市场的竞争性，从而可能会降低对消费者的服务水准。银行并购后获得收益的一大部分是因为并购后市场集中度的提高，多数银行在并购后提高了价格，尤其是活期存款服务的费用、贷款利率、存款利率和存放保险箱的费用。大银行的各项服务收费不仅明显高于小银行和地区性信用社，而且其收费范围也随着电脑化的发展而不断扩大。

2. 银行并购增加了风险。银行并购在带来收益的同时，也带来了潜在的风险。据有关资料显示，一些并购后的银行不良资产并没有减少，一些著名的资信评估机构甚至还相继降低了一些大银行的信用评级。例如，标准普尔公司把美国摩根银行、瑞士信贷银行由AAA降低为AA级；穆迪公司将日本债券信用银行、中央信托银行、北海道拓殖银行的债券信用评级由Baa2改为Baa3。另一方面，银行并购特别是商业银行对非银行金融机构的并购，使商业银行的经营风险加大。在并购过程中，银行也可能运用不适当的评估方式高估被收购金融机构的价值，大大增加了并购成本，增加了风险。

3. 银行并购增加了失业。银行并购还使银行为了降低成本，关闭一些分支行并大幅度减少人员，从而导致大批银行职员失业。例如，化学银行和汉诺威银行的并购完成后，有6000多名员工由于所处的重复设置部门被撤消而遭到解雇。

三、银行并购的发展

（一）西方银行并购历史概述

西方的银行并购由来已久，只是在20世纪80年代的金融自由化浪潮中才日益蓬勃发展起来。表14－1是美国银行并购从1949年以来的发展情况，从表中我们可以看出，美国银行合并在20世纪50年代平均每年142起，60年代每年138起，70年代每年140起。始于80年代的合并浪潮则达到平均每年355起，几乎是以前30年的总和的两倍。而到了90年代银行并购愈演愈烈，数量越来越多。

表14－1　1949～1995年美国银行的并购数

年份	总数	年份	总数	年份	总数	年份	总数	年份	总数
1949	80	1960	132	1971	103	1982	310	1993	481
1950	93	1961	138	1972	126	1983	457	1994	549
1951	81	1962	183	1973	102	1984	418	1995	537
1952	101	1963	154	1974	126	1985	504	1996	432
1953	116	1964	138	1975	99	1986	327		
1954	209	1965	149	1976	144	1987	531		
1955	232	1966	133	1977	161	1988	594		
1956	189	1967	137	1978	182	1989	409		
1957	161	1968	134	1979	235	1990	398		
1958	153	1969	153	1980	136	1991	448		
1959	169	1970	155	1981	232	1992	428		

据统计，20世纪80年代的全球的银行并购案只有1000件左右，总金额约500亿美元；而1995年，世界金融业并购案多达4100件，涉及的金额达2500亿美元。银行并购的迅速发展主要得益于西方国家80年代以来金融自由化和金融创新等方面的发展。当今世界金融市场日益统一为一个整体，全球范围内

的资金流动规模更大，速度更快，金融市场的风险也随之加大，只有大银行才能抵御风暴冲击。因而越来越多的银行选择了并购作为增强竞争力的重要手段。

（二）西方银行并购的新特点

银行并购在历史上主要表现为大银行对中小型银行进行并购，20 世纪 90 年代以来银行并购呈现出大型化、综合化、国际化的发展趋势。

1. 大型化趋势。银行并购规模和并购金额不断扩大，由过去的强弱合并和以强吞弱逐步转向强强合并。历史上银行并购的基本特点表现为：一是弱弱合并，众多的中小银行为防范风险或防止被大银行吞并，往往采取合并策略，以增强竞争实力。二是以强吞弱，以强吞弱、优胜劣汰是市场经济的一个基本法则。然而，现在的银行并购，基本上是以强强联合为主。1999 年，全球并购活动高达 3.3 万亿美元，有 21 起并购交易涉及的金额在 100 亿美元以上。2000 年，美国大通银行与 J.P. 摩根银行达成收购协议，成立了资产总值 6600 亿美元的摩根大通银行。同年，日本第一劝业、富士和兴业三家银行合并成立瑞穗控股公司，并一举成为当时全球最大的金融集团。但是在 2001 年日本三井住友银行、日本联合金融控股集团和东京三菱金融集团相继成立后，全球银行业的并购步伐开始有所放慢。

2. 综合化趋势。银行并购形式由过去比较单一的横向并购开始向混合并购转化。历史上的银行并购主要以横向并购为主，为了扩大市场占有率，产生规模效益。然而，随着政府管制的放松，近几年的银行并购出现了新的跨行业并购趋势，使分业经营的银行逐步向混业经营的“金融超市”发展。到了 20 世纪 90 年代中期，这一趋势已经很明显。美国资产超过 100 亿美元的银行中，有 83% 从事保险业务，资产在 10 亿美元 ~ 100 亿美元的银行中，这一比例为 60%。1998 年 4 月美国花旗银行与旅行者集团的合并就属于商业银行与保险服务机构的合并，合并后的经营范围涵盖了银行信贷、消费者融资、信用卡、投资银行、证券经营、资产管理、地产保险及人寿保险等业务，包含了商业银行、投资银行、保险业等几乎所有的金融业务。

3. 国际化趋势。银行并购的地域跨度由过去以国内并购为主逐步走向跨国并购。20 世纪 90 年代以来，全球跨国并购趋势明显，1997 年全球银行业跨国并购总值为不到 700 亿美元，占当年银行并购总值的 37%，1998 年这一比例已上升为 41.3%。著名案例有荷兰国际银行收购英国巴林银行，德意志银行收购美国信孚银行，芬兰商业银行同瑞典北方银行、荷兰商业银行同比利时布鲁塞尔银行的合并等。2007 年国际银行业经历了跌宕起伏的发展。以欧洲银行业对荷兰银行的竞购、中国工商银行收购南非标准银行为代表，并购活动继续促进全球银行市场的整合与发展。

在银行并购策略和支付方式上也有了许多变化。首先，并购策略由过去的恶意并购为主转向主动合作。这种并购强调并购双方之间的事先协商，强调优势互补、共同发展。通过银行间协商达成并购，可以避免两败俱伤，造成不必要的损失。其次，并购支付方式逐步走向多样化。但由于银行并购规模逐步扩大，特别是跨国并购发展之后，单一的现金收购难以完成全部交易，并购方式逐步转变为股权协商并购和综合证券并购的支付方式。在综合证券并购的支付方式中，并购公司的出价不仅有现金、股票，而且还有认股权证、可转换债券和公司债券等多种混合形式。此外，一些国际知名度较高的大银行，其商誉、营销技巧等无形资产在银行并购中也逐步成为越来越重要的支付手段。

（三）我国的银行并购

我国银行业早在20世纪80年代就已开始了并购的尝试。中信实业银行收购了香港嘉华银行61.38%的股份，开创了中国银行业境外并购的先河。随后的著名案例还有广东发展银行并购中银信托投资公司，中国建设银行并购中国农业发展信托投资公司，中国工商银行托管海南发展银行和中国投资银行并入光大银行等。这些银行并购不仅平稳地化解了局部性的金融风险，避免了金融机构破产带来的巨大社会震荡，而且为我国中小银行的低成本扩张提供了示范，为渐进地实现商业银行的全能化经营探索了新途径。2006年，作为中国十大并购案之一的中国建设银行收购美国银行（亚洲），显示出并购在中国市场经济运行中已经深入到技术操作层面。

2006年8月24日，中国建设银行在香港宣布将出资97.1亿港元收购美国银行（亚洲）100%的股权，中国建设银行在香港的业务规模迅速扩大为原来的两倍，客户贷款从原来的第16位飙升为第9位。此次收购也是中国银行业有史以来最大的一次海外收购。而就在2005年的6月17日，美国银行作为战略投资者向中国建设银行投资30亿美元，收购中国建设银行8.52%的股份。作为美国第二大银行和世界上盈利第二大的银行机构，美国银行已在公司治理、风险控制、IT、财务管理、人力资源管理、零售银行、资金业务等一系列领域向中国建设银行提供技术援助。中国建设银行的收购行动在一定程度上是出于追求利润多元化的考虑，同时也是业务进一步国际化的需要。而对于美国银行而言，既然已经是中国建设银行的战略投资者，那么鉴于中国建设银行本身庞大的亚洲区业务和网络，完全可以由后者来开拓其在亚洲的业务。

长期以来，国内银行在海外并购方面几乎无所作为，这主要是因为国有银行在股改上市之前一直背负着沉重的历史包袱，没有精力和财务实力去考虑海外收购。如今卸掉了历史包袱后的国内银行开始融入全球银行业的大环境中，一些具备实力和条件的国内银行开始向国际大银行的方向前进。而跨国并购则是一条进入国际金融市场的更加快捷便利的途径。

第三节　银行并购的实际操作

在银行并购活动中，并购方银行作为并购的发起人，需对双方银行进行价值评估，同时在做出并购决策前还必须进行收益分析。另外，还要注意目标银行对并购的反应和政府对有关银行并购的限制法规。

一、银行并购的价值评估

对目标银行的价值评估是整个并购谈判中最重要也是最困难的问题，应当在分析目标银行的财务状况和了解其在同行业中的竞争地位的基础上选择适宜的评估方法。并购的价值评估是确定并购价格的基础，具体价格的确定还和并购双方的谈判实力和技巧有关，同时还要考虑其他难以用金钱来衡量的因素。下面介绍几种价值评估的方法。

（一）股票交换法

这种方法适合于用交换股票方式进行的并购，其关键在于谈判中对股票交换率的确定。在给定股票交换率时，运用并购双方的多项指标我们可以求出目标银行售价的溢价水平，在与市场上同类型并购的溢价水平进行比较后可以对目标银行的价值进行评估。该交换率的分子、分母可以用并购双方的许多指标替代。通常的可用指标为每股账面价值、每股市价等。

1. 账面价值法。账面价值法是指在确定目标银行价值时以该银行的账面价值为依据。每股的账面价值等于银行资产负债表中的股东权益除以发行的股票数。目标银行的股票溢价可由下式计算：

$$P = \frac{B_1 \cdot E_r - B_2}{B_2} \tag{14.3.1}$$

式中，P——目标银行的股票溢价系数；

B_1、B_2——并购银行和目标银行的每股账面价值；

E_r——并购银行与目标银行的股票交换率，即1股目标银行的股票可以交换并购银行股票的股数。

［例 14-1］ 假设并购银行的账面价值为100元/股，而目标银行的账面价值为50元/股，在没有溢价的情况下，目标银行的1股可以换得并购银行的0.5股。然而如果目标银行的股东要求1股目标银行股票可以换得0.8股的并购银行股票，则 $E_r = 0.8$，溢价系数就是

$$\frac{100 \times 0.8 - 50}{50} = 0.6$$，即溢价60%

显然，溢价系数的大小取决于谈判所达成的股票交换率。股票交换率越大，溢价就越高。在并购实际操作中，溢价系数可参考其他类似的银行并购案例来确定。以美国市场为例，1982～1988年银行并购案例中收购价与目标银行账面价值的比率系数逐年分别为1.50、1.53、1.64、1.63、1.83、1.50。可以看出，一般的溢价系数应当在0.5～0.8之间。

给定股票溢价P，股票交换率可以由下面的公式算出：

$$E_r = \frac{B_2(1 + P)}{B_1} \tag{14.3.2}$$

在上例中，如果目标银行股东要求100%的溢价，则

$$E_r = \frac{50 \times (1 + 1.0)}{100} = 1$$

即1股目标银行股票可换得1股并购银行股票。

账面价值法的优点是简单明了，容易计算，而且和市场价值相比账面价值比较稳定。缺点是账面价值与实际价值可能差距太大，这是因为很可能对问题贷款估计过低和表外业务未在资产负债表中反映。

2. 调整账面价值法。由于账面价值法不能全面反映一家银行的真正经济价值，实际并购中需要对目标银行的资产及负债的账面价值进行某些调整，调整时考虑的因素包括贷款质量、贷款损失准备、其他资产的评估、表外业务活动、或有负债、核心存款等。具体可以采取如下方法：目标银行的有价证券按目前市价计值，贷款及其他资产根据所含信用风险和利率风险采用估算市价计值，各项负债亦按估算市价计值，然后用重新定价的资产总额扣除重新定价的负债总额，得出接近目标银行真实市价的调整净资产价值。并购银行本身的股票如果交易不活跃，也可以采用类似估价过程确定其调整净资产价值。根据并购银行价值和目标银行调整净资产价值确定的实际并购价格，一般要略有利于目标银行，这是因为并购银行在并购达成后能够获得某些无形价值，如目标银行的控制权、新市场进入等，而这些在一般性的调整中并未计入。我们把调整后的目标银行账面价值用 B_2^* 来表示，则经调整后的溢价

$$P = \frac{B_1 \cdot E_r - B_2^*}{B_2^*} \tag{14.3.3}$$

相应地，股票交换率则可按下式计算：

$$E_r = \frac{B_2^*(1 + P)}{B_1} \tag{14.3.4}$$

在上例中，若目标银行账面价值为 50000000 元，公开发行的股票数量是 1000000 只，每股账面价值为 50 元，但银行不良资产的数量估计是 10000000 元，或有负债也是 10000000 元，那么调整后的每股账面价值就是 30 元。若股票交换率仍为 0.8，经调整后的溢价系数就是：$\frac{100 \times 0.8 - 30}{30} = 1.67$，即溢价 167%。

3. 市场价格—账面价值溢价法。因为投资者应该更关心股票现在的市场价格，用收购银行的市场价格来代替账面价值，自然就得出了市场价格—账面价值溢价法。MP_1 代表并购银行的市场价格，则目标银行的溢价就是：

$$P = \frac{MP_1 \cdot E_r - B_2}{B_2} \tag{14.3.5}$$

假如上例中并购银行股票的市场价格为 150 元/股，股票交换率仍为 0.8，溢价系数就是 $\frac{150 \times 0.8 - 50}{50} = 1.4$，即溢价 140%。

一般认为，150% 到 200% 的市场价格—账面价值溢价是正常的，因此实际上上例中的目标银行股东还可以要求更高的溢价水平。知道了正常的股票溢价，谈判中可能达成一致的股票交换率也可以用下式来确定：

$$E_r = \frac{B_2(1 + P)}{MP_1} \tag{14.3.6}$$

4. 市场价格法。市场价格法假设市场是有效率的，一家股票公开上市的

银行，其股票的市场价格代表了投资者对该银行未来经营业绩及风险的预期，可以看做是投资的现值。如果这一现值为并购双方所认同，在计算溢价时，不仅是并购银行，就是目标银行的经营指标也要用市场价格来代替。如果用 MP_1、MP_2 分别代表并购银行和目标银行的市场价格，则目标银行的溢价为：

$$P = \frac{MP_1 \cdot E_r - MP_2}{MP_2} \tag{14.3.7}$$

如果知道同类收购活动的平均溢价，也可推导出可能的股票交换率：

$$E_r = \frac{MP_2(1 + P)}{MP_1} \tag{14.3.8}$$

在使用市场价格法进行换股并购时，应考虑到充分有效的市场是不存在的，因此，股价并不是上市银行的真正价值。而非上市银行的价格则与真实相距更远。可以说，这一交换率仅适用于交换活跃的大银行。

5. 每股收益法（EPS）。很多人倾向于用股票的收益而非资本价值作为换股的依据。如果以 EPS_1 和 EPS_2 分别表示并购双方每股收益，则并购溢价：

$$P = \frac{EPS_1 \cdot E_r - EPS_2}{EPS_2} \tag{14.3.9}$$

在考虑了同类并购活动中的并购溢价后，股票交换率为：

$$E_r = \frac{EPS_2(1 + P)}{EPS_1} \tag{14.3.10}$$

由于每股收益变动较大，为了使该比率既能体现并购双方目前的营利性，也能体现未来的营利性及其风险，须对以上比率的分子、分母进行调整，可用加权平均法来计算每股收益，所使用的加权平均法可以分为两种：历史法和预期法。

历史法是对过去几年的每股收益进行加权平均（见表 14-2）。

表 14-2　　历史法计算每股收益

时　期	权　重	并购银行的 EPS	目标银行的 EPS
T	0.500	5.00	1.00
T-1	0.200	4.50	1.50
T-2	0.125	4.00	2.00
T-3	0.100	3.50	2.50
T-4	0.075	3.00	3.00
T-5	1.000		

这样，通过历史法的加权平均，可以得出并购银行的平均每股收益 $EPS_1 = 4.475$，而目标银行的平均每股收益 $EPS_2 = 1.525$，如果溢价水平是 100%，那么股票交换率 E_r 就是 3.05/4.475 = 0.68。而如果使用当期 T 的每股收益，股票交换率 E_r 就是 2/5 = 0.4。

预期法就是对未来几年的每股收益进行预测并进行加权平均（见

表 14－3）。

表 14－3　预期法计算每股收益

时　期	权　重	并购银行的 EPS	目标银行的 EPS
T	0.500	5.25	1.50
T+1	0.200	5.50	2.00
T+2	0.125	5.75	2.50
T+3	0.100	6.00	3.00
T+4	0.075	6.25	3.50
T+5	1.000		

通过预期法的加权平均，可以得出并购银行的平均每股收益 $EPS_1 = 5.51$，而目标银行的平均每股收益 $EPS_2 = 2.03$，如果溢价水平是 100%，那么股票交换率 E，就是 $4.06/5.51 = 0.74$。

6. 市盈率法。市盈率就是股票价格与每股收益的比率，用 MP/EPS 表示。把上述每股收益法的公式中的 EPS 用 MP/EPS 来代替，即可得到用市盈率法计算并购溢价和股票交换率的公式：

$$P = \frac{(MP/EPS)_1 \cdot E_r - (MP/EPS)_2}{(MP/EPS)_2} \tag{14.3.11}$$

此时

$$E_r = \frac{(MP/EPS)_2(1 + P)}{(MP/EPS)_1} \tag{14.3.12}$$

市盈率法的运用也要求银行股票在一个较为有效的市场进行交易，这样市盈率才能较为可靠地反映银行的价值。对股票交换率的计算也可参照同类银行并购的并购溢价，美国市场上自 1982 年至 1988 年银行并购的收购价与目标银行税后利润相比所得出的比率系数依次为 13.42、12.59、12.65、13.70、18.76、21.08 和 18.36。

7. 核心存款法。核心存款是剔除公众基金后的活期存款、储蓄存款和固定利率定期存款。核心存款法侧重于对核心存款支付溢价。由于有大量核心存款的银行的资金成本较低，因此容易成为并购的目标。但在美国，由于 Q 条例的取消，核心存款开始减少，存款构成的这种结构变化使得对核心存款支付溢价的方法较为少见了。

（二）贴现现金流量法

贴现现金流量法（discounted cash flow method，DCF）。贴现现金流量法确定并购价格的原理是：估计并购后可增加的现金流量和用于计算这些现金流量现值的折现率，对未来各年增加的现金流量用该折现率进行贴现后，各年贴现值相加就得出并购银行所能支付的最高价格。如果并购的实际成交价格低于此价，则并购给并购银行带来了一个正的净现值，证明并购对并购银行有利。如果并购的实际成交价格高于此价，则并购净现值为负，并购不可行。

贴现现金流量法是适用面很宽的一种估价方法，它既可用于上市公司，也可用于非上市公司；既可用于交换股票的并购方式，也可用于非交换股票的并购方式。但是，在具体运作中，由于很难预测并购给并购银行带来的今后各年现金流量的增量，而且折现率的确定也带有很大的随意性，所以该方法的主观性很强。同时，贴现现金流量法只是对银行营运资产的评估，没有包括非营运资产，而后者也是银行价值的一部分，也应予以确认和评估，这个因素应当在该方法的运用中加以考虑。

贴现现金流量法的评估程序为：首先预测目标银行未来各年的现金流，然后计算出经风险调整后的资本成本，最后用资本成本作为贴现率计算出未来现金流的现值，进行累加后得出公司的价值。这种方法的使用有两大难点：目标银行未来现金流的预计及资本成本的估算。但这两个难点在发达成熟的证券市场和经济环境稳定时期较易克服。

1. 测定资本成本。资本成本可细分为股权资本成本和债权资本成本。

股权资本成本（COEC）的计算公式为：

$$COEC = R_f + \beta \cdot (R_m - R_f) \qquad (14.3.13)$$

式中，R_f 为市场无风险投资收益率，以国债收益率代替；β 为该银行股票的 β 系数，即该股票相对于整个股票市场的变化程度；R_m 为市场股票平均投资收益率。

债权资本成本（CODC）的计算公式为：

$$CODC = I(1 - T) \qquad (14.3.14)$$

式中，T 为所得税率；I 为借款成本，即对借款人支付利息时依据的利率。

加权资本成本（WACC）则综合了股权资本成本和债权资本成本，其计算公式为：

$$WACC = COEC \times \text{股权资本比率} + CODC \times (1 - \text{股权资本比率}) \qquad (14.3.15)$$

其中，股权资本比率为股东权益在总权益中的权数。

2. 估算预测期现金流和预测期末的终值。首先要确定预测期，并对预测期间目标银行每年的现金流进行估算，然后对预测期末目标银行的价值进行估算，二者的现值之和就是计算出的目标银行价值。

对预测期末目标银行的价值可以有两种假设，一种是假设从预测期最后一年开始，目标银行每年的现金流保持不变；另一种是假设从预测期最后一年开始，目标银行每年现金流以一个固定的比率增长。无论在何种假设下，预测期末目标银行的价值都等于预测期后各年现金流的折现之和，其公式为：

$$S = \sum_{t=1}^{\infty} \frac{R_t}{(1 + k)^t} \qquad (14.3.16)$$

式中，S 为预测期末公司价值；R_t 为预测期末年后第 t 年的现金流；k 为投资者可接受的最低报酬率，通常以资本成本替代。

在第一种假设下，由于预测期最后一年开始的年现金流不变，则银行预测期末的终值为预测期末后各年不变现金流的贴现。当 $t \to \infty$ 时，以上公式可转变为：

$$S = \frac{R}{K} \qquad (14.3.17)$$

在第二种假设下，从预测期最后一年开始，目标银行每年现金流以一个固定的比率增长。则预测期末的终值仍为预测期末年后各年现金流的贴现值。其公式为：

$$S = \sum_{t=1}^{\infty} \frac{R_0(1+g)^t}{(1+k)^t} \qquad (14.3.18)$$

式中，R_0 为预测期末年的现金流；g 为年现金流增长率。

当 $k > g$，$t \to \infty$ 时，上式可转换为：

$$S = \frac{R_0(1+g)}{k-g} \qquad (14.3.19)$$

假设 A 银行正准备并购 B 银行，如果并购成功，B 银行的负债率将达到 45%，其股票 β 值为 1.655。同时市场平均风险报酬率为 12%，无风险收益率为 8%，负债利率为 11%，所得税率为 20%，且对并购后 B 银行的现金流量预测如表 14－4 所示。

表 14－4　现金流量预测表

年　份	1	2	3	4	5
现金流量（万元）	1200	1400	1500	1800	以第 4 年为基础每年 4% 增长

股权资本成本 COEC = 8% + 1.655 ×（12% − 8%）= 14.62%

债权资本成本 CODC = 11% ×（1 − 20%）= 8.8%

加权平均成本 WACC = 14.62% × 55% + 8.8% × 45% = 12%

$$S_{预测期内} = \frac{1200}{1+12\%} + \frac{1400}{(1+12\%)^2} + \frac{1500}{(1+12\%)^3} + \frac{1800}{(1-12\%)^4}$$
$$= 4399.1(万元)$$

$$S_{预测期内} = \frac{1800(1+4\%)}{12\% - 4\%} = 23400(万元)$$

这样，贴现现金流量法计算出的 B 银行价值应该是 4399.1 + 23400 = 27799.1（万元）。

二、银行并购的效益分析

并购的基本目的是要增加银行的收益。由于未来收益的不确定性，对银行并购的效益分析是很困难的，但这种分析又是有效的。并购的效益分析方法有很多，我们在这里讨论两种常用的效益分析方法：成本收益分析和每股收益变动分析。

（一）成本收益分析

1. 成本收益分析原理。并购的目的是产生增值。并购后的收益可用下式表示：

$$B = V_{1\&2} - V_1 - V_2 \qquad (14.3.20)$$

式中，B 为并购后的净收益；$V_{1\&2}$ 为两家银行并购后的现值；V_1，V_2 为并购银行和目标银行在并购前的现值。

并购过程中，并购方可能付出一定的代价，其成本可由下式表示：

$$C = P_2 - V_2 \quad (14.3.21)$$

式中，P_2 为并购方付给目标方的收购款；V_2 为目标方的现值；C 为并购方的并购成本。

C 的大小往往由并购双方谈判确定。显然，目标银行希望获得尽可能高的 C，而并购银行希望尽量降低 C。

综合并购收益与成本，应以下列公式描述目标银行值得并购的必要条件。该公式为：

$$B - C = V_{1\&2} - V_1 - P_2 > 0 \quad (14.3.22)$$

如果上式成立，则并购方股东的财富将增加，这也是并购方最愿看到的。

2. 现金交易的例子。我们可以运用持续增长模型来阐述并购的成本收益分析过程，表 14 - 5 概括了一个例子。

表 14 - 5　运用持续增长模型对并购进行成本收益分析

变　量	银行 A	银行 B	银行 A&B
预期的红利（D_1）	2.00 美元	1.50 美元	3.00 美元
资本与资产比率（k）	12%	10%	12%
资产增长率（g）	8%	5%	9%
股价［$P_0 = D_1/(k - g)$］	50 美元	30 美元	100 美元
发行在外的股份数	100 万股	100 万股	100 万股
总市值（$V = P_0 \times N$）	5000 万美元	3000 万美元	10000 万美元

在这个例子中，银行 A 将认为银行 B 是一个不错的并购目标。因为银行 B 的资本增长率 g = 5% 比较低，还存在增长机会；而且银行 B 的资本资产比率 r = 10%，风险较低。如果并购后的银行每股红利增加 1 美元，增长率 g 也将增加 1%，那么并购的协同效应产生的收益将是 10000 - 5000 - 3000 = 2000（万美元）。假设该交易是现金交易，如果银行 B 的账面价值是 3000 万美元，那么银行支付的保本价格将是 3000 + 2000 = 5000（万美元），假如并购的收益平分给两家的所有者，那么购买价格将是 4000 万美元，而购买成本是 1000 万美元，也就是说，并购银行和目标银行的股东各自从并购中获得了 1000 万美元的收益。

3. 股票置换交易及其与现金交易的比较。以上假设并购是一桩现金交易，分析较为简单。然而，假如银行 B 的所有者并不愿意缴纳所得税，那么可能要执行一个股票置换交易。假如在并购前银行 A 和 B 的市场价值评估是正确的，那么，当并购是以股票置换方式进行时，相关的公式是：

$$C = \theta V_{1\&2} - V_2 \quad (14.3.23)$$

式中，$V_{1\&2}$ 为银行 A 和银行 B 并购后的现值；V_2 为目标银行 B 在并购前的现值；θ 为银行 B 股东将持有银行 A&B 的比例。

如果股票交换率 $E_r = 0.8$，即 1 股目标银行的股票可以换取 0.8 股并购银行的股票，则 $\theta = 80/(80+100) = 0.444$，此时并购的成本是 $C = 10000 \times 0.444 - 3000 = 1440$（万美元）。1400 万美元的成本大于上例现金交换中 1000 万美元的成本，这是因为股票交换将造成并购产生的部分收益被分配给银行 B 的股东。在并购产生的 2000 万美元收益中，目标银行股东分去了 1440 万美元，而并购银行股东只分到了 560 万美元。显然，这与股票交换率有关，关键在于对银行 B 的价值评估。

4. 成本收益分析的拓展。并购前后目标银行的市场价格很可能不等于其内在价值，因为进行并购的传言会使股票的市场价格高于其内在价值。在这种情况下，并购成本必须用如下公式计算：

$$C = (P - MP_2) + (MP_2 - V_2) \tag{14.3.24}$$

式中，MP 为市场价值。

公式右边的第一项代表支付的超过银行 B 市场价值的溢价，而第二项代表了市场价值与内在价值之间的差额。在上面的例子中，假设并购的传言推动银行 B 的股价由 30 美元/股上升到 35 美元/股。假设并购是现金交易，可以得出并购的成本是 1500 万美元，即：$C = (45-35) + (35-30) = 15$ 美元/股。这时 1500 万美元的成本要高于“无谣言”时的成本，因此对目标银行而言，关于并购的新闻是好消息，而对并购银行来讲却是坏消息。

（二）每股收益变动分析

1. 每股收益变动的计算。因为并非所有的银行并购都能成功地增加每股收益，所以大多银行家极为关注并购后银行股票的每股收益（EPS）所受的影响。银行并购大多数是以股票交换的方式进行，由于两家银行的股票收益不同，企业文化、管理方式和经营范围等各方面都有很大不同，需要一定的时间才能调整这些差异，所以并购后在短期内每股收益略有下降是可接受的。按照一般标准，并购后每股收益下降不应超过 5%。每股收益下降率可由下式算出：

$$每股收益下降率 = \frac{EPS_1 - EPS_{1\&2}}{EPS_1} \tag{14.3.25}$$

下面我们通过一个例子来说明怎样分析并购后短期内每股收益的变化。银行 A 和银行 B 的总资产分别为 220 亿元和 15 亿元，股份数分别为 3200 万股和 400 万股，每股收益分别为 5 元和 3.50 元。银行 B 的规模还不到银行 A 的十分之一，但是其资产收益率高于银行 A 的资产收益率。银行 A 打算以 2 的股票交换率对银行 B 进行并购，即每股银行 B 的股票可以换成两股银行 A 的股票。

假设每家银行的净收入增长率都为 10%，如果没有并购，银行 A 的每股收益在第二年将是 5.50 元。并购后的总收入在第二年将是 $(3200 \times 5 + 400 \times 3.5) \times (1 + 10\%) = 19140$（万元），但股票总数为 $3200 + 400 \times 2 = 4000$ 万股，每股收益下降到 4.785 元。每股收益的下降率为 $\frac{5.50 - 4.785}{5.50} = 13.0\%$，大大超过一般标准。这是因为银行 B 在收购后第一年的每股收益仅为 $3.50/2 \times 1.1 = 1.925$（元），大大低于银行 A 的 5.50 元。即使考虑到收购后的规模效益等因素，要使银行 B 在一个较短的年限内达到银行 A 的收益率水平也几乎是不可能的。除非有其他的战略考虑，否则银行A不应该进行这笔收购交易。

如果股票交换率不是2而是1的话，即1股银行B的股票只能换取1股银行A的股票，情况又会如何呢？此时并购后银行第二年的每股收益将是19140/3600 = 5.32（元），每股收益的下降率为$\frac{5.5-5.32}{5.5}=3.27\%$，这在一般标准可接受的范围之内。这是因为银行B在并购后第1年每股收益为3.5×1.1 = 3.85（元），考虑到并购所带来的各种有利因素，银行B每股收益完全有可能在一个较短年限内赶上银行A。

2. 市盈率对每股收益变动的影响。一般来说，使得并购双方的股东都会在每股收益上获得好处的条件是：(1) 具有较高市盈率的银行收购市盈率低的银行；(2) 并购后共同收益不会下降。在这种情况下，即使向目标银行股东支付一定的溢价，最终每股收益仍然会上升。

举例来说，假设A银行当前股价为20美元，B银行当前股价为16美元，两个银行最近的每股收益都是5美元，它们的市盈率分别是4和3.2。两家银行的普通股流通股本分别是100000股和50000股，净收益分别是500000美元和250000美元，两家银行的总收入为750000美元。如果B银行股东同意以现行股价出售现有股票并换取40000股的A银行股票，即股票交换率为0.8，并购完成后的银行将共有140000股在外流通。如果并购后收入保持不变，则每股收益为750000/140000 = 5.36（美元），高于并购前的A银行和B银行单独的每股收益。

如果并购银行的市盈率高于目标银行的市盈率，还存在一定空间向目标银行的股东支付溢价来促成并购交易的达成。这里的并购收益指的是并购银行支付给目标银行每股股票市价之上的额外资金。在上例中，如果股票交换率是1，B银行股东可得到50000股A银行股票，并购后的银行将有150000股流通股。如果并购后收益仍为750000美元，并购后的银行将保持现在每股5美元的收益水平（即750000/150000股）。

但是，并购溢价的支付往往不受控制，这些年来常有支付50%～100%并购溢价的案例，这可能对并购后的银行产生不良后果。在上例中，如果向B银行股东提供50%的并购溢价，即对现价为16美元的股票支付24美元。在股票交换中意味着股票交换率为1.2，1股B银行股票可换得1.2股A银行股票，这样并购后总股票数为160000股。如果总收益并购后仍为750000美元，每股收益将是750000/160000 = 4.69（美元）。显然，由于向目标银行股东发放与原来价值相比过量的股票，因而并购后银行的每股收益下降。

如果目标银行的市盈率比并购银行的市盈率更高，那么，并购后银行的EPS将低于并购前水平。接上例，假设A银行情况不变，但B银行的市盈率变为5，股价为25美元，假设并购后总收益750000美元不变，如果两个银行股票按市价进行交换，即股票交换率为25/20 = 1.25，并购后股票总数为162500股，每股收益为750000/162500 = 4.62（美元），小于A银行在并购前的5美元的每股收益。在这个例子中，每股收益下降较大的原因在于目标银行的市盈率较大，向目标银行股东支付的新股数量也较多。

3. 每股收益变动分析的意义。每股收益变动分析主要考虑交易后短期内的银行经营状况，它不能反映这项投资的真正回报。当然，如果预期未来收益由于并购的原因会更快地增长，那么，即使并购后的 EPS 下降，交易仍然是值得进行的。如果从长期来看，效率和成本节约有显著提高，则在并购时付出一定代价，例如发行较多的股票支付给目标银行股东，最终会得到补偿。财务管理要求分析不同情况下未来收益和股价的变化。根据未来 EPS 的变化，如果需要很长时间才能弥补收购的成本，并购方的管理者就会采取别的方式达到并购目标。

问题的关键是要经过多长时间，收购银行的每股收益才会超过原有的每股收益。因此，并购银行需要进一步考虑一定期间内的投资回报率。为方便起见，许多银行侧重于分析要多长时间才能收回投资并获得既定的投资回报率。当然，用来购买目标银行的投资越少，或者并购带来的收益越大，银行能收回投资并达到一定投资回报率的期限也就越短。

三、并购策略与反收购

运用价值评估和收益分析，并购双方的股东和经营者都能估计并购对自己利益的影响。并购方一旦认为并购对自己有利，将竭尽所能来寻求并购的成功，而倘若目标方认为自己的利益没有得到保证，将采取各种手段来进行反收购。因此，并购策略和反收购战略是并购过程的两个方面，并购和反收购的博弈贯穿于并购过程的始终。

（一）并购策略

许多因素都会导致银行并购的失败，包括准备不充分、企业文化难以融合、目标方的出价过高、没有考虑客户的感受和想法等等。为决定是否进行并购，并购方的管理层和董事会应当考虑目标银行以下方面的特点：(1) 银行历史和所有者；(2) 银行资产负债表的状况；(3) 银行过去的经营业绩；(4) 利润表和现金流量表的状况；(5) 银行所服务市场的经济状况和前景；(6) 银行从事的金融服务种类的市场进入壁垒、市场份额和市场集中程度。除此之外，并购银行还要考虑：目标银行的主要客户，目标银行目前的人员配置和员工的福利水平，并购中涉及的会计和管理信息系统的兼容性，目标银行的实物资产状况，并购导致的所有权和收益的稀释等问题。

一般认为，应采取如下程序进行并购前的全面评估：

1. 了解自己。并购银行必须全面评价自身的财务状况、过去的经营业绩、目前服务市场的优势和劣势以及银行自身的战略目标，看清并购能否真正给并购银行自身带来好处。

2. 分析目标银行和市场。并购银行应当组建专门的并购小组，这个小组要包括外来的顾问。小组成员应具备对潜在市场、未来的并购行动和本公司的优劣之处进行准确分析的能力。理想的并购目标应当能够保持持续的收益增长，具有较好的市场接受度，坚实的资本基础，运行良好的设备，完整的成本内部控制以及双方优势互补的目标和动机。而有利市场主要表现在：收入和销售额过去一直以稳定的中高速增长，人口年龄在平均水平以上，人口构成中以专业人员、企业主和经理占据较大比重，物价水平为轻微的通货膨胀，监管环境没有过多的限制。

3. 进行价值评估和收益分析。利用资本成本对预期未来收益进行贴现时，应当根据能切实反映目标市场、目标银行的风险水平和并购银行将面临的所有预期花费来进行估算，为目标银行确立一个真实的价值。

4. 一旦并购双方达成共识，应成立一个联合管理小组，领导和控制两家银行向一个有效的银行融合过渡的进程。应当在并购双方的高层管理层，以及分行、执行经理和职员间建立一整套的联络和报告系统，促进各方面的想法能够进行快速的双向沟通，并使各级人员都参与到并购中来。

5. 在职员和客户间架起沟通的桥梁，使他们能够理解为什么进行并购，并解释并购会给他们带来什么后果。建立客户评估组，对并购后银行的社区形象、服务和销售推广的有效性、定价计划和对客户提供的一般帮助等方面进行评估。

需要说明的是，即使完全遵照以上步骤，也并不能保证银行并购一定成功，但可使得并购过程更加顺畅，有可能达到并购目标。

（二）敌意收购和反收购战略

如果目标银行的管理者和股东认为并购对他们并没有好处，他们可能会反对并购，并对并购设置各种障碍。此时，并购方如果坚持将并购继续下去，双方将打响一场并购和反并购的战争。面对敌意收购，目标银行可以采取如下措施以实施其反收购战略。

1. 绝对多数条款。银行在公司章程中把通过重大事项的所需股权数，由简单多数提高到绝大多数如 2/3 或 80%，有时甚至是 95%，以增加收购方的收购难度。这样，只要银行管理层和员工持有一定数量的股票，即使收购方控制了其余所有股票也难以完成收购。

2. 董事会轮选制。该项制度规定每次董事会换届选举只能更换很小比例的董事，这样并购银行即使获得了控股权，要全部更换董事会也必须经过一个相当长的时间。由于董事会轮选制使并购不能一次性地在目标银行董事会中过多安插代理人，所以能够有效地阻止其操纵目标银行的行为。

3. 寻找“白衣骑士”。目标银行为免受敌意收购者的控制而自行寻找一家与自己关系较好的金融机构，以更优惠的条件达成善意收购。这家愿意与敌意收购者竞争对目标银行的控制权的金融机构便称为“白衣骑士”。一般而言，如果收购方出价较低，目标银行被“白衣骑士”拯救的希望就大，如果收购方出价很高，目标银行获救的机会相应减少。

4. 实施“金色降落伞法”。这是一种补偿协议，事先与管理人员和其他职员签订合同，合同规定，如果银行被收购后董事、总裁等高级管理人员被解职，将可以获得一笔相当丰厚的解职费、股票期权收入和额外津贴，巨额的安置费增加了收购的成本。

5. 安放“毒丸”。有不少具体的形式，如“优先股毒丸”和“债务毒丸”。前者是指目标银行以红利发放的形式给股东购买优先股的权利，这种优先股的购买定价高于市价，以致没有股东愿意行使该权利。但是，一旦收购发生，目标银行的股东会纷纷向收购者行使这种权利。后者是指目标银行在收购威胁下大量增加自身负债，降低被收购的吸引力。目标银行可以发行债券并约定在银行股权发生大规模转移时，债券持有人可要求立刻兑付，从而使得收购方在收购后立即面临巨额现金支出，降低其收购兴趣。

6. 推行“焦土战术”。目标银行在遇到敌意收购而自身无力反击时，为使收购者对自己不再感兴趣，可能会出卖业务中最有利可图的部分，或是增加大量与经营无关的资产，从而使敌意收购者自行丧失并购兴趣，这是一种两败俱伤的做法。

除了上述经济手段，银行还常常实施法律手段来进行反收购。目标银行可以诉诸于反垄断委员会等政府机构，控告收购方的行为会造成垄断，这种做法有时可以使收购方知难而退。如果无济于事，也可争取一些宝贵的时间，在收购方应付调查之际部署下一步的反收购计划，也利于寻找“白衣骑士”。同时，对并购方的诉讼也可重振目标银行管理层的士气。

应当注意的是，即使反收购取得了胜利，目标银行也要进一步加强管理，反思引起敌意收购的原因。银行受到收购的威胁最终还是因为自身存在着一项或多项致命的弱点或重大缺陷。因此，为避免自己再次成为收购目标，银行应当推行更有效的管理方法，以免使自己陷入被收购的境地。

本章小结

并购是指在市场机制的作用下，企业为了获得其他企业的经营控制权而进行的产权交易活动，是企业控制权交易中最主要的形式，包括兼并与收购。收购的形式主要有兼并（合并）即吸收合并或新设合并、购买股票和收购资产三种形式。兼并分为横向兼并、纵向兼并和混合兼并三种类型。

股东利益最大化是银行并购的根本动因。商业银行并购的具体原因有：产生规模效应、进入新的市场、发展新的业务、提高市场占有率、目标银行具有改进管理的潜力、税收上的好处，以及获得破产银行的优质资产。银行并购是否达到了预期的效果，可以从以下两个方面来验证：一是银行股价是否会上升；二是银行获利能力是否得到了提高。

商业银行并购的外部效应可分为正效应和负效应两方面。银行并购的正效应是：提高经济资源的配置效率；提供多种金融产品，全方位服务社会；拯救低效银行，保持金融体系和社会稳定。银行并购的负效应是：银行并购可能导致过度垄断，从而降低效率；银行并购增加了风险并增加了失业。

银行并购在历史上主要表现为大银行对中小型银行进行并购，20 世纪 90 年代以来银行并购呈现出大型化、综合化、国际化的发展趋势。

在银行并购活动中，并购方银行作为并购的发起人，需对双方银行进行价值评估，同时在做出并购决策前还必须进行收益分析。另外，还要注意目标银行对并购的反应和政府对有关银行并购的限制法规。银行并购的价值评估方法主要有股票交换法和贴现现金流量法。银行并购的效益分析常用的分析方法主要有成本收益分析和每股收益变动分析。

运用价值评估和收益分析，并购双方的股东和经营者都能估计并购对自己利益的影响。并购方一旦认为并购对自己有利，将竭尽所能来寻求并购的成功，而倘若目标方认为自己的利益没有得到保证，也将采取各种手段来进行反收购。

复习思考题

一、名词解释

企业并购　横向兼并　纵向兼并　股票交换法　贴现现金流量法　白衣骑士　焦土战术

二、问答题

1. 简述企业并购的分类。
2. 试分析商业银行并购的原因。
3. 商业银行并购的效应有哪些？
4. 银行并购的发展趋势怎样？
5. 如何进行银行并购的价值评估和收益分析？
6. 银行反收购常用的策略有哪些？

参考文献

1. 史建平主编:《商业银行管理学》,中国人民大学出版社 2003 年版。

2. 庄毓敏主编:《商业银行业务与经营》,中国人民大学出版社 2005 年版。

3. 夏博辉主编:《金融机构财务分析》,中国金融出版社 2001 年版。

4. 艾洪德、张雪丽编著:《商业银行财务管理》,东北财经大学出版社 2003 年版。

5. 易传和编著:《银行财务经营》,中国金融出版社 2000 年版。

6.(美)约瑟夫·F. 辛基著,潘功胜等译:《商业银行财务》,中国金融出版社 2003 年版。

7.(美)比特·S. 罗斯著:《商业银行管理》第 4 版,机械工业出版社 1999 年版。

8. 刘力编著:《公司财务》,北京大学出版社 2007 年版。

9. 陈雨露主编:《公司理财》,高等教育出版社 2006 年版。

10. 李志辉著:《现代信用风险量化度量与管理研究》,中国金融出版社 2001 年版。

11. 武剑著:《内部评级理论、方法与实务》,中国金融出版社 2006 年版。

12. 顾京圃著:《中国商业银行操作风险管理》,中国金融出版社 2006 年版。

13. 杨华主编:《金融企业新会计准则应用与讲解》,中国金融出版社 2007 年版。

14. 韩军著:《现代商业银行市场风险管理理论与实务》,中国金融出版社 2006 年版。

15. 张玉明著:《财务金融学》,复旦大学出版社 2007 年版。

16. 甘当善主编:《商业银行经营管理》,上海财经大学出版社 2005 年版。

17. 张鸣等主编:《财务管理学》,上海财经大学出版社 2004 年版。

18. 欧阳令南编著:《公司财务》,东北财经大学出版社 2002 年版。

19. 郭复初主编:《财务管理》,首都经济贸易大学出版社 2003 年版。

20. 汤谷良、王化成主编:《企业财务管理学》,经济科学出版社 2000 年版。